晉書

四部備要

史部

上海中華書局據武英殿
本校刊
桐鄉　陸費逵總勘
杭縣　高時顯
　　　吳汝霖輯校
杭縣　丁輔之監造

晉書卷八十四

唐　太　宗　文　皇　帝　御　撰

列傳第五十四

王恭

王恭字孝伯光祿大夫蘊子定皇后之兄也少有美譽清操過人自負才地高華恆有宰輔之望與王忱齊名友善慕劉惔之爲人謝安常曰王恭人地可以爲將來伯舅嘗從其父自會稽至都忱訪之見恭所坐六尺簟忱謂其有餘因求之恭輒以送焉遂坐薦上忱聞而大驚恭曰吾平生無長物其簡率如此起家爲佐著作郎歎曰仕宦不爲宰相才志何足以騁因以疾辭俄爲祕書丞轉中書郎未拜遭父憂服闋除吏部郎歷建威將軍太元中代沈嘉爲丹陽尹遷中書令領太子詹事孝武帝以恭后兄深相欽重時陳郡袁悅以傾巧事會稽王道子恭言之於帝遂誅之道子嘗集朝士置酒於東府尚書令謝石因醉爲委巷之歌恭正色曰居端右之重集藩王之第而肆淫聲欲令羣下何所取則

石深銜之淮陵內史虞珧子妻裴氏有服食之術常衣黃衣狀如天師道子甚悅之令與賓客談論時人皆爲降節恭抗言曰未聞宰相之坐有失行婦人坐賓莫不反側道子甚愧之其後帝將擢時望以爲藩屏乃以恭爲都督兗青冀幽幷徐州晉陵諸軍事平北將軍兗青二州刺史假節鎮京口初都督以北爲號者累有不祥故桓沖王坦之刁彝之徒不受鎮北之號恭表讓軍號以超受爲辭而實惡其名於是改號前將軍慕容垂入青州恭遣偏師禦之失利降號輔國將軍及帝崩會稽王道子執政寵昵王國寶委以機權恭每正色直言道子深憚而忿之及赴山陵罷朝歎曰榱棟雖新便有黍離之歎矣時國寶從弟緒說國寶因恭入覲相王伏兵殺之國寶不許而道子亦欲輯和內外深布腹心於恭冀除舊惡恭多不順每言及時政輒厲聲色道子知恭不可和協王緒之說遂行於是國難始結或勸恭因入朝以兵誅國寶而庾楷黨於國寶士馬甚盛恭憚之不敢發遂還鎮臨別謂道子曰主上諒闇冢宰之任伊周所難願大王親萬幾納直言遠鄭聲放佞人辭色甚厲故國寶等愈懼以恭爲安北將

軍不拜乃謀誅國寶遣使與殷仲堪桓玄相結仲堪僞許之恭得書大喜乃抗表京師曰後將軍國寶得以姻戚頻登顯列不能感恩效力以報時施而專寵肆威將危社稷先帝登遐夜乃犯閤叩扉欲矯遺詔賴皇太后聰明相王神武故逆謀不果又割東宮見兵以爲己府讒疾二昆甚於讎敵與其從弟緒同黨凶狡共相扇連此不忠不義之明白也以臣忠誠必亡身殉國是以譖臣非一賴先帝明鑒浸潤不行昔趙鞅興甲誅君側之惡臣雖駑劣敢忘斯義表至內外戒嚴國寶及緒惶懼不知所爲用王珣計請解職道子收國寶賜死斬緒於市深謝愆失恭乃還京口恭之初抗表也慮事不捷乃版前司徒左長史王廞爲吳國內史令起兵於東會國寶死令廞解軍去職廞怒以兵伐恭恭遣劉牢之擊滅之上疏自貶詔不許譙王尙之復說道子以藩伯強盛宰相權弱宜多樹置以自衞道子然之乃以其司馬王愉爲江州刺史割庾楷豫州四郡使愉督之由是楷怒遣子鴻說恭曰尙之兄弟專弄相權欲假朝威貶削方鎭懲警前事勢轉難測及其議未成宜早圖之恭以爲然復以謀告殷仲堪桓玄玄等

從之推恭爲盟主剋期同赴京師時内外疑阻津邏嚴急仲堪之信因庾楷達之以斜絹爲書内箭簳中合鏑漆之楷送於恭恭發書絹文角戾不復可識謂楷爲詐又料仲堪去年已不赴盟今無連理乃先期舉兵司馬劉牢之諫曰將軍今動以伯舅之重執忠貞之節相王以姬旦之尊時望所係昔年已戮寶緒送王廞書是深伏將軍也頃所授用雖非皆允未爲大失割庾楷四郡以配王愉於將軍何損晉陽之師其可再乎恭不從乃上表以討王愉司馬尚之兄弟爲辭朝廷使元顯及王珣謝琰等距之恭夢牢之坐其處旦謂牢之曰事剋即以卿爲北府遣牢之率帳下督顏延先據竹里元顯使說牢之啗以重利牢之乃斬顏延以降是日牢之遣其壻高雅之子敬宣因恭曜軍輕騎擊恭恭敗將還雅之已閉城門恭遂與弟履單騎奔曲阿恭久不騎乘髀生瘡不復能去曲阿人殷確恭故參軍也以船載之藏於葦席之下將奔桓玄至長塘湖遇商人錢強強宿憾於確以告湖浦尉尉收之以送京師道子聞其將至欲出與語面折之而未之殺也時桓玄等已至石頭懼其有變即於建康之倪塘斬之恭五

男及弟爽爽兄子祕書郎和及其黨孟璞張悋等皆殺之恭性抗直深存節義讀左傳至奉王命討不庭每輟卷而歎爲性不弘以闇於機會自在北府雖以簡惠爲政然自矜貴與下殊隔不閑用兵尤信佛道調役百姓修營佛寺務在壯麗士庶怨嗟臨刑猶誦佛經自理鬚鬢神無懼容謂監刑者曰我闇於信人所以致此原其本心豈不忠於社稷但令百代之下知有王恭耳家無財帛唯書籍而已爲識者所傷恭美姿儀人多愛悅或目之云濯濯如春月柳嘗被鶴氅裘涉雪而行孟昶窺見之歎曰此真神仙中人也初見執遇故吏戴耆之爲湖孰令恭私告之曰我有庶兒未舉在乳母家卿爲我送寄桓南郡耆之遂送之於夏口桓玄撫養之爲立喪庭弔祭焉及玄執政上表理恭詔贈侍中太保謚曰忠簡爽贈太常和及子簡並通直散騎郎殷確散騎侍郎腰斬湖浦尉及錢強等恭庶子曇亨宋義熙中爲給事中

庾楷

庾楷征西將軍亮之孫會稽內史羲小子也初拜侍中代兄準爲西中郎將豫

州刺史假節鎮歷陽隆安初進號左將軍時會稽王道子憚王恭殷仲堪等擅兵故出王愉爲江州督豫州四郡以爲形援楷上疏以江州非險塞之地而西府北帶寇戎不應使愉分督詔不許時楷懷恨使子鴻說王恭以譙王尚之兄弟復握機權勢過國寶恭亦素忌尚之遂連謀舉兵事在恭傳詔使尚之討楷楷遣汝南太守段方逆尚之戰于慈湖方大敗被殺楷奔于桓玄及玄等盟于柴桑連名上疏自理詔赦玄等而不赦恭楷楷遂依玄玄用爲武昌太守楷後懼玄必敗密遣使結會稽世子元顯若朝廷討玄當爲內應及玄得志楷以謀泄爲玄所誅

劉牢之 子敬宣

劉牢之字道堅彭城人也曾祖羲以善射事武帝歷北地鴈門太守父建有武幹爲征虜將軍世以壯勇稱牢之面紫赤色鬚目驚人而沉毅多計畫太元初謝玄北鎮廣陵時苻堅方盛玄多募勁勇牢之與東海何謙琅邪諸葛侃樂安高衡東平劉軌西河田洛及晉陵孫無終等以驍猛應選玄以牢之爲參軍領

精銳爲前鋒百戰百勝號爲北府兵敵人畏之及堅將句難南侵玄率何謙等距之牢之破難輜重於盱眙獲其運船遷鷹揚將軍廣陵相時車騎將軍桓沖擊襄陽宣城內史胡彬率衆向壽陽以爲沖聲援牢之領卒二千爲彬後繼淮肥之役苻堅遣其弟融及驍將張蚝攻陷壽陽謝玄使彬與牢之距之師次硤石不敢進堅將梁成又以二萬人屯洛澗玄遣牢之以精卒五千距之去賊十里成阻澗列陣牢之率參軍劉襲諸葛求等直進渡水臨陣斬成及其弟雲又分兵斷其歸津賊步騎崩潰爭赴淮水殺獲萬餘人盡收其器械堅尋亦大敗歸長安餘黨所在屯結牢之進平譙城使安豐太守戴寶戍之遷龍驤將軍彭城內史以功賜爵武岡縣男食邑五百戶牢之進屯鄄城討諸未服河南城堡承風歸順者甚衆時苻堅子丕據鄴爲慕容垂所逼請降牢之引兵救之垂聞軍至出新興城北走牢之與沛郡太守田次之追之行二百里至五橋澤中爭趣輜重稍亂爲垂所擊牢之敗績士卒殲焉牢之策馬跳五丈澗得脫會丕救至因入臨漳集亡散兵復少振牢之以軍敗徵還頃之復爲龍驤將軍守淮陰

後進戍彭城復領太守祆賊劉黎僭尊號於皇丘牢之討滅之苻堅將張遇遣兵擊破金鄉圍太山太守羊邁牢之遣參軍向欽之擊走之會慕容垂叛將翟釗救遇牢之引還釗還牢之進平太山追釗於鄄城釗走河北因獲張遇以歸之彭城祆賊司馬徽聚黨馬頭山牢之遣參軍竺朗之討滅之時慕容氏掠廩丘高平太守徐含遠告急牢之不能救坐畏懦免及王恭將討王國寶引牢之爲府司馬領南彭城內史加輔國將軍恭使牢之討破王廞以牢之領晉陵太守恭本以才地陵物及檄至京師朝廷戮國寶王緒自謂威德已著雖杖牢之爲爪牙但以行陣武將相遇禮之甚薄牢之負其才能深懷恥恨及恭之後舉元顯遣廬江太守高素說牢之使叛恭事成當即其位號牢之許焉恭參軍何澹之以其謀告恭牢之與澹之有隙故恭疑而不納乃置酒請牢之於衆中拜牢之爲兄精兵利器悉以配之使爲前鋒行至竹里牢之背恭歸朝廷恭既死遂代恭爲都督兗青冀幽幷徐揚州晉陵軍事牢之本自小將一朝據恭位衆情不悅乃樹用腹心徐謙之等以自強時楊佺期桓玄將兵逼京師上表理王

恭求誅牢之牢之率北府之衆馳赴京師次于新亭玄等受詔退兵牢之還鎮京口及孫恩陷會稽牢之遣將桓寶率師救三吳復遣子敬宣爲寶後繼比至曲阿吳郡內史桓謙已棄郡走牢之乃率衆東討拜表輒行至吳與衞將軍謝琰擊賊屢勝殺傷甚衆徑臨浙江進拜前將軍都督吳郡諸軍事時謝琰屯烏程遣司馬高素助牢之牢之率衆軍濟浙江恩懼逃于海牢之還鎮恩復入會稽害謝琰牢之進號鎮北將軍都督會稽五郡率衆東征屯上虞分軍戍諸縣恩復攻破吳國殺內史袁山松牢之使參軍劉裕討之恩復入海頃之恩浮海奄至京口戰士十萬樓船千餘牢之在山陰使劉裕自海鹽赴難牢之率大衆而還裕兵不滿千人與賊戰破之恩聞牢之已還京口乃走郁州又爲敬宣劉裕等所破及恩死牢之威名轉振元興初朝廷將討桓玄以牢之爲前鋒都督征西將軍領江州事元顯遣使以討玄事諮牢之牢之以玄少有雄名杖全楚之衆懼不能制又慮平玄之後功蓋天下必不爲元顯所容深懷疑貳不得已率北府文武屯洌洲桓玄遣何穆說牢之曰自古亂世君臣相信者有燕昭樂

毅玄德孔明然皆勳業未卒而二主早世設使功成事遂未保二臣之禍也鄙語有之高鳥盡良弓藏狡兔殫獵犬烹故文種誅於勾踐韓白戮於秦漢彼皆英雄霸王之主猶不敢信其功臣況凶愚凡庸之流乎自開闢以來戴震主之威挾不賞之功以見容於闇世者而誰至如管仲相齊雍齒侯漢則往往有之況君見與無射鉤屢逼之仇邪今君戰敗則傾宗戰勝亦覆族欲以安歸乎孰若翻然改圖保其富貴則身與金石等固名與天壤無窮孰與頭足異處身名俱滅爲天下笑哉惟君圖之牢之自謂握強兵才能算略足以經綸江表時譙王尙之已敗人情轉沮乃頗納穆說遣使與玄交通其甥何無忌與劉裕固諫之並不從俄令敬宣降玄玄大喜與敬宣置酒晏集陰謀誅之陳書法畫圖與敬宣共觀以安悅其志敬宣不之覺玄佐吏莫不相視而笑元顯旣敗玄以牢之爲征東將軍會稽太守牢之乃歎曰始爾便奪我兵禍將至矣時玄屯相府敬宣勸牢之襲玄猶豫不決移屯班瀆將北奔廣陵相高雅之欲據江北以距玄集衆大議參軍劉襲曰事不可者莫大於反而將軍往年反王兗州近日司

馬郎君今復欲反桓公一人而三反豈得立也語畢趨出佐吏多散走而敬宣先還京口援其家失期不到牢之謂其爲劉襲所殺乃自縊而死俄而敬宣至不遑哭奔于高雅之將吏共殯斂牢之喪歸丹徒桓玄令斲棺斬首暴尸於市及劉裕建義追理牢之乃復本官

敬宣牢之長子也智略不及父而技藝過之孫恩之亂隨父征討所向有功爲元顯從事郎又爲桓玄諮議參軍牢之敗與廣陵相高雅之俱奔慕容超夢丸土而服之既覺喜曰丸者桓也丸既吞矣我當復本土也旬日而玄敗遂與司馬休之還京師拜輔國將軍晉陵太守與諸葛長民破桓歆於芍陂還建威將軍江州刺史鎮尋陽又擊桓亮苻宏於湘中所在有功安帝反政徵拜冠軍將軍宣城內史領襄城太守譙縱反以敬宣督征蜀諸軍事假節與寧朔將軍臧喜西伐敬宣入自白帝所攻皆剋軍次黃獸與僞將譙道福相持六十餘日遇癘疫又以食盡班師爲有司所劾免官頃之爲中軍諮議加冠軍將軍尋還鎮蠻護軍安豐太守梁國內史會盧循反以冠軍將軍從大軍南討循平遷左衛

將軍散騎常侍又遷征虜將軍青州刺史尋改鎮冀州爲其參軍司馬道賜所
害

殷仲堪

殷仲堪陳郡人也祖融太常吏部尚書父師驃騎諮議參軍晉陵太守沙陽男仲堪能清言善屬文每云三日不讀道德論便覺舌本間強其談理與韓康伯齊名士咸愛慕之調補佐著作郎冠軍謝玄鎮京口請爲參軍除尚書郎不拜玄以爲長史厚任遇之仲堪致書於玄曰胡亡之後中原子女鬻於江東者不可勝數骨肉星離荼毒終年怨苦之氣感傷和理誠喪亂之常足以懲戒復非王澤廣潤愛育蒼生之意也當世大人既慨然經略將以救其塗炭而使理至於此良可歎息願節下弘之以道德運之以神明隱心以及物垂理以禁暴使足踐晉境者必無懷慼之心枯槁之類莫不同漸天潤仁義與干戈並運德心與功業俱隆實所期於明德也頃聞抄掠所得多皆採稆飢人壯者欲以救子少者志在存親行者傾筐以顧念居者吁嗟以待延而一旦幽縶生離死絕求

之於情可傷之甚昔孟孫獵而得麑使秦西以之歸其母隨而悲鳴不忍而放之孟孫赦其罪以傳其子禽獸猶不可離況於人乎夫飛鴞惡鳥也食桑葚猶懷好音雖曰戎狄其無情乎茍感之有物非難化也必使邊界無貪小利強弱不得相陵德音一發必聲振沙漠二寇之黨將靡然向風何憂黃河之不濟函谷之不開哉玄深然之領晉陵太守居郡禁產子不舉久喪不葬錄父母以質亡叛者所下條教甚有義理父病積年仲堪衣不解帶躬學醫術究其精妙執藥揮淚遂眇一目居喪哀毀以孝聞服闋孝武帝召爲太子中庶子甚相親愛仲堪父嘗患耳聰聞牀下蟻動謂之牛鬭帝素聞之而不知其人至是從容問仲堪曰患此者爲誰仲堪流涕而起曰臣進退惟谷帝有愧焉復領黃門郎寵任轉隆帝嘗示仲堪詩乃曰勿以己才而笑不才帝以會稽王非社稷之臣擢所親幸以爲藩捍乃授仲堪都督荆益寧三州軍事振威將軍荆州刺史假節鎭江陵將之任又詔曰卿去有日使人酸然常謂永爲廊廟之寶而忽爲荆楚之珍良以慨恨其恩狎如此仲堪雖有英譽議者未以分陝許之既受腹心之

任居上流之重朝野屬想謂有異政及在州綱目不舉而好行小惠夷夏頗安附之先是仲堪游於江濱見流棺接而葬焉旬日間門前之溝忽起爲岸其夕有人通仲堪自稱徐伯玄云感君之惠無以報也仲堪因問門前之岸是何祥乎對曰水中有岸其名爲洲君將爲州言終而沒至是果臨荆州桂陽人黃欽生父沒已久詐服衰麻言迎父喪府曹先依律詐取父母卒棄市仲堪乃曰律詐取父母寧依敺詈法棄市原此之旨當以二親生存而橫言死沒情事悖逆忍所不當故同之敺詈之科正以大辟之刑今欽生父實終沒墓在舊邦積年久遠方詐服迎喪以此爲大妄耳比之於父存言亡相殊遠矣遂活之又以異姓相養禮律所不許子孫繼親族無後者唯令主其蒸嘗不聽別籍以避役也佐吏咸服之時朝廷徵益州刺史郭銓犍爲太守卞苞於坐勸銓以蜀反仲堪斬之以聞朝廷以仲堪事不預察降號鷹揚將軍尙書下以益州所統梁州三郡人丁一千番戍漢中益州未肯承遣仲堪乃奏之曰夫制險分國各有攸宜劍閣之隘實蜀之關鍵巴西梓潼宕渠三郡去漢中遼遠在劍閣之內成敗與

蜀爲一而統屬梁州蓋定鼎中華慮在後伏所以分斗絕之勢開荷戟之路自
皇居南遷守在岷卭衿帶之形事異曩昔是以李勢初平割此三郡配隸益州
將欲重複上流爲習坎之防事經英略歷年數紀梁州以統接曠遠求還得三
郡忘王侯設險之義背地勢內外之實感陳事力之寡弱飾哀矜之苦言今華
陽乂清汧隴順軌關中餘燼自相魚肉梁州以論求三郡益州以本統有定更
相牽制莫知所從致令巴宕二郡爲羣獠所覆城邑空虛士庶流亡要害膏腴
皆爲獠有今遠慮長規宜保全險塞又蠻獠熾盛兵力寡弱如遂經理乖繆號
令不一則劍閣非我保醜類轉難制此乃藩扞之大機上流之至要昔三郡全
實正差文武三百以助梁州今浮沒蠻獠十不遺二加逐食鳥散資生未立苟
順符指以副梁州恐公私困弊無以堪命則劍閣之守無擊柝之儲號令選用
不專於益州虛有監統之名而無制御之用懼非分位之本旨經國之遠術謂
今正可更加梁州文武五百合前爲一千五百自此之外一仍舊貫設梁州有
急蜀當傾力救之書奏朝廷許焉桓玄在南郡論四皓來儀漢庭孝惠以立而

惠帝柔弱呂后凶忌此數公者觸彼埃塵欲以救弊二家之中各有其黨奪彼與此其雖必與不知匹夫之志四公何以逃其患素履終吉隱以保生者其若是乎以其文贈仲堪仲堪乃答之曰隱顯默語非賢達之心蓋所遇之時不同故所乘之塗必異道無所屈而天下以之獲寧仁者之心未能無感若夫四公者養志巖阿道高天下秦網雖虐游之而莫懼漢祖雖雄請之而弗顧徒以一理有感汎然而應事同賓客之禮言無是非之對孝惠以之獲安莫由報其德如意以之定藩無所容其怨且爭奪滋生主非一姓則百姓生心祚無常人則人皆自賢況夫漢以劍起人未知義式遏姦邪特宜以正順爲寶天下大器也苟亂亡見懼則滄海橫流原夫若人之振策豈爲一人之廢興哉苟可以暢其仁義與夫伏節委質可榮可辱者道迹懸殊理勢不同君何疑之哉又謂諸呂強威幾危劉氏如意若立必無此患夫禍福同門倚伏萬端又未可斷也于時天下新定權由上制高祖分王子弟有磐石之固社稷深謀之臣森然比肩豈瑣瑣之祿產所能傾奪之哉此或四公所預于今亦無以辨之但求古賢之心

宜存之遠大耳端本正源者雖不能無危其危易持苟啓競津雖未必不安而
其安難保此最有國之要道古今賢哲所同惜也玄屈之仲堪自在荊州連年
水旱百姓饑饉仲堪食常五椀盤無餘肴飯粘落席閒輒拾以噉之雖欲率物
亦緣其性真素也每語子弟云人物見我受任方州謂我豁平昔時意今吾處
之不易貧者士之常焉得登枝而捐其本爾其存之其後蜀水大出漂浮江陵
數千家以隄防不嚴復降爲寧遠將軍安帝卽位進號冠軍將軍固讓不受初
桓玄將應王恭乃說仲堪推恭爲盟主共興晉陽之舉立桓文之功仲堪然之
仲堪以王恭在京口去都不盈二百自荊州道遠連兵勢不相及乃僞許恭而
實不欲下聞恭已誅王國寶等始抗表與師遣龍驤將軍楊佺期次巴陵會稽
王道子遣書止之仲堪乃還初桓玄棄官歸國仲堪憚其才地深相交結玄亦
欲假其兵勢誘而悅之國寶之役仲堪既納玄之誘乃外結雍州刺史郗恢內
要從兄南蠻校尉覬南郡相江績等恢覬績並不同之乃以楊佺期代績覬自
遜位會王恭復與豫州刺史庾楷舉兵討江州刺史王愉及譙王尚之等仲堪

因集議以爲朝廷去年自戮國寶王恭威名已震今其重舉勢無不剋而我去年緩師已失信於彼今可整棹晨征參其霸功於是使佺期舟師五千爲前鋒桓玄次之仲堪率兵二萬相繼而下佺期玄至湓口王愉奔于臨川玄遣偏軍追獲之佺期等進至橫江庾楷敗奔於玄譙王尚之等退走尚之弟恢之所領水軍皆沒玄等至石頭仲堪至蕪湖忽聞王恭已死劉牢之反恭領北府兵在新亭玄等三軍失色無復固志乃迴師屯于蔡州時朝廷新平恭楷且不測西方人心仲堪等擁衆數萬充斥郊畿內外憂逼玄從兄修告會稽王道子曰西軍可說而解也修知其情矣若許佺期以重利無不倒戈於仲堪者道子納之乃以玄爲江州佺期爲雍州黜仲堪爲廣州以桓修爲荊州遣仲堪叔父太常茂宣詔迴軍仲堪恚被貶退以王恭雖敗已衆亦足以立事令玄等急進軍玄等喜於寵授並欲順朝命猶豫未決會仲堪弟遹爲佺期司馬夜奔仲堪說佺期受朝命納桓修仲堪惶遽卽於蕪湖南歸使徇於玄等軍曰若不各散而歸大軍至江陵當悉戮餘口仲堪將劉系先領二千人隸于佺期輒率衆而歸玄

等大懼狼狽追仲堪至尋陽及之於是仲堪失職倚玄爲援玄等又資仲堪之兵雖互相疑阻亦不得異仲堪與佺期以子弟交質遂於尋陽結盟玄爲盟主臨壇歃血並不受詔申理王恭求誅劉牢之譙王尚之等朝廷深憚之於是詔仲堪曰間以將軍憑寄失所朝野懷憂然既往之事宜其兩忘用乃班師迴斾祇順朝旨所以改授方任蓋隨時之宜將軍大議誠感朕心今還復本位即撫所鎭釋甲休兵則內外寧一故遣太常茂具宣乃懷仲堪等並奉詔各旋所鎭頃之桓玄將討佺期先告仲堪云今當入沔討除佺期已頓兵江口若見與無貳可殺楊廣若其不然便當率軍入江仲堪乃執玄兄偉遣從弟遹等水軍七千至江西口玄使郭銓苻宏擊之遹等敗走玄頓巴陵而館其穀玄又破楊廣於夏口仲堪既失巴陵之積又諸將皆敗江陵震駭城內大飢以胡麻爲廩仲堪急召佺期佺期率衆赴之直濟江擊玄爲玄所敗走還襄陽仲堪出奔酇城爲玄追兵所獲逼令自殺死于柞溪弟子道護參軍羅企生等並被殺仲堪少奉天師道又精心事神不吝財賄而怠行仁義嗇於周急及玄來攻猶勤請禱

然善取人情病者自爲診脈分藥而用計倚伏煩密少於鑒略以至於敗子劭之載喪下都葬于丹徒遂居墓側義旗建率私僮客隨義軍躡桓玄玄死劭之食其肉桓振之役義軍失利劭之沒陣弟曠之有父風仕至剡令

楊佺期

楊佺期弘農華陰人漢太尉震之後也曾祖準太常自震至準七世有名德祖林少有才望值亂沒胡父亮少仕僞朝後歸國終於梁州刺史以貞幹知名佺期沉勇果勁而兄廣及弟思平等皆強獷麤暴自云門戶承籍江表莫比有以其門地比王珣者猶恚恨而時人以其晚過江婚宦失類每排抑之恆慷慨切齒欲因事際以逞其志佺期少仕軍府咸康中領衆屯城固苻堅將潘猛距守康回壘佺期擊走之其衆悉降拜廣威將軍河南太守戍洛陽苻堅將竇衝率衆攻平陽太守張元熙於皇天塢佺期擊走之佺期自湖城入潼關累戰皆捷斬獲千計降九百餘家歸於洛陽進號龍驤將軍以病改爲新野太守領建威司馬遷唐邑太守督石頭軍事以疾去職荆州刺史殷仲堪引爲司馬代江績

爲南郡相仲堪與桓玄舉衆應王恭庾楷仲堪素無戎略軍旅之事一委佺期兄弟以兵五千人爲前鋒與桓玄相次而下至石頭恭死楷敗朝廷未測玄軍乃以佺期代郄恢爲都督梁雍秦三州諸軍事雍州刺史仲堪玄皆有遷換於是俱還尋陽結盟不奉詔俄而朝廷復仲堪本職乃各還鎮初玄未奉詔欲自爲雍州以郄恢爲廣州恢懼玄之來問於衆咸曰佺期來者誰不戮力若桓玄來恐難與爲敵既知佺期代己乃謀於南陽太守閭丘羨稱兵距守佺期慮事不濟乃聲言玄來入沔而佺期爲前驅恢衆信之無復固志恢軍散請降佺期入府斬閭丘羨放恢還都撫將士恤百姓繕修城池簡練甲卒甚得人情佺期仲堪與桓玄素不穆佺期屢欲相攻仲堪每抑止之玄以是告執政求廣其所統朝廷亦欲成其釁隙故以桓偉爲南蠻校尉佺期內懷忿懼勒兵建牙聲云援洛欲與仲堪襲玄仲堪雖外結佺期內疑其心苦止之又遣從弟遹屯北塞以駐之佺期不得舉乃解兵隆安三年桓玄遂舉兵討佺期先攻仲堪初仲堪得玄書急召佺期佺期曰江陵無食當何以待敵可來見就共守襄陽仲堪自

以保境全軍無緣棄城逆走憂佺期不赴乃紿之曰比來收集已有儲矣佺期信之乃率衆赴焉步騎八千精甲耀日既至仲堪唯以飯餉其軍佺期大怒曰今茲敗矣乃不見仲堪時玄在零田佺期與兄廣擊玄玄畏佺期之銳乃渡軍馬頭明日佺期率殷道護等精銳萬人乘艦出戰玄距之不得進佺期乃率其麾下數十艦直濟江徑向玄船俄而迴擊郭銓殆獲銓會玄諸軍至佺期退走餘衆盡沒單馬奔襄陽玄追軍至佺期與兄廣俱死之傳首京都梟於朱雀門弟思平從弟尚保孜敬俱逃于蠻劉裕起義始歸國歷位州郡孜敬爲人剽銳果於行事昔與佺期勸殷仲堪殺殷覬仲堪不從孜敬拔刃而起欲自出取之仲堪苦禁乃止及爲梁州刺史常怏怏不滿其志經襄陽見魯宗之侍衞皆佺期之舊也孜敬愈憤見於辭色宗之參軍劉千期於座面折之因大發怒抽劍刺千期立死宗之表而斬之思平尚保後亦以罪誅楊氏遂滅

史臣曰生靈道斷忠貞路絕棄彼弊冠崇茲新履牢之事非其主抑亦不臣功多見疑勢陵難信而投兵散地二三之甚若夫司牧居愆方隅作戾口順勤王

心乖抗節王恭鯁言時政有昔賢之風國寶就誅而晉陽猶起是以仲堪僥倖
佺期無狀雅志多隙佳兵不和足以亡身不足以靜亂也
贊曰孝伯懷功牢之總戎王因起釁劉亦慚忠殷楊乃武抽旆爭雄庾君含怨
交鬬其中猗歟羣采道睽心異是曰亂階非關臣事

晉書卷八十四

晉書卷八十四考證

殷仲堪傳頃聞抄掠所得多皆採稆飢人○稆監本訛穭本書音義訛梠今俱改正

晉書卷八十四考證

晉書卷八十五

唐　太　宗　文　皇　帝　御　撰

列傳第五十五

劉毅 兄邁

劉毅字希樂彭城沛人也曾祖距廣陵相叔父鎮左光祿大夫毅少有大志不修家人產業仕爲州從事桓弘以爲中兵參軍屬桓玄篡位毅與劉裕何無忌魏詠之等起義兵密謀討玄毅討徐州刺史桓修於京口青州刺史桓弘於廣陵裕率毅等至竹里玄使其將皇甫敷吳甫之北距義兵遇之於江乘臨陣斬甫之進至羅落橋又斬敷首玄大懼使桓謙何澹之屯覆舟山毅等軍至蔣山裕使羸弱登山多張旗幟玄不之測益以危懼謙等士卒多北府人素慴伏裕莫敢出鬬裕與毅等分爲數隊進突謙陣皆殊死戰無不一當百時東北風急義軍放火烟塵張天鼓譟之音震駭京邑謙等諸軍一時奔散玄既西走裕以毅爲冠軍將軍青州刺史與何無忌劉道規躡玄玄逼帝及琅邪王西上毅與

道規及下邳太守孟懷玉等追及玄戰於崢嶸洲毅乘風縱火盡銳爭先玄衆
大潰燒輜重夜走玄將郭銓劉雅等襲陷尋陽毅遣武威將軍劉懷肅討平之
及玄死桓振桓謙復聚衆距毅於靈溪玄將馮該以兵會於振毅進擊爲振所
敗退次尋陽坐免官尋原之劉裕命何無忌受毅節度無忌以督攝爲煩輒便
解統毅疾無忌專擅免其琅邪內史以輔國將軍攝軍事無忌遂與毅不平毅
唯自引咎時論韙之毅復與道規發尋陽桓亮自號江州刺史遣劉敬宣擊走
之毅軍次夏口時振黨馮該戍大岸孟山圖據魯城桓山客守偃月壘衆合萬
人連艦二岸水陸相援毅督衆軍進討未至夏口遇風飄沒千餘人毅與劉懷
肅索邈等攻魯城道規攻偃月壘何無忌與檀祇列艦於中流以防越逸毅躬
貫甲冑陵城半日而二壘俱潰生擒山客而馮該遁走毅進平巴陵以毅爲使
持節兗州刺史將軍如故毅號令嚴整所經墟邑百姓安悅南陽太守魯宗之
起義襲襄陽破桓蔚毅等諸軍次江陵之馬頭振擁乘輿出營江津宗之又破
僞將溫楷振自擊宗之毅因率無忌道規等諸軍破馮該於豫章口推鋒而進

遂入江陵振聞城陷與謙北走乘輿反正毅執玄黨卞範之羊僧壽夏侯崇之桓道恭等皆斬之桓振復與苻宏自鄖城襲陷江陵與劉懷肅相持毅遣部將擊振殺之幷斬僞輔國將軍桓珍毅又攻拔遷陵斬玄太守劉叔祖於臨嶂其餘擁衆假號以十數皆討平之二州既平以毅爲撫軍將軍時刁預等作亂屯於湘中毅遣將分討皆滅之初毅丁憂在家及義旗初興遂墨絰從事至是軍役漸寧上表乞還京口以終喪禮曰弘道爲國者理盡於仁孝訴窮歸天者莫甚於喪親但臣凡庸本無感槩不能隕越故其宜耳往年國難滔天故志竭愚忠靦然苟存去春鑾駕迴軫而狂狡未滅雖姦凶時梟餘燼竄伏威懷寡方文武勞弊微情未申顧景悲憤今皇威遐肅海內淸蕩臣窮毒艱穢亦已具於聖聽兼羸患滋甚衆疾互動如今寢頓無復人理臣之情也本不甘生語其事也亦可以没乞賜餘骸終其丘墳庶幾忠孝之道獲宥於聖世不許詔以毅爲都督豫州揚州之淮南歷陽廬江安豐五郡諸軍事豫州刺史持節將軍常侍如故本府文武悉令西屬以匡復功封南平郡開國公兼都督宣城軍事給鼓吹

一部梁州刺史劉雅反毅遣將討擒之初桓玄於南州起齋悉畫盤龍於其上號爲盤龍齋毅小字盤龍至是遂居之俄進拜衛將軍開府儀同三司及何無忌爲盧循所敗賊軍乘勝而進朝廷震駭毅具舟船討之將發而疾篤內外失色朝議欲奉乘輿北就中軍劉裕會毅疾瘳將率軍南征裕與毅書曰吾往與妖賊戰曉其變態今修船垂畢將居前撲之尅平之日上流之任皆以相委又遣毅從弟藩往止之毅大怒謂藩曰我以一時之功相推耳汝便謂我不及劉裕也投書於地遂以舟師二萬發姑孰徐道覆聞毅將至建鄴報盧循曰劉毅兵重成敗繫此一戰宜併力距之循乃引兵發巴陵與道覆連旗而下毅次于桑落洲與賊戰敗績棄船以數百人步走餘衆皆爲賊所虜輜重盈積皆棄之毅走經涉蠻晉飢困死亡至者十二三參軍羊邃竭力營護之僅而獲免劉裕深慰勉之復其本職毅乃以邃爲諮議參軍及裕討循詔毅知內外留事毅以喪師乞解任降爲後將軍尋轉衛將軍開府儀同三司江州都督毅上表曰臣聞天以盈虛爲運政以損益爲道時否而政不革人凋而事不損則無以救急

病於已危拯塗炭於將絶自頃戎車屢駭干戈溢境所統江州以一隅之地當逆順之衝自桓玄以來驅蹙殘敗至乃男不被養女無匹對逃亡去就不避幽深自非財殫力竭無以至此若不曲心矜理有所釐改則靡遺之歎奄焉必及夫設官分職軍國殊用牧養以息務爲大武略以濟事爲先兼而領之蓋出於權事因藉既久遂似常體江州在腹心之內憑接揚豫藩屏所倚實爲重複昔胡寇縱逸朔馬臨江抗禦之宜蓋權爾耳今江左區區戶不盈數十萬地不踰數千里而統旅鱗次未獲減息大而言之足爲國恥況乃地在無虞而猶置軍府文武將佐資費非要豈所謂經國大情揚湯去火者哉自州郡邊江百姓遼落加郵亭險閡畏阻風波轉輸往復恆有淹廢又非所謂因其所利以濟其弊者也愚謂宜解軍府移鎮豫章處十郡之中厲簡惠之政以及數年可有生氣且屬縣凋散亦有所存而役調送迎不得止息亦謂應隨宜并合以簡衆費刺史庾悅自臨莅以來甚有恤隱之誠但綱維不革自非綱目所理尋陽接蠻宜示有遏防可卽州府千兵以助郡戍於是解悅毅移鎮豫章遣其親將趙恢領

千兵守尋陽俄進毅爲都督荆寧秦雍四州之河東河南廣平揚州之義城四郡諸軍事衞將軍開府儀同三司荆州刺史持節公如故毅表荆州編戶不盈十萬器械索然廣州雖凋殘猶出丹漆之用請依先準於是加督交廣二州毅至江陵乃輒取江州兵及豫州西府文武萬餘留而不遣又告疾困請藩爲副劉裕以毅貳于己乃奏之安帝下詔曰劉毅傲狠凶戾履霜日久中間覆敗宜即顯戮晉法含弘復蒙寵授曾不思愆內訟怨望滋甚賴宰輔藏疾特加遵養遂復推轂陝西寵榮隆泰庶能洗心感遇革音改意而長惡不悛志爲姦宄陵上虐下縱逸無度既解督任江州非復所統而輒徙兵衆略取軍資驅斥舊戍厚樹親黨西府二局文武盈萬悉皆割留曾無片言肆心恣欲罔顧天朝又與從弟藩遠相影響招聚剽狡繕甲阻兵外託省疾實規伺隙同惡相濟圖會荆郢尚書左僕射謝混憑藉世資超蒙殊遇而輕佻躁脫職爲亂階扇動內外連謀萬里是而可忍孰不可懷乃誅藩混劉裕自率衆討毅命王弘王鎮惡蒯恩等率軍至豫章口於江津燔舟而進毅參軍朱顯之逢鎮惡以所統千人赴毅

鎮惡等攻陷外城毅守內城精銳尚數千人戰至日昃鎮惡以裕書示城內毅怒不發書而焚之毅冀有外救督士卒力戰衆知裕至莫有鬬心既暮鎮惡焚諸門齊力攻之毅衆乃散毅自北門單騎而走去江陵二十里而縊經宿居人以告乃斬於市子姪皆伏誅毅兄模奔於襄陽魯宗之斬送之毅剛猛沉斷而專肆狠愎與劉裕協成大業而功居其次深自矜伐不相推伏及居方嶽常快快不得志裕每柔而順之毅驕縱滋甚每覽史籍至藺相如降屈於廉頗輒絕歎以爲不可能也嘗云恨不遇劉項與之爭中原又謂郗僧施曰昔劉備之有孔明猶魚之有水今吾與足下雖才非古賢而事同斯言衆咸惡其陵傲不遜及敗於桑落知物情去已而彌復憤激初裕征盧循凱歸帝大宴於西池有詔賦詩毅詩云六國多雄士正始出風流自知武功不競故示文雅有餘也後在東府聚樗蒱大擲一判應至數百萬餘人並黑犢以還唯劉裕及毅在後毅次擲得雉大喜褰衣繞牀叫謂同坐曰非不能盧不事此耳裕惡之因挼五木久之曰老兄試爲卿答既而四子俱黑其一子轉躍未定裕厲聲喝之即成盧焉

毅意殊不快然素黑其面如鐵色焉而乃和言曰亦知公不能以此見借旣出西藩雖上流分陝而頻失內權又頗自嫌事計故欲擅其威彊伺隙圖裕以至於敗初江州刺史庾悅隆安中爲司徒長史曾至京口毅時甚屯窶先就府借東堂與親故出射而悅後與僚佐徑來詣堂毅告之曰毅輩屯否之人合一射甚難君於諸堂並可望以今日見讓悅不許射者皆散唯毅留射如故旣而悅食鵝毅求其餘悅又不答毅常銜之義熙中故奪悅豫章解其軍府使人微示其旨悅忿懼而死毅之褊躁如此

邁字伯羣少有才幹爲殷仲堪中兵參軍桓玄之在江陵甚豪橫士庶畏之過於仲堪玄曾於仲堪廳事前戲馬以矟擬仲堪邁時在坐謂玄曰馬矟有餘精理不足玄自以才雄冠世而心知外物不許之仲堪爲之失色玄出仲堪謂邁曰卿乃狂人也玄夜遣殺卿我豈能相救邁以正辭折仲堪而不以爲悔仲堪使邁下都以避之玄果令追之邁僅而免禍後玄得志邁詣門稱謁玄謂邁曰安知不死而敢相見邁對曰射鉤斬袪與邁爲三故不知死玄甚喜以爲刑獄

參軍後爲竟陵太守及毅與劉裕等同謀起義邁將應之事泄爲玄所害

諸葛長民

諸葛長民琅邪陽郡人也有文武幹用然不持行檢無鄉曲之譽桓玄引爲參軍平西軍事尋以貪刻免及劉裕建義與之定謀爲揚武將軍從裕討桓玄以功拜輔國將軍宣城內史于時桓歆聚衆向歷陽長民擊走之又與劉敬宣破歆于芍陂封新淦縣公食邑二千五百戶以本官督淮北諸軍事鎮山陽義熙初慕容超寇下邳長民遣部將徐琰擊走之進位使持節督青揚二州諸軍事青州刺史領晉陵太守鎮丹徒本號及公如故及何無忌爲徐道覆所害賊乘勝逼京師朝廷震駭長民率衆入衞京都因表曰妖賊集船伐木而南康相郭澄之隱蔽經年又深相保明屢欺無忌罪合斬刑詔原澄之及盧循之敗劉毅也循與道覆連旗而下京都危懼長民勸劉裕權移天子過江裕不聽令長民與劉毅屯于北陵以備石頭事平轉督豫州揚州之六郡諸軍事豫州刺史領淮南太守及裕討毅以長民監太尉留府事詔以甲杖五十人入殿長民驕縱

貪侈不恤政事多聚珍寶美色營建第宅不知紀極所在殘虐爲百姓所苦自以多行無禮恆懼國憲及劉毅被誅長民謂所親曰昔年醢彭越前年殺韓信禍其至矣謀欲爲亂問劉穆之曰人間論者謂太尉與我不平其故何也穆之曰相公西征老母弱弟委之將軍何謂不平長民弟黎民輕狡好利固勸之曰黥彭異體而勢不偏全劉毅之誅亦諸葛氏之懼可因裕未還以圖之長民猶豫未發既而歎曰貧賤常思富貴富貴必履危機今日欲爲丹徒布衣豈可得也裕深疑之駱驛繼遣輜重兼行而下前剋至日百司於道候之輒差其期既而輕舟徑進潛入東府明旦長民聞之驚而至門裕伏壯士丁旿於幔中引長民進語素所未盡皆說焉長民悅旿自後拉而殺之輿尸付廷尉使收黎民黎民驍勇絶人與捕者苦戰而死小弟幼民爲大司馬參軍逃于山中追擒戮之諸葛氏之誅也士庶咸恨正刑之晚若釋桎梏焉初長民富貴之後常一月中輒十數夜眠中驚起跳踉如與人相打毛修之嘗與同宿見之駭愕問其故長民答曰正見一物甚黑而有毛脚不分明奇健非我無以制之其後來轉數屋

中柱及椽桷閒悉見有蚰頭令人以刀懸斫應刃隱藏去輒復出又擣衣杵相與語如人聲不可解於壁見有巨手長七八尺臂大數圍令斫之豁然不見未幾伏誅

何無忌

何無忌東海郯人也少有大志忠亮任氣人有不稱其心者輒形於言色州辟從事轉太學博士鎮北將軍劉牢之卽其舅也時鎮京口每有大事常與參議之會稽世子元顯子彥章封東海王以無忌爲國中尉加廣武將軍及桓玄害彥章於市無忌入市慟哭而出時人義焉隨牢之南征桓玄牢之將降於玄也無忌屢諫辭旨甚切牢之不從及玄篡位無忌與玄吏部郎曹靖之有舊請莅小縣靖之白玄玄不許無忌乃還京口初劉裕嘗爲劉牢之參軍與無忌素相親結至是因密共圖玄劉毅家在京口與無忌素善言及興復之事無忌曰桓氏強盛其可圖乎毅曰天下自有彊弱雖彊易弱正患事主得難耳無忌曰天下草澤之中非無英雄也毅曰所見唯有劉下邳無忌笑而不答還以告裕因

共要毅與相推結遂共舉義兵襲京口無忌僞著傳詔服稱勑使城中無敢動者初桓玄聞裕等及無忌之起兵也甚懼其黨曰劉裕烏合之衆勢必無成願不以爲慮玄曰劉裕勇冠三軍當今無敵劉毅家無儋石之儲樗蒱一擲百萬何無忌劉牢之之甥酷似其舅共舉大事何謂無成其見憚如此及玄敗走武陵王遵承制以無忌爲輔國將軍琅邪內史以會稽王道子所部精兵悉配之南追桓玄與振武將軍劉道規俱受冠軍將軍劉毅節度玄留其龍驤將軍何澹之前將軍郭銓江州刺史郭昶之守溢口無忌等次桑落洲澹之等率軍來戰澹之常所乘舫旌旗甚盛無忌曰賊帥必不居此欲詐我耳宜亟攻之衆咸曰澹之不在其中其徒得之無益無忌謂道規曰今衆寡不敵戰無全勝澹之雖不居此舫取則易獲因縱兵騰之可以一鼓而敗也道規從之遂獲賊舫因傳呼曰已得何澹之矣賊中驚擾無忌之衆亦謂爲然道規乘勝徑進無忌又鼓譟赴之澹之遂潰進據尋陽遣使奉送宗廟主祏及武康公主琅邪王妃還京都又與毅道規破走玄於崢嶸洲無忌進據巴陵玄從兄謙從子振乘間陷

江陵無忌道規進攻謙於馬頭攻桓蔚於龍泉皆破之既而爲桓振所敗退還尋陽無忌與毅道規復進討振剋夏口三城遂平巴陵進次馬頭桓謙請割荆江二州奉送天子無忌不許進軍破江陵謙等敗走無忌侍衞安帝還京師以無忌督豫州揚州淮南廬江安豐歷陽堂邑五郡軍事右將軍豫州刺史加節甲杖五十人入殿未之職還會稽內史督江東五郡軍事持節將軍如故給鼓吹一部義熙二年還都督江荆二州江夏隨義陽綏安豫州西陽新蔡汝南潁川八郡軍事江州刺史將軍持節如故以興復之功封安城郡開國公食邑三千戸增督司州之弘農揚州之松滋加散騎侍郎進鎮南將軍盧循遣別帥徐道覆順流而下舟艦皆重樓無忌將率衆距之長史鄧潛之諫曰今以神武之師抗彼逆衆迴山壓卵未足爲譬然國家之計在此一舉聞其舟艦大盛勢若上流蜂蠆之毒邾魯成鑒宜決破南唐守二城以待之其必不敢捨我遠下蓄力俟其疲老然後擊之若棄萬全之長策而決成敗於一戰如其失利悔無及矣無忌不從遂以舟師距之既及賊令強弩數百登西岸小山以邀射之而薄

于山側俄而西風暴急無忌所乘小艦被飄東岸賊乘風以大艦逼之衆遂奔敗無忌尚厲聲曰取我蘇武節來節至乃躬執以督戰賊衆雲集登艦者數十人無忌辭色無撓遂握節死之詔曰無忌秉哲履正忠亮明允亡身殉國則契協英謨經綸屯昧則重氛載廓及敷政方夏寶播惠風妖寇構亂侵擾邦畿投袂致討志清王略而事出慮外臨危彌厲握節隕難誠貫古賢朕用傷慟于厥懷其贈侍中司空本官如故謚曰忠肅子邕嗣初桓玄剋京邑劉裕東征無忌密至裕軍所潛謀舉義勸裕於山陰起兵裕以玄大逆未彰恐在遠舉事剋濟爲難若玄遂竊天位然後於京口圖之事未晚也無忌乃還及義師之舉參贊大勳皆以算略攻取爲效而此舉敗於輕脫朝野痛之

檀憑之

檀憑之字慶子高平人也少有志力閨門邕肅爲世所稱從兄子韶兄弟五人皆稚弱而孤憑之撫養若己所生初爲會稽王驃騎行參軍轉桓修長流參軍領東莞太守加寧遠將軍與劉裕有州閭之舊又數同東討情好甚密義旗之

建憑之與劉毅俱以私艱墨絰而赴雖才望居毅之後而官次及威聲過之故裕以爲建武將軍裕將義舉也嘗與何無忌魏詠之同會憑之所會善相者晉陵韋叟見憑之大驚曰卿有急兵之厄其候不過三四日耳且深藏以避之不可輕出及桓玄將皇甫敷之至羅落橋也憑之與裕各領一隊而戰軍敗爲敷軍所害贈冀州刺史義熙初詔曰夫旌善紀功有國之通典沒而不朽節義之篤行故冀州刺史檀憑之忠烈果毅亡身爲國既義敦其情故臨危授命考諸心迹古人無以遠過近者之贈意猶恨焉可加贈散騎常侍本官如故既隕身王事亦宜追論封賞可封曲阿縣公邑三千戶

魏詠之

魏詠之字長道任城人也家世貧素而躬耕爲事好學不倦生而兔缺有善相者謂之曰卿當富貴年十八聞荊州刺史殷仲堪帳下有名醫能療之貧無行裝謂家人曰殘醜如此用活何爲遂齎數斛米西上以投仲堪既至造門自通仲堪與語嘉其盛意召醫視之醫曰可割而補之但須百日進粥不得笑語詠

之曰半生不語而有半生亦當療之況百日邪仲堪於是處之別屋令醫善療
之詠之遂閉口不語唯食薄粥其厲志如此及差仲堪厚資遣之初爲州主簿
常見桓玄既出玄鄙其精神不儁謂坐客曰庸神而宅偉幹不成令器竟不調
而遣之詠之早與劉裕游款及玄篡位協贊義謀玄敗授建威將軍豫州刺史
桓歆寇歷陽詠之率衆擊走之義熙初進征虜將軍吳國內史尋轉荊州刺史
持節都督六州領南蠻校尉詠之初在布衣不以貧賤爲恥及居顯位亦不以
富貴驕人始爲仲堪之客未幾竟踐其位論者稱之尋卒于官詔曰魏詠之器
宇弘劭識局貞隱同獎之誠實銘王府敷績之效垂惠在人奄致隕喪惻愴于
心可贈太常加散騎常侍其後錄其贊義之功追封江陵縣公食邑二千五百
戶諡曰桓弟順之至琅邪內史

史臣曰臣觀自古承平之化必杖正人非常之業莫先奇士當衰晉陵夷之際
逆玄僭擅之秋外乏桓文內無平勃不有雄傑安能濟之哉此數子者氣足以
冠時才足以經世屬大亨數窮之運乘義熙天啓之資建大功若轉圜剪羣凶

如拉朽勢傾百辟祿極萬鍾斯亦丈夫之盛也然希樂陵傲而速禍諸葛驕淫以成釁造宋而乖同德復晉而異純臣謀之不臧自取夷滅無忌挾功名之大志挺文武之良才追舊而慟感時人率義而響震勍敵因機劾捷處死不懦比乎向時之輩豈同日而言歟

贊曰劉生剛愎葛侯凶恣患結滿盈禍生疑貳安成英武體茲忠烈捨家殉義亡生存節檀實稜威身隕名飛魏終協契効績揚輝

晉書卷八十五

晉書卷八十五考證

劉毅傳知物情去已而彌復憤激○監本脫已字今從宋本增

晉書卷八十五考證

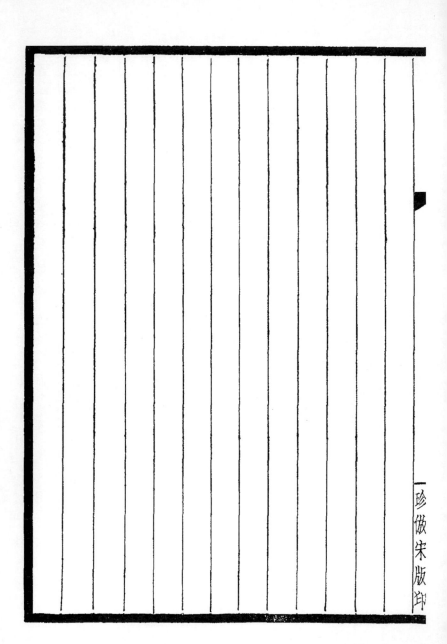

晉書卷八十六

唐　太　宗　文　皇　帝　御　撰

列傳第五十六

張軌　軌子寔　寔弟茂　寔子駿　駿子重華　華子耀靈　靈伯父祚　靈弟玄靚　靚叔天錫

張軌字士彥安定烏氏人漢常山景王耳十七代孫也家世孝廉以儒學顯父温爲大官令軌少明敏好學有器望姿儀典則與同郡皇甫謐善隱于宜陽女几山泰始初受叔父錫官五品中書監張華與軌論經義及政事損益甚器之謂安定中正爲蔽善抑才乃美爲之談以爲二品之精衞將軍楊珧辟爲掾除太子舍人累遷散騎常侍征西軍司軌以時方多難陰圖據河西筮之遇泰之觀乃投策喜曰霸者兆也於是求爲涼州公卿亦舉軌才堪御遠永寧初出爲護羌校尉涼州刺史于時鮮卑反叛寇盜從橫軌到官卽討破之斬首萬餘級遂威著西州化行河右以宋配陰充氾瑗陰澹爲股肱謀主徵九郡胄子五百人立學校始置崇文祭酒位視別駕春秋行鄉射之禮祕書監繆世徵少府摯

虞夜觀星象相與言曰天下方亂避難之國唯涼土耳張涼州德量不恆殆其人乎及河間成都二王之難遣兵三千東赴京師初漢末金城人陽成遠殺太守以叛郡人馮忠赴尸號哭嘔血而死張掖人吳詠爲護羌校尉馬賢所辟後爲太尉龐參掾參賢相誣罪應死各引詠爲證詠計理無兩直遂自刎而死參賢慙悔自相和釋軌皆祭其墓而旌其子孫永興中鮮卑若羅拔能皆爲寇軌遣司馬宋配擊之斬拔能俘十餘萬口威名大震惠帝遣加安西將軍封安樂鄉侯邑千戶於是大城姑臧其城本匈奴所築也南北七里東西三里地有龍形故名臥龍城初漢末博士敦煌侯瑾謂其門人曰後城西泉水當竭有雙闕起其上與東門相望中有霸者出焉至魏嘉平中郡官果起學館築雙闕于泉上與東門正相望矣至是張氏遂霸河西永嘉初會東羌校尉韓稚殺秦州刺史張輔軌少府司馬楊胤言於軌曰今稚逆命擅殺張輔明公杖鉞一方宜懲不恪此亦春秋之義諸侯相滅亡桓公不能救則桓公恥之軌從焉遣中督護氾瑗率衆二萬討之先遣稚書曰今王綱紛撓牧守宜戮力勤王適得雍州檄

云卿稱兵內侮吾董任一方義在伐叛武旅三萬駱驛繼發伐木之感心豈可
言古之行師全國爲上卿若單馬軍門者當與卿共平世難也稚得書而降遣
主簿令狐亞聘南陽王模模甚悅遺軌以帝所賜劍謂軌曰自隴以西征伐斷
割悉以相委如此劍矣俄而王彌寇洛陽軌遣北宮純張纂馬魴陰濬等率州
軍擊破之又敗劉聰于河東京師歌之曰涼州大馬橫行天下涼州鴟苕寇賊
消鴟苕翩翩怖殺人帝嘉其忠進封西平郡公不受張掖臨松山石有金馬字
磨滅粗可識而張字分明又有文曰初祚天下西方安萬年姑臧又有玄石白
點成二十八宿于時天下既亂所在使命莫有至者軌遣使貢獻歲時不替朝
廷嘉之屢降璽書慰勞軌後患風口不能言使子茂攝州事酒泉太守張鎮潛
引秦州刺史賈龕以代軌密使詣京師請尚書侍郎曹祛爲西平太守圖爲輔
車之勢軌別駕麴晁欲專威福又遣使詣長安告南陽王模稱軌廢疾以請賈
龕而龕將受之其兄讓龕曰張涼州一時名士威著西州汝何德以代之龕乃
止更以侍中爰瑜爲涼州刺史治中楊澹馳詣長安割耳盤上訴軌之被誣模

乃表停之晉昌張越涼州大族讖言張氏霸涼自以才力應之從隴西內史遷
涼州刺史越志在涼州遂託病歸河西陰圖代軌及遣兄鎮及曹祛麴佩移檄
廢軌以軍司杜耽攝州事使耽表越爲刺史軌令曰吾在州八年不能綏靖區
域又值中州兵亂秦隴倒懸加以寢患委篤實思斂迹避賢但負荷任重未便
輒遂不圖諸人橫與此變是不明吾心也吾視去貴州如脫屣耳欲遣主簿尉
髦奉表詣闕便速脂轄將歸老宜陽長史王融參軍孟暢蹋折鎮檄排閤入諫
曰晉室多故人神塗炭實賴明公撫寧西夏張鎮兄弟敢肆凶逆宜聲其罪而
戮之不可成其志也軌嘿然融等出而戒嚴武威太守張琠遣子坦馳詣京表
曰魏尚安邊而獲戾充國盡忠而被譴皆前史之所譏今日之明鑒也順陽之
爲劉陶守闕者十人刺史之莅臣州若慈母之於赤子百姓之愛臣軌若旱苗
之得膏雨伏聞信惑流言當有遷代民情嗷嗷如失父母今戎夷猾夏不宜搔
動一方尋以子寔爲中督護率兵討鎮遣鎮外甥太府主簿令狐亞前喻鎮曰
舅何不審安危明成敗主公西河著德兵馬如雲此猶烈火已焚待江漢之水

溺於洪流望越人之助其何及哉今數萬之軍已臨近境今唯全老親存門戶輸誠歸官必保萬全之福鎮流涕曰人誤我也乃委罪功曹魯連而斬之詣寔歸罪南討曹祛走之張坦至自京師帝優詔勞軌依模所表命誅曹祛軌大悅赦州內殊死已下命寔率尹員宋配步騎三萬討祛別遣從事田迥王豐率騎八百自姑臧西南出石驢據長寧祛遣麴晃距戰于黃阪寔詭道出浩亹戰于破羌軌斬祛及牙門田囂遣治中張閬送義兵五千及郡國秀孝貢計器甲方物歸于京師令有司可推詳立州已來清貞德素嘉遯遺榮高才碩學著述經史臨危殉義殺身爲君忠諫而嬰禍專對而釋患權智雄勇爲時除難諂佞誤主傷陷忠賢具狀以聞州中父老莫不相慶光祿傅祗太常摯虞遺軌書告京師饑匱軌卽遣參軍杜勳獻馬五百匹毯布三萬匹帝遣使者進拜鎮西將軍都督隴右諸軍事封霸城侯進車騎將軍開府辟召儀同三司策未至而王彌遂逼洛陽軌遣將軍張斐北宮純郭敷等率精騎五千來衞京都及京都陷斐等皆沒於賊中州避難來者日月相繼分武威置武興郡以居之太府主簿馬

魴言於軌曰四海傾覆乘輿未反明公以全州之力徑造平陽必當萬里風披有征無戰未審何憚不爲此舉軌曰是孤心也又聞秦王入關乃馳檄關中曰主上遘危還幸非所普天分崩率土喪氣秦王天挺聖德神武應期世祖之孫王今爲長凡我晉人食土之類龜筮克從幽明同款宜簡令辰奉登皇位今遣前鋒督護宋配步騎二萬徑至長安翼衞乘輿折衝左右西中郎寔中軍三萬武威太守張琠胡騎二萬駱驛繼發仲秋中旬會于臨晉俄而秦王爲皇太子遣使拜張軌爲驃騎大將軍儀同三司固辭秦州刺史裴苞東羌校尉貫與據險斷使命宋配討之西平王叔與曹祛餘黨麴儒等劫前福祿令麴恪爲主執太守趙彝東應裴苞寔迴師討之斬儒等左督護陰預與苞戰狹西大敗之苞奔桑凶塢是歲北宮純降劉聰皇太子遣使重申前授固辭左司馬竇濤言於軌曰曲阜周旦弗辭營丘齊望承命所以明國憲厲殊勳天下崩亂皇輿還幸州雖僻遠不忘匡衞故朝廷傾懷嘉命屢集宜從朝旨以副羣心軌不從初寔平麴儒徙元惡六百餘家治中令狐瀏曰夫除惡人猶農夫之去草令絕其本

勿使能滋今宜悉徙以絶後患寔不納儁黨果叛寔進平之愍帝即位進位司空固讓太府參軍索輔言於軌曰古以金貝皮幣爲貨息穀帛量度之秏二漢制五銖錢通易不滯泰始中河西荒廢遂不用錢裂匹以爲段數縑布既壞市易又難徒壞女工不任衣用弊之甚也今中州雖亂此方安全宜復五銖以濟通變之會軌納之立制準布用錢錢遂大行人賴其利是時劉曜寇北地軌又遣參軍麴陶領三千人衞長安帝遣大鴻臚辛攀拜軌侍中太尉涼州牧西平公軌又固辭在州十三年寢疾遺令曰吾無德於人今疾病彌留殆將命也文武將佐咸當弘盡忠規務安百姓上思報國下以寧家素棺薄葬無藏金玉善相安遜以聽朝旨表立子寔爲世子卒年六十謚曰武公

寔字安遜學尚明察敬賢愛士以秀才爲郎中永嘉初固辭驍騎將軍請還涼州許之改授議郎及至姑臧以討曹祛功封建武亭侯尋還西中郎將進爵福祿縣侯建興初除西中郎將領護羌校尉軌卒州人推寔攝父位愍帝因下策書曰維乃父武公著勳西夏頃胡賊狡猾侵逼近甸義兵銳卒萬里相尋方貢

遠珍府無虛歲方委專征蕩清九域昊天不弔凋余藩后朕用悼厥心維爾儁劭英毅宜世表西海今授持節都督涼州諸軍事西中郎將涼州刺史領護羌校尉西平公往欽哉其闡弘先緒俾屏王室蘭池長趙奭上軍士張冰得璽文曰皇帝璽羣僚上慶稱德寔曰孤常忿袁本初擬肘諸君何忽有此言因送于京師下令國中曰忝紹前蹤庶幾刑政不爲百姓之患而比年饑旱殆由庶事有缺竊慕箴誦之言以補不逮自今有面刺孤罪者酬以束帛翰墨陳孤過者答以筐篚謗言於市者報以羊米賊曹佐高昌隗瑾進言曰聖王將舉大事必崇三訊之法朝置諫官以匡大理疑承輔弼以補闕拾遺今事無巨細盡決聖慮興軍布令朝中不知若有謬闕則下無分謗竊謂宜偃聰塞智開納羣言政刑大小與衆共之若恆內斷聖心則羣僚畏威而面從矣若惡專歸於上雖賞千金終無言也寔納之增位三等賜帛四十匹遣督護王該送諸郡貢計獻名馬方珍經史圖籍于京師會劉曜逼長安寔遣將軍王該率衆以援京城帝嘉之拜都督陝西諸軍事及帝將降于劉曜下詔于寔曰天步厄運禍降晉室京

師傾陷先帝晏駕賊庭朕流漂宛許爰暨舊京羣臣以宗廟無主歸之於朕遂以沖眇之身託于王公之上自踐寶位四載于茲不能翦除巨寇以救危難元元兆庶仍遭塗炭皆朕不明所致羯賊劉載僭稱大號禍加先帝肆殺藩王深惟仇恥枕戈待旦劉曜自去年九月率其蟻衆乘虛深寇劫質羌胡攻沒北地麴允總戎在外六軍敗績侵逼京城矢流宮闕胡崧等雖赴國難殿而無効圍塹十重外救不至糧盡人窮遂爲降虜仰慙乾靈俯痛宗廟君世篤忠亮勳隆西夏四海具瞻朕所憑賴今進君大都督涼州牧侍中司空承制行事琅邪王宗室親賢遠在江表今朝廷播越社稷倒懸朕已詔王時攝大位君其協贊琅邪共濟艱運若不忘主宗廟有賴明便出降故夜見公卿屬以後事密遣黃門郎史淑侍御史王沖齎詔假授臨出寄命公其勉之寔以天子蒙塵沖讓不拜建威將軍西海太守張肅寔叔父也以京師危逼請爲先鋒擊劉曜寔以肅年老弗許肅曰狐死首丘心不忘本鍾儀在晉楚弁南音肅受晉寵剖符列位羯逆滔天朝廷傾覆肅宴安方裔難至不奮何以爲人臣寔曰門戶受重恩自當

闔宗効死忠衛社稷以申先公之志但叔父春秋已高氣力衰竭軍旅之事非耆耄所堪乃止既而聞京師陷沒肅悲憤而卒寔知劉曜逼遷天子大臨三日遣太府司馬韓璞滅寇將軍田齊撫戎將軍張閬前鋒督護陰預步騎一萬東赴國難命討虜將軍陳安故太守賈騫隴西太守吳紹各統郡兵爲璞等前驅戒璞曰前遣諸將多違機信所執不同致有乖阻且內不和親焉能服物今遣卿督五將兵事當如一體不得令乖異之問達孤耳也復遺南陽王保書曰王室有事不忘投軀孤州遠域首尾多難是以前遣賈騫瞻望公舉中被符命勑騫還軍忽聞北地陷沒寇逼長安胡崧不進麴允持金五百請救於崧是以決遣騫等進軍度嶺會聞朝廷傾覆爲忠不達於主遣兵不及於難痛慨之深死有餘責今更遣韓璞等唯公命是從及璞次南安諸羌斷軍路相持百餘日糧竭矢盡璞殺駕牛饗軍泣謂衆曰汝曹念父母乎曰念念妻子乎曰念欲生還乎曰欲從我令乎曰諾乃鼓譟進戰會張閬率金城軍繼至夾擊大敗之斬級數千時焦崧陳安寇隴右東與劉曜相持雍秦之人死者十八九初永嘉中長

安謠曰秦川中血沒腕唯有涼州倚柱觀至是謠言驗矣焦崧陳安逼上邽南陽王保遣使告急以金城太守竇濤爲輕車將軍率威遠將軍宋毅及和苞張閬宋輯辛韜張選董廣步騎二萬赴之軍次新陽會愍帝崩問至素服舉哀大臨三日時南陽王保謀稱尊號破羌都尉張詵言於寔曰南陽王忘莫大之恥而欲自尊天不受其圖籙德不足以應運終非濟時救難者也晉王明德昵藩先帝憑屬宜表稱聖德勸卽尊號傳檄諸藩副言相府則欲競之心息未合之徒散矣從之於是馳檄天下推崇晉王爲天子遣牙門蔡忠奉表江南勸卽尊位是歲元帝卽位于建鄴改年太興寔猶稱建興六年不從中興之所改也保聞愍帝崩自稱晉王建元署置百官遣使拜寔征西大將軍儀同三司增邑三千戶俄而保爲陳安所叛氐羌皆應之保窘迫遂去上邽遷祁山寔遣將韓璞步騎五千赴難陳安退保緜諸保歸上邽未幾保復爲安所敗使詣寔乞師寔遣宋毅赴之而安退會保爲劉曜所逼遷于桑城將謀奔寔寔以其宗室之望若至河右必動物情遣其將陰監逆保聲言翼衞寔禦之也會保薨其衆散奔

涼州者萬餘人寔自恃險遠頗自驕恣初寔寢室梁間有人像無頭久而乃滅
寔甚惡之京兆人劉弘者挾左道客居天梯第五山然燈懸鏡於山穴中爲光
明以惑百姓受道者千餘人寔左右皆事之帳下閻沙牙門趙仰皆弘鄉人弘
謂之曰天與我神璽應王涼州沙仰信之密與寔左右十餘人謀殺寔奉弘爲
主寔潛知其謀收弘殺之沙等不知之以其夜害寔在位六年私諡曰昭公元
帝賜諡曰元子駿年幼弟茂攝事

茂字成遜虛靖好學不以世利嬰心建興初南陽王保辟從事中郎又薦爲散
騎侍郎中壘將軍皆不就二年徵爲侍中以父老固辭尋拜平西將軍秦州刺
史太興三年寔既遇害州人推茂爲大都督太尉涼州牧茂不從但受使持節
平西將軍涼州牧乃誅閻沙及黨與數百人赦其境內復以兄子駿爲撫軍將
軍武威太守西平公歲餘茂築靈鈞臺周輪八十餘堵基高九仞武陵人閻曾
夜叩門呼曰武公遣我來曰何故勞百姓而築臺乎姑臧令辛巖以曾妖妄請
殺之茂曰吾信勞人曾稱先君之令何謂妖乎太府主簿馬魴諫曰今世難未

夷唯當弘尙道素不宜勞役崇飾臺榭且比年以來轉覺衆務日奢於往每所
經營輕違雅度實非士女所望於明公茂曰吾過也吾過也命止作役明年劉
曜遣其將劉咸攻韓璞於冀城呼延寔攻寧羌護軍陰鑒于桑壁臨洮人翟楷
石琮等逐令長以縣應曜河西大震參軍馬岌勸茂親征長史氾禕怒曰亡國
之人復欲干亂大事宜斬岌以安百姓岌曰氾公書生糟粕刺舉近才不惟國
家大計且朝廷旰食有年矣今大賊自至不煩遠師遐邇之情實繫此州事勢
不可以不出且宜立信勇之驗以副秦隴之望茂曰馬生之言得之矣乃出次
石頭茂謂參軍陳珍曰劉曜以乘勝之聲握三秦之銳繕兵積年士卒習戰若
以精騎奄剋南安席卷河外長驅而至者計將何出珍曰曜雖乘威怙衆恩德
未結於下又其關東離貳內患未除精卒寡少多是氐羌烏合之衆終不能近
舍關東之難增隴上之戍曠日持久與我爭衡也若二旬不退者珍請爲明公
率弊卒數千以擒之茂大悅以珍爲平虜護軍率卒騎一千八百救韓璞曜陰
欲引歸聲言要先收隴西然後迴滅桑壁珍募發氐羌之衆擊曜走之剋復南

安茂深嘉之拜折衝將軍未幾茂復大城姑臧修靈鈞臺別駕吳紹諫曰伏惟
脩城築臺蓋是懲既往之事愚以爲恩德未洽於近侍雖處層樓適所以疑諸
下徒見不安之意而失士民繫託之本心示怯弱之形乖匡霸之勢遐方異境
窺我之齷齪也必有乘人之規嘗願止役省勞與下休息而更興功動衆百姓
豈所望於明君哉茂曰亡兄怛然失身於物王公設險武夫重閉亦達人之至
戒也且忠臣義士豈不欲盡節義於亡兄哉直以危機密發雖有賁育之勇無
所復施今事未靖不可以拘繫常言以太平之理責人於迍邅之世紹無以對
茂雅有志節能斷大事涼州大姓賈摹寔之妻弟也勢傾西土先是謠曰手莫
頭圖涼州茂以爲信誘而殺之於是豪右跡屏威行涼域永昌初茂使將軍韓
璞率衆取隴西南安之地以置秦州太寧三年卒臨終執駿手泣曰昔吾先人
以孝友見稱自漢初以來世執忠順今雖華夏大亂皇輿播遷汝當謹守人臣
之節無或失墜吾遭擾攘之運承先人餘德假攝此州以全性命上欲不負晉
室下欲保完百姓然官非王命位由私議苟以集事豈榮之哉氣絕之日白帢

入棺無以朝服以彰吾志焉年四十八在位五年私諡曰成茂無子駿嗣位

駿字公庭幼而奇偉建興四年封霸城侯十歲能屬文卓越不羈而淫縱過度常夜微行于邑里國中化之及統任年十八先是愍帝使人黃門侍郎史淑在姑臧左長史氾禕右長史馬模等諷淑令拜駿使持節大都督大將軍涼州牧領護羌校尉西平公赦其境內置左右前後四率官繕南宮劉曜又使人拜駿涼州牧涼王時辛晏阻兵於枹罕駿讌羣寮于閑豫堂命竇濤等進討辛晏從事劉慶諫曰霸王不以喜怒興師不以乾沒取勝必須天時人事然後起也辛晏父子安忍凶狂其亡可待奈何以饑年大舉猛寒攻城昔周武迴戈以須亡殷之期曹公緩袁氏使自斃何獨殿下以旋兵為恥乎駿納之遣參軍王騭聘于劉曜曜謂之曰貴州必欲追蹤竇融款誠和好卿能保之乎騭曰不能曜侍中徐邈曰君來和同而云不能何也騭曰齊桓貫澤之盟憂心兢兢諸侯不召自至葵丘之會驕而矜誕叛者九國趙國之化常如今日可也若政教陵遲尙未能察邇者之變況鄙州乎曜顧謂左右曰此涼州高士使乎得人禮而遣之

太寧元年駿猶稱建興十二年駿親耕藉田尋承元帝崩問駿大臨三日會有
黃龍見于揖次之嘉泉右長史氾禕言於駿曰按建興之年是少帝始起之號
帝以凶終理應改易朝廷越在江南音問隔絶宜因龍改號以章休徵不從初
駿之立也姑臧謠曰鴻從南來雀不驚誰謂孤雛尾翅生高舉六翮鳳凰鳴至
是而復收河南之地咸和初駿遣武威太守竇濤金城太守張閬武興太守辛
巖揚烈將軍宋輯等率衆東會韓璞攻討秦州諸郡曜遣其將劉胤來距屯于
狄道城韓璞進度沃干嶺辛巖曰我握衆數萬藉氐羌之銳宜速戰以滅之不
可以久久則變生璞曰自夏末以來太白犯月辰星逆行白虹貫日皆變之大
者不可以輕動輕動而不捷爲禍更深吾將久而斃之且曜與石勒相攻胤亦
不能久也積七十餘日軍糧竭遣辛巖督運於金城胤聞之大悅謂其將士曰
韓璞之衆十倍於吾羌胡皆叛不爲之用吾糧廩將懸難以持久今虜分兵運
糧可謂天授吾也若敗辛巖璞等自潰彼衆我寡宜以死戰戰而不捷當無匹
馬得還宜厲爾戈矛竭汝智力衆咸奮於是率騎三千襲巖于沃干嶺敗之璞

軍遂潰死者二萬餘人面縛歸罪駿曰孤之罪也將軍何辱皆赦之胤乘勝追奔濟河攻陷令居入據振武河西大震駿遣皇甫該禦之赦其境內會劉曜東討石生長安空虛大蒐講武將襲秦雍理曹郎中索詢諫曰曜雖東征胤猶守本險阻路遙爲主人甚易胤若輕騎憑氐羌以距我者則奔突難測輟彼東合而逆戰者則寇我未已頃年頻出戎馬生郊外有饑羸內資虛耗豈是殿下子物之謂邪駿曰每患忠言不獻面從背違吾政教缺然而莫我匡者卿盡辭規諫深副孤之望也以羊酒禮之西域諸國獻汗血馬火浣布犎牛孔雀巨象及諸珍異二百餘品西域長史李柏請擊叛將趙貞爲貞所敗議者以柏造謀致敗請誅之駿曰吾每以漢世宗之殺王恢不如秦穆之赦孟明竟以減死論羣心咸悅駿觀兵新鄉狩于北野因討軻沒虜破之下令境中曰昔鯀殛而禹興芮誅而缺進唐帝所以殄洪災晉侯所以成五霸法律犯死罪期親不得在朝今盡聽之唯不宜內參宿衞耳於是刑清國富羣寮勸駿稱涼王領秦涼二州牧置公卿百官如魏武晉文故事駿曰此非人臣所宜言也敢有言此者罪在

不赦然境內皆稱之爲王羣寮又請駿立世子駿不從中堅將軍宋輯言於駿
曰禮急儲君者蓋重宗廟之故周成漢昭立於繈褓誠以國嗣不可曠儲宮當
素定也昔武王始有國元王作儲君建興之初先王在位殿下正名統況今社
稷彌崇聖躬介立大業遂殷繼貳闕然哉臣竊以爲國有累卵之危而殿下以
爲安踰泰山非所謂也駿納之遂立子重華爲世子先是駿遣傅穎假道于蜀
通表京師李雄弗許駿又遣治中從事張淳稱藩于蜀託以假道焉雄大悅雄
又有憾於南氏楊初淳因說曰南氏無狀屢爲邊害宜先討百頃次平上邽二
國幷勢席卷三秦東靖許洛掃氛燕趙拯二帝梓宮於平陽反皇輿於洛邑此
英霸之舉千載一時寡君所以遣下臣冒險通誠不遠萬里者以陛下義聲遠
播必能愍寡君勤王之志天下之善一也惟陛下圖之雄怒僞許之將覆淳於
東峽蜀人橋贊密以告淳淳言於雄曰寡君使小臣行無迹之地通北蠻之域
萬里表誠者誠以陛下義矜戮力之臣能成人之美節故也若欲殺臣者當顯
於都市宣示衆目云涼州不忘舊義通使琅邪爲表忠誠假途於我主聖臣明

發覺殺之當令義聲遠著天下畏威今盜殺江中威刑不顯何足以揚休烈示天下也雄大驚曰安有此邪當相放還河右耳雄司隸校尉景騫言於雄曰張淳壯士宜留任之雄曰壯士豈爲人留且可以卿意觀之騫謂淳曰卿體大暑熱可且遣下吏少住須涼淳曰寡君以皇輿幽辱梓宮未反天下之恥未雪蒼生之命倒懸故遣淳來表誠大國所論事重非下吏能傳若下吏所了者則淳本亦不來雖有火山湯海無所辭難豈寒暑之足避哉雄曰此人矯矯不可得用也厚禮遣之謂淳曰貴主英名蓋世土險兵盛何不稱帝自娛一方淳曰寡君以乃祖乃父世濟忠良未能雪天人之大恥解衆庶之倒懸日昃忘食枕戈待旦以琅邪中興江東故萬里翼戴將成桓文之事何言自娛邪雄有慙色曰我乃祖乃父亦是晉臣往與六郡避難此都爲同盟所推遂有今日琅邪若能中興大晉於中州者亦當率衆輔之淳還至龍鶴募兵通表後皆達京師朝廷嘉之駿議欲嚴刑峻制衆咸以爲宜參軍黄斌進曰臣未見其可駿問其故斌曰夫法制所以經綸邦國篤俗齊物既立必行不可窪隆也若尊者犯令則法

不行矣駿屏机改容曰夫法唯上行制無高下且微黃君吾不聞過矣黃君可謂忠之至也於坐擢爲敦煌太守駿有計略於是厲操改節勤修庶政總御文武咸得其用遠近嘉詠號曰積賢君自軌據涼州屬天下之亂所在征伐軍無寧歲至駿境內漸平又使其將楊宣率衆越流沙伐龜茲鄯善於是西域並降鄯善王元孟獻女號曰美人立賓遐觀以處之焉者前部于寘王並遣使貢方物得玉璽於河其文曰執萬國建無極時駿盡有隴西之地士馬彊盛雖稱臣於晉而不行中興正朔舞六佾建豹尾所置官僚府寺擬於王者而微異其名又分州西界三郡置沙州東界六郡置河州二府官僚莫不稱臣又於姑臧城南築城起謙光殿畫以五色飾以金玉窮盡珍巧殿之四面各起一殿東曰宜陽青殿以春三月居之章服器物皆依方色南曰朱陽赤殿夏三月居之西曰政刑白殿秋三月居之北曰玄武黑殿冬三月居之其傍皆有直省內官寺署一同方色及末年任所遊處不復依四時而居咸和初懼爲劉曜所逼使將軍宋輯魏纂將兵徙隴西南安人二千餘家于姑臧使聘於李雄修鄰好及曜攻

枹罕護軍辛晏告急駿使韓璞辛巖率步騎二萬擊之戰于臨洮大爲曜軍所敗璞等退走追至令居駿遂失河南之地初戊己校尉趙貞不附于駿至是駿擊擒之以其地爲高昌郡及石勒殺劉曜駿因長安亂復收河南地至于狄道置武衞石門候和漒川甘松五屯護軍與勒分境勒遣使拜駿官爵駿不受留其使後懼勒強遣使稱臣於勒兼貢方物遣其使歸駿境內嘗大饑穀價踊貴市長譚詳請出倉穀與百姓秋收三倍徵之從事陰據諫曰昔西門豹宰鄴積之於人解扁莅東封之邑計入三倍文侯以豹有罪而可賞扁有功而可罰今詳欲因人之饑以要三倍反裘傷皮未足諭之駿納之初建興中敦煌計吏耿訪到長安既而遇賊不得反奔漢中因東渡江以太興二年至京都屢上書以本州未知中興宜遣大使乞爲鄉導時連有內難許而未行至是始以訪守治書御史拜駿鎮西大將軍校尉刺史公如故選西方人隴西賈陵等十二人配之訪停梁州七年以驛道不通召還訪以詔書付賈陵託爲賈客到長安不敢進以咸和八年始達涼州駿受詔遣部曲督王豐等報謝并遣陵歸上疏稱臣

而不奉正朔猶稱建興二十一年九年復使訪隨豐等齎印板進駿大將軍自是每歲使命不絕後駿遣參軍麴護上疏曰東西隔塞踰歷年載夙承聖德心繫本朝而江吳寂蔑餘波莫及雖肆力修塗同盟靡恤奉詔之日悲喜交并天恩光被褒崇輝渥即以臣爲大將軍都督陜西雍秦涼州諸軍事休寵振赫萬里懷戴嘉命顯至銜感屏營伏惟陛下天挺岐嶷堂構晉室遭家不造播幸吳楚宗廟有黍離之哀園陵有殄廢之痛普天咨嗟含氣悲傷臣專命一方職在斧鉞遐域僻陋勢極秦隴勒雄既死人懷反正謂季龍李期之命曾不崇朝而皆篡繼凶逆鴟目有年東西遼曠聲援不捷遂使桃蟲鼓翼四夷諠譁向義之徒更思背誕鋸刀有干將之志螢燭希日月之光是以臣前章懇切欲齊力時討而陛下雍容江表坐觀禍敗懷目前之安替四祖之業馳檄布告徒設空文臣所以宵吟荒漠痛心長路者也且兆庶離主漸冉經世先老消落後生靡識忠良受梟懸之罰羣凶貪縱橫之利懷君戀故日月告流雖時有尚義之士畏逼首領哀歎窮廬臣聞少康中興由於一旅光武嗣漢衆不盈百祀夏配天不

失舊物況以荆揚慓悍臣州突騎吞噬遺羯在於掌握哉願陛下敷弘臣慮永

念先績勑司空鑒征西亮等汎舟江沔使首尾俱至也自後駿遣使多爲季龍

所獲不達後駿又遣護羌參軍陳㝢從事徐虓華馭等至京師征西大將軍亮

上疏言陳㝢等冒險遠至宜蒙銓敘詔除㝢西平相虓等爲縣令永和元年以

世子重華爲五官中郎將涼州刺史酒泉太守馬岌上言酒泉南山卽崐崘之

體也周穆王見西王母樂而忘歸卽謂此山此山有石室玉堂珠璣鏤飾煥若

神宮宜立西王母祠以禆朝廷無疆之福駿從之駿在位二十二年卒時年四

十私謚曰文公穆帝追謚曰忠成公

重華字泰臨駿之第二子也寬和懿重沉毅少言父卒時年十六以永和二年

自稱持節大都督太尉護羌校尉涼州牧西平公假涼王赦其境內尊其母嚴

氏爲太王太后居永訓宮所生母馬氏爲王太后居永壽宮輕賦斂除關稅省

園囿以恤貧窮遣使奉章於石季龍季龍使王擢麻秋孫伏都等侵寇不輟金

城太守張沖降于秋於是涼州振動重華掃境內使其征南將軍裴恆禦之恆

壁于廣武欲以持久弊之牧府相司馬張耽言於重華曰臣聞國以兵爲彊以將爲主主將者存亡之機吉凶所繫故燕任樂毅剋平全齊及任騎劫喪七十城之地是以古之明君靡不慎于將相也今之所要在於軍師然議者舉將多推宿舊未必妙盡精才也且韓信之舉非舊名也穰苴之信非舊將也呂蒙之進非舊勳也魏延之用非舊德也蓋明王之舉舉無常人才之所能則授以大事今彊寇在郊諸將不進人情騷動危機稍逼主簿謝艾兼資文武明識兵略若授以斧鉞委以專征必能折衝禦侮殲殄凶類重華召艾問以討寇方略艾曰昔耿弇不欲以賊遺君父黃權願以萬人當寇乞假臣兵七千爲殿下呑王擢麻秋等重華大悅以艾爲中堅將軍配步騎五千擊秋引師出振武夜有二梟鳴于牙中艾曰梟邀也六博得梟者勝今梟鳴牙中剋敵之兆於是進戰大破之斬首五千級重華封艾爲福祿伯善待之諸寵貴惡其賢共毀譖之乃出爲酒泉太守季龍又令麻秋進陷大夏大夏護軍梁式執太守宋晏以城應秋秋遣晏以書誘宛戍都尉宋距宋距謂秋曰辭父事君當立功義功義不立當

守名節距終不背主偷生於世於是先殺妻子自刎而死是月有司議遣司兵
趙長迎秋西郊謝艾以春秋之義國有大喪省蒐狩之禮宜待踰年別駕從事
索遐議曰禮天子崩諸侯薨未殯五祀不行既殯而行之魯宣三年天王崩不
廢郊祀今聖上統承大位百揆惟新宜在璿璣玉衡以齊七政立秋萬物將成
殺氣之始其於王事杖麾誓衆釁鼓禮神所以討逆除暴成功濟務寧宗廟社
稷致天下之福不可廢也重華從之俄而麻秋進攻枹罕時晉陽太守郎坦以
城大難守宜棄外城武城太守張悛曰棄外城則大事去矣不可以動衆心寧
戎校尉張璩從之固守大城秋率衆八萬圍塹數重雲梯雹車地突百道皆通
於內城中亦應之殺傷秋衆已數萬季龍復遣其將劉渾等率步騎二萬會之
郎坦恨言之不從教軍士李嘉潛與秋通引賊千餘人上城西北隅璩使宋脩
張弘辛挹郭普距之短兵接戰斬二百餘人賊乃退璩戮李嘉以徇燒其攻具
秋退保大夏謂諸將曰我用兵於五都之間攻城略地往無不捷及登秦隴謂
有征無戰豈悟南襲仇池破軍殺將築城長最匹馬不歸及攻此城傷兵挫銳

殆天所贊非人力也季龍聞而歎曰吾以偏師定九州今以九州之力困於枹罕真所謂彼有人焉未可圖也重華以謝艾爲使持節軍師將軍率步騎三萬進軍臨河秋以三萬衆距之艾乘軺車冠白幍鳴鼓而行秋望而怒曰艾年少書生冠服如此輕我也命黑稍龍驤三千人馳擊之艾左右大擾左戰帥李偉勸艾乘馬艾不從乃下車踞胡床指麾處分賊以爲伏兵發也懼不敢進張瑁從左南緣河而截其後秋軍乃退艾乘勝奔擊遂大敗之斬秋將杜勳汲魚俘斬一萬三千級秋匹馬奔大夏重華論功以謝艾爲太府左長史進封福祿縣伯邑五千戶帛八千匹麻秋又據枹罕有衆十二萬進屯河內遣王擢略地晉興廣武越洪池嶺至于曲柳姑臧大震重華議欲親出距之謝艾因諫以爲不可別駕從事索遐進曰賊衆甚盛漸逼京畿君者國之鎮也不可以親動左長史謝艾文武兼資國之方邵宜委以推轂之任殿下居中作鎮授以算略小賊不足平也重華納之於是以艾爲使持節都督征討諸軍事行衞將軍遐爲軍正將軍率步騎二萬距之艾建牙旗盟將士有西北風吹旌旗東南指遐曰風

爲號令令能令旗指之天所贊也破之必矣軍次神烏王擢與前鋒戰敗遁還
河南還討叛虜斯骨真萬餘落破之斬首千餘級俘擒二千八百獲牛羊十餘
萬頭重華自以連破勍敵頗怠政事希接賓客司直索遐諫曰殿下承四聖之
基當升平之會荷當今之任憂率土之塗炭宜躬親萬幾開延英乂夙夜乾乾
勉於庶政自頃內外囂然皆云去賊投誠者應即撫慰而彌日不接國老朝賢
當虛己引納詢訪政事比多經旬積朔不留意接之文奏入內歷月不省廢替
見務注情於棊奕之間繾綣左右小臣之娛不存將相遠大之謀至使親臣不
言朝吏杜口愚臣所以迴惶忘寢與食也今王室如燬百姓倒懸正是殿下銜
膽茹辛厲心之日深願垂心朝政延納直言周爰五美以成六德捐彼近習弭
塞外聲修政聽朝使下觀而化重華覽之大悅優文答謝然不之改也詔遣侍
御史俞歸拜重華護羌校尉涼州刺史假節是時石季龍西中郎將王擢屯結
隴上爲苻雄所破奔重華重華厚寵之以爲征虜將軍秦州刺史假節使張弘
宗悠率步騎萬五千配擢伐苻健健遣苻碩禦之戰于龍黎擢等大敗單騎而

還弘悠皆沒重華痛之素服爲戰亡吏士舉哀號慟各遣弔問其家復授擢兵使攻秦州剋之遣使上疏曰季龍自斃遺燼游魂取亂侮亡覩機則發臣今遣前鋒都督裴恆步騎七萬逕出隴上以俟聖朝赫然之威山東騷擾不足厝懷長安膏腴宜速平蕩臣守任西荒山川悠遠大誓六軍不及聽受之末猛將鷹揚不豫告成之次瞻雲望日孤憤義傷彈劍慷慨中情蘊結於是康獻皇后詔報遣使進重華爲涼州牧是時御史俞歸至涼州重華方謀爲涼王不肯受詔使親信人沈猛謂歸曰我家主公奕世忠於晉室而不如鮮卑矣臺加慕容皝燕王今甫授州主大將軍何以加勸有功忠義之臣乎明臺今且移河右共勸州主爲涼王大夫出使苟利社稷專之可也歸對曰王者之制異姓不得稱王九州之內重爵不得過公漢高一時王異姓尋皆誅滅蓋權時之宜非舊體也故王陵曰非劉氏而王天下共伐之至於夷狄不從此例春秋時吳楚稱王而諸侯不以爲非者蓋蠻狄畜之也假令齊魯稱王諸侯豈不伐之故聖上以貴公忠賢是以爵以上公位以方伯鮮卑北狄豈足爲比哉子失問也吾又聞

之有殊勳絕世者亦有不世之賞若今便以貴公爲王者設貴公以河右之衆南平巴蜀東掃趙魏修復舊都以迎天子天子復以何爵何位可以加賞幸三思之猛具宣歸言重華遂止重華好與羣小遊戲屢出錢帛以賜左右徵事索振諫曰先王寢不安席志平天下故繕甲兵積資實大業未就懷恨九泉殿下遭巨寇於諒闇之中賴重餌以挫勍敵今遺燼尚廣倉帑虛竭金帛之費所宜慎之昔世祖卽位躬親萬幾章奏詣闕報不終日故能隆中興之業定萬世之功今章奏停滯動經時月下情不得上達哀窮困於囹圄蓋非明主之事臣竊未安重華善之將受詔未及而卒時年二十七在位十一年私諡曰昭公後改曰桓公穆帝賜諡曰敬烈子耀靈嗣

耀靈字元舒年十歲嗣事稱大司馬校尉刺史西平公伯父長寧侯祚性傾巧善承內外初與重華寵臣趙長尉緝等結異姓兄弟長等矯稱重華遺令以祚爲持節督中外諸軍撫軍將軍輔政長等議以耀靈沖幼時難未夷宜立長君祚先烝重華母馬氏馬氏遂從緝議命廢耀靈爲涼寧侯而立祚祚尋使楊秋

胡害耀靈於東苑埋之於沙坑私謚曰哀公

張祚

祚字太伯博學雄武有政事之才既立自稱大都督大將軍涼州牧涼公淫暴不道又通重華妻裴氏自閤內媵妾及駿重華未嫁子女無不暴亂國人相目咸賦牆茨之詩永和十年祚納尉緝趙長等議僭稱帝位立宗廟舞八佾置百官下書曰昔金行失馭戎狄亂華胡羯氐羌咸懷竊璽我武公以神武撥亂保寧西夏貢款勤王旬朔不絕四祖承光忠誠彌著往受晉禪天下所知謙沖遜讓四十年于玆矣今中原喪亂華裔無主羣后僉以九州之望無所依歸神祇嶽瀆罔所憑係逼孤攝行大統以一四海之心辭不獲已勉從羣議待掃穢二京蕩清周魏然後迎帝舊都謝罪天闕思與兆庶同玆更始改建興四十二年爲和平元年赦殊死賜鰥寡帛加文武爵各一級追崇曾祖軌爲武王祖寔爲昭王從祖茂爲成王父駿爲文王弟重華爲明王立妻辛氏爲皇后弟天錫爲長寧王子泰和爲太子庭堅爲建康王耀靈弟玄靚爲涼武侯其夜天有光如

車蓋聲若雷霆震動城邑明日大風拔木災異屢見而祚凶虐愈甚其尚書馬岌以切諫免官郎中丁琪又諫曰先公累執忠節遠宗吳會持盈守謙五十餘載蒼生所以鵠企西望四海所以注心大涼皇天垂贊士庶効死者正以先公道高彭昆忠踰西伯萬里通虔任節不貳故也能以一州之衆抗崩天之虜師徒歲起人不告疲陛下雖以大聖雄姿纂戎鴻緒勳德未高於先公而行革命之事臣竊未見其可華夷所以歸系大涼義兵所以千里響赴者以陛下爲本朝之故今既自尊人斯高競一隅之地何以當中國之師城峻衡生負乘致寇惟陛下圖之祚大怒斬之于闕下遣其將和昊率衆伐驪靬戎於南山大敗而還太尉桓温入關王擢時鎮隴西馳使於祚言温善用兵勢在難測祚既震懼又慮擢反噬卽召馬岌復位而與之謀密遣親人刺擢事覺不剋祚益懼大聚衆聲言東征實欲西保敦煌會温還而止更遣其平東將軍秦州刺史牛霸司兵張芳率三千人擊擢破之擢奔于苻健其國中五月霜降殺苗稼果實祚宗人張瓘時鎮枹罕祚惡其彊遣其將易揣張玲率步騎萬三千以襲之時張掖

人王鸞頗知神道言於祚曰軍出不復還涼國將有不利矣祚大怒以鸞妖言沮衆斬之以徇三軍乃發鸞臨刑曰我死不二十日軍必敗時有神降於玄武殿自稱玄冥與人交語祚日夜祈之神言與之福利祚甚信之祚又遣張掖太守索孚代瓘鎮枹罕爲瓘所殺玲等濟河未畢又爲瓘兵所破擕單騎奔走瓘軍躡之祚衆震懼敦煌人宋混與弟澄等聚衆以應瓘趙長張璹等懼罪入閤呼重華母馬氏出殿拜耀靈庶弟玄靚爲主擕等率衆入殿伐長殺之瓘弟琚及子嵩募數百市人揚聲言張祚無道我兄大軍已到城東敢有舉手者誅三族祚衆披散琚嵩率衆入城祚按劍殿上大呼令左右死戰祚既失衆心莫有鬬志於是被殺梟其首宣示內外暴尸道左國內咸稱萬歲祚篡立三年而亡

玄靚字元安既立自號大都督大將軍校尉涼州牧西平公赦其國內廢和平之號復稱建興四十三年誅祚二子以張瓘爲衛將軍領兵萬人行大將軍事改易僚屬有隴西人李儼誅大姓彭姚自立於隴右奉中興年號百姓悅之玄靚遣牛霸率衆討之未達而西平人衛綝又據郡叛霸衆潰單騎而還瓘先欲

征綝以兄珪在綝中爲疑綝亦以弟在瓘中故彼我經年不相伐西平人郭勛解天文不應州郡之命綝禮聘之勛曰張氏應衰衛氏當興豈得以一弟而滅一門宜速伐瓘綝將從之瓘遣弟琚領大衆征綝敗之西平田旋要酒泉太守馬基背瓘應綝旋謂基曰綝擊其東我等絶其西不六旬天下可定斯閉口捕舌也基許之瓘遣司馬張姚王國將二千人伐基敗之斬基旋二人之首傳姑臧瓘兄弟彊盛負其勳力有簒立之謀輔國宋混與弟澄共討瓘盡夷其屬玄靚以混爲都督中外諸軍事車騎大將軍假節輔政混卒又以澄代之玄靚右司馬張邕惡澄專擅殺之遂滅宋氏玄靚乃以邕爲中護軍叔父天錫爲中領軍共輔政邕自以功大驕矜淫縱又通馬氏樹黨專權國人患之天錫腹心郭增劉肅二人並年十八九因寢謂天錫曰天下事欲未靜天錫曰何謂也二人曰今護軍出入有似長寧天錫大驚曰我早疑之未敢出口計當云何肅曰政當速除之耳天錫曰安得其人肅曰肅卽是也天錫曰汝年少更求可與謀者肅曰趙白駒及肅二人足以辦之矣於是天錫從兵四百人與邕俱入朝肅與

白駒剔刀鞘出刃從天錫入值邕於門下肅斫之不中白駒繼之又不剋二人與天錫俱入禁中邕得逸走因率甲士三百餘人反攻禁門天錫上屋大呼謂將士曰張邕凶逆所行無道諸宋何罪盡誅滅之傾覆國家肆亂社稷我不惜死實懼大人廢祀事不獲已故耳我家門戶事而將士豈可以干戈見向今之所取邕身而已天地有靈吾不食言邕衆聞之悉散走邕以劍自刎而死於是悉誅邕黨玄靚年既幼沖性又仁弱天錫既剋邕專掌朝政改建興四十九年奉升平之號興寧元年駿妻馬氏卒玄靚以其庶母郭氏爲太妃郭氏以天錫專政與大臣張欽等謀討之事泄欽等伏法是歲天錫率衆入禁門潛害玄靚宣言暴薨時年十四在位九年私謚曰沖公孝武帝賜謚曰敬悼公

天錫字純嘏駿少子也小名獨活初字公純嘏入朝人笑其三字因自改焉玄靚死國人立之自號大將軍校尉涼州牧西平公遣司馬綸騫奉章請命并送御史俞歸還京都太和初詔以天錫爲大將軍大都督督隴右關中諸軍事護羌校尉涼州刺史西平公天錫數宴園池政事頗廢盪難將軍校書祭酒索商

上疏極諫天錫答曰吾非好行行有得也觀朝榮則敬才秀之士翫芝蘭則愛德行之臣覩松竹則思貞操之賢臨清流則貴廉絜之行覽蔓草則賤貪穢之吏逢飇風則惡凶狡之徒若引而申之觸類而長之庶無遺漏矣羌廉岐自稱益州刺史率略陽四千家背苻堅就李儼天錫自往討之以別駕楊遹爲監前鋒軍事前將軍趣金城晉與相常據爲使持節征東將軍向左南游擊將軍張統出白土天錫自率三萬人次倉松伐儼儼大敗入城固守遣子純求救於苻堅堅使其將王猛救之天錫敗績死者十二三天錫乃還立子大懷爲世子自天錫之嗣事也連年地震山崩水泉湧出柳化爲松火生泥中而天錫荒于聲色不䘏政事初安定梁景敦煌劉肅並以門胄總角與天錫友昵張邕之誅肅景有勳天錫深德之賜姓張氏又改其字以爲己子天錫諸子皆以大爲字故景曰大奕肅曰大誠廢大懷爲高昌公更立嬖子大豫爲世子景肅等俱參政事人情怨懼從弟從事中郎憲切諫不納時苻堅彊盛每攻之兵無寧歲天錫甚懼乃立壇刑牲率典軍將軍張寧中堅將軍馬芮等遙與晉三公盟誓獻書

大司馬桓溫克六年夏晉同大舉遣從事中郎韓博奮節將軍康妙奉表幷送盟文博有口才溫甚稱之嘗大會溫使司馬刁彝嘲之彝謂博曰君是韓盧後邪博曰卿是韓盧後溫笑曰刁以君姓韓故相問焉他自姓刁那得韓盧後邪博曰明公脫未之思短尾者則爲刁也一坐推歎焉太元元年苻堅遣其將苟萇毛當梁熙姚萇來寇渡石城津天錫集議中錄事席仂曰先公旣有故事徐思後變此孫仲謀屈身之略也衆以仂爲老怯咸曰龍驤將軍馬達精兵萬人距之必不敢進廣武太守辛章保城固守章與晉興相彭知正西平相趙疑謀曰馬達出於行陣必不爲用則秦軍深入吾相與率三郡精卒斷其糧運決一朝命矣征東常據亦欲先擊姚萇須天錫命天錫率萬人頓金昌城馬達率萬人逆萇等因請降兵人散走常據席仂皆戰死司兵趙充哲與萇苦戰又死中衛將軍史景亦沒于陣天錫大懼出城自戰城內又反天錫窘逼降于萇等初天錫所居西昌門及平章殿無故而崩旬日而國亡卽位凡十三年自軌爲涼州至天錫凡九世七十六年矣苻堅先爲天錫起宅至以爲尚書封歸義侯堅

大敗于淮肥時天錫爲苻融征南司馬於陣歸國詔曰昔孟明不替終顯厥功豈以一眚而廢才用其以天錫爲散騎常侍左員外又詔曰故太尉西平公張軌著德遐域世襲前勞彊兵縱害遂至失守散騎常侍天錫拔迹登朝先祀淪替用增矜慨可復天錫西平郡公爵俄拜金紫光祿大夫天錫少有文才流譽遠近及歸朝甚被恩遇朝士以其國破身虜多共毀之會稽王道子嘗問其西土所出天錫應聲曰桑葚甜甘鴟鴞革響乳酪養性人無妬心後形神昏喪雖處列位不復被齒遇隆安中會稽世子元顯用事常延致之以爲戲弄以其家貧拜廬江太守本官如故桓玄時欲招懷四遠乃用天錫爲護羌校尉涼州刺史尋卒年六十一追贈金紫光祿大夫

史臣曰長河外區流沙作紀玉關懸險金城負固有苗攸竄帝舜投而不羈渠搜是居大禹卽而方敘世逢多難嬰五郡以誰何時遇兵凶阻三邊而高視雖非久安之地足爲苟全之所乎周公保之而立功士彥擁之而延世摯虞觀象記洪災之不流侯瑾覘泉知霸者之斯在匪唯地勢抑亦有天道歟茂駿重華

資忠踵武崎嶇僻陋無忘本朝故能西控諸戎東攘巨猾綰累葉之珪組賦絕域之琛賓振曜遐荒良由杖順之効矣祚以卑孽陰傾冢嗣播有莅於彤管擬宸居於黑山丁琪以切諫遇誅夷王鸞以讜言嬰顯戮境內雲擾讎其竊名卒致梟懸自然之理也純嘏微弱竟亡其衆奉身魏闕齒迹朝流再襲銀黃祖德之延慶矣

贊曰三象搆氛九土瓜分鼎遷江介地絕河濆歸誠晉室美矣張君內撫遺黎外攘逋寇世既緜遠國亦完富杖順爲基蓋天所祐

晉書卷八十六

晉書卷八十六考證

張軌傳軌遣北宮純○純監本誤屯今從下文軌遣北宮純等率兵衛京師句改正

張寔傳胡崧等雖赴國難○崧監本誤松今從下文胡崧不進麴允持金五百請救于崧改正

張重華傳時晉陽太守郎坦○監本時作與郎誤郞今從宋本

朝吏杜口○監本朝字下衍廷字從宋本刪

晉書卷八十六考證

一珍傲宋版印

晉書卷八十七

唐 太 宗 文 皇 帝 御 撰

列傳第五十七

涼武昭王 子士業

武昭王諱暠字玄盛小字長生隴西成紀人姓李氏漢前將軍廣之十六世孫也廣曾祖仲翔漢初爲將軍討叛羌于素昌素昌乃狄道也衆寡不敵死之仲翔子伯考奔喪因葬于狄道之東川遂家焉世爲西州右姓高祖雍曾祖柔仕晉並歷位郡守祖弇仕張軌爲武衞將軍安世亭侯父昶幼有令名早卒遺腹生玄盛少而好學性沉敏寬和美器度通涉經史尤善文義及長頗習武藝誦孫吳兵法嘗與呂光太史令郭黁及其同母弟宋繇同宿黁起謂繇曰君當位極人臣李君有國士之分家有騧草馬生白額駒此其時也呂光末京兆段業自稱涼州牧以敦煌太守趙郡孟敏爲沙州刺史署玄盛效穀令敏尋卒敦煌護軍馮翊郭謙沙州治中敦煌索僊等以玄盛溫毅有惠政推爲寧朔將軍敦

煌太守玄盛初難之會宋繇仕於業告歸敦煌言於玄盛曰兄忘郭黁之言邪白額駒今已生矣玄盛乃從之尋進號冠軍稱藩于業業以玄盛爲安西將軍敦煌太守領護西胡校尉及業僭稱涼王其右衛將軍索嗣構玄盛於業乃以嗣爲敦煌太守率騎五百而西未至二十里移玄盛使迎己玄盛驚疑將出迎之效穀令張邈及宋繇止之曰呂氏政衰段業闇弱正是英豪有爲之日將軍據一國成資奈何束手於人索嗣自以本邦爲人情附己不虞將軍卒能距之可一戰而擒矣宋繇亦曰大丈夫已爲世所推今日便授首於嗣豈不爲天下笑乎大兄英姿挺傑有雄霸之風張王之業不足繼也玄盛曰吾少無風雲之志因官至此不圖此郡士人忽爾見推向言出迎者未知士大夫之意故也因遣繇覘嗣繇見嗣謟以甘言還謂玄盛曰嗣志驕兵弱易擒耳於是遣其二子士業讓與邈繇及司馬尹建興等逆戰破之嗣奔還張掖玄盛素與嗣善結爲刎頸交反爲所構故深恨之乃罪狀嗣於段業業將且渠男又惡嗣至是因勸除之業乃殺嗣遣使謝玄盛分敦煌之涼興烏澤晉昌之宜禾三縣爲涼興郡

進玄盛持節都督涼興已西諸軍事鎮西將軍領護西夷校尉時有赤氣起于玄盛後園龍跡見于小城隆安四年晉昌太守唐瑤移檄六郡推玄盛爲大都督大將軍涼公領秦涼二州牧護羌校尉玄盛乃赦其境內建年爲庚子追尊祖弇曰涼景公父昶涼簡公以唐瑤爲征東將軍郭謙爲軍諮祭酒索僊爲左長史張邈爲右長史尹建興爲左司馬張體順爲右司馬張條爲牧府左長史令狐溢爲右長史張林爲太府主簿宋繇張稷爲從事中郎繇加折衝將軍稷加揚武將軍索承明爲牧府右司馬令狐遷爲武衞將軍晉興太守氾德瑜爲寧遠將軍西郡太守張靖爲折衝將軍河湟太守索訓爲威遠將軍西平太守趙開爲騂馬護軍大夏太守索慈爲廣武太守陰亮爲西安太守令狐赫爲武威太守索術爲武興太守以招懷東夏又遣宋繇東伐涼興幷擊玉門已西諸城皆下之遂屯玉門陽關廣田積穀爲東伐之資初呂光之稱王也遣使市六璽玉於于寘至是玉至敦煌納之郡府仍於南門外臨水起堂名曰靖恭之堂以議朝政閱武事圖讚自古聖帝明王忠臣孝子烈士貞女玄盛親爲序頌以

明鑒戒之義當時文武羣寮亦皆圖焉有白雀翔于靖恭堂玄盛觀之大悅又
立泮宮增高門學生五百人起嘉納堂於後園以圖讚所志義熙元年玄盛改
元爲建初遣舍人黃始梁興閒行奉表詣闕曰昔漢運將終三國鼎峙鈞天之
歷數鍾皇晉高祖闡鴻基景文弘帝業嗣武受終要荒率服六合同風宇宙齊
貫而惠皇失馭權臣亂紀懷愍屯邅蒙塵于外懸象上分九服下裂眷言顧之
普天同憾伏惟中宗元皇帝基天紹命遷幸江表荆揚蒙弘覆之矜五都爲荒
榛之藪故太尉西平武公軌當元康之初屬擾攘之際受命典方出撫此州威
略所振聲蓋海內明盛繼統不隕前志長旌所指仍闕三秦義立兵強拓境萬
里文桓嗣位奕葉載德囊括關西化被崐裔遐邇款藩世修職貢晉德之遠揚
緊此州是賴大都督大將軍天錫以英挺之姿承七世之業志匡時難剋隆先
勳而中年降災兵寇侵境皇威遐邈同獎弗及以一方之師抗七州之衆兵孤
力屈社稷以喪臣聞歷數相推歸餘於終帝王之興必以閏位是以共工亂象
於黃農之閒秦項篡竊於周漢之際皆機不轉踵覆餗成凶自戎狄陵華已涉

百齡五胡僭襲期運將杪四海顒顒懸心象魏故師次東關趙魏莫不企踵淮南大捷三方欣然引領佇惟陛下道協少康德侔光武繼天統位志清函夏至如此州世篤忠義臣之羣寮以臣高祖東莞太守雍曾祖北地太守柔荷寵前朝參忝時務伯祖龍驤將軍廣晉太守長寧侯卓亡祖武衞將軍天水太守安世亭侯弇毗佐涼州著功秦隴殊寵之隆勒于天府妄臣無庸輒依竇融故事迫臣以義上臣大都督大將軍涼公領秦涼二州牧護羌校尉臣以爲荆楚替貢齊桓興召陵之師諸侯不恭晉文起城濮之役用能勳光踐土業隆一匡九域賴其弘猷春秋恕其專命功冠當時美垂千祀況今帝居未復諸夏昏墊大禹所經奄爲戎墟五嶽神山狄汙其三九州名都夷穢其七辛有所言於茲而驗微臣所以叩心絕氣忘寢與食彫肝焦慮不遑寧息者也江涼雖遼義誠密邇風雲苟通實如脣齒臣雖名未結於天臺量未著於海內然憑賴累祖寵光餘烈義不細辭以稽大務輒順羣議亡身即事輮弱任重懼忝威命昔在春秋諸侯宗周國皆稱元以布時令今天臺邈遠正朔未加發號施令無以紀數輒

年冠建初以崇國憲冀杖寵靈全制一方使義誠著於所天玄風扇于九壤殉命灰身隕越慷慨玄盛謂羣寮曰昔河右分崩羣豪競起吾以寡德爲衆賢所推何嘗不忘寢與食思濟黎庶故前遣母弟繇董率雲騎東殄不庭軍之所至莫不賓下今惟蒙遜鴟跱一城自張掖已東晉之遺黎雖爲戎虜所制至於向義思風過於殷人之望西伯大業須定不可安寢吾將遷都酒泉漸逼寇穴諸君以爲何如張邈贊成其議玄盛大悅曰二人同心其利斷金張長史與孤同矣夫復何疑乃以張體順爲寧遠將軍建康太守鎮樂涫徵宋繇爲右將軍領敦煌護軍與其子敦煌太守讓鎮敦煌遂遷居于酒泉手令誡其諸子曰吾自立身不營世利經涉累朝通否仕時初不役智有所要求今日之舉非本願也然事會相驅遂荷州土憂責不輕門戶事重雖詳人事未知天心登車理轡百慮塡胸後事付汝等粗舉旦夕近事數條遺意便言不能次比至於杜漸防萌深識情變此當任汝所見深淺非吾勑誡所益也汝等雖年未至大若能剋己纂修比之古人亦可以當事業矣苟其不然雖至白首亦復何成汝等其戒之

慎之節酒慎言喜怒必思愛而知惡憎而知善動念寬恕審而後舉衆之所惡勿輕承信詳審人核真僞遠佞諛近忠正蠲刑獄忍煩擾存高年恤喪病勤省按聽訟訴刑法所應和顏任理慎勿以情輕加聲色賞勿漏疏罰勿容親耳目人間知外患苦禁禦左右無作威福勿伐善施勞逆詐億必以示己明廣加諮詢無自專用從善如順流去惡如探湯富貴而不驕者至難也念此貫心勿忘須臾寮佐邑宿盡禮承敬讌饗餞食事事留懷古今成敗不可不知退朝之暇念觀典籍面牆而立不成人也此郡世篤忠厚人物敦雅天下全盛時海內猶稱之況復今日實是名邦正爲五百年鄉黨婚親相連至於公理時有小小頗迴爲當隨宜斟酌吾臨蒞五年兵難騷動未得休衆息役惠康士庶至於掩瑕藏疾滌除疵垢朝爲寇讎夕委心膂雖未足希準古人粗亦無負於新舊事任公平坦然無類初不容懷有所損益計近便爲少經遠如有餘亦無愧於前志也初玄盛之西也留女敬愛養於外祖尹文文既東還玄盛從姑梁褒之母養之其後禿髮傉檀假道於北山鮮卑遺褒送敬愛于酒泉幷通和好玄盛遣使

報聘贈以方物玄盛親率騎二萬略地至於建康鄯善前部王遣使貢其方物
且渠蒙遜來侵至於建康掠三千餘戶而歸玄盛大怒率騎追之及于彌安大
敗之盡收所掠之戶初苻堅建元之末徙江漢之人萬餘戶于敦煌中州之人
有田疇不闢者亦徙七千餘戶郭麐之寇武威武威張掖已東人西奔敦煌晉
昌者數千戶及玄盛東遷皆徙之于酒泉分南人五千戶置會稽郡中州人五
千戶置廣夏郡餘萬三千戶分置武威武興張掖三郡築城於敦煌南子亭以
威南虜又以前表未報復遣沙門法泉閒行奉表曰江山悠隔朝宗無階延首
雲極翹企遐方伏惟陛下應期踐位景福自天臣去乙巳歲順從羣議假統方
城時遣舍人黃始奉表通誠遙途嶮曠未知達不吳涼懸邈蜂蠆充衢方珍貢
使無由展御謹副寫前章或希簡達臣以其歲進師酒泉戒戎廣平庶攘茨穢
而黠虜恣睢未率威教憑守巢穴阻臣前路竊以諸事草創倉帑未盈故息兵
按甲務農養士時移節邁荏苒三年撫劍歎憤以日成歲今資儲已足器械已
克西招城郭之兵北引丁零之衆冀憑國威席卷河隴揚旌秦川承望詔旨盡

節竭誠隕越爲效又臣州界逈遠勍寇未除當須鎮副爲行留部分輒假臣世
子士業監前鋒諸軍事撫軍將軍護羌校尉督攝前軍爲臣先驅又敦煌郡大
衆殷制御西域管轄萬里爲軍國之本輒以次子讓爲寧朔將軍西夷校尉敦
煌太守統攝崐裔輯寧殊方自餘諸子皆在戎間率先士伍臣總督大綱畢在
輸力臨機制命動靜續聞玄盛既遷酒泉乃敦勸稼穡羣僚以年穀頻登百姓
樂業請勒銘酒泉玄盛許之於是使儒林祭酒劉彥明爲文刻石頌德既而蒙
遜每年侵寇不止玄盛志在以德撫其境內但與通和立盟弗之校也是時白
狼白兎白雀白雉白鳩皆棲其園囿其羣下以爲白祥金精所誕皆應時邕而
至又有神光甘露連理嘉禾衆瑞請史官記其事玄盛從之尋而蒙遜背盟來
侵玄盛遣世子士業要擊敗之獲其將且渠百年玄盛上巳日讌于曲水命羣
寮賦詩而親爲之序於是寫諸葛亮訓誡以勗諸子曰吾負荷艱難寧濟之勳
未建雖外總良能憑股肱之力而戎務孔殷坐而待旦以維城之固宜兼親賢
故使汝等未及師保之訓皆弱年受任常懼弗剋以貽咎悔古今之事不可以

不知苟近而可師何必遠也覽諸葛亮訓勵應璩奏諫尋其終始周孔之教盡在中矣爲國足以致安立身足以成名質畧易通寓目則了雖言發往人道師於此且經史道德如採菽中原勤之者則功多汝等可不勉哉玄盛乃修敦煌舊塞東西二圍以防北虜之患築敦煌舊塞西南二圍以威南虜玄盛以緯世之量當呂氏之末爲羣雄所奉遂啓霸圖兵無血刃坐定千里謂張氏之業指期而成河西十郡歲月而一既而禿髮傉檀入據姑臧且渠蒙遜基宇稍廣於是慨然著述志賦焉其辭曰涉至虛以誕駕乘有輿於本無稟玄元而陶衍承景靈之冥符蔭朝雲之菴藹仰朗日之照煦既敷既載以育以成幼希顏子曲肱之榮游心上典玩禮敦經蔑玄冕於朱門羨漆園之傲生尙漁父於滄浪善沮溺之耦耕穢鵄鳶之籠嚇欽飛鳳于太清杜世競於方寸絕時譽之嘉聲超嘯吟於崇嶺奇秀木之凌霜挺修幹之青葱經歲寒而彌芳情遙遙以遠寄想四老之暉光將戢繁榮於常衢控雲轡而高驤攀瓊枝於玄圃漱華泉之淥漿和吟鳳之逸響應鳴鸞于南岡時弗獲彰心往形留眷駕陽林宛首一丘衝風

沐雨載沉載浮利害繽紛以交錯歡感循環而相求乾扉奄寂以重閉天池絕津而無舟悼貞信之道薄謝懟德於圖流遂乃去玄覽應世賓肇弱巾於東宮並羽儀於英倫踐宣德之祕庭翼明后於紫宸赫赫謙光崇明奕奕岌岌王居詵詵百辟君希虞夏臣庶夔益張王頹巖梁后墜壑淳風杪莽以永喪縉紳淪胥而覆溺呂發釁於閨牆厥構摧以傾顛疾風飄于高木迴湯沸於重泉飛塵翳以蔽日大火炎其燎原名都幽然影絕千邑闃而無煙斯乃百六之恆數起滅相因而迭然於是人希逐鹿之圖家有雄霸之想闇王命而不尋邀非分於無象故覆車接路而繼軌膏生靈於土壤哀餘類之忪懞邈靡依而靡仰求欲專而失逾遠寄玄珠於罔象悠悠涼道鞠焉荒凶杪杪余躬迢迢西邦非相期之所會諒冥契而來同跨弱水以建基躡崐墟以為墉總奔駟之駭轡接摧輈於峻峯崇崖崨嶫重嶮萬尋玄邃窈窕磐紆嶔岑榛棘交橫河廣水深狐狸夾路鴞鵄羣吟挺非我以為用任至當如影響執同心以御物懷自彼於握掌匪矯情而任荒乃冥合而一往華德是用來庭野逸所以就鞅休矣時英茂哉儁

哲庶畢網以遠籠豈徒射鉤與斬袂或脫梏而纓㚇或後至而先列採殊才於
巖陸拔翹彥於無際思留侯之神遇振高浪以蕩穢想孔明於草廬運玄籌之
罔滯洪操槃而慷慨起三軍以激銳詠羣豪之高軌嘉關張之飄傑誓報曹而
歸劉何義勇之超世據斷橋而橫矛亦雄姿之壯發輝輝南珍英英周魯挺奇
荊吳昭文烈武建策烏林龍驤江浦摧堂堂之勁陣鬱風翔而雲舉紹樊韓之
遠蹤侔徽猷於召武非劉孫之鴻度孰能臻茲大祐信乾坤之相成庶物希風
而潤兩嶕益既蕩三江已清穆穆威動濟濟隆平御羣龍而奮策彌萬載以飛
榮仰遺塵於絕代企高山而景行將建朱旗以啓路驅長轂而迅征靡商風以
抗旆拂招搖之華旌資神兆於皇極協五緯之所寧赳赳平城翼翼上弼志馘
奔鯨截彼醜類且灑遊塵於當陽拯涼德於已墜聞昌寓之驂乘暨襄城而按
轡知去害之在茲體牧童之所述審機動之至微思遺飡而忘寐表略韻於紈
素託精誠于白日玄盛寢疾顧命宋繇曰吾少離荼毒百艱備嘗於喪亂之際
遂爲此方所推才弱智淺不能一同河右今氣力惙然當不復起矣死者大理

吾不悲之所恨志不申耳居元首之位者宜深誡危殆之機吾終之後世子猶卿子也善相輔導述吾平生勿令居人之上專驕自任軍國之宜委之於卿無使籌略乖衷失成敗之要十三年薨時年六十七國人上謚曰武昭王墓曰建世陵廟號太祖先是河右不生楸槐柏漆張駿之世取於秦隴而植之終於皆死而酒泉宮之西北隅有槐樹生焉玄盛又著槐樹賦以寄情蓋歎僻陋遐方立功非所也亦命主簿梁中庸及劉彥明等並作文感兵難繁興時俗諠競乃著大酒容賦以表恬豁之懷與辛景辛恭靖同志友善景等歸晉遇害江南玄盛聞而弔之玄盛前妻同郡辛納女貞順有婦儀先卒玄盛親爲之誄自餘詩賦數十篇世子譚早卒第二子士業嗣

涼後主諱歆字士業玄盛薨時府寮奉爲大都督大將軍涼公領涼州牧護羌校尉大赦境內改年爲嘉興尊母尹氏爲太后以宋繇爲武衛將軍廣夏太守軍諮祭酒錄三府事索僊爲征虜將軍張掖太守且渠蒙遜遣其張掖太守且渠廣宗詐降誘士業士業遣武衛溫宜等赴之親勒大軍爲之後繼蒙遜率衆

三萬設伏于蓼泉士業聞引兵還爲遜所逼士業親貫甲先登大敗之追奔百餘里俘斬七千餘級明年蒙遜大伐士業士業將出距之左長史張體順固諫乃止蒙遜大芟秋稼而還是歲朝廷以士業爲持節都督七郡諸軍事鎮西大將軍護羌校尉酒泉公士業用刑頗嚴又繕築不止從事中郎張顯上疏諫曰入歲已來陰陽失序屢有賊風暴雨犯傷和氣今區域三分勢不久並幷兼之本實在農戰懷遠之略事歸寬簡而更繁刑峻法宮室是務人方凋殘百姓愁悴致災之咎實此之由主簿氾稱又上疏諫曰臣聞天之子愛人后殷勤至矣故政之不修則垂災譴以誡之改者雖危必昌宋景是也其不改者雖安必亡虢公是也元年三月癸卯敦煌謙德堂陷八月效穀地裂二年元日昏霧四塞四月日赤無光二旬乃復十一月狐上南門今茲春夏地頻五震六月隕星于建康臣雖學不稽古敏謝仲舒頗亦聞道于先師且行年五十有九請爲殿下略言耳目之所聞見不復能遠論書傳之事也乃者咸安之初西平地裂狐入謙光殿前俄而秦師奄至都城不守梁熙既爲涼州藉秦氏兵亂規有全涼之

地外不撫百姓內多聚斂建元十九年姑臧南門崩隕石於閑豫堂二十年而呂光東反子敗於前身戮於後段業因羣胡創亂遂稱制此方三年之中地震五十餘所既而先王龍興瓜州蒙遜殺之張掖此皆目前之成事亦殿下之所聞知效穀先主鴻漸之始謙德卽尊之室基陷地裂大凶之徵也日者太陽之精中國之象赤而無光中國將爲胡夷之所陵滅諺曰野獸入家主人將去今狐上南門亦災之大也又狐者胡也天意若曰將有胡人居于此城南面而居者也昔春秋之世星隕于宋襄公卒爲楚所擒地者至陰胡夷之象當靜而動反亂天常天意若曰胡夷將震動中國中國若不修德將有宋襄之禍臣蒙先朝布衣之眷輒自同子弟之親是以不避忤上之誅昧死而進愚款願殿下親仁善鄰養威觀釁罷宮室之務止游畋之娛後宮嬪妃諸弟子女躬受分田身勸蠶績以清儉素德爲榮息玆奢靡之費百姓租稅專擬軍國虛衿下士廣招英儁修秦氏之術以強國富俗待國有數年之積庭盈文武之士然後命韓白爲前驅納子房之妙算一鼓而姑臧可平長驅可以飲馬涇渭方東面而爭天

下豈蒙遜之足憂不然臣恐宗廟之危必不出紀士業並不納士業立年而宋
受禪士業將謀東伐張體順切諫乃止士業聞蒙遜南伐禿髮傉檀命中外戒
嚴將攻張掖尹氏固諫不聽宋繇又固諫士業並不從繇退而歎曰大事去矣
吾見師之出不見師之還也士業遂率步騎三萬東伐次于都瀆澗蒙遜自浩
亹來距戰于懷城爲蒙遜所敗左右勸士業還酒泉士業曰吾違太后明誨遠
取敗辱不殺此胡復何面目以見母也勒衆復戰敗于蓼泉爲蒙遜所害士業
諸弟酒泉太守飜新城太守預領羽林右監密左將軍眺右將軍亮等西奔敦
煌蒙遜遂入于酒泉士業之未敗也有大蛇從南門而入至于恭德殿前有雙
雉飛出宮內通街大樹上有烏鵲爭巢鵲爲烏所殺又有敦煌父老令狐熾夢
白頭公衣帢而謂熾曰南風動吹長木胡桐椎不中轂言訖忽然不見士業小
字桐椎至是而亡翻及弟敦煌太守恂與諸子等棄敦煌奔于北山蒙遜以索
嗣子元緒行敦煌太守元緒麤嶮好殺大失人和郡人宋承張弘以恂在郡有
惠政密信招恂恂率數十騎入于敦煌元緒東奔涼興宋承等推恂爲冠軍將

軍涼州刺史蒙遜遣世子德政率衆攻恂恂閉門不戰蒙遜自率衆二萬攻之
三面起隄以水灌城恂遣壯士一千連版爲橋潛欲決隄蒙遜勒兵逆戰屠其
城士業子重耳脫身奔于江左仕于宋後歸魏爲恆農太守蒙遜徙翻子寶等
于姑臧歲餘北奔伊吾後歸于魏獨尹氏及諸女死於伊吾玄盛以安帝隆安
四年立至宋少帝景平元年滅據河右凡二十四年

史臣曰王者受圖咸資世德猶混成之先大帝若一氣之生兩儀是以中陽勃
興資豢龍之構趾景亳垂統本吞燕之開基涼武昭王英姿傑出運陰陽而緯
武應變之道如神吞日月以經天成物之功若歲故能懷荒弭暴開國化家宅
五郡以稱藩屈三分而奉順若乃詩褒秦仲後嗣建削平之業頌美公劉末孫
興配天之祚或發迹於汧渭或布化於邠岐覆簣創元天之基疏涓開環海之
宅彼既有漸此亦同符是知景命攸歸非一朝之可致累功積慶其所由來遠
矣

贊曰武昭英叡忠勇霸世王室雖微乃誠無替遺黎飲德絕壤霑惠積祉丕基

克昌來裔

晉書卷八十七

晉書卷八十八

唐　太　宗　文　皇　帝　御　撰

列傳第五十八

孝友

大矣哉孝之爲德也分渾元而立體道貫三靈資品彙以順名功包萬象用之于國動天地而降休徵行之于家感鬼神而昭景福乃若博施備物尊仁安義柔色承顏怡怡盡樂擊鮮就養亹亹忘劬集苞思藝黍之勤循陔有採蘭之詠事親之道也屬屬如在哀哀罔極聚薪流慟銜索興嗟灑風樹以隤心頫寒泉而沬泣追遠之情也審德筮仕正務移官居高匪危在醜無爭協修升以匡化懷履冰而砥節立身之行也是以閔曾翼翼遵六教而緝貞規蔡董烝烝弘七體而垂令迹亦有至誠上感明祇下贊郭巨致錫金之慶陽雍標蒔玉之祉烏馴丹羽巢叔和之室鹿呈白毳擾功文之廬然則因彼孝慈而生友悌理在兼綜義歸一揆夫天倫之重共氣分形心睽則葉穎荆枝性合則華承棣萼乃有

推肥代瘦衔急難之情讓果同衾盡懽愉之致緬窺緗素載流塵躅者歟晉氏始自中朝逮于江左雖百六之災遄及而君子之道未消孝悌名流猶爲繼踵王偉元之行己許季義之立節夏方感彥體至性以馳芬庾袞顏含篤友于而宣範自餘羣士咸標懿德採其遺絢足厲澆風故著孝友篇以續前史云耳

李密

李密字令伯犍爲武陽人也一名虔父早亡母何氏改醮密時年數歲感戀彌至烝烝之性遂以成疾祖母劉氏躬自撫養密奉事以孝謹聞劉氏有疾則涕泣側息未嘗解衣飲膳湯藥必先嘗後進有暇則講學忘疲而師事譙周周門人方之游夏少仕蜀爲郎數使吳有才辯吳人稱之蜀平泰始初詔徵爲太子洗馬密以祖母年高無人奉養遂不應命乃上疏曰臣以險釁夙遭閔凶生孩六月慈父見背行年四歲舅奪母志祖母劉愍臣孤弱躬見撫養臣少多疾病九歲不行零丁辛苦至于成立既無伯叔終鮮兄弟門衰祚薄晚有兒息外無朞功彊近之親內無應門五尺之童煢煢孑立形影相弔而劉早嬰疾病常在

牀蓐臣侍湯藥未嘗廢離自奉聖朝沐浴清化前太守臣逵察臣孝廉後刺史臣榮舉臣秀才臣以供養無主辭不赴命明詔特下拜臣郎中尋蒙國恩除臣洗馬猥以微賤當侍東宮非臣隕首所能上報臣具以表聞辭不就職詔書切峻責臣逋慢郡縣逼迫催臣上道州司臨門急於星火臣欲奉詔奔馳則劉病日篤苟徇私情則告訴不許臣之進退實爲狼狽伏惟聖朝以孝治天下凡在故老猶蒙矜卹況臣孤苦低羸之極且臣少仕僞朝歷職郎署本圖宦達不矜名節今臣亡國賤俘至微至陋猥蒙拔擢寵命殊私豈敢盤桓有所希冀但以劉日薄西山氣息奄奄人命危淺朝不慮夕臣無祖母無以至今日祖母無臣無以終餘年母孫二人更相爲命是以私情區區不敢棄遠臣密今年四十有四祖母劉今年九十有六是臣盡節於陛下之日長而報養劉之日短也烏鳥私情願乞終養臣之辛苦非但蜀之人士及二州牧伯之所明知皇天后土實所鑒見伏願陛下矜愍愚誠聽臣微志庶劉僥倖保卒餘年臣生當隕身死當結草帝覽之曰士之有名不虛然哉乃停召後劉終服闋復以洗馬徵至洛司

空張華問之曰安樂公何如密曰可次齊桓華問其故對曰齊桓得管仲而霸用豎刁而蟲流安樂公得諸葛亮而抗魏任黄皓而喪國是知成敗一也次問孔明言教何碎密曰昔舜禹皐陶相與語故得簡雅大誥與凡人言宜碎孔明與言者無己敵言教是以碎耳華善之出爲温令而憎疾從事嘗與人書曰慶父不死魯難未已從事白其書司隸司隸以密在縣清慎弗之劾也密有才能常望內轉而朝廷無援乃遷漢中太守自以失分懷怨及賜餞東堂詔普令賦詩末章曰人亦有言有因有緣官無中人不如歸田明明在上斯語豈然武帝忿之於是都官從事奏免密官後卒於家二子賜興賜字宗石少能屬文嘗爲玄鳥賦詞甚美州辟別駕舉秀才未行而終興字雋石亦有文才刺史羅尚辟別駕尚爲李雄所攻使興詣鎮南將軍劉弘求救興因願留爲弘參軍而不還尚白弘即奪其手版而遣之興之在弘府弘立諸葛孔明羊叔子碣使興俱爲之文甚有辭理

盛彥

盛彥字翁子廣陵人也少有異才年八歲詣吳太尉戴昌昌贈詩以觀之彥於坐答之辭甚慷慨母王氏因疾失明彥每言及未嘗不流涕於是不應辟召躬自侍養母食必自哺之母既疾久至於婢使數見捶撻婢忿恨伺彥蹔行取蠐螬炙飴之母食以爲美然疑是異物密藏以示彥彥見之抱母慟哭絕而復蘇母目豁然即開從此遂愈彥仕吳至中書侍郎吳平陸雲薦之於刺史周浚本邑大中正劉頌又舉彥爲小中正太康中卒

夏方

夏方字文正會稽永興人也家遭疫癘父母伯叔羣從死者十三人方年十四夜則號哭晝則負土十有七載葬送得畢因廬于墓側種植松柏烏鳥猛獸馴擾其旁吳時拜仁義都尉累遷五官中郎將朝會未嘗乘車行必讓路吳平除高山令百姓有罪應加捶撻者方向之涕泣而不加罪大小莫敢犯焉在官三年州舉秀才還家卒年八十七

王裒

王裒字偉元城陽營陵人也祖修有名魏世父儀高亮雅直爲文帝司馬東關之役帝問於衆曰近日之事誰任其咎儀對曰責在元帥帝怒曰司馬欲委罪於孤邪遂引出斬之裒少立操尙行己以禮身長八尺四寸容貌絕異音聲清亮辭氣雅正博學多能痛父非命未嘗西向而坐示不臣朝廷也於是隱居教授三徵七辟皆不就廬于墓側旦夕常至墓所拜跪攀柏悲號涕淚著樹樹爲之枯母性畏雷母沒每雷輒到墓曰裒在此及讀詩至哀哀父母生我劬勞未嘗不三復流涕門人受業者並廢蓼莪之篇家貧躬耕計口而田度身而蠶或有助之者不聽諸生密爲刈麥裒遂棄之知舊有致遺者皆不受門人爲本縣所役告裒求屬令裒曰卿學不足以庇身吾德薄不足以蔭卿屬之何益且吾不執筆已四十年矣乃步擔乾飯兒負鹽豉草屩送所役生到縣門徒隨從者千餘人安丘令以爲詣己整衣出迎之裒乃下道至土牛旁磬折而立云門生爲縣所役故來送別因執手涕泣而去令卽放之一縣以爲恥鄉人管彥少有才而未知名裒獨以爲必當自達拔而友之男女各始生便共許爲婚彥後爲

西夷校尉卒而葬於洛陽裒後更嫁其女彥弟馥問裒裒曰吾薄志畢願山藪昔嫁姊妹皆遠吉凶斷絕每以此自誓今賢兄子葬父於洛陽此則京邑之人也豈吾結好之本意哉馥曰嫂齊人也當還臨淄裒曰安有葬父河南而隨母還齊用意如此何婚之有北海邴春少立志操寒苦自居負笈游學鄉邑僉以爲邴原復出裒以春性險狹慕名終必不成其後春果無行學業不終有識以此歸之裒常以爲人之所行期於當歸善道何必以所能而責人所不能及洛京傾覆寇盜鋒起親族悉欲移渡江東裒戀墳壠不去賊大盛方行猶思慕不能進遂爲賊所害

許孜

許孜字季義東陽吳寧人也孝友恭讓敏而好學年二十師事豫章太守會稽孔沖受詩書禮易及孝經論語學竟還鄉里沖在郡喪亡孜聞問盡哀負擔奔赴送喪還會稽蔬食執役制服三年俄而二親沒柴毀骨立杖而能起建墓於縣之東山躬自負土不受鄉人之助或愍孜羸憊苦求來助孜晝則不逆夜便

除之每一悲號鳥獸翔集孜以方營大功乃棄其妻鎮宿墓所列植松柏亘五六里時有鹿犯其松栽孜悲歎曰鹿獨不念我乎明日忽見鹿爲猛獸所殺置於所犯栽下孜悵惋不已乃爲作冢埋於隧側猛獸即於孜前自撲而死孜益歎息又取埋之自後樹木滋茂而無犯者積二十餘年孜乃更娶妻立宅墓次烝烝朝夕奉亡如存鷹雉棲其梁簷鹿與猛獸擾其庭圃交頸同游不相搏噬元康中郡察孝廉不起巾褐終身年八十餘卒于家邑人號其居爲孝順里咸康中太守張虞上疏曰臣聞聖賢明訓存乎舉善褒貶所與不遠千載謹按所領吳寧縣物故人許孜至性孝友立節清峻與物恭讓言行不貳當其奉師則在三之義盡及其喪親實古今之所難咸稱殊類致感猛獸弭害雖臣不及見然備聞斯語竊謂蔡順董黯無以過之孜沒積年其子尚在性行純懿今亦家於墓側臣以爲孜之履操世所希逮宜標其令跡甄其後嗣以疇既往以奬方來陽秋傳曰善善及其子孫臣不達大體請臺量議疏奏詔旌表門閭蠲復子孫其子生亦有孝行圖孜像於堂朝夕拜焉

庾袞

庾袞字叔褒明穆皇后伯父也少履勤儉篤學好問事親以孝稱咸寧中大疫二兄俱亡次兄毗復殆癘氣方熾父母諸弟皆出次於外袞獨留不去諸父兄強之乃曰袞性不畏病遂親自扶侍晝夜不眠其間復撫柩哀臨不輟如此十有餘旬疫勢既歇家人乃反毗病得差袞亦無恙父老咸曰異哉此子守人所不能守行人所不能行歲寒然後知松柏之後凋始疑疫癘之不相染也初袞諸父並貴盛惟父獨守貧約袞躬親稼穡以給供養而執事勤恪與弟子樹籬跪以授條或曰今在隱屏先生何恭之過袞曰幽顯易操非君子之志也父亡作筥賣以養母母見其勤曰我無所食對曰母食不甘袞將何居母感而安之袞前妻荀氏繼室樂氏皆宦族富室及適袞俱棄華麗散資財與袞共安貧苦相敬如賓母終服喪居于墓側歲大饑藜羹不糝門人欲進其飯者而袞每曰已食莫敢為設及麥熟穫者已畢而采捃尚多袞乃引其羣子以退曰待其間及其捃也不曲行不旁掇跪而把之則亦大獲又與邑人入山拾橡分夷嶮序

長幼推易居難禮無違者或有斬其墓柏莫知其誰乃召鄰人集于墓而自責焉因叩頭泣涕謝祖禰曰德之不修不能庇先人之樹哀之罪也父老咸亦爲之垂泣自後人莫之犯撫諸孤以慈奉諸寡以仁事加於厚而教之義方使長者體其行幼者忘其孤孤甥郭秀比諸子姪衣食而每先之孤兄女曰芳將嫁美服既具哀乃刈荊苕爲箕箒召諸子集之于堂男女以班命芳曰芳乎汝少孤汝逸汝豫不汝疵瑕今汝適人將事舅姑灑埽庭内婦之道也故賜汝此匪器之爲美欲溫恭朝夕雖休勿休也而以舊宅與其長兄子廣翕及翕卒哀哀其早孤痛其成人而未娶乃撫柩長號哀感行路聞者莫不垂涕初哀父誡哀以酒每醉輒自責曰余廢先父之誡其何以訓人乃於父墓前自杖三十鄰人褚德逸者善事其親老而不倦哀每拜之嘗與諸兄過邑人陳準兄弟諸兄友之皆拜其母哀獨不拜準弟徽曰子不拜吾親何哀曰未知所以拜也夫拜人之親者將自同於人之子也其義至重哀敢輕之乎遂不拜準徽歎曰古有亮直之士君近之矣君若當朝則社稷之臣歟君若握兵臨大節孰能奪之方今

徵聘君實宜之於是鄉黨薦之州郡交命察孝廉舉秀才清白異行皆不降志
世遂號之爲異行元康末潁川太守召爲功曹袞服造役之衣杖鍤荷斧不俟
駕而行曰請受下夫之役太守飾車而迎袞逡巡辭退請徒行入郡將命者遂
逼扶升車納於功曹舍既而袞自取己車而寢處焉形雖恭而神有不可動之
色太守知其不屈乃歎曰非常士也吾何以降之厚爲之禮而遣焉齊王冏之
唱義也張弘等肆掠于陽翟袞乃率其同族及庶姓保于禹山是時百姓安寧
未知戰守之事袞曰孔子云不教而戰是謂棄之乃集諸羣士而謀曰二三君
子相與處於險將以安保親尊全妻孥也古人有言千人聚而不以一人爲主
不散則亂矣將若之何衆曰善今日之主非君而誰袞默然有閒乃言曰古人
急病讓夷不敢逃難然人之立主貴從其命也乃誓之曰無恃險無怙亂無暴
鄰無抽屋無樵採人所植無謀非德無犯非義戮力一心同恤危難衆咸從之
於是峻險阨杜蹊徑修壁塢樹藩障考功庸計丈尺均勞逸通有無繕完器備
量力任能物應其宜使邑推其長里推其賢而身率之分數既明號令不二上

下有禮少長有儀將順其美匡救其惡及賊至袞乃勒部曲整行伍皆持滿而
勿發賊挑戰晏然不動且辭焉賊服其慎而畏其整是以皆退如是者三時人
語曰所謂臨事而懼好謀而成者其庾異行乎及冏歸于京師踰年不朝袞曰
晉室卑矣寇難方興乃攜其妻子適林慮山事其新鄉如其故鄉言忠信行篤
敬比及朞年而林慮之人歸之咸曰庾賢及石勒攻林慮父老謀曰此有大頭
山九州之絶險也上有古人遺迹可共保之惠帝遷于長安袞乃相與登于大
頭山而田於其下年穀未熟食木實餌石蘂同保安之有終焉之志及將收穫
命子怞與之下山中塗目眩瞀墜崖而卒同保赴哭曰天乎獨不可舍我賢乎
時人傷之曰庾賢絶塵避地超然遠迹固窮安陋木食山棲不與世同榮不與
人爭利不免遭命悲夫袞學通詩書非法不言非道不行尊事耆老惠訓蒙幼
臨人之喪必盡哀會人之葬必躬築勞則先之逸則後之言必行之行必安之
是以宗族鄉黨莫不崇仰門人感慕爲之樹碑焉有四子怞蔑澤捃在澤生故
名澤因捃生故曰捃蔑後南渡江中興初爲侍中蔑生願安成太守

孫晷

孫晷字文度吳國富春人吳伏波將軍秀之曾孫也晷爲兒童未嘗被呵怒顧榮見而稱之謂其外祖薛兼曰此兒神明清審志氣貞立非常童也及長恭孝清約學識有理義每獨處幽闇之中容止瞻望未嘗傾邪雖侯家豐厚而晷常布衣蔬食躬親壟畝誦詠不廢欣然獨得父母愍其如此欲加優饒而夙興夜寐無暫懈也父母起居嘗饌雖諸兄親饋而晷不離左右富春車道既少動經山川父難於風波每行乘籃輿晷躬自扶侍所詣之處則於門外樹下藩屏之閭隱息初不令主人知之兄嘗篤疾經年晷躬自扶侍藥石甘苦必經心目跋涉山水祈求懇至而聞人之善欣若有得聞人之惡慘若有失見人饑寒並周贍之鄉里贈遺一無所受親故有窮老者數人恆往來告索人多厭慢之而晷見之欣敬逾甚寒則與同衾食則與同器或解衣推被以恤之時年饑穀貴人有生刈其稻者晷見而避之須去而出既而自刈送與之鄉鄰感愧莫復侵犯會稽虞喜隱居海嵎有高世之風晷欽其德娉喜弟預女爲妻喜戒女棄華尚

素與晷同志時人號爲梁鴻夫婦濟陽江惇少有高操聞晷學行過人自東陽往候之始面便終日譚宴結歡而別司空何充爲揚州檄晷爲主簿司徒蔡謨辟爲掾屬並不就尚書張國明州土之望表薦晷公車特徵會卒時年三十八朝野嗟痛之晷未及大斂有一老父緼袍草屨不通姓名徑入撫柩而哭哀聲慷慨感于左右哭止便出容貌甚清眼瞳又方門者告之喪主怪而追焉直去不顧同郡顧和等百餘人歎其神貌有異而莫之測也

顏含

顏含字弘都琅邪莘人也祖欽給事中父默汝陰太守含少有操行以孝聞兄畿咸寧中得疾就醫自療遂死於醫家家人迎喪旐每繞樹而不可解引喪者顛仆稱畿言曰我壽命未死但服藥太多傷我五臟耳今當復活愼無葬也其父祝之曰若爾有命復生豈非骨肉所願今但欲還家不爾葬也旐乃解及還其婦夢之曰吾當復生可急開棺婦頗說之其夕母及家人又夢之卽欲開棺而父不聽含時尙少乃慨然曰非常之事古則有之今靈異至此開棺之痛孰

與不開相負父母從之乃共發棺果有生驗以手刮棺指爪盡傷然氣息甚微存亡不分矣飲哺將護累月猶不能語飲食所須託之以夢闔家營視頓廢生業雖在母妻不能無倦矣含乃絕棄人事躬親侍養足不出戶者十有三年石崇重含惇行贈以甘旨含謝而不受或問其故答曰病者綿昧生理未全既不能進啖又未識人惠若當謬留豈施者之意也畿竟不起含二親既終兩兄繼沒次嫂樊氏因疾失明含課勵家人盡心奉養每日自嘗省藥饌察問息耗必簪屨束帶醫人疏方應須髯蛇膽而尋求備至無由得之含憂歎累時嘗晝獨坐忽有一青衣童子年可十三四持一青囊授含含開視乃蛇膽也童子逡巡出戶化成青烏飛去得膽藥成嫂病即愈由是著名本州辟不就東海王越以爲太傅參軍出補闔陽令元帝初鎮下邳復命爲參軍過江以含爲上虞令轉王國郎中丞相東閤祭酒出爲東陽太守東宮初建含以儒素篤行補太子中庶子遷黃門侍郎本州大中正歷散騎常侍大司農豫討蘇峻功封西平縣侯拜侍中除吳郡太守王導問含曰卿今莅名郡政將何先答曰王師歲動編戶

虛耗南北權豪競招游食國弊家豐執事之憂且當徵之勢門使反田桑數年之間欲令戶給人足如其禮樂俟之明宰含所歷簡而有恩明而能斷然以威御下導歎曰顏公在事吳人斂手矣未之官復爲侍中尋除國子祭酒加散騎常侍遷光祿勳以年老遜位成帝美其素行就加右光祿大夫門施行馬賜牀帳被褥勑大官四時致膳固辭不受于時論者以王導帝之師傅名位隆重百僚宜爲降禮太常馮懷以問於含含曰王公雖重理無偏敬降禮之言或是諸君事宜鄙人老矣不識時務旣而告人曰吾聞伐國不問仁人向馮祖思問佞於我我有邪德乎人嘗論少正卯盜跖其惡孰深或曰正卯雖姦不至剖人充膳盜跖爲甚含曰爲惡彰露人思加戮隱伏之姦非聖不誅由此言之少正爲甚衆咸服焉郭璞嘗遇含欲爲之筮含曰年在天位在人修己而天不與者命也守道而人不知者性也自有性命無勞蓍龜桓溫求婚於含含以其盛滿不許惟與鄧攸深交或問江左羣士優劣答曰周伯仁之正鄧伯道之清卞望之之節餘則吾不知也其雅重行實抑絕浮僞如此致仕二十餘年年九十三卒

遺命素棺薄斂謚曰靖喪在殯而鄰家失火移棺紼斷火將至而滅僉以爲淳誠所感也三子髦謙約髦歷黃門郎侍中光祿勳謙至安成太守約零陵太守並有聲譽

劉殷

劉殷字長盛新興人也高祖陵漢光祿大夫殷七歲喪父哀毀過禮服喪三年未曾見齒曾祖母王氏盛冬思堇而不言食不飽者一旬矣殷怪而問之王言其故殷時年九歲乃於澤中慟哭曰殷罪釁深重幼丁艱罰王母在堂無旬月之養殷爲人子而所思無獲皇天后土願垂哀愍聲不絕者半日於是忽若有人云止止聲殷收淚視地便有堇生焉因得斛餘而歸食而不減至時堇生乃盡又嘗夜夢人謂之曰西籬下有粟殷寤而掘之得粟十五鍾銘曰七年粟百石以賜孝子劉殷自是食之七載方盡時人嘉其至性通感競以穀帛遺之殷受而不謝直云待後貴當相酬耳弱冠博通經史綜核羣言文章詩賦靡不該覽性倜儻有濟世之志儉而不陋清而不介望之頹然而不可侵也鄉黨親族莫

不稱之郡命主簿州辟從事皆以供養無主辭不赴命司空齊王攸辟爲掾征
南將軍羊祜召參軍事皆以疾辭同郡張宣子識達之士也勸殷就徵殷曰當
今二公有晉之棟楹也吾方希達如榱椽耳不憑之豈能立乎吾今王母在堂
既應他命無容不竭盡臣禮便不得就養子與所以辭齊大夫𥪡以色養爲主
故耳宣子曰如子所言豈庸人所識哉而今而後吾子當爲吾師矣遂以女妻
之宣子者幷州豪族也家富於財其妻怒曰我女年始十四姿識如此何慮不
得爲公侯妃而遽以妻劉殷乎宣子曰非爾所及也誡其女曰劉殷至孝冥感
兼才識超世此人終當遠達爲世名公汝其謹事之張氏性亦婉順事王母以
孝聞奉殷如君父焉及王氏卒殷夫婦毀瘠幾至滅性時柩在殯而西鄰失火
風勢甚盛殷夫婦叩殯號哭火遂越燒東家後有二白鳩巢其庭樹自是名譽
彌顯太傅楊駿輔政備禮聘殷殷以母老固辭駿於是表之優詔遂其高志聽
終色養勑所在供其衣食蠲其傜賦賜帛二百匹穀五百斛趙王倫篡位孫秀
夙重殷名以散騎常侍徵之殷逃奔鴈門及齊王冏輔政辟爲大司馬軍諮祭

酒既至謂殷曰先王虛心召君君不至今孤辟君君何能屈也殷曰世祖以大聖應期先王以至德輔世旣堯舜爲君稷契爲佐故殷希以一夫而距千乘爲不可迴之圖幸邀唐虞之世是以不懼斧鉞之戮耳今殿下以神武睿姿除殘反政然聖迹稍麤嚴威滋肅殷若復爾恐招華士之誅故不敢不至也冏奇之轉拜新興太守明刑旌善甚有政能屬永嘉之亂沒於劉聰聰奇其才而擢任之累至侍中太守錄尚書事殷恆戒子孫曰事君之法當務幾諫凡人尚不可面斥其過而況萬乘乎夫犯顏之禍將彰君過宜上思召公咨商之義下念鮑勛觸鱗之誅也在聰之朝與公卿恂恂然常有後己之色士不修操行者無得入其門然滯理不申藉殷而濟者亦已百數有七子五子各授一經一子授太史公一子授漢書一門之內七業俱興北州之學殷門爲盛竟以壽終

王延

王延字延元西河人也九歲喪母泣血三年幾至滅性每至忌日則悲啼至旬繼母卜氏遇之無道恆以蒲穰及敗麻頭與延貯衣其姑聞而問之延知而不

言事母彌謹卜氏嘗盛冬思生魚勑延求而不獲杖之流血延尋汾叩凌而哭忽有一魚長五尺踊出冰上延取以進母卜氏食之積日不盡於是心悟撫延如己生延事親色養夏則扇枕席冬則以身溫被隆冬盛寒體無全衣而親極滋味晝則傭賃夜則誦書遂究覽經史皆通大義州郡禮辟貪供養不起父母終後廬於墓側非其蠶不衣非其耕不食屬天下喪亂隨劉元海遷于平陽農蠶之暇訓誘宗族侃侃不勌家牛生一犢他人認之延牽而授與初無吝色其人後自知妄認送犢還延叩頭謝罪延仍以與之不復取也年六十方仕於劉聰稍遷尚書左丞至金紫光祿大夫聰死後靳準將作亂謀之于延延不從準既誅劉氏自號漢天王以延爲左光祿大夫延又大罵不受準遂殺之

王談

王談吳與烏程人也年十歲父爲鄰人竇度所殺談陰有復讎志而懼爲度所疑寸刃不畜日夜伺度未得至年十八乃密市利鍤陽若耕鉏者度常乘船出入經一橋下談伺度行還伏草中度既過談於橋上以鍤斬之應手而死既而

歸罪有司太守孔嚴義其孝勇列上宥之嚴諸子爲孫恩所害無嗣談乃移居會稽修理嚴父子墳墓盡其心力後太守孔廞究其義行元興三年舉談爲孝廉時稱其得人談不應召終于家

桑虞

桑虞字子深魏郡黎陽人也父沖有深識遠量惠帝時爲黃門郎河間王顒執權引爲司馬沖知顒必敗就職一旬便稱疾求退虞仁孝自天至年十四喪父毀瘠過禮日以米百粒用糝藜藿其師諭之曰汝毀瘠如此必至滅性滅性不孝宜自抑割虞曰藜藿雜米足以勝哀虞有園在宅北數里瓜果初熟有人踰垣盜之虞以園援多棘刺恐偷見人驚走而致傷損乃使奴爲之開道及偷負瓜將出見道通利知虞使除之乃送所盜瓜叩頭請罪虞乃懽然盡以瓜與之嘗行寄宿逆旅同宿客失脯疑虞爲盜虞默然無言便解衣償之主人曰此舍數失魚肉雞鴨多是狐狸偷去君何以疑人乃將脯主至山冢間尋求果得之客求還衣虞投之不顧虞諸兄仕於石勒之世咸登顯位惟虞恥臣非類陰欲

避地海東會丁母憂遂止哀毀骨立廬於墓側五年後石勒以爲武城令虞以密邇黃河去海微近將申前志欣然就職石季龍太守劉徵甚器重之徵還青州刺史請虞爲長史帶祝阿郡徵遇疾還鄴令虞監行州府屬季龍死國中大亂朝廷以虞名父之子必能立功海岱潛遣東莞人華挺授虞寧朔將軍青州刺史虞曰功名非吾志也乃附使者啓讓刺史靖居海右不交境外雖歷僞朝而不豫亂世以此高之卒於官虞五世同居閨門邕穆苻堅青州刺史苻朗甚重之嘗詣虞家升堂拜其母時人以爲榮

何琦

何琦字萬倫司空充之從兄也祖父龕後將軍父阜淮南內史琦年十四喪父哀毀過禮性沉敏有識度好古博學居于宣城陽穀縣事母孜孜朝夕色養常患甘鮮不贍乃爲郡主簿察孝廉除郎中以選補宣城涇縣令司徒王導引爲參軍不就及丁母憂居喪泣血杖而後起停柩在殯爲鄰火所逼烟焰已交家乏僮使計無從出乃匍匐撫棺號哭俄而風止火息堂屋一間免燒其精誠所

感如此服闋乃慨然歎曰所以出身仕者非謂有尺寸之能以效智力實利微祿私展供養一旦煢然無復恃怙豈可復以朽鈍之質塵黷清朝哉於是養志衡門不交人事耽翫典籍以琴書自娛不營產業節儉寡欲豐約與鄉鄰共之鄉里遭亂姊沒人家琦惟有一婢便爲購贖然不爲小謙凡有贈遺亦不苟讓但於己有餘輒復隨而散之任心而行率意而動不占卜無所事司空陸玩太尉桓溫並辟命皆不就詔徵博士又不起簡文帝時爲撫軍欽其名行召爲參軍固辭以疾公車再徵通直散騎侍郎散騎常侍不行由是君子仰德莫能屈也桓溫嘗登琦縣北山喟然嘆曰此山南有人焉何公真止足者也琦善養性老而不衰布褐蔬食恆以述作爲事著三國評論凡所撰錄百許篇皆行於世年八十二卒

吳逵

吳逵吳興人也經荒饑疾病合門死者十有三人逵時亦病篤其喪皆鄰里以葦蓆裹而埋之逵夫妻既存家極貧窘冬無衣被晝則傭賃夜燒塼甓晝夜在

山未嘗休止遇毒蟲猛獸輒爲之下道朞年成七墓十三棺時有賻贈一無所受太守張崇義之以羔鴈之禮禮焉卒於家

史臣曰尊親之道禮經之明訓孝友之義詩人之美談是知人倫之本罔茲攸尚感翁子立行淳至素蓄異才流慟致其感通含哺申其就養戴昌賞其清韻陸雲嘉其茂德王裒隱居不從其辟行己莫逾其禮枯柏以應其誠驚雷以危其慮永言董蔡異時均美許孜少而敏學禮備在三馴雉棲其梁棟猛獸擾其庭圃居喪之禮實古今之所難焉庾叔褒不匱表於執勤則裕存乎敬業幽顯不易其操疫癘不駭其心急病讓夷之規有古人之風烈矣孫晷之匪懈王談之復讎神人惜其亡良守宥其罪劉殷幼丁艱酷柴毀逾制發三冬之堇賜七年之粟至誠之契義形于茲王延叩冰而召鱗扇席而清暑雖黃香孟宗抑爲倫輩其餘羣子並孝養可崇清風素範高山景行會其宗流同斯志也

贊曰德之所居有感必徵孝哉王許永慕烝烝揮泗凋柏對棿巢鷹密彥夏庚夙標至性文度弘都勤修懿行敦彼孝友載光謠詠鳩馴長感魚薦延元談桑

義闡琦吳道存專洞之德咸擒左言

晉書卷八十八

晉書卷八十八考證

李密傳昔舜禹臯陶相與語故得簡雅大誥與凡人言宜碎○簡雅大誥監本作簡大雅誥 臣龍官按三國志陳壽表咎繇之謨略而雅周公之誥煩而悉何則咎繇與舜禹共談周公與羣下矢誓故也亮所與言盡衆人凡士故其文指不得及遠則此當以昔舜禹臯陶相與語故得簡雅爲一句大誥與凡人言宜碎爲一句今改正

孫晷傳此兒神明清審○明監本作用今從宋本

顏含傳轉王國郎中○王各本作主今從元帝本紀改正

晉書卷八十八考證

晉書卷八十九

唐 太 宗 文 皇 帝 御 撰

列傳第五十九

忠義

古人有言君子殺身以成仁不求生以害仁又云非死之難處死之難信哉斯言也是知隕節苟合其宜義夫豈吝其沒捐軀若得其所烈士不愛其存故能守鐵石之深衷厲松筠之雅操見貞心於歲暮標勁節於嚴風赴鼎鑊其如歸履危亡而不顧書名竹帛畫象丹青前史以爲美談後來仰其徽烈者也晉自元康之後政亂朝昏禍難荐興艱虞孔熾遂使奸凶放命戎狄交侵函夏沸騰蒼生塗炭干戈日用戰爭方興雖背恩忘義之徒不可勝載而蹈節輕生之士無乏於時至若嵇紹之衞難乘輿卞壼之亡軀鋒鏑桓雄之義高田叔周崎之節邁解揚羅丁致命於舊君辛吉恥臣於戎虜張禕引鴆以全節王諒斷臂以厲忠莫不志烈秋霜精貫白日足以激淸風於萬古厲薄俗於當年者歟所謂

亂世識忠臣斯之謂也卞壼劉超鍾雅周虓等已入列傳其餘卽敍其行事以爲忠義傳用旌晉氏之有人焉

嵇紹 從子含

嵇紹字延祖魏中散大夫康之子也十歲而孤事母孝謹以父得罪靖居私門山濤領選啓武帝曰康誥有言父子罪不相及嵇紹賢侔郤缺宜加旌命請爲祕書郎帝謂濤曰如卿所言乃堪爲丞何但郎也乃發詔徵之起家爲祕書丞紹始入洛或謂王戎曰昨於稠人中始見嵇紹昂昂然如野鶴之在雞羣戎曰君復未見其父耳累遷汝陰太守尚書左僕射裴頠亦深器之每曰使延祖爲吏部尚書可使天下無復遺才矣沛國戴晞少有才智與紹從子含相友善時人許以遠致紹以爲必不成器晞後爲司州主簿以無行被斥州黨稱紹有知人之明轉豫章內史以母憂不之官服闋拜徐州刺史時石崇爲都督性雖驕暴而紹將之以道崇甚親敬之後以長子喪去職元康初爲給事黃門侍郎時侍中賈謐以外戚之寵年少居位潘岳杜斌等皆附託焉謐求交於紹紹距而

不答及謚誅紹時在省以不阿比凶族封弋陽子遷散騎常侍領國子博士太尉廣陵公陳準薨太常奏謚紹駁曰謚號所以垂之不朽大行受大名細行受細名文武顯於功德靈厲表於闇蔽自頃禮官協情謚不依本準謚爲過宜謚曰繆事下太常時雖不從朝廷憚焉趙王倫篡位署爲侍中惠帝復阼遂居其職司空張華爲倫所誅議者追理其事欲復其爵紹又駁之曰臣之事君當除煩去惑華歷位內外雖𧫒有善事然闔棺之責著于遠近兆禍始亂華實爲之故鄭討幽公之亂斲子家之棺魯戮隱罪終篇貶罼未忍重戮事已弘矣謂不宜復其爵位理其無罪時帝初反正紹又上疏曰臣聞改前轍者則車不傾革往弊者則政不爽太一統於元首百司役於多士故周文興於上成康穆於下也存不忘亡易之善義願陛下無忘金墉大司馬無忘潁上大將軍無忘黃橋則禍亂之萌無由而兆矣齊王冏既輔政大興第舍驕奢滋甚紹以書諫曰夏禹以卑室稱美唐虞以茅茨顯德豐屋蔀家無益危亡竊承毀敗太樂以廣第舍興造功力爲三王立宅此豈今日之先急哉今大事始定萬姓顒顒咸待覆

潤宜省起造之煩深思謙損之理復主之勳不可棄矣矢石之殆不可忘也冏雖謙順以報之而卒不能用紹嘗詣冏諮事遇冏讌會召董艾葛旟等共論時政艾言於冏曰嵇侍中善於絲竹公可令操之左右進琴紹推不受冏曰今日爲懽卿何吝此邪紹對曰公匡復社稷當軌物作則垂之於後紹雖虛鄙忝備常伯腰紱冠冕鳴玉殿省豈可操執絲竹以爲伶人之事若釋公服從私宴所不敢辭也冏大慙艾等不自得而退頃之以公事免冏以爲左司馬旬日冏被誅初兵交紹奔散赴宮有持弩在東閤下者將射之遇有殿中將兵蕭隆見紹姿容長者疑非凡人趨前拔箭於此得免遂還滎陽舊宅尋徵爲御史中丞未拜復爲侍中河間王顒成都王穎舉兵向京都以討長沙王乂大駕次于城東乂宣言於衆曰今日西討欲誰爲都督乎六軍之士皆曰願嵇侍中戮力前驅死猶生也遂拜紹使持節平西將軍屬乂被執紹復爲侍中公王以下皆詣鄴謝罪於穎紹等咸見廢黜免爲庶人尋而朝廷復有北征之役徵紹復其爵位紹以天子蒙塵承詔馳詣行在所値王師敗績於蕩陰百官及侍衛莫不散潰

唯紹儼然端冕以身捍衞兵交御輦飛箭雨集紹遂被害於帝側血濺御服天子深哀歎之及事定左右欲浣衣帝曰此嵇侍中血勿去初紹之行也侍中秦準謂曰今日向難卿有佳馬否紹正色曰大駕親征以正伐逆理必有征無戰若使皇輿失守臣節有在駿馬何爲聞者莫不歎息及張方逼帝還長安河間王顒表贈紹司空進爵爲公會帝還洛陽事遂未行東海王越屯許路經滎陽過紹墓哭之悲慟刊石立碑又表贈官爵帝乃遣使冊贈侍中光祿大夫加金章紫綬進爵爲侯賜墓田一頃客十戶祠以少牢元帝爲左丞相承制以紹死節事重而贈禮未副勳德更表贈太尉祠以太牢及帝卽位賜謚曰忠穆復加太牢之祠紹誕於行己不飾小節然曠而有檢通而不雜與從子含等五人共居撫卹如所同生門人故吏思慕遺愛行服墓次畢三年者三十餘人長子眕有父風早夭以從孫翰襲封成帝時追述紹忠以翰爲奉朝請翰以無兄弟自表還本宗太元中孝武帝詔曰褒德顯仁哲王令典故太尉忠穆公執德高邈在否彌宣貞潔之風義著千載每念其事愴然傷懷忠貞之胤蒸嘗宜遠所以

大明至節崇奬名教可訪其宗族襲爵主祀於是復以翰孫曠爲弋陽侯
含字君道祖喜徐州刺史父蕃太子舍人含好學能屬文家在鞏縣亳丘自號亳丘子門曰歸厚之門室曰愼終之室楚王瑋辟爲掾瑋誅坐免舉秀才除郎中時弘農王粹以貴公子尙主館宇甚盛圖莊周於室廣集朝士使含爲之讚含援筆爲弔文文不加點其序曰帝壻王弘遠華池豐屋廣延賢彥圖莊生垂綸之象記先達辭聘之事畫眞人於刻桷之室載退士於進趣之堂可謂託非其所可弔不可讚也其辭曰邁矣莊周天縱特放大塊授其生自然資其量器虛神清窮玄極曠人僞俗季眞風既散野無訟屈之聲朝有爭寵之歎上下相陵長幼失貫於是借玄虛以助溺引道德以自奬戶詠恬曠之辭家畫老莊之象今王生沉淪名利身尙帝女連耀三光有出無處池非巖石之溜宅非茅茨之宇馳屈產於皇衢畫茲象其焉取嗟乎先生高跡何局生處巖岫之居死寄彫楹之屋託非其所沒有餘辱悼大道之湮晦遂含悲而吐曲粹有愧色齊王冏辟爲征西參軍襲爵武昌鄉侯長沙王乂召爲驃騎記室督尙書郎乂與成

都王穎交戰穎軍轉盛尚書郎旦出督戰夜還理事含言於乂曰昔魏武每有軍事增置掾屬青龍二年尚書令陳矯以有軍務亦奏增郎今奸逆四逼王路擁塞倒懸之急不復過此但居曹理事尚須增郎況今都官中騎三曹晝出督戰夜還理事一人兩役內外廢乏含謂今有十萬人都督各有主帥推轂授綏委付大將不宜復令臺僚雜與其間乂從之乃增郎及令史懷帝爲撫軍將軍以含爲從事中郎惠帝北征轉中書侍郎及蕩陰之敗含走歸滎陽永興初除太弟中庶子西道阻閡未得應召范陽王虓爲征南將軍屯許昌復以含爲從事中郎尋授振威將軍襄城太守虓爲劉喬所破含奔鎮南將軍劉弘於襄陽弘待以上賓之禮含性通敏好薦達才賢常欲崇趙武之諡加臧文之罪屬陳敏作亂江揚震蕩南越險遠而廣州刺史王毅病卒弘表含爲平越中郎將廣州刺史假節未發會弘卒時或欲留含領荊州含性剛躁素與弘司馬郭勱有隙勱疑含將爲己害夜掩殺之時年四十四懷帝即位諡曰憲

王豹

王豹順陽人也少而抗直初爲豫州別駕齊王冏爲大司馬以豹爲主簿冏驕縱失天下心豹致牋於冏曰豹聞王臣蹇蹇匪躬之故將以安主定時保存社稷者也是以爲人臣而欺其君者刑罰不足以爲誅爲人主而逆其諫者靈厲不足以爲諡伏惟明公虛心下士開懷納善款誠以著而逆耳之言未入於聽豹伏思晉政漸缺始自元康以來宰相在位未有一人獲終乃事勢使然未爲輒有不善也今公克平禍亂安國定家故復因前傾敗之法尋中間覆車之軌欲冀長存非所敢聞今河間樹根於關右成都盤桓於舊魏新野大封於江漢三面貴王各以方剛強盛並興戎馬處險害之地且明公興義討逆功蓋天下聖德光茂名震當世今以難賞之功挾震主之威獨據京都專執大權進則亢龍有悔退則蒺藜生庭冀此求安未知其福敢以淺見陳寫愚情昔武王伐紂封建諸侯爲二伯自陝以東周公主之自陝以西召公主之及至其末霸國之世不過數州之地四海強兵不敢入闚九鼎所以然者天下習於所奉故也今誠能尊用周法以成都爲北州伯統河北之王侯明公爲南州伯以攝南士之

官長各因本職出居其方樹德於外盡忠於內歲終率所領而貢於朝簡良才命賢儁以爲天子百官則四海長寧萬國幸甚明公之德當與周召同其至美危敗路塞社稷可保願明公思高祖納婁敬之策悟張良躡足之謀遠臨深之危保泰山之安若合聖思宛許可都也書入無報豹重牋曰豹書御已來十有二日而聖旨高遠未垂採察不賜一字之令不勑可否之宜蓋霸王之神寶安危之祕術不可須臾而忽者也伏思明公挾大功抱大名懷大德執大權此四大者域中所不能容賢聖所以戰戰兢兢日昃不暇食雖休勿休者也昔周公以武王爲兄成王爲君伐紂有功以親輔政執德弘深聖思博遠至忠至仁至孝至敬而攝事之日四國流言離主出奔居東三年賴風雨之變成王感悟若不遭皇天之應神人之察恐公旦之禍未知所限也至於執政猶與召公分陝爲伯今明公自視功德孰如周公且元康以來宰相之患危機竊發不及容思密禍潛起輒在呼噏豈復晏然得全生計前鑒不遠公所親見也君子不有遠慮必有近憂憂至乃悟悔無所及也今若從豹此策皆遣王侯之國北與成都

分河爲伯成都在鄴明公都宛寬方千里以與圻內侯伯子男小大相率結好
要盟同獎皇家貢御之法一如周典若合聖規可先旨與成都共論雖以小才
願備行人昔厮養燕趙之微者耳百里奚秦楚之商人也一開其說兩國以寧
況豹雖陋大州之綱紀加明公起事險難之主簿也故身雖輕其言未必否也
冏令曰得前後白事具意輒別思量也會長沙王乂至於冏案上見豹牋謂冏
曰小子離間骨肉何不銅駞下打殺冏既不能嘉豹之策遂納乂言乃奏豹曰
臣忿奸凶肆逆皇祚顛墜與成都長沙新野共興義兵安復社稷唯欲戮力皇
家與親親宗室腹心從事此臣夙夜自誓無負神明而主簿王豹比有白事敢
造異端謂臣忝備宰相必遘危害慮在一旦不祥之聲可蹻足而待欲臣與成
都分陝爲伯盡出藩王上誣聖朝鑒御之威下長妖惑疑阻衆心噂𠴲背憎巧
賣兩端訕上謗下讒內間外遘惡導奸坐生猜嫌昔孔丘匡魯乃誅少正子產
相鄭先戮鄧析誠以交亂名實若趙高詭怪之類也豹爲臣不忠不順不義輒
敇都街考竟以明邪正豹將死曰懸吾頭大司馬門見兵之攻齊也衆庶冤之

俄而冏敗

劉沈

劉沈字道真燕國薊人也世爲北州名族少仕州郡博學好古太保衞瓘辟爲掾領本邑大中正敦儒道愛賢能進霍原爲二品及申理張華皆辭旨明峻爲當時所稱齊王冏輔政引爲左長史遷侍中于時李流亂蜀詔沈以侍中假節統益州刺史羅尚梁州刺史許雄等以討流行次長安河間王顒請留沈爲軍司遣席薳代之後領雍州刺史及張昌作亂詔顒遣沈將州兵萬人征西府五千人自藍田關以討之顒不奉詔沈自領州兵至藍田顒又逼奪其衆長沙王乂命沈將武吏四百人還州張方既逼京都王師屢敗王瑚祖逖言於乂曰劉沈忠義果毅雍州兵力足制河間宜啓上詔與沈使發兵襲顒顒窘急必召張方以自救此計之良也乂從之沈奉詔馳檄四境合七郡之衆及守防諸軍塢壁甲士萬餘人以安定太守衞博新平太守張光安定功曹皇甫澹爲先登襲長安顒時頓于鄭縣之高平亭爲東軍聲援聞沈兵起還鎮渭城遣督護虞夔

率步騎萬餘人逆沉於好時接戰變衆敗顒大懼退入長安果急呼張方沉渡渭而壘顒每遣兵出鬭輒不利沉乘勝攻之使澹博以精甲五千從長安門而入力戰至顒帳下沉軍來遲顒軍見澹等無繼氣益倍馮翊太守張輔率衆救顒横擊之大戰於府門博父子皆死之澹又被擒顒奇澹壯勇將活之澹不爲之屈於是見殺沉軍遂敗率餘卒屯于故營張方遣其將敦偉夜至沉軍大驚而潰與麾下百餘人南遁爲陳倉令所執沉謂顒曰夫知己之顧輕在三之節重不可違君父之詔量強弱以苟全投袂之日期之必死菹醢之戮甘之如薺辭義慷慨見者哀之顒怒鞭之而後腰斬有識者以顒干上犯順虐害忠義知其滅亡不久也

麴允

麴允金城人也與游氏世爲豪族西州爲之語曰麴與游牛羊不數頭南開朱門北望青樓洛陽傾覆閻鼎等立秦王爲皇太子於長安鼎總攝百揆允時爲安夷護軍始平太守心害鼎功且規權勢因鼎殺京兆太守梁綜乃與綜弟馮

翊太守綽等攻鼎走之會雍州刺史賈疋爲屠各所殺允代其任愍帝卽尊位以允爲尚書左僕射領軍持節西戎校尉錄尚書事雍州如故時劉曜殷凱趙染數萬衆逼長安允擊破之擒凱於陣曜復攻北地允爲大都督驃騎將軍次于清白城以救之曜聞而轉寇上郡允軍于靈武以兵弱不敢進曜後復圍北地太守麴昌遣使求救允率步騎赴之去城數十里羣賊繞城放火煙塵蔽天縱反間詐允曰郡城已陷焚燒向盡無及矣允信之衆懼而潰後數日麴昌突圍赴長安北地遂陷允性仁厚無威斷吳皮王隱之徒無賴凶人皆加重爵新平太守竺恢始平太守楊像扶風太守竺爽安定太守焦嵩皆征鎮杖節加侍中常侍村塢主帥小者猶假銀青將軍之號欲以撫結衆心然諸將驕恣恩不及下人情頗離由是羌胡因此跋扈關中淆亂劉曜復攻長安百姓飢甚死者太半久之城中窘逼帝將出降歎曰誤我事者麴索二公也帝至平陽爲劉聰所幽辱允伏地號哭不能起聰大怒幽之於獄允發憤自殺聰嘉其忠烈贈車騎將軍諡節愍侯

焦嵩安定人初率衆據雍曜之逼京都允告難於嵩嵩素侮允曰須允困當救之及京都敗嵩亦尋爲寇所滅

賈渾

賈渾不知何郡人也太安中爲介休令及劉元海作亂遣其將喬晞攻陷之渾抗節不降曰吾爲晉守不能全之豈苟求生以事賊虜何面目以視息世間哉晞怒執將殺之晞將尹崧曰將軍舍之以勸事君晞不聽遂害之

王育

王育字伯春京兆人也少孤貧爲人傭牧羊每過小學必歔欷流涕時有暇即折蒲學書忘而失羊爲羊主所責育將鬻己以償之同郡許子章敏達之士也聞而嘉之代育償羊給其衣食使與子同學遂博通經史身長八尺餘鬚長三尺容貌絶異音聲動人子章以兄之子妻之爲立別宅分之資業育受之無愧色然行己任性頗不偶俗妻喪弔之者不過四五人然皆鄉閭名士太守杜宣命爲主簿俄而宣左遷萬年令杜令王攸詣宣宣不迎之攸怒曰卿往爲二千

石吾所敬也今吾儕耳何故不見迎欲以小雀遇我使我畏死鷂乎育執刀叱攸曰君辱臣死自昔而然我府君以非罪黜降如日月之蝕耳小縣令敢輕辱吾君汝謂吾刀鈍邪敢如是乎前將殺之宣懼跣下抱育乃止自此知名司徒王渾辟爲掾除南武陽令爲政清約宿盜逃奔他郡遷幷州督護成都王穎在鄴又以育爲振武將軍劉元海之爲北單于育說穎曰元海今去育請爲殿下促之不然懼不至也穎然之以育爲破虜將軍元海遂拘之其後以爲太傅

韋忠

韋忠字子節平陽人也少慷慨有不可奪之志好學博通性不虛諾閉門修己不交當世每至吉凶親表贈遺一無所受年十二喪父哀慕毀悴杖而後起司空裴秀弔之匍匐號訴哀慟感人秀出而告人曰此子長大必爲佳器歸而命子頠造焉服闋遂廬於墓所頠慕而造之皆託行不見家貧藜藿不充人不堪其憂而忠不改其樂頠爲僕射數言之於司空張華華辟之辭疾不起人問其故忠曰吾茨簷賤士本無宦情且茂先華而不實裴頠慾而無厭棄典禮而附

賊后若此豈大丈夫之所宜行邪裴常有心託我常恐洪濤蕩嶽餘波見漂況可臨尾閭而闚沃焦哉太守陳楚迫爲功曹會山羌破郡楚攜子出走賊射之中三創忠冒刃伏楚以身捍之泣曰韋忠願以身代君乞諸君哀之亦遭五矢賊相謂曰義士也舍之忠於是負楚以歸後仕劉聰爲鎮西大將軍平羌校尉討叛羌矢盡不屈節而死

辛勉

辛勉字伯力隴西狄道人也父洪左衞將軍勉博學有貞固之操懷帝世累遷爲侍中及洛陽陷隨帝至平陽劉聰將署爲光祿大夫勉固辭不受聰遣其黃門侍郎喬度齎藥酒逼之勉曰大丈夫豈以數年之命而虧高節事二姓下見武皇帝哉引藥將飲度遽止之曰主上相試耳君真高士也歎息而去聰嘉其貞節深敬異之爲築室於平陽西山月致酒米勉亦辭而不受年八十卒勉族弟賓愍帝時爲尚書郎及帝蒙塵於平陽劉聰使帝行酒洗爵欲觀晉臣在朝者意賓起而抱帝大哭聰曰前殺庾珉輩故不足爲戒邪引出遂加害焉

劉敏元

劉敏元字道光北海人也厲己修學不以險難改心好星歷陰陽術數潛心易太玄不好讀史常謂同志曰誦書當味義根何爲費功於浮辭之文易者義之源太玄理之門能明此者即吾師也永嘉之亂自齊西奔同縣管平年七十餘隨敏元而西行及滎陽爲盜所劫敏元已免乃還謂賊曰此公孤老餘年無幾敏元請以身代願諸君舍之賊曰此公於君何親敏元曰同邑人也窮窶無子依敏元爲命諸君若欲役之老不堪使若欲食之復不如敏元乞諸君哀也有一賊瞋目叱敏元曰吾不放此公憂不得汝乎敏元奮劍曰吾豈望生邪當殺汝而後死此公窮老神祇尚當哀矜之吾親非骨肉義非師友但以見投之故乞以身代諸大夫慈惠皆有聽吾之色汝何有靦面目而發斯言顧謂諸盜長曰夫仁義何常寧可失諸君子上當爲高皇光武之事下豈失爲陳項乎當取之由道使所過稱詠威德奈何容畜此人以損盛美當爲諸君除此人以成諸君霸王之業前將斬之盜長遽止之而相謂曰義士也害之犯義乃俱免之後

仕劉曜爲中書侍郎太尉長史

周該

周該天門人也性果烈以義勇稱雖不好學而率由名教叔父級爲宜都內史亦忠節士也聞譙王承立義湘州甘卓又不同王敦之舉而書檄不至級謂該曰吾常疾王敦挾陵上之心今稱兵構逆有危社稷之勢譙王宗室之望據方州之重建旗誓衆圖襲武昌甘安南少著勇名士馬器械當今爲盛聞與譙王剋期舉義此乃烈士急病之秋吾致死之時也汝其成吾之志申款於譙王乎該欣然奉命潛至湘州與承相見口陳至誠承大悅會王敦遣其將魏乂圍承甚急該乃與湘州從事周崎間出反命俱爲乂所執考之至死竟不言其故級由是獲免王敦之難

桓雄

桓雄長沙人也少仕州郡譙王承爲湘州刺史命爲主簿王敦之逆承爲敦將魏乂所執佐吏奔散雄與西曹韓階從事武延並毀服爲僮豎隨承向武昌乂

見雄姿貌長者進退有禮知非凡人有畏憚之色因害之

韓階

韓階長沙人也性廉謹篤慎爲閭里所敬愛刺史譙王承辟爲議曹祭酒轉西曹書佐及承爲魏乂所執送武昌階與武延等同心隨從在承左右桓雄被害之後二人執志愈固及承遇禍階延親營殯斂送柩還都朝夕哭奠俱葬畢乃還

周崎

周崎邵陵人也爲湘州從事王敦之難譙王承使崎求救于外與周該俱爲魏乂偵人所執乂責崎辭情臨以白刃崎曰州將使求援于外本無定指隨時制宜耳乂謂崎曰汝爲我語城中稱大將軍已破劉隗戴若思甘卓住襄陽無復異議三江州郡萬里肅清外援理絕如是者我當活汝崎僞許之旣到城下大呼曰王敦軍敗於于湖甘安南已剋武昌即日分遣大衆來赴此急努力堅守賊今散矣乂於是數而殺之

易雄

易雄字興長長沙瀏陽人也少爲縣吏自念卑淺無由自達乃脫幘挂縣門而去因習律令及施行故事交結豪右州里稍稱之仕郡爲主簿張昌之亂也執太守萬嗣將斬之雄與賊爭論曲直賊怒叱使牽雄斬之雄趨出自若賊又呼問之雄對如初如此者三賊乃舍之嗣由是獲免雄遂知名舉孝廉爲州主簿遷別駕自以門寒不宜久處上綱謝職還家後爲舂陵令刺史譙王承既距王敦將謀起兵以赴朝廷雄承符馳檄遠近列敦罪惡宣募縣境數日之中有衆千人負糧荷戈而從之承既固守而湘中殘荒之後城池不完兵資又闕敦遣魏乂李恆攻之雄勉厲所統扞禦累旬士卒死傷者相枕力屈城陷爲乂所虜意氣慷慨神無懼色送到武昌敦遣人以檄示雄而數之雄曰此實有之惜雄位微力弱不能救國之難王室如燬雄安用生爲今日即戮得作忠鬼乃所願也敦憚其辭正釋之衆人皆賀雄笑曰昨夜夢乘車挂肉其傍夫肉必有筋筋者斤也車傍有斤吾其戮乎尋而敦遣殺之當時見者莫不傷惋

樂道融

樂道融丹陽人也少有大志好學不倦與朋友信每約己而務周給有國士之風爲王敦參軍敦將圖逆謀害朝賢以告甘卓卓以爲不可遲留不赴敦遣道融召之道融雖爲敦佐忿其逆節因說卓曰主上躬統萬幾非專任劉隗今慮七國之禍故割湘州以削諸侯而王氏擅權日久卒見分政便謂被奪耳王敦背恩肆逆舉兵伐主國家待君至厚今若同之豈不負義生爲逆臣死爲愚鬼永成宗黨之恥邪君當僞許應命而馳襲武昌敦衆聞之必不戰自散大勳可就矣卓大然之乃與巴東監軍柳純等露檄陳敦過逆率所統致討又遣齎表詣臺卓性不果決且年老多疑遂待諸方同進出軍稽遲至豬口敦聞卓已下兵卓兄子卬時爲敦參軍使卬求和於卓令其旋軍卓信之將旋主簿鄧騫與道融勸卓曰將軍起義兵而中廢爲敗軍之將竊爲將軍不取今將軍之下士卒各求其利一旦而還恐不可得也卓不從道融晝夜涕淚諫卓憂憤而死

虞悝

虞悝長沙人也弟望字子都並有士操孝悌廉信爲鄉黨所稱而俱好臧否以人倫爲己任少仕州郡兄弟更爲治中別駕元帝爲丞相招延四方之士多辟府掾時人謂之百六掾望亦被召恥而不應譙王承臨州知其名檄悝爲長史未到遭母喪會王敦作逆承往弔悝因留與語曰吾前被詔遣鎭此州正以王敦專擅防其爲禍今敦果爲逆謀吾受任一方欲率所領馳赴朝廷而衆少糧乏且始到貴州恩信未著卿兄弟南夏之翹儁而智勇遠聞古人墨絰即戎況今鯨鯢塞路王室危急安得遂罔極之情忘忠義之節乎如今起事將士器械可以濟不悝望對曰王敦居分陜之任一旦構逆圖危社稷此天地所不容人神所忿疾大王不以猥劣枉駕訪及悝兄弟並受國恩敢不自奮今天朝中興人思晉德大王以宗子之親奉信順而誅有罪孰不荷戈致命但鄙州荒弊糧器空竭舟艦寡少難以進討宜且收衆固守傳檄四方其勢必分然後圖之事可捷也承以爲然乃命悝爲長史望爲司馬督護諸軍湘東太守鄭澹敦之姊夫也不順承旨遣望討之望率衆一旅直入郡斬澹以徇四境及魏乂來攻望

每先登力戰而死城破悝復爲乂所執將害之子弟對之號泣悝謂曰人生有死闔門爲忠義鬼亦何恨哉及王敦平贈悝襄陽太守望滎陽太守遣謁者至墓祭以少牢

沈勁

沈勁字世堅吳興武康人也父充與王敦構逆衆敗而逃爲部曲將吳儒所殺勁當坐誅鄉人錢舉匿之得免其後竟殺讎人勁少有節操哀父死於非義志欲立勳以雪先恥年三十餘以刑家不得仕進郡將王胡之深異之及遷平北將軍司州刺史將鎮洛陽上疏曰臣當藩衞山陵式遏戎狄雖義督羣心人思自奮然方翦荆棘奉宣國恩艱難急病非才不濟吳興男子沈勁清操著於鄉邦貞固足以幹事且臣今西文武義故吳興人最多若令勁參臣府事者見人既悅義附亦衆勁父充昔雖得罪先朝然其門戶累蒙曠蕩不審可得特垂沛然許臣所上否詔聽之勁既應命胡之以疾病解職升平中慕容恪侵逼山陵時冠軍將軍陳祐守洛陽衆不過二千勁自表求配祐效力因以勁補冠軍長

史令自募壯士得千餘人以助祐擊賊頻以寡制衆而糧盡援絕祐懼不能保全會賊寇許昌祐因以救許昌爲名興寧三年留勁以五百人守城祐率衆而東會許昌已沒祐因奔崖塢勁志欲致命欣獲死所尋爲恪所攻城陷被執神氣自若恪奇而將宥之其中軍將軍慕容虔曰勁雖奇士觀其志度終不爲人用今若赦之必爲後患遂遇害恪還從容言於慕容暐曰前平廣固不能濟辟閭今定洛陽而殺沈勁實有愧於四海朝廷聞而嘉之贈東陽太守子赤黔爲大長秋赤黔子叔任義熙中爲益州刺史

吉挹

吉挹字祖沖馮翊蓮芍人也祖朗愍帝時爲御史中丞西朝不守朗歎曰吾智不能謀勇不能死何忍君臣相隨北面事賊虜乎乃自殺挹少有志節孝武帝初苻堅陷梁益桓豁表挹爲魏興太守尋加輕車將軍領晉昌太守以距堅之功拜員外散騎侍郎苻堅將韋鍾攻魏興挹遣衆距之斬七百餘級加督五郡軍事鍾率衆欲趣襄陽挹又邀擊斬五千餘級鍾怒迴軍圍之挹又屢挫其銳

其後賊衆繼至挹力不能抗城將陷引刀欲自殺其友止之曰且苟存以展他計爲計不立死未晚也挹不從友人逼奪其刀會賊執之挹閉口不言不食而死車騎將軍桓沖上言曰故輕車將軍魏興太守吉挹祖朗西臺傾覆隕身守節挹世篤忠孝乃心本朝臣亡兄温昔伐咸陽軍次灞水挹攜將二弟單馬來奔錄其此誠仍加擢授自新野太守轉在魏興久處兵任委以邊戍疆埸歸懷著稱所莅前年狡氏縱逸浮河而下挹孤城獨立衆無一旅外摧凶銳內固津要虜賊舟船俘馘千計而賊并力攻圍經歷時月會襄陽失守邊情沮喪加衆寡勢殊以至陷沒挹辭氣慷慨志在不辱杖刃推戈期之以隕將吏持守用不即斃遂乃杜口無言絕粒而死挹參軍史頴近於賊中得齎挹臨終手疏并具說意狀挹之忠志猶在可錄若蒙天地垂曲宥之恩則榮加枯朽惠隆泉壤矣帝嘉之追贈益州刺史

王諒

王諒字幼成丹陽人也少有幹略爲王敦所擢參其府事稍遷武昌太守初新

昌太守梁碩專威交土迎立陶咸爲刺史咸卒王敦以王機爲刺史碩發兵距機自領交阯太守乃迎前刺史脩則子湛行州事永興三年敦以諒爲交州刺史諒將之任敦謂曰脩湛梁碩皆國賊也卿至便收斬之諒既到境湛退還九真廣州刺史陶侃遣人誘湛來詣諒所諒勑從人不得入閤既前執之碩時在坐曰湛故州將之子有罪可遣不足殺也諒曰是君義故無豫我事即斬之碩怒而出諒陰謀誅碩使客刺之弗剋遂率衆圍諒於龍編陶侃遣軍救之未至而諒敗碩逼諒奪其節諒固執不與遂斷諒右臂諒正色曰死且不畏臂斷何有十餘日憤恚而卒碩據交州凶暴酷虐一境患之竟爲侃軍所滅傳首京都

宋矩

宋矩字處規敦煌人也慷慨有志節張重華據涼州地以矩爲宛戍都尉石季龍遣將麻秋攻大夏護軍梁或執太守宋晏以城應秋秋遣晏以書致矩矩既至謂秋曰辭父事君當立功與義苟功義不立當守名節矩終不背主覆宗偷生於世先殺妻子自刎而死秋曰義士也命葬之重華嘉其誠節贈振威將軍

車濟

車濟字萬度敦煌人也果毅有大量張重華以爲金城令爲石季龍將麻秋所陷濟不爲秋屈秋必欲降之乃臨之以兵濟辭色不撓曰吾雖才非龐德而受任同之身可殺志不可移乃伏劍而死秋歎其忠節以禮葬之後重華迎致其喪親臨慟哭贈宜禾都尉

丁穆

丁穆字彥遠譙國人也積功勞封真定侯累遷爲順陽太守太元四年除振武將軍梁州刺史受詔未發會苻堅遣衆寇順陽穆戰敗被執至長安稱疾不仕僞朝堅又傾國南寇穆與關中人士唱義謀襲長安事泄遇害臨死作表以付其妻周其後周得至京師詣闕上之孝武帝下詔曰故順陽太守真定侯丁穆力屈身陷而誠節彌固直亮壯勁義貫古烈其喪柩始反言尋傷悼可贈龍驤將軍雍州刺史賻賜一依周處故事爲立屋宅并給其妻衣食以終厥身

辛恭靖

辛恭靖隴西狄道人也少有器幹才量過人隆安中爲河南太守會姚興來寇恭靖固守百餘日以無救而陷被執至長安興謂之曰朕將任卿以東南之事可乎恭靖厲色曰我寧爲國家鬼不爲羌賊臣興怒幽之別室經三年至元興中誑守者乃踰垣而遁歸于江東安帝嘉之桓玄請爲諮議參軍置之朝首尋而病卒

羅企生

羅企生字宗伯豫章人也多才藝初拜佐著作郎以家貧親老求補臨汝令刺史王凝之請爲別駕殷仲堪之鎮江陵引爲功曹累遷武陵太守未之郡而桓玄攻仲堪仲堪更以企生爲諮議參軍仲堪多疑少決企生深憂之謂弟遵生曰殷侯仁而無斷事必無成成敗天也吾當死生以之仲堪果走文武無送者唯企生從焉路經家門遵生曰作如此分離何可不執手企生迴馬授手遵生有勇力便牽下之謂曰家有老母將欲何之企生揮淚曰今日之事我必死之汝等奉養不失子道一門之中有忠與孝亦復何恨遵生抱之愈急仲堪於路

待之企生遙呼曰生死是同願少見待仲堪見企生無脫理策馬而去玄至荊州人士無不詣者企生獨不往而營理仲堪家或謂之曰玄猜忍之性未能取卿誠節若遂不詣禍必至矣企生正色曰我是殷侯吏見遇以國士爲弟以力見制遂不我從不能共殄醜逆致此奔敗亦何面目復就桓求生乎玄聞之大怒然素待企生厚先遣人謂曰若謝我當釋汝企生曰爲殷荊州吏荊州奔亡存亡未判何顏復謝玄郎收企生遣人問欲何言答曰文帝殺嵇康嵇紹爲晉忠臣從公乞一弟以養老母玄許之又引企生於前謂曰吾相遇甚厚何以見負今者死矣企生對曰使君既興晉陽之甲軍次尋陽並奉王命各還所鎭升壇盟誓口血未乾而生奸計自傷力劣不能翦滅凶逆恨死晚也玄遂害之時年三十七衆咸悼焉先是玄以羔裘遺企生母胡氏及企生遇害即日焚裘

張禕

張禕吳郡人也少有操行恭帝爲瑯邪王以禕爲郎中令及帝踐阼劉裕以禕帝之故吏素所親信封藥酒一甖付禕密令鴆帝禕既受命而歎曰鴆君而求

生何面目視息世間哉不如死也因自飲之而死
史臣曰中散以膚受見誅王儀以抗言獲戾時皆可謂死非其罪也偉元恥臣晉室延祖甘赴危亡所由之理雖同所趣之塗卽異而並見稱當世垂芳竹帛豈不以君父居在三之極忠孝爲百行之先者乎且裒獨善其身故得全其孝而紹兼濟於物理宜竭其忠可謂蘭桂異質而齊芳韶武殊音而並美或有論紹者以死難獲譏揚搉言之未爲篤論夫君天也天可讎乎安旣享其榮危乃違其禍進退無據何以立人嵇生之隕身全節用此道也
贊曰重義輕生亡軀殉節勁松方操嚴霜比烈白刃可陵貞心難折道光振古芳流來哲

晉書卷八十九

晉書卷九十

唐　太　宗　文　皇　帝　御　撰

列傳第六十

良吏

漢宣帝有言百姓所以安其田里而無歎息愁恨之心者政平訟理也與我共此者其唯良二千石乎此則長吏之官實爲撫導之本是以東里相鄭西門宰鄴潁川黃霸蜀郡文翁或吏不敢欺或人懷其惠或教移齊魯或政務寬和斯並惇史播其徽音良能以爲準的有晉肇茲王業光啓霸圖授方任能經文緯武泰始受禪改物君臨纂三葉之鴻基膺百王之大寶勞心庶績垂意黎元申敕守宰之司屢發憂矜之詔辭旨懇切誨諭殷勤欲使直道正身抑末敦本當此時也可謂農安其業吏盡其能者歟而帝寬厚足以君人明威未能厲俗政刑以之私謁賄賂於此公行結綬者以放濁爲通彈冠者以苟得爲貴流遯忘反寖以爲常劉毅抗賣官之言當時以爲矯枉察其風俗豈虛也哉爰及惠懷

中州鼎沸逮於江左晉政多門元帝比少康之隆處仲爲梗海西微昌邑之罪
元子亂常既權偪是憂故羈縻成俗莅職者爲身擇利銓綜者爲人擇官下僚
多英儁之才勢位必高門之胄遂使良能之績僅有存焉雖復茂弘以明允贊
經綸安石以時宗鎮雅俗然外虞孔熾內難方殷而匡救彌縫方免傾覆弘風
革弊彼則未遑今采其政績可稱者以爲良吏傳

魯芝

魯芝字世英扶風郿人也世有名德爲西州豪族父爲郭氾所害芝襁褓流離
年十七乃移居雍耽思墳籍郡舉上計吏州辟別駕魏車騎將軍郭淮爲雍州
刺史深敬重之舉孝廉除郎中會蜀相諸葛亮侵隴右淮復請芝爲別駕事平
薦於公府辟大司馬曹真掾轉臨淄侯文學鄭袤薦於司空王朗朗即加禮命
後拜騎都尉參軍事行安南太守遷尚書郎曹真出督關右又參大司馬軍事
真薨宣帝代焉乃引芝參驃騎軍事轉天水太守郡鄰于蜀數被侵掠戶口減
削寇盜充斥芝傾心鎮衛更造城市數年間舊境悉復遷廣平太守天水夷夏

慕德老幼赴闕獻書乞留芝魏明帝許焉仍策書嘉歎勉以黃霸之美加討寇將軍曹爽輔政引爲司馬芝屢有讜言嘉謀爽弗能納及宣帝起兵誅爽芝率餘衆犯門斬關馳出赴爽勸爽曰公居伊周之位一旦以罪見黜雖欲牽黃犬復可得乎若挾天子保許昌杖大威以羽檄徵四方兵孰敢不從捨此而去欲就東市豈不痛哉爽懦惑不能用遂委身受戮芝坐爽下獄當死而口不訟直志不苟免宣帝嘉之赦而不誅俄而起爲使持節領護匈奴中郎將振威將軍幷州刺史以綏緝有方還大鴻臚高貴鄉公卽位賜爵關內侯邑二百戶毌丘儉平隨例增邑二百戶拜揚武將軍荆州刺史諸葛誕以壽春叛文帝奉魏帝出征徵兵四方芝率荆州文武以爲先驅誕平進爵武進亭侯又增邑九百戶遷大尚書掌刑理常道鄉公卽位進爵蘩城鄉侯又增邑八百戶遷監青州諸軍事振武將軍青州刺史轉平東將軍五等建封陰平伯武帝踐阼轉鎮東將軍進爵爲侯帝以芝清忠履正素無居宅使軍兵爲作屋五十閒芝以年及懸車告老遜位章表十餘上於是徵爲光祿大夫位特進給吏卒門施行馬羊祜

爲車騎將軍乃以位讓芝曰光祿大夫魯芝潔身寡欲和而不同服事華髮以禮終始未蒙此選臣更越之何以塞天下之望上不從其爲人所重如是泰始九年卒年八十四帝爲舉哀賵贈有加謚曰貞賜塋田百畝

胡威

胡威字伯武一名貔淮南壽春人也父質以忠清著稱少與鄉人蔣濟朱績俱知名於江淮間仕魏至征東將軍荊州刺史威早厲志尚質之爲荊州也威自京都定省家貧無車馬僮僕自驅驢單行每至客舍躬放驢取樵炊爨食畢復隨侶進道既至見父停廄中十餘日告歸父賜絹一匹爲裝威曰大人清高不審於何得此絹質曰是吾俸祿之餘以爲汝糧耳威受之辭歸質帳下都督先威未發請假還家陰資裝於百餘里要威爲伴每事佐助行數百里威疑而誘問之既知乃取所賜絹與都督謝而遣之後因他信以白質質杖都督一百除吏名其父子清慎如此於是名譽著聞拜侍御史歷南鄉侯安豐太守遷徐州刺史勤於政術風化大行後入朝武帝語及平生因歎其父清謂威曰卿孰與

父清對曰臣不如也帝曰卿父以何爲勝邪對曰臣父清恐人知臣清恐人不知是臣不及遠也帝以威言直而婉謙而順累遷監豫州諸軍事右將軍豫州刺史入爲尚書加奉車都尉威嘗諫時政之寬帝曰尚書郎以下吾無所假借威曰臣之所陳豈在丞郎令史正謂如臣等輩始可以肅化明法耳拜前將軍監青州諸軍事青州刺史以功封平春侯太康元年卒于位追贈使持節都督青州諸軍事鎮東將軍餘如故謚曰烈子奕嗣奕字次孫仕至東平將軍威弟羆字季象亦有幹用仕至益州刺史安東將軍

杜軫

杜軫字超宗蜀郡成都人也父雄綿竹令軫師事譙周博涉經書州辟不就爲郡功曹史時鄧艾至成都軫白太守曰今大軍來征必除舊布新明府宜避之此全福之道也太守乃出艾果遣其參軍牽弘自之郡弘問軫前守所在軫正色對曰前守達去就之機輒自出官舍以俟君子弘器之命復爲功曹軫固辭察孝廉除建寧令導以德政風化大行夷夏悅服秩滿將歸羣蠻追送賂遺甚

多軫一無所受去如初至又除池陽令爲雍州十一郡最百姓生爲立祠得罪
者無怨言累遷尚書郎軫博聞廣涉奏議駁論多見施用時涪人李驤亦爲尚
書郎與軫齊名每有論議朝廷莫能踰之號蜀有二郎軫後拜犍爲太守甚有
聲譽當遷會病卒年五十一子毗毗字長基州舉秀才成都王頴辟大將軍掾
遷尚書郎參太傅軍事及洛陽覆沒毗南渡江王敦表爲益州刺史將與宜都
太守柳純共圖白帝杜弢遣軍要毗遂遇害毗弟秀字彥頴爲羅尚主簿州沒
爲氐賊李驤所得欲用爲司馬秀不受見害毗次子歆舉秀才軫弟烈明政事
察孝廉歷平康安陽令所居有異績遷衡陽太守聞軫亡因自表兄子幼弱求
去官詔轉犍爲太守蜀土榮之後遷湘東太守爲成都王頴郎中令病卒烈弟
良舉秀才除新都令涪陵太守不就補州大中正卒

竇允

竇允字雅始平人也出自寒門清尚自修少仕縣稍遷郡主簿察孝廉除浩亹
長勤於爲政勸課田蠶平均調役百姓賴之還謁者泰始中詔曰當官者能潔

身修己然後在公之節乃全身善有章雖賤必賞此與化立教之務也謁者賈

允前爲浩亹長以修勤清白見稱河右是輩當擢用使立行者有所勸主者詳

復參訪有以旌表之拜臨水令克己厲俗改修政事士庶悅服咸歌詠之遷鉅

鹿太守甚有政績卒於官

王宏

王宏字正宗高平人魏侍中粲之從孫也魏時辟公府累遷尚書郎歷給事中

泰始初爲汲郡太守撫百姓如家耕桑樹藝屋宇阡陌莫不躬自教示曲盡事

宜在郡有殊績司隸校尉石鑒上其政術武帝下詔稱之曰朕惟人食之急而

懼天時水旱之運夙夜警戒念在於農雖詔書屢下敕厲殷勤猶恐百姓廢惰

以損生植之功而刺史二千石百里長吏未能盡勤至使地有遺利而人有餘

力每思聞監司糾舉能不將行其賞罰以明沮勸今司隸校尉石鑒上汲郡太

守王宏勤恤百姓導化有方督勸開荒五千餘頃而熟田常課頃畝不減比年

普饑人不足食而宏郡界獨無匱乏可謂能矣其賜宏穀千斛布告天下咸使

聞知俄遷衞尉河南尹大司農無復能名更爲苛碎坐桎梏罪人以泥墨塗面置深坑中餓不與食又擅縱五歲刑以下二十一人爲有司所劾帝以宏累有政績聽以贖罪論太康中代劉毅爲司隸校尉於是檢察士庶使車服異制庶人不得衣紫絳及綺繡錦績帝常遣左右微行觀察風俗宏緣此復遣吏科檢婦人衵服至褰發於路論者以爲暮年謬妄由是獲譏於世復坐免官後起爲尙書太康五年卒追贈太常

曹攄

曹攄字顏遠譙國譙人也祖肇魏衞將軍攄少有孝行好學善屬文太尉王衍見而器之調補臨淄令縣有寡婦養姑甚謹姑以其年少勸令改適婦守節不移姑愍之密自殺親黨告婦殺姑官爲考鞫寡婦不勝苦楚乃自誣獄當決適值攄到攄知其有冤更加辯究具得情實時稱其明獄有死囚歲夕攄行獄愍之曰卿等不幸致此非所如何新歲人情所重豈不欲蹔見家邪衆因皆涕泣曰若得蹔歸死無恨也攄悉開獄出之剋日令還掾吏固爭咸謂不可攄曰此

雖小人義不見負自爲諸君任之至日相率而還並無違者一縣歎服號曰聖君入爲尚書郎轉洛陽令仁惠明斷百姓懷之時天大雨雪宮門夜失行馬羣官檢察莫知所在攄使收門士衆官咸謂不然攄曰宮掖禁嚴非外人所敢盜必是門士以燎寒耳詰之果服以病去官復爲洛陽令及齊王冏輔政攄與左思俱爲記室督冏嘗從容問攄曰天子爲賊臣所逼莫有能奮吾率四海義兵興復王室今入輔朝廷匡振時艱或有勸吾還國於卿意如何攄曰蕩平國賊匡復帝祚古今人臣之功未有如大王之盛也然道罔隆而不殺物無盛而不衰非唯人事抑亦天理竊預下問敢不盡情願大王居高慮危在盈思沖精選百官存公屏欲舉賢進善務得其才然後脂車秣馬高揖歸藩則上下同慶攄等幸甚冏不納尋轉中書侍郎長沙王乂以爲驃騎司馬乂敗免官因丁母憂惠帝末起爲襄城太守時襄城屢經寇難攄綏懷振理旬月克復永嘉二年高密王簡鎭襄陽以攄爲征南司馬其年流人王逌等聚衆屯冠軍寇掠城邑簡遣參軍崔曠討之令攄督護曠曠奸凶人也譎攄前戰期爲後繼既而不至攄

獨與迫戰于鄷縣軍敗死之故吏及百姓並奔喪會葬號哭即路如赴父母焉

潘京

潘京字世長武陵漢壽人也弱冠郡辟主簿太守趙廞甚器之嘗問曰貴郡何以名武陵京曰鄙郡本名義陵在辰陽縣界與夷相接數爲所攻光武時移東出遂得全完共議易號傳曰止戈爲武詩稱高平曰陵於是名焉爲州所辟因謁見問策探得不孝字刺史戲京曰辟士爲不孝邪京舉版答曰今爲忠臣不得復爲孝子其機辯皆此類後太廟立州郡皆遣使賀京白太守曰夫太廟立移神主應問訊不應賀遂遣京作文使詣京師以爲永式京仍舉秀才到洛尚書令樂廣京州人也共談累日深歎其才謂京曰君天才過人恨不學耳若學必爲一代談宗京感其言遂勤學不倦時武陵太守戴昌亦善談論與京共談京假借之昌以爲不如己笑而遣之令過其子若思京方極其言論昌竊聽之乃歎服曰才不可假遂父子俱屈焉歷巴丘邵陵泉陵三令京明於政術路不拾遺遷桂林太守不就歸家年五十卒

范晷

范晷字彥長南陽順陽人也少遊學清河遂徙家僑居郡命爲五官掾歷河內郡丞太守裴楷雅知之薦爲侍御史調補上谷太守遭喪不之官後爲司徒左長史轉馮翊太守甚有政能善於綏撫百姓愛悅之徵拜少府出爲涼州刺史轉雍州于時西土荒毀氐羌蹈藉田桑失收百姓困弊晷傾心化導勸以農桑所部甚賴之元康中加左將軍卒於官二子廣雅廣字仲將舉孝廉除靈壽令不之官姊適孫氏早亡有孫名邁廣負以南奔雖盜賊艱急終不棄之元帝承制以爲堂邑令丞劉榮坐事當死郡劾以付縣榮卽縣人家有老母至節廣輒聽暫還榮亦如期而反縣堂爲野火所及榮脫械救火事畢還自著械後大旱米貴廣散私穀振飢人至數千斛遠近流寓歸投之戶口十倍卒於官雅少知名辟大將軍掾早卒子汪別有傳

丁紹

丁紹字叔倫譙國人也少開朗公正早歷清官爲廣平太守政平訟理道化大

行于時河北騷擾靡有完邑而廣平一郡四境乂安是以皆悅其法而從其令及臨漳被圍南陽王模窘急紹率郡兵赴之模賴以獲全模感紹恩生爲立碑還徐州刺史士庶戀慕攀附如歸未之官復轉荊州刺史從車千乘南渡河至許時南陽王模爲都督留紹啓轉爲冀州刺史到鎭率州兵討破汲桑有功加寧北將軍假節監冀州諸軍事時境內羯賊爲患紹捕而誅之號爲嚴肅河北人畏而愛之紹自以爲才足爲物雄當官莅政每事剋舉視天下之事若運於掌握遂慨然有董正四海之志矣是時王浚盛於幽州苟晞盛於青州然紹視二人蔑如也永嘉三年暴疾而卒臨終歎曰此乃天亡冀州豈吾命哉懷帝策贈車騎將軍

喬智明

喬智明字元達鮮卑前部人也少喪二親哀毀過禮長而以德行著稱成都王穎辟爲輔國將軍穎之敗趙王倫也表智明爲殄寇將軍隆慮共二縣令二縣愛之號爲神君部人張兌爲父報讎母老單身有妻無子智明愍之停其獄歲

餘令兒將妻入獄兼陰縱之人有勸兒逃者兒曰有君如此吾何忍累之縱吾得免作何面目視息世間於獄產一男會赦得免其仁感如是惠帝之伐鄴也穎以智明爲折衝將軍參丞相先鋒軍事智明勸穎奉迎乘輿穎大怒曰卿名曉事投身事孤主上爲羣小所逼將加非罪於孤卿奈何欲使孤束手就刑邪共事之義正若此乎智明乃止尋屬永嘉之亂仕於劉曜

鄧攸

鄧攸字伯道平陽襄陵人也祖殷亮直彊正鍾會伐蜀奇其才自黽池令召爲主簿賈充伐吳請殷爲長史後授皇太子詩爲淮南太守夢行水邊見一女子猛獸自後斷其盤囊占者以爲水邊有女汝字也斷盤囊者新獸頭代故獸頭也不作汝陰當汝南也果還汝陰太守後爲中庶子攸七歲喪父尋喪母及祖母居喪九年以孝致稱清和平簡貞正寡欲少孤與弟同居初祖父殷有賜官勑攸受之後太守勸攸去王官欲舉爲孝廉攸曰先人所賜不可改也嘗詣鎮軍賈混混以人訟事示攸使決之攸不視曰孔子稱聽訟吾猶人也必也使無

訟平混奇之以女妻焉舉灼然二品爲吳王文學歷太子洗馬東海王越參軍越欽其爲人轉爲世子文學吏部郎越弟騰爲東中郎將請攸爲長史出爲河東太守永嘉末沒于石勒然勒宿忌諸官長二千石聞攸在營馳召將殺之攸至門門幹乃攸爲郎時幹識攸攸求紙筆作辭幹俟勒和悅致之勒重其辭乃命勿殺勒長史張賓先與攸比舍重攸名操因稱攸于勒勒召至幕下與語悅之以爲參軍給車馬勒每東西置攸車營中勒夜禁火犯之者死攸與胡鄰轂胡夜失火燒車吏按問胡乃誣攸攸度不可與爭遂對以弟婦散發温酒爲辭勒赦之既而胡人深感自縛詣勒以明攸而陰遺攸馬驢諸胡莫不歎息宗敬之石勒過泗水攸乃斫壞車以牛馬負妻子而逃又遇賊掠其牛馬步走擔其兒及其弟子綏度不能兩全乃謂其妻曰吾弟早亡唯有一息理不可絕止應自棄我兒耳幸而得存我後當有子妻泣而從之乃棄之其子朝棄而暮及明日攸繫之於樹而去至新鄭投李矩三年將去而矩不聽荀組以爲陳郡汝南太守愍帝徵爲尚書左丞長水校尉皆不果就後密捨矩去投荀組於許昌矩

深恨焉久之乃送家屬還攸攸與刁協周顗素厚遂至江東元帝以攸爲太子中庶子時吳郡闕守人多欲之帝以授攸攸載米之郡俸祿無所受唯飲吳水而已時郡中大饑攸表振貸未報乃輒開倉救之臺遣散騎常侍桓彝虞騣慰勞饑人觀聽善不乃劾攸以擅出穀俄而有詔原之攸在郡刑政清明百姓歡悅爲中興良守後稱疾去職郡常有送迎錢數百萬攸去郡不受一錢百姓數千人留牽攸船不得進攸乃小停夜中發去吳人歌之曰紞如打五鼓雞鳴天欲曙鄧侯挽不留謝令推不去百姓詣臺乞留一歲不聽拜侍中歲餘轉吏部尚書蔬食弊衣周急振乏性謙和善與人交賓無貴賤待之若一而頗敬媚權貴永昌中代周顗爲護軍將軍太寧二年王敦反明帝密謀起兵乃遷攸爲會稽太守初王敦伐都之後中外兵數每月言之於敦攸已出在家不復知護軍事有惡攸者誣攸尚白敦兵數帝聞而未之信轉攸爲太常時帝南郊攸病不能從車駕過攸問疾攸力病出拜有司奏攸不堪行郊而拜道左坐免攸每有進退無喜慍之色久之遷尚書右僕射咸和元年卒贈光祿大夫加金章紫綬

祠以少牢攸棄子之後妻不復孕過江納妾甚寵之訊其家屬說是北人遭亂
憶父母姓名乃攸之甥攸素有德行聞之感恨遂不復畜妾卒以無嗣時人義
而哀之爲之語曰天道無知使鄧伯道無兒弟子綏服攸喪三年

吳隱之

吳隱之字處默濮陽鄄城人魏侍中質六世孫也隱之美姿容善談論博涉文
史以儒雅標名弱冠而介立有清標雖日晏歠菽不饗非其粟儋石無儲不取
非其道年十餘丁父憂每號泣行人爲之流涕事母孝謹及其執喪哀毀過禮
家貧無人鳴鼓每至哭臨之時恆有雙鶴警叫及祥練之夕復有羣鴈俱集時
人咸以爲孝感所致嘗食鹹菹以其味旨掇而棄之與太常韓康伯鄰居康伯
母殷浩之姊賢明婦人也每聞隱之哭聲輟飡投筯爲之悲泣既而謂康伯曰
汝若居銓衡當舉如此輩人及康伯爲吏部尚書隱之遂階清級解褐輔國功
曹轉參征虜軍事兄坦之爲袁真功曹真敗將及禍隱之詣桓溫乞代兄命溫
矜而釋之遂爲溫所知賞拜奉朝請尚書郎累遷晉陵太守在郡清儉妻自負

薪入爲中書侍郎國子博士太子右衞率轉散騎常侍領著作郎孝武帝欲用爲黃門郎以隱之貌類簡文帝乃止尋守廷尉祕書監御史中丞領著作如故遷左衞將軍雖居清顯祿賜皆班親族冬月無被嘗澣衣乃披絮勤苦同於貧庶廣州包帶山海珍異所出一篋之寶可資數世然多瘴疫人情憚焉唯貧窶不能自立者求補長史故前後刺史皆多黷貨朝廷欲革嶺南之弊隆安中以隱之爲龍驤將軍廣州刺史假節領平越中郎將未至州二十里地名石門有水曰貪泉飲者懷無厭之欲隱之既至語其親人曰不見可欲使心不亂越嶺喪清吾知之矣乃至泉所酌而飲之因賦詩曰古人云此水一歃懷千金試使夷齊飲終當不易心及在州清操踰厲常食不過菜及乾魚而已帷帳器服皆付外庫時人頗謂其矯然亦始終不易帳下人進魚每剔去骨存肉隱之覺其用意罰而黜焉元興初詔曰夫孝行篤於閨門清節厲乎風霜實立人之所難而君子之美致也龍驤將軍廣州刺史吳隱之孝友過人祿均九族菲己絜素儉愈魚飧夫處可欲之地而能不改其操饗惟錯之富而家人不易其服革奢

務嗇南域改觀朕有嘉焉可進號前將軍賜錢五十萬穀千斛及盧循寇南海隱之率厲將士固守彌時長子曠之戰沒循攻擊百有餘日踰城放火焚燒三千餘家死者萬餘人城遂陷隱之攜家累出欲奔還都爲循所得循表朝廷以隱之黨附桓玄宜加裁戮詔不許劉裕與循書令遣隱之還久方得反歸舟之日裝無餘資及至數畝小宅籬垣仄陋內外茅屋六間不容妻子劉裕賜車牛更爲起宅固辭尋拜度支尚書太常以竹蓬爲屏風坐無氈席後遷中領軍清儉不革每月初得祿裁留身糧其餘悉分振親族家人績紡以供朝夕時有困絕或并日而食身恆布衣不完妻子不霑寸祿義熙八年請老致事優詔許之授光祿大夫加金章紫綬賜錢十萬米三百斛九年卒追贈左光祿大夫加散騎常侍隱之清操不渝屢被褒飾致事及於身沒常蒙優錫顯贈廉士以爲榮初隱之爲奉朝請謝石請爲衞將軍主簿隱之將嫁女石知其貧素遣女必當率薄乃令移廚帳助其經營使者至方見婢牽犬賣之此外蕭然無辦後至自番禺其妻劉氏齎沉香一斤隱之見之遂投於湖亭之水子延之復厲清操爲

鄱陽太守延之弟及子爲郡縣者常以廉慎爲門法雖才學不逮隱之而孝悌
絜敬猶爲不替

史臣曰魯芝等建旟剖竹布政宣條存樹威恩沒留遺愛咸見知明主流譽當年若伯武之絜己克勤顏遠之申寃緩獄鄧攸贏糧以述職吳隱酌水以厲精晉代良能此焉爲最而攸棄子存姪以義斷恩若力所不能自可割情忍痛何至預加徽纆絕其奔走者乎斯豈慈父仁人之所用心也卒以絕嗣宜哉勿謂天道無知此乃有知矣世英盡節曹氏犯門斬關宣帝收雷霆之威獎忠貞之烈豈非既已在我欲其罵人者歟

贊曰猗歟良宰嗣美前賢威同御黠靜若烹鮮唯嘗吳水但挹貪泉人風既偃
俗化斯遷

晉書卷九十

珍傚宋版珍

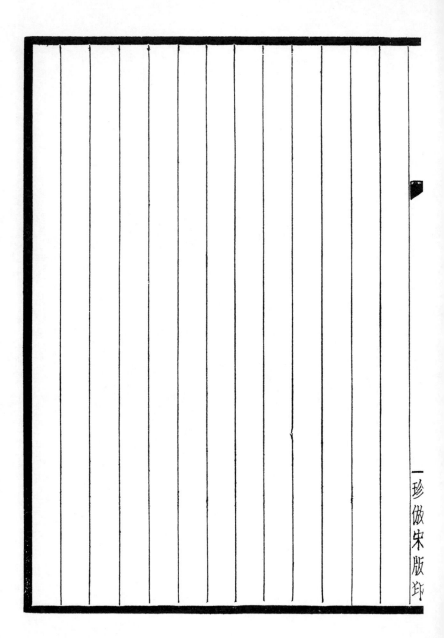

晉書卷九十考證

魯芝傳進爵𨤽城鄉侯〇前漢地理志右扶風𨤽周后稷所封注𨤽同邰音義云音來非也

曹攄傳流人王逌等〇逌監本誤道下文同今從音義改正

丁紹傳模感紹恩生爲立碑〇紹南陽王模傳作卲

晉書卷九十考證

晉書卷九十一

唐　太　宗　文　皇　帝　御　撰

列傳第六十一

儒林

昔周德既衰諸侯力政禮經廢缺雅頌陵夷夫子將聖多能固天攸縱歎鳳鳥之不至傷麟出之非時於是乃刪詩書定禮樂贊易道修春秋載籍逸而復存風雅變而還正其後卜商衞賜田吳孫孟之儔或親稟微言或傳聞大義猶能彊晉存魯藩魏却秦既抗禮於邦君亦馳聲於海內及嬴氏慘虐棄德任刑煬墳籍於埃塵填儒林於坑穽嚴是古之法抵挾書之罪先王徽烈靡有孑遺漢祖勃興救焚拯溺粗修禮律未遑俎豆逮于孝武崇尚文儒爰及東京斯風不墜於是傍求蠹簡博訪遺書創甲乙之科擢賢良之舉莫不紆青拖紫服冕乘軒或徒步而取公卿或累旬以膺台鼎故縉紳之士靡然鄉風餘芳遺烈煥乎可紀者也洎當塗草創深務兵權而主好斯文朝多君子鴻儒碩學無乏於時

武帝受終憂勞軍國時旣初并庸蜀方事江湖訓卒厲兵務農積穀猶復修立學校臨幸辟雍而荀顗以制度贊惟新鄭沖以儒宗登保傅茂先以博物參朝政子真以好禮居秩宗雖媿明揚亦非遐棄旣而荆揚底定區寓乂安羣公草封禪之儀天子發謙沖之詔未足比隆三代固亦擅美一時惠帝纉戎朝昏政弛釁起宮掖禍成藩翰惟懷逮愍喪亂弘多衣冠禮樂掃地俱盡元帝運鍾百六光啓中興賀荀刁杜諸賢並稽古博文財成禮度雖尊儒勸學亟降於綸言東序西膠未聞於弦誦明皇聰睿雅愛流略簡文玄嘿敦悅丘墳乃招集學徒弘奬風烈並時艱祚促未能詳備有晉始自中朝迄于江左莫不崇飾華競祖述虛玄擯闕里之典經習正始之餘論指禮法爲流俗目縱誕以清高遂使憲章弛廢名教頽毀五胡乘閒而競逐二京繼踵以淪胥運極道消可爲長歎息者矣鄭沖等名位旣隆自有列傳其餘編之于左以續前史儒林云

范平

范平字子安吳郡錢塘人也其先銍侯馥避王莽之亂適吳因家焉平研覽墳

索遍該百氏姚信賀邵之徒皆從受業吳時舉茂才累遷臨海太守政有異能
孫晧初謝病還家敦悅儒學吳平太康中頻徵不起年六十九卒有詔追加諡
號曰文貞先生賀循勒碑紀其德行三子𩓚咸泉並以儒學至大官泉子蔚關
內侯家世好學有書七千餘卷遠近來讀者恆有百餘人蔚爲辦衣食蔚子文
才亦幼知名

文立

文立字廣休巴郡臨江人也蜀時游太學專毛詩三禮師事譙周門人以立爲
顏回陳壽李虔爲游夏羅憲爲子貢仕至尚書蜀平舉秀才除郎中泰始初拜
濟陰太守入爲太子中庶子上表請以諸葛亮蔣琬費禕等子孫流徙中畿宜
見敍用一以慰巴蜀之心其次傾吳人之望事皆施行詔曰太子中庶子文立
忠貞清實有思理器幹前在濟陰政事修明後事東宮盡輔導之節昔光武平
隴蜀皆收其賢才以敍之蓋所以拔幽滯而濟殊方也其以立爲散騎常侍蜀
故尚書犍爲程瓊雅有德業與立深交武帝聞其名以問立對曰臣至知其人

但年垂八十稟性謙退無復當時之望不以上聞耳瓊聞之曰廣休可謂不黨矣故吾魯夫人也時西域獻馬帝問立馬何如對曰乞問太僕帝善之遷衞尉咸寧末卒所著章奏詩賦數十篇行於世

陳邵

陳邵字節良東海襄賁人也郡察孝廉不就以儒學徵爲陳留內史累遷燕王師撰周禮評甚有條貫行於世泰始中詔曰燕王師陳邵清貞絜靜行著邦族篤志好古博通六籍耽悅典誥老而不倦宜在左右以篤儒教可爲給事中卒於官

虞喜

虞喜字仲寧會稽餘姚人光祿潭之族也父察吳征虜將軍喜少立操行博學好古諸葛恢臨郡屈爲功曹察孝廉州舉秀才司徒辟皆不就元帝初鎭江左上疏薦喜懷帝卽位公車徵拜博士不就喜邑人賀循爲司空先達貴顯每詣喜信宿忘歸自云不能測也太寧中與臨海任旭俱以博士徵不就復下詔曰

夫與化致政莫尙乎崇道教明退素也喪亂以來儒雅陵夷每覽子衿之詩未嘗不慨然臨海任旭會稽虞喜並絜靜其操歲寒不移研精墳典居今行古志操足以勵俗博學足以明道前雖不至其更以博士徵之喜辭疾不赴咸和末詔公卿舉賢良方正直言之士太常華恆舉喜爲賢良會國有軍事不行咸康初內史何充上疏曰臣聞二八舉而四門穆十亂用而天下安徽猷克闡有自來矣方今聖德欽明思恢遐烈旌輿整駕侯賢而動伏見前賢良虞喜天挺貞素高尙邈世束修立德皓首不倦加以傍綜廣深博聞彊識鑽堅研微有弗及之勤處靜味道無風塵之志高枕柴門怡然自足宜使蒲輪紆衡以旌殊操一則翼贊大化二則敦勵薄俗疏奏詔曰尋陽翟湯會稽虞喜並守道清貞不營世務耽學高尙操擬古人往雖徵命而不降屈豈素絲難染而搜引禮簡乎政道須賢宜納諸廊廟其並以散騎常侍徵之又不起永和初有司奏稱十月殷祭京兆府君當遷祧室征西豫章潁川三府君初毀主內外博議不能決時喜在會稽朝廷遣就喜諮訪焉其見重如此喜專心經傳兼覽讖緯乃著安天論

以難渾蓋又釋毛詩略注孝經爲志林三十篇凡所注述數十萬言行於世年七十六卒無子弟豫自有傳

劉兆

劉兆字延世濟南東平人漢廣川惠王之後也兆博學洽聞温篤善誘從受業者數千人武帝時五辟公府三徵博士皆不就安貧樂道潛心著述不出門庭數十年以春秋一經而三家殊塗諸儒是非之議紛然互爲讎敵乃思三家之異合而通之周禮有調人之官作春秋調人七萬餘言皆論其首尾使大義無乖時有不合者舉其長短以通之又爲春秋左氏解名曰全綜公羊穀梁解詁皆納經傳中朱書以別之又撰周易訓註以正動二體互通其文凡所讚述百餘萬言嘗有人著韡騎驢至兆門外曰吾欲見劉延世兆儒德道素青州無稱其字者門人大怒兆曰聽前既進踞牀問兆曰聞君大學比何所作兆答如上事末云多有所疑客問之兆說疑畢客曰此易解耳因爲辯釋疑者是非耳兆別更立意客一難兆不能對客去已出門兆欲留之使人重呼還客曰親親在

此營葬宜赴之後當更來也既去兆令人視葬家不見此客竟不知姓名兆年六十六卒有五子卓炤燿育躋

氾毓

氾毓字稚春濟北盧人也奕世儒素敦睦九族客居青州逮毓七世時人號其家兒無常父衣無常主毓少履高操安貧有志業父終居于墓所三十餘載至晦朔躬掃墳壠循行封樹還家則不出門庭或薦之武帝召補南陽王文學祕書郎太傅參軍竝不就于時青土隱逸之士劉兆徐苗等皆務教授惟毓不蓄門人清靜自守時有好古慕德者諮詢亦傾懷開誘以三隅示之合三傳爲之解注撰春秋釋疑肉刑論凡所述造七萬餘言年七十一卒

徐苗

徐苗字叔冑高密淳于人也累世相承皆以博士爲郡守曾祖華有至行嘗宿亭舍夜有神人告之亭欲崩遽出得免祖邵爲魏尚書郎以廉直見稱苗少家貧晝執鉏耒夜則吟誦弱冠與弟賈就博士濟南宋鈞受業遂爲儒宗作五經

同異評又依道家著玄微論前後所造數萬言皆有義味性抗烈輕財貴義兼有知人之鑒弟患口癰膿潰苗爲吮之其兄弟皆早亡撫養孤遺慈愛聞于州里田宅奴婢盡推與之鄉鄰有死者便輟耕助營棺槨門生亡於家卽斂於講堂其行己純至類皆如此遠近咸歸其義師其行焉郡察孝廉州辟從事治中別駕舉異行公府五辟博士再徵並不就武惠時計吏至臺帝輒訪其安不永寧二年卒遺命濯巾澣衣楡棺雜塼露車載尸葦席瓦器而已

崔遊

崔遊字子相上黨人也少好學儒術甄明恬靖謙退自少及長口未嘗語及財利魏末察孝廉除相府舍人出爲氐池長甚有惠政以病免遂爲廢疾泰始初武帝錄敘文帝故府僚屬就家拜郎中年七十餘猶敦學不倦撰喪服圖行於世及劉元海僭位命爲御史大夫固辭不就卒於家時年九十三

范隆

范隆字玄嵩鴈門人父方魏鴈門太守隆在孕十五月生而父亡年四歲又喪

母哀號之聲感慟行路單孤無緦功之親疎族范廣愍而養之迎歸教書爲立祠堂隆好學修謹奉廣如父博通經籍無所不覽著春秋三傳撰三禮吉凶宗紀甚有條義惠帝時天下將亂隆隱迹不應州郡之命晝勤耕稼夜誦書典頗習祕歷陰陽之學知幷州將有氛祲之祥故彌不復出仕與上黨朱紀友善嘗共紀遊山見一父老於窮澗之濱父老曰二公何爲在此隆等拜之仰視則不見後與紀依于劉元海元海以隆爲大鴻臚紀爲太常並封公隆死于劉聰之世聰贈太師

杜夷

杜夷字行齊廬江灊人也世以儒學稱爲郡著姓夷少而恬泊操尚貞素居甚貧窘不營產業博覽經籍百家之書算歷圖緯靡不畢究寓居汝潁之閒十載足不出門年四十餘始還鄉里閉門教授生徒千人惠帝時三察孝廉州命别駕永嘉初公車徵拜博士太傅東海王越辟並不就懷帝詔王公舉賢良方正刺史王敦以賀循爲賢良夷爲方正乃上疏曰臣聞有唐疇咨元凱時登漢武

欽賢俊彥響應故能允協時雍敷崇盛化伏見太孫舍人會稽賀循處士廬江杜夷履道彌高清操絕俗思學融通才經王務循宰二縣皆有名績備僚東宮忠恪允著夷清虛沖淡與俗異軌考盤空谷肥遁匿跡蓋經國之良寶聘命之所急若得待詔公車承對冊問必有忠讜良謨弘益政道矣敦於是逼夷赴洛夷遁於壽陽鎮東將軍周馥傾心禮接引爲參軍夷辭之以疾馥知不可屈乃自詣夷爲起宅宇供其醫藥馥敗夷歸舊居道遇兵寇刺史劉陶告廬江郡曰昔魏文侯軾干木之閭齊相曹參尊崇蓋公皆所以優賢表德敦勵末俗徵士杜君德懋行絜高尚其志頃流離道路聞其頓躓刺史忝任不能崇飾有道而使高操之士有此艱屯今遣吏宣慰郡可遣一吏縣五吏恆營卹之常以市租供給家人糧廩勿令闕乏尋以胡寇又移渡江王導遣吏周贍之元帝爲丞相敦曰今大義頹替禮典無宗朝廷滯義莫能攸正宜特立儒林祭酒官以弘其事處士杜夷棲情遺遠確然絕俗才學精博道行優備其以夷爲祭酒夷辭疾未嘗朝會帝常欲詣夷夷陳萬乘之主不宜往庶人之家帝乃與夷書曰吾與

足下雖情在忘言然虛心歷載正以足下羸疾故欲相省寧論常儀也又除國子祭酒建武中令曰國子祭酒杜夷安貧樂道靜志衡門日不暇給雖原憲無以加也其賜穀二百斛皇太子三至夷第執經問義夷雖逼時命亦未嘗朝謁國有大政恆就夷諮訪焉明帝卽位夷自表請退詔曰先王之道將墜於地君下帷研思今之劉揚縉紳之徒景仰軌訓豈得高退而朕靡所取則焉太寧元年卒年六十六贈大鴻臚謚曰貞子夷臨終遺命子晏曰吾少不出身頃雖見羈錄冠舄之飾未嘗加體其角巾素衣斂以時服殯葬之事務從簡儉亦不須苟取矯異也夷著幽求子二十篇行於世晏仕至蒼梧太守夷兄弟三人兄崧字行高亦有志節惠帝時俗多浮僞著任子春秋以刺之弟援高平相援子潛右衛將軍

董景道

董景道字文博弘農人也少而好學千里追師所在惟晝夜讀誦略不與人交通明春秋三傳京氏易馬氏尚書韓詩皆精究大義三禮之義專遵鄭氏著禮

通論非駮諸儒演廣鄭旨永平中知天下將亂隱於商洛山衣木葉食樹果彈琴歌笑以自娛毒蟲猛獸皆繞其傍是以劉元海及聰屢徵皆礙而不達至劉曜時出山廬于渭汭曜徵爲太子少傅散騎常侍並固辭竟以壽終

續咸

續咸字孝宗上黨人也性孝謹敦重履道貞素好學師事京兆杜預專春秋鄭氏易教授常數十人博覽羣言高才善文論又修陳杜律明達刑書永嘉中歷廷尉平東安太守劉琨承制于幷州以爲從事中郎後遂沒石勒勒以爲理曹參軍持法平詳當時稱其清裕比之于公著遠游志異物志汲冢古文釋皆十卷行於世年九十七死于石季龍之世季龍贈儀同三司

徐邈

徐邈東莞姑幕人也祖澄之爲州治中屬永嘉之亂遂與鄉人臧琨等率子弟幷閭里士庶千餘家南渡江家于京口父藻都水使者邈姿性端雅勤行勵學博涉多聞以慎密自居少與鄉人臧壽齊名下帷讀書不游城邑及孝武帝始

覽典籍招延儒學之士邈既東州儒素太傅謝安舉以應選年四十四始補中書舍人在西省侍帝雖不口傳章句然開釋文義標明指趣撰正五經音訓學者宗之遷散騎常侍猶處西省前後十年每被顧問輒有獻替多所匡益甚見寵待帝宴集酣樂之後好爲手詔詩章以賜侍臣或文詞率爾所言穢雜邈每應時收斂還省刊削皆使可觀經帝重覽然後出之是時侍臣被詔者或宣揚之故時議以此多邈及謝安薨論者或有異同邈固勸中書令王獻之奏加殊禮仍崇進謝石爲尚書令玄爲徐州邈轉祠部郎上南北郊宗廟迭毀禮皆有證據豫章太守范甯欲遣十五議曹下屬城採求風政幷吏假還訊問官長得失邈與甯書曰知足下遣十五議曹各之一縣又吏假歸白所聞見誠是足下留意百姓故廣其視聽吾謂勸導以實不以文十五議曹欲何所敷宣邪庶事辭訟足下聽斷允塞則物理足矣上有理務之心則下之求理者至矣日昃省覽庶事無滯則吏慎其負而人聽不惑豈須邑至里詣飾其游聲哉非徒不足致益乃是蠹漁之所資又不可縱小吏爲耳目也豈有善人君子而干非其事

多所告白者乎君子之心誰毀誰譽如有所譽必由歷試如有所毀必以著明
託社之鼠政之甚害自古以來欲爲左右耳目者無非小人皆先因小忠而成
其大不忠先藉小信而成其大不信遂使君子道消善人與尸前史所書可爲
深鑒足下選綱紀必得國士足以攝諸曹諸曹皆是良吏則足以掌文案又擇
公方之人以爲監司則清濁能否與事而明足下但平心居宗何取於耳目哉
昔明德馬后未嘗顧與左右言可謂遠識況大丈夫而不能免此乎遷中書侍
郎專掌綸詔帝甚親昵之初范甯與邈皆爲帝所任使共補朝廷之闕甯才素
高而措心正直遂爲王國寶所讒出遠郡邈孤宦易危而無敢排彊族乃爲自
安之計會帝頗踈會稽王道子邈欲和協之因從容言於帝曰昔淮南齊王漢
晉成戒會稽王雖有酣媟之累而奉上純一宜加弘貸消散紛議外爲國家之
計內慰太后之心帝納焉邈常詣東府遇衆賓沉湎引滿諠譁道子曰君時有
暢不邈對曰邈陋巷書生惟以節儉清修爲暢耳道子以邈業尚道素笑而不
以爲忤也道子將用爲吏部郎邈以波競成俗非己所能節制苦辭乃止時皇

太子尚幼帝甚鍾心文武之選皆一時之俊以邈爲前衞率領本郡大中正授太子經帝謂邈曰雖未勑以師禮相待然不以博士相遇也古之帝王受經必敬自魏晉以來多使微人教授號爲博士不復尊以爲師故帝有云邈雖在東宮猶朝夕入見參綜朝政修飾文詔拾遺補闕劬勞左右帝嘉其謹密方之於金霍有託重之意將進顯位未及行而帝暴崩安帝卽位拜驍騎將軍隆安元年遭父憂邈先疾患因哀毀增篤不踰年而卒年五十四州里傷悼識者悲之

邈莅官簡惠達於從政論精議密當時多諮稟之觸類辯釋問則有對舊疑歲辰在卯此宅之左則彼宅之右何得俱忌於東邈以爲太歲之屬自是遊神譬如日出之時向東皆逆非爲藏體地中也所注穀梁傳見重於時邈長子豁有父風以孝聞爲太常博士祕書郎豁弟浩散騎侍郎鎮南將軍何無忌請爲功曹出補西陽太守與無忌俱爲盧循所害邈弟廣別有傳

孔衍

孔衍字舒元魯國人孔子二十二世孫也祖文魏大鴻臚父毓征南軍司衍少

好學年十二能通詩書弱冠公府辟本州舉異行直言皆不就避地江東元帝引爲安東參軍專掌記室書令殷積而衍每以稱職見知中興初與庾亮俱補中書郎明帝之在東宮領太子中庶子于時庶事草創衍經學深博又練識舊典朝儀軌制多取正焉由是元明二帝並親愛之王敦專權衍私於太子曰殿下宜博延朝彥搜揚才俊詢謀時政以廣聖聽敦聞而惡之乃啓出衍爲廣陵郡時人爲之寒心而衍不形于色雖郡鄰接西賊猶教誘後進不以戎務廢業石勒常騎至山陽敕其黨以衍儒雅之士不得妄入郡境視職期月以太興三年卒於官年五十三衍雖不以文才著稱而博覽過於賀循凡所撰述百餘萬言子啓廬陵太守宗人夷吾有美名博學不及衍涉世聲譽過之元帝以爲主簿轉參軍稍遷侍中徙太子左衞率卒追贈太僕

范宣

范宣字宣子陳留人也年十歲能誦詩書嘗以刀傷手捧手改容人問痛邪答曰不足爲痛但受全之體而致毀傷不可處耳家人以其年幼而異焉少尚隱

遁加以好學手不釋卷以夜繼日遂博綜衆書尤善三禮家至貧儉躬耕供養親沒負土成墳廬于墓側太尉郄鑒命爲主簿詔徵太學博士散騎郎並不就家于豫章太守殷羨見宣茅茨不完欲爲改宅宣固辭之庾爰之以宣素貧加年荒疾疫厚餉給之宣又不受爰之問宣曰君博學通綜何以太儒宣曰漢與貴經術至於石渠之論實以儒爲弊正始以來世尚老莊逮晉之初競以裸裎爲高僕誠太儒然立不與易宣言談未嘗及老莊客有問人生與憂俱生不知此語何出宣云出莊子至樂篇客曰君言不讀老莊何由識此宣笑曰小時嘗一覽時人莫之測也宣雖閑居屢空常以讀誦爲業譙國戴逵等皆聞風宗仰自遠而至諷誦之聲有若齊魯太元中順陽范甯爲豫章太守甯亦儒博通綜在郡立鄉校教授恆數百人由是江州人士並好經學化二范之風也年五十四卒著禮易論難皆行於世子輯歷郡守國子博士大將軍從事中郎自免歸亦以講授爲事義熙中連徵不至

韋謏

韋謏字憲道京兆人也雅好儒學善著述於羣言祕要之義無不綜覽仕於劉曜爲黃門郎後又入石季龍署爲散騎常侍歷守七郡咸以清化著名又徵爲廷尉識者擬之于張前後四登九列六在尚書三爲侍中再爲太子太傅封京兆公好直諫陳軍國之宜多見允納著伏林三千餘言遂演爲典林二十三篇凡所述作及集記世事數十萬言皆深博有才義至冉閔又署爲光祿大夫時閔拜其子胤爲大單于而以降胡一千處之麾下謏諫曰今降胡數千接之如舊誠是招誘之恩然胡羯本爲讎敵今之款附苟全性命耳或有刺客變起須臾敗而悔之何所及也古人有言一夫不可狃而況千乎願誅屏降胡去單于之號深思聖王苞桑之誡也閔志在綏撫銳於澄定聞其言大怒遂誅之幷殺其子伯陽謏性不嚴重好徇己之功論者亦以是少之嘗謂伯陽曰我高我曾重光累徽我祖我考父父子子汝爲我對正值惡抵伯陽曰伯陽之不肖誠如尊教尊亦正值軟抵耳謏慚無言時人傳之以爲嗤笑

范弘之

范弘之字長文安北將軍汪之孫也襲爵武興侯雅正好學以儒術該明爲太學博士時衛將軍謝石薨請謚下禮官議弘之議曰石階藉門廕屢登崇顯總司百揆翼贊三臺閑練庶事勤勞匪懈內外僉議皆曰與能當淮肥之捷勳拯危墜雖皇威遐震狡寇天亡因時立功石亦與焉又開建學校以延胄子雖盛化未洽亦愛禮存羊然古之賢輔大則以道事君侃侃終日次則厲身奉國夙夜無怠下則愛人惜力以濟時務此數者然後可以免惟塵之譏塞素飡之責矣今石位居朝端任則論道唱言無忠國之謀守職則容身而已不可謂事君貨黷京邑聚斂無厭不可謂厲身坐擁大衆侵食百姓大東流於遠近怨毒結於衆心不可謂愛人工徒勞於土木思慮殫於機巧紈綺盡於婢妾財用縻於絲桐不可謂惜力此人臣之大害有國之所去也先王所以正風俗理人倫者莫尚乎節儉故夷吾受謗乎三歸平仲流美於約己自頃風軌陵遲奢僭無度廉恥不與利競交馳不可不深防原本以絕其流漢文襲弋綈之服諸侯猶侈武帝焚雉頭之裘靡麗不息良由儉德雖彰而威禁不肅道自我建而刑不及

物若存罰其違亡貶其惡則四維必張禮義行矣按謚法因事有功曰襄貪以
敗官曰墨宜謚曰襄墨公又論殷浩宜加贈謚不得因桓温之黜以爲國典仍
多敘温移鼎之迹時謝族方顯桓宗猶盛尚書僕射王珣温故吏也素爲温所
寵三怨交集乃出弘之爲餘杭令將行與會稽王道子牋曰下官輕微寒士謬
得廁在俎豆實懼辱累清流惟塵聖世竊以人君居廟堂之上智周四海之外
者非徒聰明內照亦賴羣言之助也是以舜之佐堯以啓闢爲首咎繇謩禹以
侃侃爲先故下無隱情之責上收神明之功敢緣斯義志在輸盡常以謝石黷
累應被清澄殷浩忠貞宜蒙襃顯是以不量輕弱先衆言之而惡直醜正其徒
實繁雖仰恃聖主欽明之度俯賴明公愛物之隆而交至之患實有無賴下官
與石本無怨忌生不相識事無相干正以國體宜明不應稍計彊弱與浩年時
邈絕世不相及無復藉聞故老語其遺事耳於下官之身有何痛癢而當爲之
犯時干主邪每觀載籍志士仁人有發中心任直道而行者有懷知陽愚負情
曲從者所用雖異而並傳後世故比干處三仁之中箕子爲名賢之首後人用

捨參差不同各信所見率應而至或榮名顯赫或禍敗係踵此皆不量時趣以身嘗禍雖有硜硜之稱而非大雅之致此亦下官所不為也世人乃云下官正直能犯艱難斯談實過下官知主上聖明明公虛己思求格言必不使盡忠之臣屈於邪枉之門也是以敢獻愚誠布之執事豈與昔人擬其輕重邪亦以臣之事君惟思盡忠而已不應復計利鈍事不允心則讜言悟主義感於情則陳辭靡悔若懷情藏意蘊而不言此乃古人所以得罪於明君明君所以致法於羣下者也桓溫事跡布在天朝逆順之情暴之四海在三者臣子情豈或異凡厥黔首誰獨無心舉朝嘿嘿未有唱言者是以頓筆按氣不敢多云桓溫於亡祖雖其意難測求之於事止免黜耳非有至怨也亡父昔為溫吏推之情禮義兼他人所以每懷憤發痛若身首者明公有以尋之王珣以下官議殷浩謚不宜暴揚桓溫之惡珣感其提拔之恩懷其入幙之遇託以廢黜昏闇建立聖明自謂此事足以明其忠貞之節明公試復以一事觀之昔周公居攝道致升平禮樂刑政皆自己出以德言之周公大聖以年言之成王幼弱猶復遠避君位

復子明辟漢之霍光大勳赫然孝宣年未二十亦反萬幾故能君臣俱隆道邁
千歲若温忠爲社稷誠存本朝便當仰遵二公式是令矩何不奉還萬幾退守
藩屏方提勒公王匡總朝廷豈爲先帝幼弱未可親政邪將德桓温不能聽政
邪又逼脅袁宏使作九錫備物光赫其文具存朝廷畏怖莫不景從惟謝安王
坦之以死守之故得稽留耳會上天降怒姦惡自亡社稷危而復安靈命墜而
復構晉自中興以來號令威權多出彊臣中宗肅祖斂衽於王敦先皇受屈於
桓氏今主上親覽萬幾明公光讚百揆政出王室人無異望復不於今大明國
典作制百代不審復欲待誰先王統物必明其典誥貽厥孫謀故令問休嘉千
歲承風願明公遠覽殷周近察漢魏慮其所以危求其所以安如此而已又與
王珣書曰見足下答仲堪書深具義發之懷夫人道所重莫過君親君親所係
忠孝而已孝以揚親爲主忠以義節爲先殷侯忠貞居正心貫人神加與先帝
隆布衣之好著莫逆之契契闊艱難夷嶮以之雖受屈姦雄志達千載此忠貞
之徒所以義干其心不獲以已者也既當時貞烈之徒所究見亦後生所備聞

吾亦何敢苟避狂狡以欺聖明足下不推居正之大致而懷知己之小惠欲以
幞府之小節奪名教之重義於君臣之際旣以虧矣尊大君以殷侯協契忠規
同戴王室志厲秋霜誠貫一時殷侯所以得宣其義聲實尊大君協贊之力也
足下不能光大君此之直志乃感温小顧懷其曲澤公在聖世欺罔天下使丞
相之德不及三葉領軍之基一構而傾此忠臣所以解心孝子所以喪氣父子
之道固若是乎足下言臣則非忠語子則非孝二者旣亡吾誰畏哉吾少嘗過
庭備聞祖考之言未嘗不發憤衝冠情見乎辭當爾之時惟覆亡是懼豈暇謀
及國家不圖今日得操筆斯事是以上憤國朝無正義之臣次惟祖考有沒身
之恨豈得與足下同其肝膽邪先君往亦嘗爲其吏于時危懼恆不自保仰首
聖朝心口憤歎豈復得計策名昔日自同在三邪昔子政以五世純臣子駿以
下委質王莽先典旣已正其逆順後人亦已鑒其成敗每讀其事未嘗不臨文
痛歎憤愾交懷以今況古乃知一揆耳弘之詞雖亮直終以桓謝之故不調卒
於餘杭令年四十七

王歡

王歡字君厚樂陵人也安貧樂道專精耽學不營產業常丐食誦詩雖家無斗儲意怡如也其妻患之或焚毀其書而求改嫁歡笑而謂之曰卿不聞朱買臣妻邪時聞者多哂之歡守志彌固遂爲通儒至慕容暐襲僞號署爲國子博士親就受經遷祭酒及暐爲苻堅所滅歡死於長安

史臣曰范平等學府儒宗譽隆望重或質疑是屬或師範攸歸雖爲未及古人故亦一時之俊若仲寧之清貞守道抗志柴門行齊之居室屢空棲心陋巷文博之漱流枕石鏟跡銷聲宣子之樂道安貧弘風闡教斯並通儒之高尚者也而邈協和主相刊削繁辭可謂將順其美匡救其惡舒元入參機務明主賞其博聞出莅邊隅獷狄欽其明德弘之抗言立論不避朝權貶石抵温斯爲當矣遂乃厄於三怨以至陵遲悲夫

贊曰郁郁周文洋洋漢典炙輠流譽解頤飛辯雅誥弗淪微言復顯爰及晉代斯風逾闡

晉書卷九十一

晉書卷九十一考證

范隆傳鴈門人○鴈監本誤騰今改正

孔衍傳公府辟本州舉異行直言皆不就○監本言誤孔皆誤衍今改從宋本

范弘之傳安北將軍汪之孫也○汪監本誤注今從本書范汪傳改正

晉書卷九十一考證

晉書卷九十二

唐　太　宗　文　皇　帝　御　撰

列傳第六十二

文苑

夫文以化成惟聖之高義行而不遠前史之格言是以温洛禎圖綠字符其丕業苑山靈篆金簡成其帝載既而書契之道聿與鍾石之文逾廣移風俗於王化崇孝敬於人倫經緯乾坤彌綸中外故知文之時義大哉遠矣洎姬歷云季歌頌滋繁荀宋之流導源自遠總金羈而齊騖揚玉軑而並馳言泉會於九流文律諧於六變自時已降軌躅相趨西都賈馬耀靈蛇於掌握東漢班張發雕龍於綈槧俱標稱首咸推雄伯逮乎當塗基命文宗鬱起三祖叶其高韻七子分其麗則翰林總其菁華典論詳其藻絢彬蔚之美競爽當年獨彼陳王思風遒舉備乎典奧懸諸日月及金行纂極文雅斯盛張載擅銘山之美陸機挺焚研之奇藩夏連輝頡頏名輩並綜採繁縟杼軸清英窮廣內之青編緝平臺之

麗曲嘉聲茂迹陳諸別傳至於吉甫太沖江右之才傑曹毗庾闡中興之時秀信乃金相玉潤埜會川沖埒美前修垂裕來葉今撰其鴻筆之彥著之文苑云

應貞

應貞字吉甫汝南南頓人魏侍中璩之子也自漢至魏世以文章顯軒冕相襲爲郡盛族貞善談論以才學稱夏侯玄有盛名貞詣玄玄甚重之舉高第頻歷顯位武帝爲撫軍大將軍以爲參軍及踐阼遷給事中帝於華林園宴射貞賦詩最美其辭曰悠悠太上人之厥初皇極肇建彝倫攸敷五德更運應籙受符陶唐既謝天歷在虞於時上帝乃顧惟眷光我晉祚應期納禪位以龍飛文以豹變玄澤旁流仁風潛扇區內宅心方隅迴面天垂其象地耀其文鳳鳴朝陽龍翔景雲嘉禾重穎蓂莢載芬率土咸寧人胥悅欣恢恢皇度穆穆聖容言思其允貌思其恭在視斯明在聽斯聰登庸以德明試以功其恭惟何昧旦丕顯無義不經無理不踐行舍其華言去其辯游心至虛同規易簡六府孔修九有來踐澤罔不被化莫不加聲教南暨西漸流沙幽人肆險遠國忘遐越常重譯

充牣皇家峨峨列辟赫赫武臣內和五品外威四賓順時貢職入覲天人備言錫命羽蓋朱輪貽宴好會不常厥數神心所授不言而喻於時肆射弓矢斯具發彼互的有酒斯飫文武之道厥猷未墜在昔先王射御茲器示武懼荒過則有失凡厥羣后無懈于位初置太子中庶子官貞與護軍長史孔恂俱爲之後遷散騎常侍以儒學與太尉荀顗撰定新禮未施行泰始五年卒文集行於世弟純純子紹永嘉中至黃門郎爲東海王越所害純弟秀秀子詹自有傳

成公綏

成公綏字子安東郡白馬人也幼而聰敏博涉經傳性寡欲不營資產家貧歲饑常晏如也少有俊才詞賦甚麗閑默自守不求聞達時有孝烏每集其廬舍綏謂有反哺之德以爲祥禽乃作賦美之文多不載又以賦者貴能分賦物理敷演無方天地之盛可以致思矣歷觀古人未之有賦豈獨以至麗無文難以辭贊不然何其闕哉遂爲天地賦曰惟自然之初載兮道虛無而玄清太素紛以溷淆兮始有物而混成何元一之芒昧兮廓開闢而著形爾乃清濁剖分玄

黄判離太極既殊是生兩儀星辰煥列日月重規天動以尊地靜以卑昏明迭炤或盈或虧陰陽協氣而代謝寒暑隨時而推移三才殊性五行異位千變萬化繁育庶類授之以形稟之以氣色表文采聲有音律覆載無方流形品物鼓以雷霆潤以慶雲八風翺翔六氣氤氲蚑行蠕動方聚類分鱗殊族別羽毛異羣各含精而鎔冶咸受範於陶鈞何滋育之罔極兮偉造化之至神若夫懸象成文列宿有章三辰燭燿五緯重光河漢委蛇而帶天虹蜺偃蹇於昊蒼望舒彌節於九道羲和正轡於中黃衆星回而環極招搖運而指方白獸峙據於參伐青龍垂尾於心房玄龜匿首於女虛朱鳥奮翼於注張帝皇正坐於紫宮輔臣列位於文昌垣屏駱驛而珠連三台差池而鴈翔軒轅華布而曲列攝提鼎跱而相望若乃徵瑞表祥災變呈異交會薄蝕抱暈帶珥流逆犯歷譴悟象事蓬容著而妖害生老人形而主受喜天矢黃而國吉祥彗孛發而世所忌爾乃旁觀四極俯察地理川瀆浩汗而分流山嶽磊落而羅峙滄海沆漭而四周懸圃隆崇而特起昆吾嘉於南極燭龍曜於北阯扶桑高于萬仞尋木長于千里

崐崙鎮於陰隅赤縣據于辰巳於是八十一域區分方別風乖俗異險斷阻絕萬國羅布九州並列青冀白壤荆衡塗泥海岱赤埴華梁青黎兗帶河洛揚有江淮辯方正土經略建邦王圻九服列國一同連城比邑深池高墉康衢交路四達五通東至暘谷西極泰濛南暨丹炮北盡空同遐方外區絕域殊鄰人首蛇軀鳥翼龍身衣毛被羽或介或鱗棲林浮水若獸若人居于大荒之外處于巨海之濱於是六合混一而同宅宇宙結體而括囊渾元運流而無窮陰陽循度而率常回動糾紛而乾乾天道不息而自彊統羣生而載育人託命於所繫尊太一於上皇奉萬神於五帝故萬物之所宗必敬天而事地若乃共工赫怒天柱摧折東南俄其既傾西北豁而中裂斷鼇足而續毀鍊玉石而補缺豈斯事之有徵將言者之虛設何陰陽之難測偉二儀之奓闊坤厚德以載物乾資始而至大俯盡鑒於有形仰蔽視於所蓋游萬物而極思故一言于天外綏雅好音律嘗當暑承風而嘯泠然成曲因爲嘯賦曰逸羣公子體奇好異敖世忘榮絕棄人事希高慕古長想遠思將登箕山以抗節浮滄海以游志於是延友

生集同好精性命之至機研道德之玄奧愍流俗之未悟獨超然而先覺狹世路之阨僻仰天衢而高蹈邈跨俗而遺身乃慷慨而長嘯于時曜靈俄景流光濛汜逍遙攜手躊躇步趾發妙聲於丹脣激哀音於皓齒響抑揚而潛轉氣衝鬱而熛起協黃宮於清角雜商羽於流徵飄游雲於泰清集長風于萬里曲既終而響絕遺餘玩而未已良自然之至音非絲竹之所擬是故聲不假器用不借物近取諸身役心御氣動脣有曲發口成音觸類感物因歌隨吟大而不夸細而不沉清激切於竽笙優潤和於瑟琴玄妙足以通神悟靈精微足以窮幽測深收激楚之哀荒節北里之奢淫濟洪災於炎旱反亢陽於重陰引唱萬變曲用無方和樂怡懌悲傷摧藏時幽散而將絕中矯厲而慨慷徐婉約而優游紛繁騖而激揚情既思而能反心雖哀而不傷總八音之至和固極樂而無荒若乃登高臺以臨遠披文軒而騁望喟仰抃而抗首嘈長引而憀亮或舒肆而自反或徘徊而復放或冉弱而柔撓或澎濞而奔壯橫鬱鳴而滔涸冽縹眺而清昶逸氣奮涌繽紛交錯烈烈飈揚啾啾響作奏胡馬之長思迴寒風乎北朔

又似鴻鴈之將雛羣鳴號乎沙漠故能因形創聲隨事造曲應物無窮機發響速怫鬱衝流參譚雲屬若離若合將絕復續飛廉鼓於幽隧猛獸應於中谷南箕動於穹蒼清飈振于喬木散滯積而播揚蕩埃藹之溷濁變陰陽於至和移淫風之穢俗若乃游崇岡陵景山臨巖側望流川坐磐石漱清泉藉皋蘭之猗靡蔭修竹之蟬蜎乃吟詠而發歎聲驛驛而響連舒蓄思之悱憤奮久結之纏綿心滌蕩而無累志離俗而飄然若夫假象金革擬則陶匏衆聲繁奏若笳若簫磞硠震隱訇礚磂嘈發徵則隆冬熙烝騁羽則嚴霜夏凋動商則秋霖春降奏角則谷風鳴條音均不恆曲無定制行而不流止而不滯隨口吻而發揚假芳氣而遠逝音要妙而流響聲激嚁而清厲信自然之極麗羌殊尤而絕世越韶夏與咸池何徒取異乎鄭衞于時綿駒結舌而喪精王豹杜口而失色虞公輟聲而止歌甯子斂手而歎息鍾期棄琴而改聽尼父忘味而不食百獸率儛而抃足鳳皇來儀而拊翼乃知長嘯之奇妙此音聲之至極張華雅重綏每見其文歎伏以爲絕倫薦之太常徵爲博士歷祕書郎轉丞還中書郎每與華受

詔並爲詩賦又與賈充等參定法律泰始九年卒年四十三所著詩賦雜筆十餘卷行於世

左思

左思字太沖齊國臨淄人也其先齊之公族有左右公子因爲氏焉家世儒學父雍起小吏以能擢授殿中侍御史思少學鍾胡書及鼓琴並不成雍謂友人曰思所曉解不及我少時思遂感激勤學兼善陰陽之術貌寢口訥而辭藻壯麗不好交遊惟以閑居爲事造齊都賦一年乃成復欲賦三都會妹芬入宮移家京師乃詣著作郎張載訪岷邛之事遂構思十年門庭藩溷皆著筆紙遇得一句卽便疏之自以所見不博求爲祕書郎及賦成時人未之重思自以其作不謝班張恐以人廢言安定皇甫謐有高譽思造而示之謐稱善爲其賦序張載爲注魏都劉逵注吳蜀而序之曰觀中古已來爲賦者多矣相如子虛擅名於前班固兩都理勝其辭張衡二京文過其意至若此賦擬議數家傅辭會義抑多精致非夫研覈者不能練其旨非夫博物者不能統其異世咸貴遠而賤

近莫肯用心於明物斯文吾有異焉故聊以餘思爲其引詁亦猶胡廣之於官箴蔡雍之於典引也陳留衞瓘又爲思賦作略解序曰余觀三都之賦言不苟華必經典要品物殊類稟之圖籍辭義瓌瑋良可貴也有晉徵士故太子中庶子安定皇甫謐西州之逸士耽籍樂道高尚其事覽斯文而慷慨爲之都序中書著作郎安平張載中書郎濟南劉逵並以經學洽博才章美茂咸皆悅玩爲之訓詁其山川土域草木鳥獸奇怪珍異僉皆研精所由紛散其義矣余嘉其文不能默已聊藉二子之遺忘又爲之略解祗增煩重覽者闕焉自是之後盛重於時文多不載司空張華見而歎曰班張之流也使讀之者盡而有餘久而更新於是豪貴之家競相傳寫洛陽爲之紙貴初陸機入洛欲爲此賦聞思作之撫掌而笑與弟雲書曰此閒有傖父欲作三都賦須其成當以覆酒甕耳及思賦出機絕歎伏以爲不能加也遂輟筆焉祕書監賈謐請講漢書謐誅退居宜春里專意典籍齊王冏命爲記室督辭疾不就及張方縱暴都邑舉家適冀州數歲以疾終

趙至

趙至字景真代郡人也寓居洛陽緱氏令初到官至年十三與母同觀母曰汝先世本非微賤世亂流離遂爲士伍耳爾後能如此不至感母言詣師受業聞父耕叱牛聲投書而泣師怪問之至曰我小未能榮養使老父不免勤苦師甚異之年十四詣洛陽游太學遇嵇康於學寫石經徘徊視之不能去而請問姓名康曰年少何以問邪曰觀君風器非常所以問耳康異而告之後乃亡到山陽求康不得而還又將遠學母禁之至遂陽狂走三五里輒追得之年十六游鄴復與康相遇隨康還山陽改名浚字允元康每曰卿頭小而銳童子白黑分明有白起之風矣及康卒至詣魏興見太守張嗣宗甚被優遇嗣宗遷江夏相隨到溳川欲因入吳而嗣宗卒乃向遼西而占戶焉初至與康兄子蕃友善及將遠適乃與蕃書敘離并陳其志曰昔李叟入秦及關而歎梁生適越登嶽長謠夫以嘉遁之舉猶懷戀恨況乎不得已者哉惟別之後離羣獨逝背榮讌辭倫好經迴路造沙漠雞鳴戒旦則飄爾晨征日薄西山則馬首靡託尋歷曲阻

則沉思紆結登高遠眺則山川攸隔或乃迴風狂厲白日寢光徙倚交錯陵隰相望徘徊九皋之內慷慨重阜之顛進無所由退無所據涉澤求蹊披榛覓路嘯詠溝渠良不可度斯亦行路之艱難然非吾心之所懼也至若蘭芷傾頓桂林移殖根萌未樹而牙淺弦急每恐風波潛駭危機密發此所以怵惕於長衢也又北土之性難以託根投人夜光鮮不按劍今將殖橘柚於玄朔榮華藕於修陵表龍章於裸壤奏韶武於聾俗固難以取貴矣夫物不我貴則莫之與莫之與則傷之者至矣飄飄遠游之士託身無人之鄉總轡遐路則有前言之難懸鞍陋宇則有後慮之戒朝霞啓暉則身疲而遄征太陽戢曜則情劬而夕惕肆目平隰則寥廓而無覩極聽修原則掩寂而無聞吁其悲矣心傷瘁矣然後知步驟之士不足爲貴也顧景中原憤氣雲踊哀物悼世激情風厲龍嘯大野獸睇六合猛志紛紜雄心四據思躡雲梯橫奮八極披艱掃穢蕩海夷嶽蹴崐崙使西倒蹋太山令東覆平滌九區恢維宇宙斯吾之鄙願也時不我與垂翼遠逝鋒距靡加六翮摧屈自非知命孰能不憤悒者哉吾子殖根芳苑濯秀清

流晞葉華崖飛藻雲肆俯據潛龍之渚仰蔭游鳳之林榮曜眩其前豔色餌其後良疇交其左聲名馳其右翺翔倫黨之間弄姿帷房之裏從容顧眄綽有餘裕俯仰吟嘯自以爲得志矣豈能與吾曹同大丈夫之憂樂哉去矣嵇生遠離隔矣煢煢飄寄臨沙漠矣悠悠三千路難涉矣攜手之期邈無日矣思心彌結誰云釋矣無金玉爾音而有遐心身雖胡越意存斷金各敬爾儀敦履璞沉繁華流蕩君子弗欽臨紙意結知復何云至身長七尺四寸論議精辯有縱橫才氣遼西舉郡計吏到洛與父相遇時母已亡父欲令其宦立弗之告仍戒以不歸至乃還遼西幽州三辟部從事斷九獄見稱精審太康中以良吏赴洛方知母亡初至自恥士伍欲以官學立名期於榮養既而其志不就號憤慟哭歐血而卒時年三十七

鄒湛

鄒湛字潤甫南陽新野人也父軌魏左將軍湛少以才學知名仕魏歷通事郎太學博士泰始初轉尙書郎廷尉平征南從事中郎深爲羊祜所器重入爲太

子中庶子太康中拜散騎常侍出補渤海太守轉太傅楊駿長史還侍中駿誅以僚佐免官尋起爲散騎常侍國子祭酒轉少府元康末卒所著詩及論事議二十五首爲時所重初湛嘗見一人自稱甄舒仲餘無所言如此非一久之乃悟曰吾宅西有積土敗瓦其中必有死人甄舒仲者予舍西土瓦中人也檢之果然厚加斂葬葬畢遂夢此人來謝子捷字太應亦有文才永康中爲散騎侍郎及趙王倫篡逆捷與陸機等俱作禪文倫誅坐下廷尉遇赦免後爲太傅參軍永嘉末卒

棗據

棗據字道彥潁川長社人也本姓棘其先避讎改焉父叔禕魏鉅鹿太守據美容貌善文辭弱冠辟大將軍府出爲山陽令有政績遷尚書郎轉右丞賈充伐吳請爲從事中郎軍還徙黃門侍郎冀州刺史太子中庶子太康中卒時年五十餘所著詩賦論四十五首遇亂多亡失子腆字玄方亦以文章顯永嘉中爲襄城太守弟嵩字臺產才藝尤美爲太子中庶子散騎常侍爲石勒所殺

褚陶

褚陶字季雅吳郡錢塘人也弱不好弄少而聰慧清淡閑默以墳典自娛年十二作鷗鳥水碓二賦見者奇之陶嘗謂所親曰聖賢備在黃卷中捨此何求州郡辟不就吳平召補尙書郎張華見之謂陸機曰君兄弟龍躍雲津顧彥先鳳鳴朝陽謂東南之寶已盡不意復見褚生機曰公但未覩不鳴不躍者耳華曰故知延門之德不孤川嶽之寶不匱矣還九真太守轉中尉年五十五卒

王沉

王沉字彥伯高平人也少有俊才出於寒素不能隨俗沉浮爲時豪所抑仕郡文學掾鬱鬱不得志乃作釋時論其辭曰東野丈人觀時以居隱耕汙腴之墟有冰氏之子者出自沍寒之谷過而問塗丈人曰子奚自曰自涸陰之鄉奚適曰欲適煌煌之堂丈人曰入煌煌之堂者必有赫赫之光今子困於寒而欲求諸熱無得熱之方冰子瞿然曰胡爲其然也丈人曰融融者皆趣熱之士其得爐冶之門者惟挾炭之子苟非斯人不如其已冰子曰吾聞宗廟之器不要華

林之木四門之賓何必冠蓋之族前賢有解韋索而佩朱紱舍徒擔而乘丹轂由此言之何恤而無祿惟先生告我塗之速也丈人曰嗚呼子聞得之若是不知時之在彼吾將釋子夫道有安危時有險易才有所應行有所適英奇奮於縱橫之世賢智顯於霸王之初當厄難則騁權譎以良圖值制作則展儒道以暢攄是則衮龍出於縕褐卿相起於匹夫故有朝賤而夕貴先卷而後舒當斯時也豈計門資之高卑論勢位之輕重乎今則不然上聖下明時隆道寧羣后逸豫宴安守平百辟君子奕世相生公門有公卿門有卿指禿腐骨不簡蚩儜多士豐於貴族爵命不出閨庭四門穆穆綺襦是盈仍叔之子皆爲老成賤有常辱貴有常榮肉食繼踵於華屋疏飯襲跡於耨耕談名位者以諂媚附勢舉高譽者因資而隨形至乃空囂者以泓噌爲雅量璅慧者以淺利爲鎗鎗脢胎者以無檢爲弘曠僂垢者以守意爲堅貞嘲哮者以麤發爲高亮韞蠢者以色厚爲篤誠菴婪者以博納爲通濟眡賑者以難入爲凝清拉答者有沉重之譽嗛閃者得清勦之聲唵啍怯畏於謙讓闒茸勇敢於饕諍斯皆寒素之死病榮

達之嘉名凡兹流也視其用心察其所安責人必急於己恆寬德無厚而自貴位未高而自尊眼罔嚮而遠視鼻䶑齃而刺天忌惡君子悅媚小人敖蔑道素懾吁權門心以利傾智以勢惛姻黨相扇毀譽交紛當局迷於所受聽採惑於所聞京邑翼翼羣士千億奔集勢門求官買職童僕闚其車乘閽寺相其服飾親客陰參於靖室疏賓徙倚於門側時因接見矜厲容色心懷內荏外詐剛直譚道義謂之俗生論政刑以爲鄙極高會曲宴惟言遷除消息官無大小問是誰力今以子孤寒懷眞抱素志陵雲霄偶景獨步直順常道關津難渡欲騁韓盧時無狡兔衆塗圮塞投足何錯於是冰子釋然乃悟曰富貴人之所欲貧賤人之所惡僕少長於孔顏之門久處於淸寒之路不謂熱勢自共遮錮敬承明誨服我初素彈琴詠典以保年祚伯成延陵高節可慕丹轂滅族呂霍哀吟朝榮夕滅旦飛暮沉聃周道師巢由德林豐屋蔀家易著明箴人薄位尊積罰難任三郤尸晉宋華咎深投局正幅實獲我心是時王政陵遲官才失實君子多退而窮處遂終于里閭元康初松滋令吳郡蔡洪字叔開有才名作孤奮論與

釋時意同讀之者莫不歎息焉

張翰

張翰字季鷹吳郡吳人也父儼吳大鴻臚翰有清才善屬文而縱任不拘時人號爲江東步兵會稽賀循赴命入洛經吳閶門於船中彈琴翰初不相識乃就循言譚便大相欽悅問循知其入洛翰曰吾亦有事北京便同載即去而不告家人齊王冏辟爲大司馬東曹掾冏時執權翰謂同郡顧榮曰天下紛紛禍難未已夫有四海之名者求退良難吾本山林閒人無望於時子善以明防前以智慮後榮執其手愴然曰吾亦與子採南山蕨飲三江水耳翰因見秋風起乃思吳中菰菜蓴羹鱸魚膾曰人生貴得適志何能羈宦數千里以要名爵乎遂命駕而歸著首丘賦文多不載俄而冏敗人皆謂之見機然府以其輒去除吏名翰任心自適不求當世或謂之曰卿乃可縱適一時獨不爲身後名邪答曰使我有身後名不如即時一盃酒時人貴其曠達性至孝遭母憂哀毀過禮年五十七卒其文筆數十篇行於世

庾闡字仲初潁川鄢陵人也祖輝安北長史父東以勇力聞武帝時有西域健胡趫捷無敵晉人莫敢與校帝募勇士惟東應選遂撲殺之名震殊俗闡好學九歲能屬文少隨舅孫氏過江母隨兄肇爲樂安長史在項城永嘉末爲石勒所陷闡母亦沒闡不櫛沐不婚宦絕酒肉垂二十年鄉親稱之州舉秀才元帝爲晉王辟之皆不行後爲太宰西陽王羕掾累遷尚書郎蘇峻之難闡出奔郗鑒爲司空參軍峻平以功賜爵吉陽縣男拜彭城內史鑒復請爲從事中郎尋召爲散騎侍郎領大著作頃之出補零陵太守入湘川弔賈誼其辭曰中興二十三載余忝守衡南鼓檝三江路次巴陵望君山而過洞庭涉湘川而觀汨水臨賈生投書之川慨以永懷矣及造長沙觀其遺象喟然有感乃弔之云偉哉蘭生而芳玉產而潔陽葩熙冰寒松負雪莫邪挺鍔天驥汗血苟云奇儁誰與比傑是以高明倬茂獨發其秀道率天真不議世疢煥乎若望舒燿景而焯羣星矯乎若翔鸞拊翼而逸宇宙也飛榮洛汭擢穎山東質清浮磬聲若孤桐琅

琅其璞巖巖其峯信道居正而以天下爲公方駕逸步不以曲路期通是以張高弦悲聲激柱落清唱未和而桑濮代作雖有惠音莫過韶濩雖有騰鱗終仆一壑嗚呼大庭既邈玄風悠緬皇道不以智隆上德不以仁顯三五親譽其軌可仰而摽霸功雖逸其塗可翼而闡悲矣先生何命之蹇懷寶如玉而生運之淺昔咎繇謩虞呂尙歸昌德協充符乃應帝王夷吾相桓漢登蕭張草廬三顧臭若蘭芳是以道隱則蠖屈數感則鳳覩若棲不擇木翔非九五雖曰玉折儁才何補夫心非死灰智必存形形託神用故能全生奈何蘭膏揚芳漢庭摧景飈風獨喪厥明悠悠太素存亡一指道來斯通世往斯圮吾哀其生未見其死敢不見弔寄之淥水後以疾徵拜給事中復領著作吳國內史虞潭爲太伯立碑闡製其文又作揚都賦爲世所重年五十四卒諡曰貞所著詩賦銘頌十卷行於世子肅之亦有文藻著稱歷給事中相府記室湘東太守太元中卒

曹毗

曹毗字輔佐譙國人也高祖休魏大司馬父識右軍將軍毗少好文籍善屬詞

賦郡察孝廉除郎中蔡謨舉爲佐著作郎父憂去職服闋還句章令徵拜太學博士時桂陽張碩爲神女杜蘭香所降毗因以二篇詩嘲之幷續蘭香歌詩十篇甚有文彩又著揚都賦亞於庾闡累遷尙書郎鎭軍大將軍從事中郎下邳太守以名位不至著對儒以自釋其辭曰或問曹子曰夫寶以含珍爲貴士以藏器爲峻麟以絶迹標奇松以負霜稱儁是以蘭生幽澗玉輝千仞故子州浮滄瀾而龍蟠吳季忽萬乘以解印虞公潛崇巖以頤神梁生適南越以保慎固能全真養和夷跡洞庭陵冬揚芳披雪獨振也今子少睎冥風弱挺秀容奇發幼齡翰披孺童吐辭則藻落揚班抗心則志擬高鴻味道則理貫莊肆研妙則穎奪豪鋒固以騰廣莫而萋蒨排素薄而青葱者矣何必以刑禮爲己任申韓爲宏通旣登東觀染史筆又據太學理儒功曾無玄韻淡泊逸氣虛洞養采幽翳晦明蒙籠不追林棲之迹不希抱鱗之龍不營練真之術不慕内聽之聰而處汎位以核物扇塵教以自濛負鹽車以顯能飾一己以求恭退不居漆園之場出不躡曾城之衢游不踐綽約之室趣不希騄駬之蹤徒以區區之懷而整

名目之典覆蕢之量而塞北川之洪檢名實於俄頃之間定得失乎一管之鋒子若謂我果是邪則是不必以合俗子若云俗果非邪則俗非不可以苟從俗我紛以交爭利害渾而彌重何異執朽轡以御逸駟承勁風以握秋蓬役恬性以充勞府對羣物以耦怨雙者乎子不聞乎終軍之頴賈生之才拔奇山東玉映漢臺可謂響播六合聲駭嬰孩而見毁絳灌之口身離狼狽之災由此言之名爲實賓福萌禍胎朝數榮華夕歸塵埃未若澄虛心於玄圃蔭瑤林於蓬萊絶世事而儕黃綺鼓滄川而浪龍鰓者矣蒙竊惑焉主人煥耳而笑欣然而言曰夫兩儀既闢陰陽汗浩五才迭用化生紛擾萬類云云孰測其兆故不登閬風安以瞻殊目之形不步景宿何以觀恢廓之表是以迷巔者循一往之智狷介者守一方之矯豈知火林之蔚炎柯冰津之擢陽草故大人達觀任化昏曉出不極勞處不巢皓在儒亦儒在道亦道運屈則紆其清暉時申則散其龍藻此蓋員動之用舍非尋常之所寶也今三明互照二氣載宣玄教夕凝朗風晨鮮道以才暢化隨理全故五典剋明於百揆虞音齊響於五絃安期解褐於秀

林漁父擺釣於長川如斯則化無不融道無不延風澄於俗波清于川方將舞黃虬於慶雲招儀鳳於靈山流玉醴乎華闥秀朱草於庭前何有違理之患累真之嫌子徒知辯其說而未測其源明朝菌不可踰晦朔蟪蛄無以觀大年固非管翰之所述聊敬對以終篇累遷至光祿勳卒凡所著文筆十五卷傳於世

李充

李充字弘度江夏人父矩江州刺史充少孤其父墓中柏樹嘗爲盜賊所斫充手刃之由是知名善楷書妙參鍾索世咸重之辟丞相王導掾轉記室參軍幼好刑名之學深抑虛浮之士嘗著學箴稱老子云絕仁棄義家復孝慈豈仁義之道絕然後孝慈乃生哉蓋患乎情仁義者寡而利仁義者衆也道德喪而仁義彰仁義彰而名利作禮教之弊直在茲也先王以道德之不行故以仁義化之行仁義之不篤故以禮律檢之檢之彌繁而僞亦愈廣老莊是乃明無爲之益塞爭欲之門夫極靈智之妙總會通之和者莫尚乎聖人革一代之弘制垂千載之遺風則非聖不立然則聖人之在世吐言則爲訓辭莅事則爲物軌運

通則與時隆理喪則與世弊矣是以大爲之論以標其旨物必有宗事必有主
寄責於聖人而遺累乎陳迹也故化之以絕聖棄智鎮之以無名之樸聖教救
其末老莊明其本本末之塗殊而爲教一也人之迷也其日久矣見形者衆及
道者尠不覿千仞之門而逐適物之迹逐迹逾篤離本逾遠遂使華端與薄俗
俱興妙緒與淳風並絕所以聖人長潛而迹未嘗滅矣懼後進惑其如此將越
禮棄學而希無爲之風見義教之殺而不觀其隆矣略言所懷以補其闕引道
家之弘旨會世教之適當義不違本言不流放庶以袪困蒙之蔽悟一往之惑
乎其辭曰芒芒太初悠悠鴻荒蚩蚩萬類與道兼忘聖迹未顯賢名不彰怡此
鼓腹率我猖狂資生既廣羣盜思通闇實師明匪予求蒙遺己濟物而天下爲
公大庭唱基羲農宏贊六位時成離暉大觀澤洽雨濡化流風散比屋同塵而
人罔僭亂爰暨中古哲王胥承質文代作禮統迭興事藉用以繁化因阻而凝
動非性擾靜豈神澄名之攸彰道之攸廢乃損所隆乃崇所替刑作由於德衰
三辟興乎叔世既敦既誘乃矯乃厲敦亦既備矯亦既深彫琢生文抑揚成音

羣能騁技衆巧竭心野無陸馬山無散林風罔不動化罔不移人之失德反正
作奇乃放欲以越禮不知希競之爲病違彼夷塗而遵此險徑猨兎陵岡游魚
遁川至賾深妙大象幽玄棄餌收罝而責功蹄筌先統喪歸而寄旨忘言政異
徵辭拔本塞源遁迹永日尋響窮年刻意離性而失其常然世有險夷運有通
圮損益適時升降惟理道不可以一日廢亦不可以一朝擬禮不可爲千載制
亦不可以當年止非仁無以長物非義無以齊恥仁義固不可遠去其害仁義
者而已力行猶懼不逮希企邈以遠矣室有善言應在千里況乎行止復禮克
己風人司箴敬貽君子征北將軍褚裒又引爲參軍充以家貧苦求外出裒將
許之爲縣試問之充曰窮猨投林豈暇擇木乃除剡縣令遭母憂服闋爲大著
作郎于時典籍混亂充刪除煩重以類相從分作四部甚有條貫祕閣以爲永
制累遷中書侍郎卒官充注尚書及周易旨六篇釋莊論上下二篇詩賦表頌
等雜文二百四十首行於世子顒亦有文義多所述作郡舉孝廉充從兄式以
平隱著稱善楷隸中興初仕至侍郎

袁宏

袁宏字彥伯侍中猷之孫也父勗臨汝令宏有逸才文章絕美曾爲詠史詩是其風情所寄少孤貧以運租自業謝尙時鎭牛渚秋夜乘月率爾與左右微服泛江會宏在舫中諷詠聲旣淸會辭又藻拔遂駐聽久之遣問焉答云是袁臨汝郎誦詩卽其詠史之作也尙傾率有勝致卽迎升舟與之譚論申旦不寐自此名譽日茂尙爲安西將軍豫州刺史引宏參其軍事累遷大司馬桓溫府記室溫重其文筆專綜書記後爲東征賦賦末列稱過江諸名德而獨不載桓彝時伏滔先在溫府又與宏善苦諫之宏笑而不答溫知之甚忿而憚宏一時文宗不欲令人顯問後游青山飲歸命宏同載衆爲之懼行數里問宏云聞君作東征賦多稱先賢何故不及家君宏答曰尊公稱謂非下官敢專旣未遑啓不敢顯之耳溫疑不實乃曰君欲爲何辭宏卽答云風鑒散朗或搜或引身雖可亡道不可隕宣城之節信義爲允也溫泫然而止宏賦又不及陶侃侃子胡奴嘗於曲室抽刃問宏曰家公勳跡如此君賦云何相忽宏窘急答曰我已盛述

尊公何乃言無因曰精金百汰在割能斷功以濟時職思靜亂長沙之勳爲史所贊胡奴乃止後爲三國名臣頌曰夫百姓不能自牧故立君以治之明君不能獨治則爲臣以佐之然則三五迭隆歷代承基揖讓之與干戈文德之與武功莫不宗匠陶鈞而羣才緝熙元首經略而股肱肆力雖遭罹不同迹有優劣至於體分冥固道契不墜風美所扇訓革千載其揆一也故二八升而唐朝盛伊呂用而湯武寧三賢進而小白興五臣顯而重耳霸中古陵遲斯道替矣居上者不以至公理物爲下者必以私路期榮御員者不以信誠率衆執方者必以權謀自顯於是君臣離而名教薄世多亂而時不治故蘧甯以之卷舒柳下以之三黜接輿以之行歌魯連以之赴海衰世之中保持名節君臣相體若合符契則燕昭樂毅古之流矣夫未遇伯樂則千載無一驥時值龍顏則當年控三傑漢之得賢於斯爲貴高祖雖不以道勝御物羣下得盡其忠蕭曹雖不以三代事主百姓不失其業靜亂庇人抑亦其次夫時方顛沛則顯不如隱萬物思治則默不如語是以古之君子不患弘道難患遭時難遭時匪難遇君難故

有道無時孟子所以咨嗟有時無君賈生所以垂泣夫萬歲一期有生之通塗千載一遇賢智之嘉會遇之不能無欣喪之何能無慨古人之言信有情哉余以暇日常覽國志考其君臣比其行事雖道謝先代亦異世一時也文若懷獨見之照而有救世之心論時則人方塗炭計能則莫出魏武故委圖霸朝豫謀世事舉才不以標鑒故人亡而後顯籌畫不以要功故事至而後定雖亡身明順識亦高矣董卓之亂神器遷逼公達慨然志在致命由斯而譚故以大存名節至如身為漢隸而跡入魏幕源流趣舍抑亦文若之謂所以存亡殊致始終不同將以文若既明且哲名教有寄乎夫仁義不可不明則時宗舉其致生理不可不全故達識攝其契相與弘道豈不遠哉崔生高朗折而不撓所以策名魏武執笏霸朝者蓋以漢主當陽魏后北面者哉若乃一旦進璽君臣易位則崔生所以不與魏氏所以不容夫江湖所以濟舟亦所以覆舟仁義所以全身亦所以亡身然而先賢玉摧於前來哲攘袂於後豈天懷發中而名教束物者乎孔明盤桓俟時而動遐想管樂遠明風流治國以禮人無怨聲刑罰不濫沒

有餘泣雖古之遺愛何以加茲及其臨終顧託受遺作相劉后授之無疑心武
侯受之無懼色繼體納之無貳情百姓信之無異辭君臣之際良可詠矣公瑾
卓爾逸志不羣總角斷主則索契於伯符晚節曜奇則三分於赤壁惜其齡促
志未可量子布佐策致延譽之美輟哭止哀有翼戴之功神情所涉豈徒謇諤
而已哉然杜門不用登壇受譏夫一人之身所照未異而用舍之間俄有不同
況沉跡溝壑遇與不遇者乎夫詩頌之作有自來矣或以吟詠情性或以紀德
顯功雖大指同歸所託或乖若夫出處有道名體不滯風軌德音爲世作範不
可廢也復綴序所懷以爲之贊曰火德既微運纏大過洪飈扇海二溟揚波虬
獸雖驚風雲未和潛魚擇川高鳥候柯赫赫三雄並迴乾軸競收杞梓爭採松
竹鳳不及棲龍不暇伏谷無幽蘭嶺無停菊英英文若靈鑒洞照應變知微頣
奇賞要日月在躬隱之彌曜文明暎心鑽之愈妙滄海橫流玉石俱碎達人兼
善廢己存愛謀解時紛功濟宇內始救生靈終明風槩公達潛朗思同蓍蔡運
用無方動攝羣會爰初發迹遘此顛沛神情玄定處之彌泰愔愔幕裏算無不

經亹亹通韻跡不暫停雖懷尺璧顧哂連城智能極物愚足全生郎中溫雅器識純素貞而不諒通而能固恂恂德心汪汪軌度志成弱冠道敷歲暮仁者必勇德亦有言雖遇履尾神氣恬然行不修飾名跡無愆操不激切素風愈鮮邈哉崔生體正心直天骨疎朗牆岸高嶷忠存軌跡義形風色思樹芳蘭翦除荊棘人惡其上世不容哲琅琅先生雅杖名節雖遇塵霧猶震霜雪運極道消碎此明月景山恢誕韻與道合形器不存方寸海納和而不同通而不雜遇醉忘辭在醒貽咎長文通雅義格終始思載元首擬伊同恥人未知德懼若在己嘉謀肆庭讜言盈耳玉生雖麗光不踰把德積雖微道暎天下邈哉太初宇量高雅器範自然標準無假全身由直跡洿必僞處死匪難理有則易萬物波蕩孰任其累六合徒廣容身靡寄君親自然匪由名教愛敬既同情禮兼到烈烈王生知死不撓求仁不遠期在忠孝玄伯剛簡大存名體志在高搆增堂及陛端委獸門正言彌啓臨危致命盡其心禮堂堂孔明基宇宏邈器同生靈獨稟先覺標牓風流遠明管樂初九龍盤雅志彌確百六道喪干戈迭用苟非命世孰

掃雰雺宗子思寧薄言解控釋褐中林鬱為時棟士元弘長雅性內融崇善愛物觀始知終喪亂備矣勝塗未隆先生標之振起清風綢繆哲后無妄惟時夙夜匪懈義在緝熙三略既陳霸業已基公琰殖根不忘中正豈曰模擬實在雅性亦既羈勒負荷時命推賢恭己久而可敬公衡沖達秉志淵塞媚茲一人臨難不惑疇昔不造假翮鄰國進能徽音退不失德六合紛紜人心將變鳥擇高梧臣須顧眄公瑾英達朗心獨見披草求君定交一面桓桓魏武外託霸跡志掩衡霍恃戰忘敵卓卓若人曜奇赤壁三光參分宇宙暫隔子布擅名遭世方擾撫翼桑梓息肩江表王略威夷吳魏同寶遂贊宏謨匡此霸道桓王之薨大業未純把臂託孤惟賢與親輟哭止哀臨難忘身成此南面實由老臣才為世生世亦須才得而能任貴在無猜昂昂子敬拔跡草萊荷檐吐奇乃構雲臺子瑜都長體性純懿諫而不犯正而不毅將命公庭退忘私位豈無鶺鴒固慎名器伯言謇謇以道佐世出能勤公入亦獻替謀寧社稷解紛挫銳正以招疑忠而獲戾元歎邈遠神和形檢如彼白珪質無塵點立行以恆匡主以漸清不增

絜濁不加染仲翔高亮性不和物好是不羣折而不屈屢摧逆鱗直道受黜歎
過孫陽放同賈屈莘莘衆賢千載一遇整轡高衢驤首天路仰揖玄流俯弘時
務名節殊塗雅致同趣日月麗天瞻之不墜仁義在躬用之不匱尚想遐風載
揖載味後生擊節懦夫增氣從桓溫北征作北征賦皆其文之高者嘗與王珣
伏滔同在溫坐溫令滔讀其北征賦至聞所傳於相傳云獲麟於此野誕靈物
以瑞德奚授體於虞者疚尼父之洞泣似實慟而非假豈一性之足傷乃致傷
於天下其本至此便改韻珣云此賦方傳千載無容率耳今於天下之後移韻
徙事然於寫送之致似爲未盡滔云得益寫韻一句或爲小勝溫曰卿思益之
宏應聲答曰感不絕於余心遡流風而獨寫珣誦味久之謂滔曰當今文章之
美故當共推此生性彊正亮直雖被溫禮遇至於辯論每不阿屈故榮任不至
與伏滔同在溫府府中呼爲袁伏宏心恥之每歎曰公之厚恩未優國士而與
滔比肩何辱之甚謝安常賞其機對辯速後安爲揚州刺史宏自吏部郎出爲
東陽郡乃祖道於冶亭時賢皆集安欲以卒迫試之臨別執其手顧就左右取

一扇而授之曰聊以贈行宏應聲答曰輒當奉揚仁風慰彼黎庶時人歎其率而能要焉宏見漢時傅毅作顯宗頌辭甚典雅乃作頌九章頌簡文之德上之於孝武太元初卒於東陽時年四十九撰後漢紀三十卷及竹林名士傳三卷詩賦誄表等雜文凡三百首傳於世三子長超子次成子次明子明子有父風最知名官至臨賀太守

伏滔

伏滔字玄度平昌安丘人也有才學少知名州舉秀才辟別駕皆不就大司馬桓溫引爲參軍深加禮接每宴集之所必命滔同游從溫伐袁真至壽陽以淮南屢叛著論二篇名曰正淮其上篇曰淮南者三代揚州之分也當春秋時吳楚陳蔡之與地戰國之末楚全有之而考烈王都焉秦幷天下建立郡縣是爲九江劉項之際號曰東楚爰自戰國至于晉之中興六百有餘年保淮南者九姓稱兵者十一人皆亡不旋踵禍溢於世而終莫戒焉其天時歟地勢歟人事歟何喪亂之若是也試商較而論之夫懸象著明而休徵表於列宿山河衿帶

而地險彰於丘陵治亂推移而興亡見於人事由此而觀則兼也必矣昔妖星出於東南而弱楚以亡飛孛橫於天漢而劉安誅絶近則火精晨見而王淩首謀長彗霄映而毋丘襲亂斯則表乎天時也彼壽陽者南引荊汝之利東連三吳之富北接梁宋平塗不過七日西援陳許水陸不出千里外有江湖之阻內保淮肥之固龍泉之陂良疇萬頃舒六之貢利盡蠻越金石皮革之具萃焉苞木箭竹之族生焉山湖藪澤之隈水旱之所不害土產草滋之實荒年之所取給此則係乎地利者也其俗尚氣力而多勇悍其人習戰爭而貴詐僞豪右并兼之門十室而七藏甲挾劍之家比屋而發然而仁義之化不漸刑法之令不及所以屢多亡國也昔考烈以衰弱之楚屢遷其都外迫彊秦之威內遘陽申之禍逃死劫殺二世而滅黥布以三雄之選功成垓下淮陰既囚梁越受戮嫌結震主之威慮生同體之禍遂謀圖全之計庶幾後亡之福衆潰於一戰身腊於漢斧劉長支庶奄王大國承喪亂之餘御新化之俗無德而寵欲極禍發王安內懷先父之憾外眩姦臣之說招引賓客沉溺數術藉二世之資恃戈甲之

威屈彊江淮之上西向而圖宗國言未絕口身嗣俱滅李憲因亡新之餘袁術當衰漢之末負力幸亂遂生僭逆之計建號九江稱制下邑狼狽奔亡傾城受戮及至彥雲仲恭公休之徒或憑宿名或怙前功握兵淮楚力制東夏屬當多難之世仍值廢興之會謀非所議相係禍敗祖約助逆身亡家族彼十亂者成乎人事者也然則侵弱昏迷以至絕滅亡楚當之恃彊畏逼遂謀叛亂黥布有焉二王遘逆寵之之過也公路僭僞乘釁之盜也二將以圖功首難士少以驕矜樂禍本其所因考其成跡皆寵威禍淫福過災生而制之不漸積之有由也

其下篇曰昔高祖之誅黥布也撮三策之要馳赦過之書乘人主之威以除逆節之虜然猶決戰陳都暴尸橫野僅乃剋之害亦深矣長安之謀雖兵未交於山東禍未徧於天下而馳說之士與鬪境之人幽囚誅放者亦已衆矣光武連兵於肥舒魏祖馳馬於蘄苦而廬九之間流溺兵去者十而七八焉夫王陵面縛得之於矿石仲恭接刃成之於後覺也而高祖以之宵征世宗以之發疾豈不勤哉文皇挾萬乘之威杖伊周之權內舉京畿之衆外徵四海之銳雲合雨

集推鋒以臨淮浦而誕欽晏然方嬰城自固憑軾以觀王師於是築長圍起棼櫓高壁連塹負戈擊柝以守之自夏及春而後始知亡焉然則屠城之禍其可極言乎約之出奔淮左爲墟悲夫信哉魯哀之言夫生乎深宮長於膏粱憂懼不切於身榮辱不交於前則其仁義之本淺矣奉以南面之尊藉以列城之富宅以制險之居養以衆彊之威而無德以臨之無制以節之則厭溢樂禍之心生矣夫以昏主御姦臣利甲資堅城僞令行於封內邪惠結於人心乘間幸濟之說日交於側猾詐錮咎之羣各馳於前見利如歸安在其不爲亂乎況乘舊寵挾前功畏逼懼亡以謀圖身之舉者望其俛首就羈不亦迂哉易稱履霜堅冰馴致之道蓋言漸也嗚呼斯所以亂臣賊子亡國覆家累世而不絕者歟昔先王之宰天下也選於有德訪之三吏正其分位明其等級畫之封疆宣之政令上下有序無僭差之嫌四人安業無幷兼之國三載考陟功罪不得逃其跡九伐時修刑賞無所謬其實令之有漸軌之有度寵之有節權不外授威不下黷所以杜其萌際重其名器深根固本傳之百世雖時有盛衰弱者無所懼其

亡道有興廢彊者不得資其弊夫如是將使天下從風穆然軌道慶自一人惠流萬國安有向時之患哉壽陽平以功封聞喜縣侯除永世令温薨征西將軍桓豁引爲參軍領華容令太元中拜著作郎專掌國史領本州大中正孝武帝嘗會於西堂滔豫坐還下車先呼子系之謂曰百人高會天子先問伏滔在坐不此故未易得爲人作父如此定何如也遷游擊將軍著作如故卒官子系之亦有文才歷黃門郎侍郎侍中尚書光祿大夫

羅含

羅含字君章桂陽耒陽人也曾祖彥臨海太守父綏滎陽太守含幼孤爲叔母朱氏所養少有志尚嘗晝臥夢一鳥文彩異常飛入口中因起驚說之朱氏曰鳥有文彩汝後必有文章自此後藻思日新弱冠州三辟不就含父嘗宰新淦新淦人楊羨後爲含州將引含爲主簿含傲然不顧羨招致不已辭不獲而就焉及羨去職含送之到縣新淦人以含舊宰之子咸致賂遺含難違而受之及歸悉封置而去由是遠近推服焉後爲郡功曹刺史庾亮以爲部江夏從事太

守謝尙與含爲方外之好乃稱曰羅君章可謂湘中之琳琅尋轉州主簿後桓温臨州又補征西參軍温嘗使含詣尙有所檢劾含至不問郡事與尙累日酣飮而還温問所劾事含曰公謂尙何如人温曰勝我也含曰豈有勝公而行非邪故一無所問温奇其意而不責焉轉州別駕以廨舍諠擾於城西池小洲上立茅屋伐木爲材織葦爲席而居布衣蔬食晏如也温嘗與寮屬讌會含後至温問衆坐曰此何如人或曰可謂荆楚之材温曰此自江左之秀豈惟荆楚而已徵爲尙書郎温雅重其才又表轉征西戶曹參軍俄遷宜都太守及温封南郡公引爲郎中令尋徵正員郎累遷散騎常侍侍中仍轉廷尉長沙相年老致仕加中散大夫門施行馬初含在官舍有一百雀棲集堂宇及致仕還家階庭忽蘭菊叢生以爲德行之感焉年七十七卒所著文章行於世

顧愷之

顧愷之字長康晉陵無錫人也父悅之尙書左丞愷之博學有才氣嘗爲箏賦成謂人曰吾賦之比嵇康琴不賞者必以後出相遺深識者亦當以高奇見貴

桓溫引爲大司馬參軍甚見親昵溫薨後愷之拜溫墓賦詩云山崩溟海竭魚
鳥將何依或問之曰卿憑重桓公乃爾哭狀其可見乎答曰聲如震雷破山淚
如傾河注海愷之好諧謔人多愛狎之後爲殷仲堪參軍亦深被眷接仲堪在
荊州愷之嘗因假還仲堪特以布帆借之至破冢遭風大敗愷之與仲堪牋曰
地名破冢真破冢而出行人安穩布帆無恙還至荊州人問以會稽山川之狀
愷之云千巖競秀萬壑爭流草木蒙籠若雲興霞蔚桓玄時與愷之同在仲堪
坐共作了語愷之先曰火燒平原無遺燎玄曰白布纏根樹旒旐仲堪曰投魚
深泉放飛鳥復作危語玄曰矛頭淅米劍頭炊仲堪曰百歲老翁攀枯枝有一
參軍云盲人騎瞎馬臨深池仲堪眇目驚曰此太逼人因罷愷之每食甘蔗恆
自尾至本人或怪之云漸入佳境尤善丹青圖寫特妙謝安深重之以爲有蒼
生以來未之有也愷之每畫人成或數年不點目精人問其故答曰四體妍蚩
本無關少於妙處傳神寫照正在阿堵中嘗悅一鄰女挑之弗從乃圖其形於
壁以棘鍼釘其心女遂患心痛愷之因致其情女從之遂密去鍼而愈愷之每

重嵇康四言詩因爲之圖恆云手揮五絃易目送歸鴻難每寫起人形妙絕於時嘗圖裴楷象頰上加三毛觀者覺神明殊勝又爲謝鯤象在石巖裏云此子宜置丘壑中欲圖殷仲堪仲堪有目病固辭愷之曰明府正爲眼耳若明點瞳子飛白拂上使如輕雲之蔽日豈不美乎仲堪乃從之愷之嘗以一廚畫糊題其前寄桓玄皆其深所珍惜者玄乃發其廚後竊取畫而緘閉如舊以還之紿云未開愷之見封題如初但失其畫直云妙畫通靈變化而去亦猶人之登仙了無怪色愷之矜伐過實少年因相稱譽以爲戲弄又爲吟咏自謂得先賢風制或請其作洛生詠答曰何至作老婢聲義熙初爲散騎常侍與謝瞻連省夜於月下長詠瞻每遙贊之愷之彌自力忘倦瞻將眠令人代己愷之不覺有異遂申旦而止尤信小術以爲求之必得桓玄嘗以一柳葉紿之曰此蟬所翳葉也取以自蔽人不見己愷之喜引葉自蔽玄就溺焉愷之信其不見己也甚以珍之初愷之在桓溫府常云愷之體中癡黠各半合而論之正得平耳故俗傳愷之有三絕才絕畫絕癡絕年六十二卒於官所著文集及啓曚記行於世

郭澄之

郭澄之字仲靜太原陽曲人也少有才思機敏兼人調補尚書郎出爲南康相值盧循作逆流離僅得還都劉裕引爲相國參軍從裕北伐既剋長安裕意更欲西伐集寮屬議之多不同次問澄之澄之不答西向誦王粲詩曰南登霸陵岸迴首望長安裕便意定謂澄之曰當與卿共登霸陵岸耳因還澄之位至裕相國從事中郎封南豐侯卒於官所著文集行於世

史臣曰夫賞好生於情剛柔本於性情之所適發乎詠歌而感召無象風律殊製至於應貞宴射之文極形言之美華林羣藻罕或疇之子安幼標明敏少蓄清思懷天地之寥廓賦辭人之所遺特構新情豈常均之所企太沖含豪歷載以賦三都士安見而稱善平原覩而韜翰匪惟高步當年故以騰華終古鄒湛之持論褒據之緣情實南陽之人傑蓋穎川之時秀季雅摛屬遒邁夙備成德稱爲泉岱之珍固其然矣彥伯未能混迹光塵而屈乎卑位釋時宏論亦足見其志耳季鷹縱誕一時不邀名爵黃花之什濬發神府仲初之文風流可尚擢

秀士林陽都之美尤重時彥曹毗沉研祕籍蹴足下寮綺靡降神之歌朗暢對
儒之論李充之學箴信清壯也袁宏東征名臣之作抑潘陸之亞玄度學藝優
贍筆削擅奇降帝問於西堂故其榮觀也君章耀湘中之寶挺荊楚之材夢鳥
發乎精誠豈獨日者之蛟鳳長康矜能過實譚諧取容而才多逸氣故有三絕
之目仲靜機思通敏延譽清流德輿西伐之計取定於微指者矣
贊曰爻象垂法宮徵流音美哉羣彥揚蕤翰林俱諧振玉各擅鏘金子安太沖
遒文綺爛袁庾充愷縟藻霞煥架彼辭人共超清貫

晉書卷九十二

晉書卷九十二考證

袁宏傳端委獸門○獸門文選作師門注師門軍門也

晉書卷九十二考證

唐　太　宗　文　皇　帝　御　撰

列傳第六十三

外戚

詳觀往誥遐聽前聞階緣外戚以致顯榮者其所由來尚矣而多至禍敗鮮克令終者何哉豈不由祿以恩升位非德舉識慚明悊材謝經通假椒房之寵靈總軍國之樞要或威權震主或勢力傾朝居安而不慮危務進而不知退驕奢既至釁隙隨之者乎是以呂霍之家誅夷於西漢梁鄧之族勦絕於東都其餘干紀亂常害時蠹政者不可勝載至若樊靡卿之父子竇廣國之弟兄陰興之守約戒奢史丹之掩惡揚善斯並后族之所美者也由此觀之干時縱溢者必以凶終守道謙沖者永保貞吉古人所謂禍福無門惟人所召此非其效歟逮于晉難始自宮掖楊駿藉武帝之寵私叨竊非據賈謐乘惠皇之蒙昧成此厲階遂使悼后遇雲林之災愍懷濫湖城之酷天人道盡喪亂弘多宗廟以之顛

覆黎庶於焉殄瘁詩云赫赫宗周褒姒滅之其此之謂也爰及江左未改覆車

庾亮世族羽儀王恭高門領袖既而職兼出納任切股肱孝伯竟以亡身元規

幾於敗國豈不哀哉若褚季野之畏避朝權王叔仁之固求出鎮用能全身遠

害有可稱焉賈充楊駿庾亮王獻之王恭等已入列傳其餘即敘其成敗以爲

外戚篇云

羊琇

羊琇字稚舒景獻皇后之從父弟也父耽官至太常兄瑾尚書右僕射琇少舉

郡計參鎮西鍾會軍事從平蜀及會謀反琇正言苦諫還賜爵關內侯琇涉學

有智算少與武帝通門甚相親狎每接筵同席嘗謂帝曰若富貴見用任領護

各十年帝戲而許之初帝未立爲太子而聲論不及弟攸文帝素意重攸恆有

代宗之議琇密爲武帝畫策甚有匡救又觀察文帝爲政損益揆度應所顧問

之事皆令武帝默而識之其後文帝與武帝論當世之務及人間可否武帝答

無不允由是儲位遂定及帝爲撫軍命琇參軍事帝即王位後擢琇爲左衛將

軍封甘露亭侯帝踐阼累遷中護軍加散騎常侍琇在職十三年典禁兵豫機密寵遇甚厚初杜預拜鎮南將軍朝士畢賀皆連榻而坐琇與裴楷後至曰杜元凱乃復以連榻而坐客邪遂不坐而去琇性豪侈費用無復齊限而屑炭和作獸形以溫酒洛下豪貴咸競效之又喜遊讌以夜續晝中外五親無男女之別時人譏之然黨慕勝己其所推奉便盡心無二窮窘之徒特能振恤選用多以得意者居先不盡銓次之理將士有冒官位者爲其致節不惜軀命然放恣犯法每爲有司所貸其後司隸校尉劉毅劾之應至重刑武帝以舊恩直免官而已尋以侯白衣領護軍頃之復職及齊王攸出鎮也琇以切諫忤旨左遷太僕既失寵憤怨遂發病以疾篤求退拜特進加散騎常侍還第卒帝手詔曰琇與朕有先后之親少小之恩歷位外內忠允茂著不幸早薨朕甚悼之其追贈輔國大將軍開府儀同三司賜東園祕器朝服一襲錢三十萬布百疋謚曰威

王恂 弟虔 愷

王恂字良夫文明皇后之弟也父肅魏蘭陵侯恂文義通博在朝忠正累遷河

南尹建立二學崇明五經爲令袁毅嘗餽以駿馬愉不受及毅敗受貨者皆被廢黜焉魏氏給公卿已下租牛客戶數各有差自後小人憚役多樂爲之貴勢之門動有百數又太原諸部亦以匈奴胡人爲田客多者數千武帝踐位詔禁募客愉明峻其防所部莫敢犯者咸寧四年卒贈車騎將軍愉弟虔愷

虔字恭祖以功幹見稱累遷衛尉封安壽亭侯拜平東將軍假節監青州諸軍事徵爲光祿勳轉尚書卒子士文嗣歷右衛將軍南中郎將鎮許昌爲劉聰所害

愷字君夫少有才力歷位清顯雖無細行有在公之稱以討楊駿勳封山都縣公邑千八百戶遷龍驤將軍領驍騎將軍加散騎常侍尋坐事免官起爲射聲校尉久之轉後將軍愷既世族國戚性復豪侈用赤石脂泥壁石崇與愷將爲鴆毒之事司隸校尉傅祗劾之有司皆論正重罪詔特原之由是衆人僉畏愷故敢肆其意所欲之事無所顧憚焉及卒諡曰醜

楊文宗

楊文宗元武皇后父也其先事漢四世爲三公文宗爲魏通事郎襲封蓩亭侯早卒以后父追贈車騎將軍謚曰穆

羊玄之

羊玄之惠皇后父尚書右僕射瑾之子也玄之初爲尚書郎以后父拜光祿大夫特進散騎常侍更封興晉侯遷尚書右僕射加侍中進爵爲公成都王穎之攻長沙王乂也以討玄之爲名遂憂懼而卒追贈車騎將軍開府儀同三司

虞豫 子胤

虞豫元敬皇后父也少有美稱州郡禮辟並不就拜南陽王文學早卒明帝即位追贈散騎常侍驃騎大將軍開府儀同三司平山縣侯子胤嗣

胤敬后弟也初拜散騎常侍遷步兵校尉太寧末追贈豫官以胤襲侯爵轉右衞將軍與南頓王宗俱爲明帝所昵並典禁兵及帝不豫宗以陰謀發覺事連胤帝隱忍不問徙胤爲宗正卿加散騎常侍咸和二年宗伏誅左遷胤爲桂陽太守秩中二千石頻徙琅邪廬陵太守咸康元年卒追贈衞將軍加散騎常侍

子洪襲爵

庾琛

庾琛字子美明穆皇后父也兄袞在孝友傳琛永嘉初爲建威將軍過江爲會稽太守徵爲丞相軍諮祭酒卒官以后父追贈左將軍妻毋丘氏追封鄉君子亮陳先志不受咸和中成帝又下詔追贈琛驃騎將軍儀同三司亮又辭焉亮在列傳

杜乂

杜乂字弘理成恭皇后父鎮南將軍預孫尚書左丞錫之子也性純和美姿容有盛名於江左王羲之見而目之曰膚若凝脂眼如點漆此神仙人也桓彝亦曰衞玠神清杜乂形清襲封當陽侯辟公府掾爲丹陽丞早卒無男生后而乂終妻裴氏嫠居養后以禮自防甚有德音咸康初追贈金紫光祿大夫諡曰穆封裴氏爲高安鄉君邑五百戶至孝武帝時崇進爲廣德縣君裴氏壽考百姓號曰杜姥初司徒蔡謨甚器重乂嘗言於朝曰恨諸君不見杜乂也其爲名流

所重如此

褚裒

褚裒字季野康獻皇后父也祖䂮有局量以幹用稱嘗爲縣吏事有不合令欲鞭之䂮曰物各有所施榱椽之材不合以爲藩落也願明府垂察乃捨之家貧辭吏年垂五十鎭南將軍羊祜與䂮有舊言於武帝始被升用官至安東將軍父洽武昌太守裒少有簡貴之風與京兆杜乂俱有盛名冠于中興譙國桓彝見而目之曰季野有皮裏春秋言其外無臧否而內有所褒貶也謝安亦雅重之恆云裒雖不言而四時之氣亦備矣初辟西陽王掾吳王文學蘇峻之構逆也車騎將軍郗鑒以裒爲參軍峻平以功封都鄉亭侯稍遷司徒從事中郎除給事黃門侍郎康帝爲琅邪王時將納妃妙選素望詔娉裒女爲妃於是出爲豫章太守及康帝卽位徵拜侍中遷尚書以后父苦求外出除建威將軍江州刺史鎭半洲在官清約雖居方伯恆使私童樵採頃之徵爲衞將軍領中書令裒以中書銓管詔命不宜以姻戚居之固讓詔以爲左將軍兗州刺史都督兗

州徐州之琅邪諸軍事假節鎮金城又領琅邪內史初裒總角詣庾亮亮使郭
璞筮之卦成璞駭然亮曰有不祥乎璞曰此非人臣卦不知此年少何以乃表
斯祥二十年外吾言方驗及此二十九年而康獻皇太后臨朝有司以裒皇太
后父議加不臣之禮拜侍中衞將軍錄尚書事持節都督刺史如故裒以近戚
懼獲譏嫌上疏固請居藩曰臣以虛鄙才不周用過蒙國恩累忝非據無勞受
寵負愧實深豈可復加殊特之命顯號重疊臣有何勳可以克堪何顏可以冒
進委身聖世豈復遺力實懼顛墜所誤者大今王略未振萬幾至殷陛下宜委
誠宰輔一遵先帝任賢之道虛己受成坦平心於天下無宜內示私親之舉朝
野失望所損豈少於是改授都督徐兗青揚州之晉陵吳國諸軍事衞將軍徐
兗二州刺史假節鎮京口永和初復徵裒將以爲揚州錄尚書事吏部尚書劉
遐說裒曰會稽王令德國之周公也足下宜以大政付之裒長史王胡之亦勸
焉於是固辭歸藩朝野咸歎服之進號征北大將軍開府儀同三司固辭開府
裒又以政道在於得才宜委賢任能升敬舊齒乃薦前光祿大夫顧和侍中殷

浩疏奏卽以和爲尙書令浩爲揚州刺史及石季龍死裒上表請伐之卽日戒
嚴直指泗口朝議以裒事任貴重不宜深入可先遣偏師裒重陳前所遣前鋒
督護王頤之等徑造彭城示以威信後遣督護麋嶷進軍下邳賊卽奔潰嶷率
所領據其城池今宜速發以成聲勢於是除征討大都督靑揚徐兗豫五州諸
軍事裒率衆三萬徑進彭城河朔士庶歸降者日以千計裒撫納之甚得其歡
心先遣督護徐龕伐沛獲僞相支重郡中二千餘人歸降魯郡山有五百餘家
亦建義請援裒遣龕領銳卒三千迎之龕違裒節度軍次代陂爲石遵將李菟
所敗死傷大半龕執節不撓爲賊所害裒以春秋責帥授任失所威略虧損上
疏自貶以征北將軍行事求留鎭廣陵詔以偏帥之責不應引咎逋寇未殄方
鎭任重不宜貶降使還鎭京口解征討都督時石季龍新死其國大亂遺戶二
十萬口渡河將歸順乞師救援會裒已旋威勢不接莫能自拔皆爲慕容皝及
苻健之衆所掠死亡咸盡裒以遠圖不就憂慨發病及至京口聞哭聲甚衆裒
問何哭之多左右曰代陂之役也裒益慚恨永和五年卒年四十七遠近嗟悼

吏士哀慕之贈侍中太傅本官如故謚曰元穆子歆字幼安以學行知名歷散騎常侍祕書監

何準

何準字幼道穆章皇后父也高尚寡欲弱冠知名州府交辟並不就兄充爲驃騎將軍勸其令仕準曰第五之名何減驃騎準兄弟中第五故有此言充居宰輔之重權傾一時而準散帶衡門不及人事唯誦佛經修營塔廟而已徵拜散騎郎不起年四十七卒升平元年追贈金紫光祿大夫封晉興縣侯子惔以父素行高絜表讓不受三子放惔澄放繼充惔官至南康太守早卒惔子元度西陽太守次叔度太常卿尚書澄字季玄起家祕書郎轉丞清正有器望累遷祕書監太常中護軍孝武帝深愛之以爲冠軍將軍吳國內史太元末琅琊王出居外第妙選師傅徵拜尚書領琅琊王師安帝卽位遷尚書左僕射典選王師如故時澄脚疾固讓特聽不朝坐家視事又領本州大中正及桓玄執政以疾奏免卒于家安帝反正追贈金紫光祿大夫長子籍早卒次子融元熙中爲大

司農

王濛 子脩

王濛字仲祖哀靖皇后父也曾祖黯歷位尙書祖佑北軍中候父訥新淦令濛少時放縱不羈不爲鄉曲所齒晚節始克己勵行有風流美譽虛己應物恕而後行莫不敬愛焉事諸母甚謹奉祿資產常推厚居薄喜慍不形於色不修小絜而以清約見稱善隸書美姿容嘗覽鏡自照稱其父字曰王文開生如此兒邪居貧帽敗自入市買之嫗悅其貌遺以新帽時人以爲達與沛國劉惔齊名友善惔常稱濛性至通而自然有節濛每云劉君知我勝我自知時人以惔方荀奉倩濛比袁曜卿凡稱風流者舉濛惔爲宗焉司徒王導辟爲掾導復引匡術弟孝濛致牋於導曰開國承家小人勿用杖德義以尹天下方將澄清彝倫崇重名器夫軍國殊用文武異容豈可令涇渭混流虧清穆之風以允答具瞻儀刑海內導不答後出補長山令復爲司徒左西屬濛以此職有譴則應受杖固辭詔爲停罰猶不就徙中書郎簡文帝之爲會稽王也嘗與孫綽商略諸風

流人綽言曰劉惔清蔚簡令王濛溫潤恬和桓溫高爽邁出謝尚清易令達而
濛性和暢能言理辭簡而有會及簡文帝輔政益貴幸之與劉惔號爲入室之
賓轉司徒左長史晚求爲東陽不許及濛病乃恨不用之濛聞之曰人言會稽
王癡竟癡也疾漸篤於燈下轉麈尾視之歎曰如此人曾不得四十也年三十
九卒臨殯劉惔以犀柄麈尾置棺中因慟絕久之謝安亦常稱美濛云王長史
語甚不多可謂有令音二子脩蘊
脩字敬仁小字苟子明秀有美稱善隸書號曰流奕清舉年十二作賢全論濛
以示劉惔曰敬仁此論便足以參微言起家著作郎琅邪王文學轉中軍司馬
未拜而卒年二十四臨終歎曰無愧古人年與之齊矣

王遐

王遐字桓子簡順皇后父驃騎將軍述之從叔也少以華族仕至光祿勳寧康
初追贈特進光祿大夫加散騎常侍諡曰靖長子恪領軍將軍恪子欣之豫章
太守秩中二千石欣之弟歡之廣州刺史遐少子臻崇德衛尉

王蘊

王蘊字叔仁孝武定皇后父司徒左長史濛之子也起家佐著作郎累遷尚書吏部郎性平和不抑寒素每一官缺求者十輩蘊無所是非時簡文帝爲會稽王輔政蘊輒連狀白之曰某人有地某人有才務存進達各隨其方故不得者無怨焉補吳興太守甚有德政屬郡荒人飢輒開倉贍卹主簿執諫請先列表上待報蘊曰今百姓嗷然路有饑饉若表上須報何以救將死之命乎專輒之愆罪在太守且行仁義而敗無所恨也於是大振貸之賴蘊全者十七八焉朝廷以違科免蘊官士庶詣闕訟之詔特左降晉陵太守復有惠化百姓歌之定后立以后父遷光祿大夫領五兵尚書本州大中正封建昌縣侯蘊以恩澤賜爵非三代令典固辭不受朝廷敦勸終不肯拜乃授都督京口諸軍事左將軍徐州刺史假節復固讓謝安謂蘊曰卿居后父之重不應妄自菲薄以虧時遇宜依褚公故事但令在貴權於事不事耳可暫臨此任以紓國姻之重於是乃受命鎮于京口頃之徵拜尚書左僕射將軍如故遷丹陽尹即本軍號加散騎

常侍蘊以姻戚不欲在內苦求外出復以爲都督浙江東五郡鎮軍將軍會稽內史常侍如故蘊素嗜酒末年尤甚及在會稽略少醒日然猶以和簡爲百姓所悅時王悅來拜墓蘊子恭往省之素相善遂留十餘日方還蘊問其故恭曰與阿大語蟬連不得歸蘊曰恐阿大非爾之友阿大悅小字也後竟乖初好時以爲知人太元九年卒年五十五追贈左光祿大夫開府儀同三司長子華早卒次恭在列傳恭弟爽字季明彊正有志力歷給事黄門侍郎侍中孝武帝崩王國寶夜欲開門入爲遺詔爽距之曰大行晏駕皇太子未至敢入者斬乃止爽嘗與會稽王道子飲道子醉呼爽爲小子爽曰亡祖長史與簡文皇帝爲布衣之交亡姑亡姊伉儷二宮何小子之有及國寶執權免爽官後兄恭再起事並以爽爲寧朔將軍參預軍事恭敗被誅

褚爽

褚爽字弘茂小字期生恭思皇后父也祖裒父歆爽少有令稱謝安甚重之嘗曰若期生不佳我不復論士矣爲義興太守早卒以后父追贈金紫光祿大夫

爽子秀之炎之喻之義熙中並歷大官

史臣曰羊琇託肺腑之親處多聞之益遭逢潛躍之際預參經始之謀故得纏綣恩私便蕃任遇憑寵靈而逞慾恃勢位而驕陵屢犯憲章頻干國紀幸逢寬政得免刑書王愷地即渭陽家承世祿曾弗聞於恭儉但崇縱於奢淫競爽於季倫爭先於武子既塵清論有斁王猷雖復議行易名未足懲惡勸善弘理儀形外朗季野神鑒內融仲祖溫潤風流幼道清虛寡慾皆擅名江表見重當時豈惟后族之英華抑亦搢紳之令望者也

贊曰託屬丹掖承輝紫宸地既權寵任惟執鈞約乃寡失驕則陵人覆車遺戒諒足書紳

晉書卷九十三

晉書卷九十四

唐　太　宗　文　皇　帝　御　撰

列傳第六十

隱逸

若夫穹昊垂景少微以纏其次文繫探幽貞遯以成其象故有避於言色其道聞乎孔公驕乎富貴厥義詳於孫子是以處柔伊存有生之恆性在盈斯害惟神之常道古先智士體其若茲介焉超俗浩然養素藏聲江海之上卷迹囂氛之表漱流而激其清寢巢而韜其耀良畫以符其志絕機以虛其心玉輝冰潔川渟嶽峙修至樂之道固無疆之休長往邈而不追安排窅而無悶修身自保悔吝弗生詩人考槃之歌抑在茲矣至於體天作制之后訟息刑清之時尚乃側席幽貞以康神化徵聘之禮賁於巖穴玉帛之贄委於窐衡故月令曰季春之月聘名士禮賢者斯之謂歟自典午運開旁求隱逸譙元彥之杜絕人事江思悛之嘯詠林藪峻其貞白之軌成其出塵之迹雖不應其嘉招亦足激其貪

競今美其高尚之德綴集于篇

孫登

孫登字公和汲郡共人也無家屬於郡北山爲土窟居之夏則編草爲裳冬則被髮自覆好讀易撫一絃琴見者皆親樂之性無恚怒人或投諸水中欲觀其怒登既出便大笑時時游人間所經家或設衣食者一無所受辭去皆捨棄嘗往宜陽山有作炭人見之知非常人與語登亦不應文帝聞之使阮籍往觀既見與語亦不應嵇康又從之游三年問其所圖終不答康每歎息將別謂曰先生竟無言乎登乃曰子識火乎火生而有光而不用其光果在於用光人生而有才而不用其才而果在於用才故用光在乎得薪所以保其耀用才在乎識真所以全其年今子才多識寡難乎免於今之世矣子無求乎康不能用果遭非命仍作幽憤詩曰昔慚柳下今愧孫登或謂登以魏晉去就易生嫌疑故或嘿者也竟不知所終

董京

董京字威輦不知何郡人也初與隴西計吏俱至洛陽被髮而行逍遙吟詠常宿白社中時乞於市得殘碎繒絮結以自覆全帛佳綿則不肯受或見推排罵辱曾無怒色孫楚時爲著作郎數就社中與語遂載與俱歸京不肯坐楚乃貽之書勸以今堯舜之世胡爲懷道迷邦京答之以詩曰周道斁兮頌聲沒夏政衰兮五常汨便便君子顧望而逝洋洋乎滿目而作者七豈不樂天地之化也哀哉乎時之不可與對之以獨處無娛我以爲歡清流可飲至道可飡何爲棲棲自使疲單魚懸獸檻鄙夫知之夫古之至人藏器於靈縕袍不能令暖軒冕不能令榮動如川之流靜如川之渟鸚鵡能言泗濱浮磬衆人所翫豈合物情玄鳥紆幙而不被害鳴隼遠巢咸以欲死眄彼梁魚逡巡倒尾沉吟不決忽焉失水嗟乎魚鳥相與萬世而不悟以我觀之乃明其故焉知不有達人深穆其度亦將闚我顰顣而去萬物皆賤惟人爲貴動以九州爲狹靜以環堵爲大後數年遁去莫知所之於其所寢處惟有一石竹子及詩二篇其一曰乾道剛簡坤體敦密茫茫太素是則是述末世流奔以文代質悠悠世目孰知其實逝將

去此至虛歸我自然之室又曰孔子不遇時彼感麟麟乎麟胡不遁世以存真

夏統

夏統字仲御會稽永興人也幼孤貧養親以孝聞睦於兄弟每採梠求食星行夜歸或至海邊拘蟛蜞以資養雅善談論宗族勸之仕謂之曰卿清亮質直可作郡綱紀與府朝接自當顯至如何甘辛苦於山林畢性命於海濱也統悖然作色曰諸君待我乃至此乎使統屬太平之時當與元凱評議出處遇濁代念與屈生同汙共泥若汙隆之間自當耦耕沮溺豈有辱身曲意於郡府之間乎聞君之談不覺寒毛盡戴白汗四匝顏如渥丹心熱如炭舌縮口張兩耳壁塞也言者大慚統自此遂不與宗族相見會母疾統侍醫藥宗親因得見之其從父敬寧祠先人迎女巫章丹陳珠二人並有國色莊服甚麗善歌舞又能隱形匿影甲夜之初撞鐘擊鼓間以絲竹丹珠乃拔刀破舌吞刀吐火雲霧杳冥流光電發統諸從兄弟欲往觀之難統於是共紿之曰從父間疾病得瘳大小以為喜慶欲因其祭祀並往賀之卿可俱行乎統從之入門忽見丹珠在中庭輕

步佪儛靈談鬼笑飛觸挑柈酬酢翩翻統驚愕而走不由門破藩直出歸責諸人曰昔淫亂之俗興衛文公爲之悲惋蝃蝀之氣見君子尚不敢指季桓納齊女仲尼載馳而退子路見夏南憤恚而忼慨吾常恨不得頓叔向之頭陷華父之眼柰何諸君迎此妖物夜與游戲放傲逸之情縱奢淫之行亂男女之禮破貞高之節何也遂隱牀上被髮而臥不復言衆親踧踖卽退遣丹珠各各分散後其母病篤乃詣洛市藥會三月上巳洛中王公已下並至浮橋士女駢塡車服燭路統時在船中曝所市藥諸貴人車乘來者如雲統並不之顧太尉賈充怪而問之統初不應重問乃徐荅曰會稽夏仲御也充使問其土地風俗統曰其人循循猶有大禹之遺風太伯之義讓嚴遵之抗志黃公之高節又問卿居海濱頗能隨水戲乎荅曰可統乃操柂正櫓折旋中流初作鯔鰞躍後作鯆鮮引飛鷁首掇獸尾奮長梢而船直逝者三焉於是風波振駭雲霧杳冥俄而白魚跳入船者有八九觀者皆悚遽充心尤異之乃更就船與語其應如響欲使之仕卽俛而不荅充又謂曰昔堯亦歌舜亦歌子與人歌而善必反而後和之

明先聖前哲無不盡歌卿頗能作卿土地間曲乎統曰先公惟寓稽山朝會萬國授化鄙邦崩殂而葬恩澤雲布聖化猶存百姓感詠遂作慕歌又孝女曹娥年甫十四貞順之德過越梁宋其父墮江不得尸娥仰天哀號中流悲歎便投水而死父子喪尸後乃俱出國人哀其孝義爲歌河女之章伍子胥諫吳王言不納用見戮投海國人痛其忠烈爲作小海唱今欲歌之衆人僉曰善統於是以足叩船引聲喉囀清激慷慨大風應至含水嗽天雲雨響集叱咤讙呼雷電晝冥集氣長嘯沙塵煙起王公已下皆恐止之乃已諸人顧相謂曰若不游洛水安見是人聽慕歌之聲便髣髴見大禹之容聞河女之音不覺涕淚交流即謂伯姬高行在目前也聆小海之唱謂子胥屈平立吾左右矣充欲耀以文武鹵簿覬其來觀因而謝之遂命建朱旗舉幡校分羽騎爲隊軍伍肅然須臾鼓吹亂作胡葭長鳴車乘紛錯縱横馳道又使妓女之徒服袿襡炫金翠繞其船三匝統危坐如故若無所聞充等各散曰此吳兒是木人石心也統歸會稽竟不知所終

朱沖

朱沖字巨容南安人也少有至行閑靜寡欲好學而貧常以耕藝爲事鄰人失犢認沖犢以歸後得犢於林下大慚以犢還沖沖竟不受有牛犯其禾稼沖屢持芻送牛而無恨色主愧之乃不復爲暴咸寧四年詔補博士沖稱疾不應尋又詔曰東宮官屬亦宜得履蹈至行敦悅典籍者其以沖爲太子右庶子沖每聞徵書至輒逃入深山時人以爲梁管之流沖居近夷俗羌戎奉之若君沖亦以禮讓爲訓邑里化之路不拾遺村無凶人毒蟲猛獸皆不爲害卒以壽終

范粲

范粲字承明陳留外黃人漢萊蕪長丹之孫也粲高亮貞正有丹風而博涉強記學皆可師遠近請益者甚衆性不矜莊而見之皆肅如也魏時州府交辟皆無所就久之乃應命爲治中轉別駕辟太尉掾尚書郎出爲征西司馬所歷職皆有聲稱及宣帝輔政遷武威太守到郡選良吏立學校勸農桑是時戎夷頗侵疆埸粲明設防備敵不敢犯西域流通無烽燧之警又郡壤富實珍玩充積

粲檢制之息其華侈以母老罷官郡既接近寇戎粲以重鎮輒去職朝廷尤之左遷樂涫令頃之轉太宰從事中郎遭母憂以至孝稱服闋復爲太宰中郎齊王芳被廢遷于金墉城粲素服拜送哀慟左右時景帝輔政召羣官會議粲又不到朝廷以其時望優容之粲又稱疾闔門不出於是特詔爲侍中持節使于雍州粲因陽狂不言寢所乘車足不履地子孫恆侍左右至有婚宦大事輒密諮焉合者則色無變不合則眠寢不安妻子以此知其旨武帝踐阼泰始中粲同郡孫和時爲太子中庶子表薦粲稱其操行高絜久嬰疾病可使郡縣輿致京師加以聖恩賜其醫藥若遂瘳除必有益於政乃詔郡縣給醫藥又以二千石祿養病歲以爲常加賜帛百匹子喬以父疾篤辭不敢受詔不許以太康六年卒時年八十四不言三十六載終於所寢之車長子喬

喬字伯孫年二歲時祖馨臨終撫喬首曰恨不見汝成人因以所用硯與之至五歲祖母以告喬喬便執硯涕泣九歲請學在同輩之中言無媟辭弱冠受業於樂安蔣國明濟陰劉公榮有知人之鑒見喬深相器重友人劉彥秋夙有聲

譽嘗謂人曰范伯孫體應純和理思周密吾每欲錯其一事而終不能光祿大夫李銓嘗論楊雄才學優於劉向喬以爲向定一代之書正羣籍之篇使雄當之故非所長遂著劉楊優劣論文多不載喬好學不倦父粲陽狂不言喬與二弟並棄學業絶人事侍疾家庭至粲沒足不出邑里司隸校尉劉毅嘗抗論於朝廷曰使范武威疾若不篤其爲伯夷叔齊復存於今如其疾篤益是聖主所宜哀矜其子久侍父疾名德著茂不加敘用深爲朝廷惜遺賢之譏也元康中詔求廉讓沖退履道寒素者不計資以參選敘尚書郎王琨乃薦喬曰喬稟德真粹立操高潔儒學精深含章內奧安貧樂道棲志窮巷簞瓢詠業長而彌堅誠當今之寒素著厲俗之清彥時張華領司徒天下所舉凡十七人於喬特發優論又吏部郎郄隆亦思求海內幽遯之士喬供養衡門至于白首於是除樂安令辭疾不拜喬凡一舉孝廉八薦公府再舉清白異行又舉寒素一無所就初喬邑人臘夕盜斫其樹人有告者喬陽不聞邑人愧而歸之喬往喻曰卿節日取柴欲與父母相歡娛耳何以愧爲其通物善導皆此類也外黃令高頵歎

曰諸士大夫未有不及私者而范伯孫恂恂率道名諱未嘗經於官曹士之貴異於今而見大道廢而有仁義信矣其行身不穢爲物所歎服如此以元康八年卒年七十八

魯勝

魯勝字叔時代郡人也少有才操爲佐著作郎元康初遷建康令到官著正天論云以冬至之後立晷測影準度日月星臣按日月裁徑百里無千里星十里不百里遂表上求下羣公卿士考論若臣言合理當得改先代之失而正天地之紀如無據驗甘即刑戮以彰虛妄之罪事遂不報嘗歲日望氣知將來多故便稱疾去官中書令張華遣子勸其更仕再徵博士舉中書郎皆不就其著述爲世所稱遭亂遺失惟注墨辯存其敘曰名者所以別同異明是非道義之門政化之準繩也孔子曰必也正名名不正則事不成墨子著書作辯經以立名本惠施公孫龍祖述其學以正刑名顯於世孟子非墨子其辯言正辭則與墨同荀卿莊周等皆非毀名家而不能易其論也名必有形察形莫如別色故有

堅白之辯名必有分明分明莫如有無故有無序之辯是有不是可有不可是名兩可同而有異異而有同是之謂辯同異至同無不同至異無不異是謂辯同辯異同異生是非是非生吉凶取辯於一物而原極天下之汙隆名之至也自鄧析至秦時名家者世有篇籍率頗難知後學莫復傳習於今五百餘歲遂亡絕墨辯有上下經經各有說凡四篇與其書衆篇連第故獨存今引說就經各附其章疑者闕之又采諸衆雜集爲刑名二篇略解指歸以俟君子其或興微繼絕者亦有樂乎此也

董養

董養字仲道陳留浚儀人也泰始初到洛下不干祿求榮及楊后廢養因游太學升堂歎曰建斯堂也將何爲乎每覽國家赦書謀反大逆皆赦至於殺祖父母父母不赦者以爲王法所不容也柰何公卿處議文飾禮典以至此乎夫人之理既滅大亂作矣因著無化論以非之永嘉中洛城東北步廣里中地陷有二鵝出焉其蒼者飛去白者不能飛養聞歎曰昔周時所盟會狄泉即此地也

今有二鵝蒼者胡象白者國家之象其可盡言乎顧謂謝鯤阮孚曰易稱知幾其神乎君等可深藏矣乃與妻荷檐入蜀莫知所終

霍原

霍原字休明燕國廣陽人也少有志力叔父坐法當死原入獄訟之楚毒備加終免叔父年十八觀太學行禮因留習之貴游子弟聞而重之欲與相見以其名微不欲晝往乃夜共造焉父友同郡劉岱將舉之未果而病篤臨終敕其子沉曰霍原慕道清虛方成奇器汝後必薦之後歸鄉里高陽許猛素服其名會爲幽州刺史將詣之主簿當車諫不可出界猛歎恨而止原山居積年門徒百數燕王月致羊酒及劉沉爲國大中正元康中進原爲二品司徒不過沉乃上表理之詔下司徒參論中書監張華令陳準奏爲上品詔可元康末原與王褒等俱以賢良徵累下州郡以禮發遣皆不到後王浚稱制謀僭使人問之原不答浚心銜之又有遼東囚徒三百餘人依山爲賊意欲劫原爲主事亦未行時有謠曰天子在何許近在豆田中浚以豆爲霍收原斬之懸其首諸生悲哭夜

竊尸共埋殯之遠近駭愕莫不冤痛之

郭琦

郭琦字公偉太原晉陽人也少方直有雅量博學善五行作天文志五行傳注穀梁京氏易百卷鄉人王游等皆就琦學武帝欲以琦爲佐著作郎問琦族人尙書郭彰彰素疾琦答云不識帝曰若如卿言烏丸家兒能事卿卽堪爲郎矣遂決意用之及趙王倫篡位又欲用琦琦曰我已爲武帝吏不容復爲今世吏終身處於家

伍朝

伍朝字世明武陵漢壽人也少有雅操閑居樂道不修世事性好學以博士徵不就刺史劉弘薦朝爲零陵太守主者以非選例不聽尙書郎胡濟奏曰臣以爲當今資喪亂之餘運承百王之遺弊進趨者乘國故以僥倖守道者懷蘊匱以終身故令敦褒之化虧退讓之風薄按朝游心物外不屑時務守靜衡門志道日新年過耳順而所尙無虧誠江南之奇才丘園之逸老也不加飾進何以

勸善且白衣爲郡前漢有舊宜聽光顯以獎風尚奏可而朝不就終于家

魯褒

魯褒字元道南陽人也好學多聞以貧素自立元康之後綱紀大壞褒傷時之貪鄙乃隱姓名而著錢神論以刺之其略曰錢之爲體有乾坤之象內則其方外則其圓其積如山其流如川動靜有時行藏有節市井便易不患耗折難折象壽不匱象道故能長久爲世神寶親之如兄字曰孔方失之則貧弱得之則富昌無翼而飛無足而走解嚴毅之顏開難發之口錢多者處前錢少者居後處前者爲君長在後者爲臣僕君長者豐衍而有餘臣僕者窮竭而不足詩云哿矣富人哀此煢獨錢之爲言泉也無遠不往無幽不至京邑衣冠疲勞講肄厭聞淸談對之睡寐見我家兄莫不驚視錢之所祐吉無不利何必讀書然後富貴昔呂公欣悅於空版漢祖克之於嬴二文君解布裳而被錦繡相如乘高蓋而解犢鼻官尊名顯皆錢所致空版至虛而況有實嬴二雖少以致親密由此論之謂爲神物無德而尊無勢而熱排金門而入紫闥危可使安死可使活

貴可使賤生可使殺是故忿爭非錢不勝幽滯非錢不拔怨讎非錢不解令問非錢不發洛中朱衣當途之士愛我家兄皆無已已執我之手抱我終始不計優劣不論年紀賓客輻輳門常如市諺曰錢無耳可使鬼凡今之人惟錢而已故曰軍無財士不來軍無賞士不往仕無中人不如歸田雖有中人而無家兄不異藏翼而欲飛無足而欲行蓋疾時者共傳其文褒不仕莫知其所終

氾騰

氾騰字無忌敦煌人也舉孝廉除郎中屬天下兵亂去官還家太守張閟造之閉門不見禮遺一無所受歎曰生於亂世貴而能貧乃可以免散家財五十萬以施宗族柴門灌園琴書自適張軌徵之爲府司馬騰曰門一杜其可開乎固辭病兩月餘而卒

任旭

任旭字次龍臨海章安人也父訪吳南海太守旭幼孤弱兒童時勤於學及長立操清修不染流俗鄉曲推而愛之郡將蔣秀嘉其名請爲功曹秀居官貪穢

每不奉法旭正色苦諫秀既不納旭謝去閉門講習養志而已久之秀坐事被收旭狼狽營送秀慨然歎曰任功曹真人也吾違其讜言以至於此復何言哉尋察孝廉除郎中州郡仍舉爲郡中正固辭歸家永康初惠帝博求清節儁異之士太守仇馥薦旭清貞絜素學識通博詔下州郡以禮發遣旭以朝廷多故志尚隱遯辭疾不行尋天下大亂陳敏作逆江東名豪並見羈縶惟旭與賀循守死不迴敏卒不能屈元帝初鎮江東聞其名召爲參軍手書與旭欲使必到旭固辭以疾後帝進位鎮東大將軍復召之及爲左丞相辟爲祭酒並不就中興建公車徵會遭母憂于時司空王導啓立學校選天下明經之士旭與會稽虞喜俱以隱學被召事未行會有王敦之難尋而帝崩事遂寢明帝即位又徵拜給事中旭稱疾篤經年不到尚書以稽留除名僕射荀崧議以爲不可太寧末明帝復下詔備禮徵旭始下而帝崩咸和二年卒太守馮懷上疏謂宜贈九列值蘇峻作亂事竟不行子琚位至大宗正終于家

郭文

郭文字文舉河內軹人也少愛山水尙嘉遯年十三每游山林彌旬忘反父母終服畢不娶辭家游名山歷華陰之崖以觀石室之石函洛陽陷乃步擔入吳興餘杭大滌山中窮谷無人之地倚木於樹苫覆其上而居焉亦無壁障時猛獸爲暴入屋害人而文獨宿十餘年卒無患害恆著鹿裘葛巾不飲酒食肉區種菽麥採竹葉木實貿鹽以自供人或酬下價者亦卽與之後人識文不復賤酬食有餘穀輒恤窮匱人有致遺取其麤者示不逆而已有猛獸殺大麀鹿於菴側文以語人人取賣之分錢與文文曰我若須此自當賣之所以相語正以不須故也聞者皆嗟嘆之嘗有猛獸忽張口向文文視其口中有橫骨乃以手探去之猛獸明旦致一鹿於其室前獵者時往寄宿文夜爲擔水而無勌色餘杭令顧颺與葛洪共造之而攜與俱歸颺以文山行或須皮衣贈以韋袴褶一具文不納辭歸山中颺追遣使者置衣室中而去文亦無言韋衣乃至爛于戶內竟不服用王導聞其名遣人迎之文不肯就船車荷擔徒行既至導置之西園園中果木成林又有鳥獸麋鹿因以居文焉於是朝士咸共觀之文頹然踑

踞傍若無人溫嶠嘗問文曰人皆有六親相娛先生棄之何樂文曰本行學道
不謂遭世亂欲歸無路是以來也又問曰饑而思食壯而思室自然之性先生
安獨無情乎文曰思由憶生不憶故無情又問曰先生獨處窮山若疾病遭命
則爲烏鳥所食顧不酷乎文曰藏埋者亦爲螻蟻所食復何異乎又問曰猛獸
害人人之所畏而先生獨不畏邪文曰人無害獸之心則獸亦不害人又問曰
苟世不寧身不得安今將用先生以濟時若何文曰山草之人安能佐世導嘗
衆賓共集絲竹並奏試使呼之文瞪眸不轉跨躡華堂如行林野于時坐者咸
有鉤深味遠之言文常稱不達來語天機鏗宏莫有闚其門者溫嶠嘗稱曰文
有賢人之性而無賢人之才柳下梁踦之亞乎永昌中大疫文病亦殆王導遺
藥文曰命在天不在藥也夭壽長短時也居導園七年未嘗出入一旦忽求還
山導不聽後逃歸臨安結廬舍於山中臨安令萬寵迎至縣中及蘇峻反破餘
杭而臨安獨全人皆異之以爲知機自後不復語但舉手指麾以宣其意病甚
求還山欲枕石安尸不令人殯葬寵不聽不食二十餘日亦不瘦寵問曰先生

復可得幾日文三舉手果以十五日終寵葬之於所居之處而祭哭之葛洪庾闡並爲作傳贊頌其美云

龔壯

龔壯字子瑋巴西人也絜己自守與鄉人譙秀齊名父叔爲李特所害壯積年不除喪力弱不能復讐及李壽戍漢中與李期有嫌期特孫也壯欲假壽以報乃說壽曰節下若能并有西土稱藩於晉人必樂從且捨小就大以危易安莫大之策也壽然之遂率衆討期果剋之壽猶襲僞號欲官之壯誓不仕賂遺一無所取會天久雨百姓饑墊壯上書說壽以歸順允天心應人望永爲國藩福流子孫壽省書內愧祕而不宣乃遣使入胡壯又諫之壽又不納壯謂百行之本莫大忠孝既假壽殺期私仇以雪又欲使其歸朝以明臣節壽既不從壯遂稱聾又云手不制物終身不復至成都惟研考經典譚思文章至李勢時卒初壯每歎中夏多經學而巴蜀鄙陋兼遭李氏之難無復學徒乃著邁德論文多不載

孟陋

孟陋字少孤武昌人也吳司空宗之曾孫也兄嘉桓溫征西長史陋少而貞立清操絶倫布衣蔬食以文籍自娛口不及世事未曾交游時或弋釣孤興獨歸雖家人亦不知其所之也喪母毁瘠殆於滅性不飲酒食肉十有餘年親族迭謂之曰少孤誰無父母誰有父母聖人制禮令賢者俯就不肖企及若使毁性無嗣更爲不孝也陋感此言然後從吉由是名著海內簡文帝輔政命爲參軍稱疾不起桓溫躬往造焉或謂溫曰孟陋高行學爲儒宗宜引在府以和鼎味溫歎曰會稽王尙不能屈非敢擬議也陋聞之曰桓公正當以我不往故耳億兆之人無官者十居其九豈皆高士哉我疾病不堪恭相王之命非敢爲高也由是名稱益重博學多通長於三禮註論語行於世卒以壽終

韓績

韓績字興齊廣陵人也其先避亂居于吳之嘉興父建仕吳至大鴻臚績少好文學以潛退爲操布衣蔬食不交當世由是東土並宗敬焉司徒王導聞其名

辟以爲掾不就咸康末會稽內史孔愉上疏薦之詔以安車束帛徵之尚書令諸葛恢奏績名望猶輕未宜備禮於是召拜博士稱老病不起卒於家于時高密劉鮞字長魚城陽邴郁字弘文並有高名鮞幼不慕俗長而希古篤學厲行化流邦邑郁魏徵士原之曾孫少有原風敕身謹絜口不妄說耳不妄聽端拱恂恂舉動有禮咸康中成帝博求異行之士鮞郁並被公卿薦舉於是依績及翟湯等例以博士徵之郁辭以疾鮞隨使者到京師自陳年老不拜各以壽終

譙秀

譙秀字元彥巴西人也祖周以儒學著稱顯名蜀朝秀少而靜默不交於世知天下將亂預絕人事雖內外宗親不與相見郡察孝廉州舉秀才皆不就及李雄據蜀略有巴西雄叔父驤驤子壽皆慕秀名具束帛安車徵之皆不應常冠皮弁弊衣躬耕山藪龔壯常歎服焉桓溫滅蜀上疏薦之朝廷以秀年在篤老兼道遠故不徵遣使敕所在四時存問尋而范賁蕭敬相繼作亂秀避難宕渠鄉里宗族依憑之者以百數秀年出八十衆人欲代之負擔秀曰各有老弱當

先營護吾氣力猶足自堪豈以垂朽之年累諸君也年九十餘卒

翟湯

翟湯字道深尋陽人篤行純素仁讓廉絜不屑世事耕而後食人有餽贈雖釜庾一無所受永嘉末寇害相繼聞湯名德皆不敢犯鄉人賴之司徒王導辟不就隱于縣界南山始安太守干寶與湯通家遣船餉之勑吏云翟公廉讓卿致書訖便委船還湯無人反致乃貨易絹物因寄還寶寶本以爲惠而更煩之益愧歎焉咸康中征西大將軍庾亮上疏薦之成帝徵爲國子博士湯不起建元初安西將軍庾翼北征石季龍大發僮客以充戎役勑有司特蠲湯所調湯悉推僕使委之鄉吏吏奉旨一無所受湯依所調限放免其僕使令編戶爲百姓康帝復以散騎常侍徵湯固辭老疾不至年七十三卒於家

子莊字祖休少以孝友著名遵湯之操不交人物耕而後食語不及俗惟以弋釣爲事及長不復獵或問漁獵同是害生之事而先生止去其一何哉莊曰獵自我鈞自物未能頓盡故先節其甚者且夫貪餌吞鉤豈我哉時人以爲知言

晚節亦不復釣端居篳門歠菽飲水州府禮命及公車徵並不就年五十六卒子嬌亦有高操屢辭辟命嬌子法賜孝武帝以散騎郎徵亦不至世有隱行云

郭翻

郭翻字長翔武昌人也伯父訥廣州刺史父察安城太守翻少有志操辭州郡辟及賢良之舉家于臨川不交世事惟以漁釣射獵爲娛居貧無業欲墾荒田先立表題經年無主然後乃作稻將熟有認之者悉推與之縣令聞而詰之以稻還翻翻遂不受嘗以車獵去家百餘里道中逢病人以車送之徒步而歸其漁獵所得或從買者便與之而不取直亦不告姓名由是士庶咸敬貴焉與翟湯俱爲庾亮所薦公車博士徵不就咸康末乘小船暫歸武昌省墳墓安西將軍庾翼以帝舅之重躬往造翻欲强起之翻曰人性各有所短焉可彊逼翼又以其船小狹欲引就大船翻曰使君不以鄙賤而辱臨之此固野人之舟也翼俯屈入其船中終日而去嘗墜刀於水路人有爲取者因與之路人不取固辭翻曰爾向不取我豈能得路人曰我若取此將爲天地鬼神所責矣翻知其終

不受復沈刀於水路人悵焉乃復沉沒取之翻於是不逆其意乃以十倍刀價與之其廉不受惠皆此類也卒于家

辛謐

辛謐字叔重隴西狄道人也父怡幽州刺史世稱冠族謐少有志尙博學善屬文工草隸書爲時楷法性恬靜不妄交游召拜太子舍人諸王文學累徵不起永嘉末以謐兼散騎常侍慰撫關中謐以洛陽將敗故應之及長安陷沒于劉聰聰拜太中大夫固辭不受又歷石勒季龍之世並不應辟命雖處喪亂之中頹然高邁視榮利蔑如也及冉閔僭號復備禮徵爲太常謐遺閔書曰昔許由辭堯以天下讓之全其清高之節伯夷去國子推逃賞皆顯史牒傳之無窮此往而不反者也然賢人君子雖居廟堂之上無異於山林之中斯窮理盡性之妙豈有識之者邪是故不嬰於禍難者非爲避之但冥心至趣而與吉會耳謐聞物極則變冬夏是也致高則危累棊是也君王功以成矣而久處之非所以顧萬全遠危亡之禍也宜因茲大捷歸身本朝必有許由伯夷之廉享松喬之

壽永爲世輔豈不美哉因不食而卒

劉驎之

劉驎之字子驥南陽人光祿大夫耽之族也驎之少尚質素虛退寡欲不修儀操人莫之知好游山澤志存遯逸嘗採藥至衡山深入忘反見有一澗水水南有二石囷一囷閉一囷開水深廣不得過欲還失道遇伐弓人問徑僅得還家或說囷中皆仙靈方藥諸雜物驎之欲更尋索終不復知處也車騎將軍桓沖聞其名請爲長史驎之固辭不受沖嘗到其家驎之於樹條桑使者致命驎之曰使君既枉駕光臨宜先詣家君沖聞大愧於是乃造其父父命驎之然後方還拂短褐與沖言話父使驎之於內自持濁酒蔬菜供賓沖勑人代驎之斟酌父辭曰若使從者非野人之意也沖慨然至昏乃退驎之雖冠冕之族信義著於羣小凡廝伍之家婚娶葬送無不躬自造焉居于陽岐在官道之側人物來往莫不投之驎之躬自供給士君子頗以勞累更憚過焉凡人致贈一無所受去驎之家百餘里有一孤姥病將死歎息謂人曰誰當埋我惟有劉長史耳何

由令知驎之先聞其有患故往候之值其命終乃身爲營棺殯送之其仁愛隱惻若此卒以壽終

索襲

索襲字偉祖敦煌人也虛靖好學不應州郡之命舉孝廉賢良方正皆以疾辭游思於陰陽之術著天文地里十餘篇多所啓發不與當世交通或獨語獨笑或長歎涕泣或請問不言張茂時敦煌太守陰澹奇而造焉經日忘反出而歎曰索先生碩德名儒真可以諮大義澹欲行鄉射之禮請襲爲三老曰今四表輯寧將行鄉射之禮先生年耆望重道冠一時養老之義實繫儒賢既樹非梧桐而希鸞鳳降翼器謝曹公而冀蓋公枉駕誠非所謂也然夫子至聖有召赴焉孟軻大德無聘不至蓋欲弘闡大猷敷明道化故也今之相屈遵道崇教非有爵位意者或可然乎會病卒時年七十九澹素服會葬贈錢二萬澹曰世人之所有餘者富貴也目之所好者五色也耳之所玩者五音也而先生棄衆人之所收收衆人之所棄味無味於慌惚之際兼重玄於衆妙之內宅不彌畝而

志忽九州形居塵俗而棲心天外雖黔婁之高遠莊生之不願蔑以過也乃諡曰玄居先生

楊軻

楊軻天水人也少好易長而不娶學業精微養徒數百常食麤飲水衣褐縕袍人不堪其憂而軻悠然自得踈賓異客音旨未曾交也雖受業門徒非入室弟子莫得親言欲所論授須旁無雜人授入室弟子令遞相宣授劉曜僭號徵拜太常軻固辭不起曜亦敬而不逼遂隱于隴山曜後爲石勒所擒秦人東徙軻留長安及石季龍嗣僞位備玄纁束帛安車徵之軻以疾辭迫之乃發既見季龍不拜與語不言命舍之于永昌乙第其有司以軻倨傲請從大不敬論季龍不從下書任軻所尚軻在永昌季龍每有饋餉輒口授弟子使爲表謝其文甚美覽者歎有深致季龍欲觀其真趣乃密令美女夜以動之軻蕭然不顧又使人將其弟子盡行遺魁壯羯士衣甲持刀臨之以兵幷竊其所賜衣服而去軻視而不言了無懼色常臥土牀覆以布被倮寢其中下無茵褥潁川荀鋪好奇

之士也造而談經輒瞑目不答鋪發輒被露其形大笑之輒神體頽然無驚怒之狀于時咸以爲焦先之徒未有能量其深淺也後上疏陳鄉思求還季龍送以安車蒲輪蠲十戶供之自歸秦州仍教授不絕其後秦人西奔涼州輒弟子以牛負之爲戍軍追擒并爲所害

公孫鳳

公孫鳳字子鸞上谷人也隱于昌黎之九城山谷冬衣單布寢土牀夏則并食于器停令臭敗然後食之彈琴吟詠陶然自得人咸異之莫能測也慕容暐以安車徵至鄴及見暐不言不拜衣食舉動如在九城賓客造請尠得與言數年病卒

公孫永

公孫永字子陽襄平人也少而好學恬虛隱于平郭南山不娶妻妾非身所墾植則不衣食之吟詠岩間欣然自得年餘九十操尚不虧與公孫鳳俱被慕容暐徵至鄴及見暐不拜王公已下造之皆不與言雖經隆冬盛暑端然自若一

歲餘詐狂暐送之平郭後苻堅又將備禮徵之難其年耆路遠乃遣使者致問未至而永亡堅深悼之諡曰崇虛先生

張忠

張忠字巨和中山人也永嘉之亂隱于泰山恬靜寡欲清虛服氣餐芝餌石修導養之法冬則縕袍夏則帶索端拱若尸無琴書之適不修經典勸教但以至道虛無爲宗其居依崇巖幽谷鑿池爲窟室弟子亦以窟居去忠六十餘步五日一朝其教以形不以言弟子受業觀形而退立道壇于窟上每旦朝拜之食用瓦器鑿石爲釜左右居人饋之衣食一無所受好事少年頗或問以水旱之祥忠曰天不言而四時行焉萬物生焉陰陽之事非窮山野叟所能知之其遺諸外物皆此類也年在期頤而視聽無爽苻堅遣使徵之使者至忠沐浴而起謂弟子曰吾餘年無幾不可以逆時主之意浴訖就車及至長安堅賜以冠衣辭曰年朽髮落不堪衣冠請以野服入覲從之及見堅謂之曰先生考磐山林研精道素獨善之美有餘兼濟之功未也故遠屈先生將任齊尚父忠曰昔因

喪亂避地泰山與鳥獸爲侶以全朝夕之命屬堯舜之世思一奉聖顏年衰志謝不堪展效尙父之況非敢竊擬山棲之性情存巖岫乞還餘齒歸死岱宗堅以安車送之行達華山歎曰我東嶽道士沒於西嶽命也柰何行五十里及關而死使者馳驛白之堅遣黃門郎韋華持節策弔祀以太牢褒賜命服謚曰安道先生

石垣

石垣字洪孫自云北海劇人居無定所不娶妻妾不營產業食不求美衣必麤弊或有遺其衣服受而施人人有喪葬輒杖策弔之路無遠近時有寒暑必在其中或同日共時咸皆見焉又能闇中取物如晝無差姚萇之亂莫知所終

宋纖

宋纖字令艾敦煌效穀人也少有遠操沉靖不與世交隱居于酒泉南山明究經緯弟子受業三千餘人不應州郡辟命惟與陰顒齊好友善張祚時太守楊宣畫其象於閣上出入視之作頌曰爲枕何石爲漱何流身不可見名不可求

酒泉太守馬岌高尚之士也具威儀鳴鐃鼓造焉纖高樓重閣距而不見岌歎曰名可聞而身不可見德可仰而形不可覩吾而今而後知先生人中之龍也銘詩於石壁曰丹崖百丈青壁萬尋奇木蓊鬱蔚若鄧林其人如玉維國之琛室邇人遐實勞我心纖注論語及爲詩頌數萬言年八十篤學不倦張祚後遣使者張興備禮徵爲太子友興逼喻甚切纖喟然歎曰德非莊生才非干木何敢稽停明命遂隨興至姑臧祚遣其太子太和以執友禮造之纖稱疾不見贈遺一皆不受尋遷太子太傅頃之上疏曰臣受生方外心慕太古生不喜存死不悲沒素有遺屬屬諸知識在山投山臨水投水處澤露形在人親土聲聞書疏勿告我家今當命終乞如素願遂不食而卒時年八十二謚曰玄虛先生

郭荷

郭荷字承休略陽人也六世祖整漢安順之世公府八辟公車五徵皆不就自整及荷世以經學致位荷明究羣籍特善史書不應州郡之命張祚遣使者以安車束帛徵爲博士祭酒使者迫而致之及至署太子友荷上疏乞還祚許之

遣以安車蒲輪送還張掖東山年八十四卒諡曰玄德先生

郭瑀

郭瑀字元瑜敦煌人也少有超俗之操東游張掖師事郭荷盡傳其業精通經義雅辯談論多才藝善屬文荷卒瑀以爲父生之師成之君爵之而五服之制師不服重蓋聖人謙也遂服斬衰廬墓三年禮畢隱于臨松薤谷鑿石窟而居服柏實以輕身作春秋墨說孝經錯緯弟子著錄千餘人張天錫遣使者孟公明持節以蒲輪玄纁備禮徵之遺瑀書曰先生潛光九皐懷真獨遠心與至境冥符志與四時消息豈知蒼生倒懸四海待拯者乎孤忝承時運負荷大業思與賢明同贊帝道昔傅說龍翔殷朝尚父鷹揚周室孔聖車不停軌墨子駕不俟旦皆以黔首之禍不可以不救君不獨立道由人弘故也況今九服分爲狄場二都盡爲戎穴天子僻陋江東名教淪於左衽創毒之甚開闢未聞先生懷濟世之才坐觀而不救其於仁智孤竊惑焉故遣使者虛左授綏鶴企先生乃眷下國公明至山瑀指翔鴻以示之曰此鳥也安可籠哉遂深逃絕迹公明拘

其門人瑀歎曰吾逃祿非避罪也豈得隱居行義害及門人乃出而就徵及至姑臧值天錫母卒瑀括髮入弔三踊而出還于南山及天錫滅苻堅又以安車徵瑀定禮儀會父喪而止太守辛章遣書生三百人就受業焉及苻氏之末略陽王穆起兵酒泉以應張大豫遣使招瑀瑀歎曰臨河救溺不卜命之短長脈病三年不豫絕其飡饋魯連在趙義不結舌況人將左袵而不救之乃與敦煌索嘏起兵五千運粟三萬石東應王穆穆以瑀爲太府左長史軍師將軍雖居元佐而口詠黃老冀功成世定追伯成之蹤穆惑於讒閒西伐索嘏瑀諫曰昔漢定天下然後誅功臣今事業未建而誅之立見麋鹿游于此庭矣穆不從瑀出城大哭舉手謝城曰吾不復見汝矣還而引被覆面不與人言不食七日輿疾而歸旦夕祈死夜夢乘青龍上天至屋而止寤而歎曰龍飛在天今止于屋屋之爲字尸下至也龍飛至尸吾其死也古之君子不卒內寢況吾正士乎遂還酒泉南山赤厓閣飲氣而卒

祈嘉

祈嘉字孔賓酒泉人也少清貧好學年二十餘夜忽牕中有聲呼曰祈孔賓祈孔賓隱去來隱去來修飾人世甚苦不可諧所得未毛銖所喪如山崖旦而逃去西至敦煌依學官誦書貧無衣食爲書生都養以自給遂博通經傳精究大義西游海渚教授門生百餘人張重華徵爲儒林祭酒性和裕教授不倦依孝經作二九神經在朝卿士郡縣守令彭和正等受業獨拜牀下者二千餘人天錫謂爲先生而不名之竟以壽終

瞿硎先生

瞿硎先生者不得姓名亦不知何許人也太和末常居宣城郡界文脊山中山有瞿硎因以爲名焉大司馬桓溫嘗往造之既至見先生被鹿裘坐于石室神無忤色溫及僚佐數十人皆莫測之乃命伏滔爲之銘贊竟卒於山中

謝敷

謝敷字慶緒會稽人也性澄靖寡欲入太平山十餘年鎮軍郗愔召爲主簿臺徵博士皆不就初月犯少微少微一名處士星占者以隱士當之譙國戴逵有

美才人或憂之俄而數死故會稽人士以嘲吳人云吳中高士便是求死不得死

戴逵

戴逵字安道譙國人也少博學好談論善屬文能鼓琴工書畫其餘巧藝靡不畢綜總角時以雞卵汁溲白瓦屑作鄭玄碑又爲文而自鐫之詞麗器妙時人莫不驚歎性不樂當世常以琴書自娛師事術士范宣於豫章宣異之以兄女妻焉太宰武陵王晞聞其善鼓琴使人召之逵對使者破琴曰戴安道不爲王門伶人晞怒乃更引其兄述述聞命欣然擁琴而往逵後徙居會稽之剡縣性高絜常以禮度自處深以放達爲非道乃著論曰夫親沒而採藥不反者不仁之子也君危而屢出近關者苟免之臣也而古之人未始以彼害名教之體者何達其旨故也達其旨故不惑其迹若元康之人可謂好遯跡而不求其本故有捐本徇末之弊舍實逐聲之行是猶美西施而學其顰眉慕有道而折其巾角所以爲慕者非其所以爲美徒貴貌似而已矣夫紫之亂朱以其似朱也故

鄉原似中和所以亂德放達似惠連所以亂道然竹林之爲放有疾而爲顰者也元康之爲放無德而折巾者也可無察乎且儒家尙譽者本以興賢也旣失其本則有色取之行懷情喪眞以容貌相欺其弊必至於末僞道家去名者欲以篤實也苟失其本又有越檢之行情禮俱虧則仰詠兼忘其弊必至於本薄夫僞薄者非二本之失而爲弊者必託二本以自通夫道有常經而弊無常情是以六經有失二政有弊苟乖其本固聖賢所無柰何也嗟夫行道之人自非性足體備闇蹈而當者亦曷能不棲情古烈擬規前修苟迷擬之然後動議之然後言固當先辯其趣舍之極求其用心之本識其枉尺直尋之旨採其被褐懷玉之由若斯塗雖殊而其歸可觀也跡雖亂而其契不乖也不然則流遯忘反爲風波之行自驅以物自誑以僞外眩囂華內喪道實以矜尙掩其眞主以塵垢翳其天正貽笑千載可不愼歟孝武帝時以散騎常侍國子博士累徵辭父疾不就郡縣敦逼不已乃逃于吳吳國內史王珣有別館在武丘山逵潛詣之與珣游處積旬會稽內史謝玄慮逵遠遯不反乃上疏曰伏見譙國戴逵希

心俗表不嬰世務棲遲衡門與琴書爲友雖策命屢加幽操不回超然絕跡自求其志且年垂耳順常抱羸疾時或失適轉至委篤今王命未回將離風霜之患陛下既已愛而器之亦宜使其身名並存請絕其召命疏奏帝許之逵復還剡後王珣爲尚書僕射上疏復請徵爲國子祭酒加散騎常侍徵之復不至太元二十年皇太子始出東宮太子太傅會稽王道子少傅王雅詹事王珣又上疏逵執操貞厲含味獨游年在耆老清風彌劭東宮虛德式延事外宜加旌命以參僚侍逵既重幽居之操必以難進爲美宜下所在備禮發遣會病卒長子勃有父風義熙初以散騎常侍徵不起尋卒

龔玄之

龔玄之字道玄武陵漢壽人也父登歷長沙相散騎常侍玄之好學潛默安於陋巷州舉秀才公府辟不就孝武帝下詔曰夫哲王御世必搜揚幽隱故空谷流縶維之詠丘園旅束帛之觀譙國戴逵武陵龔玄之並高尚其操依仁游藝絜己貞鮮學弘儒業朕虛懷久矣二三君子豈其戢賢於懷抱哉思挹雅言希

承諷議可並以爲散騎常侍領國子博士指下所在備禮發遣不得循常以稽側席之望郡縣敦逼苦辭疾篤不行尋卒時年五十八弟子元嘉亦有德操高尙不仕舉秀才及州辟召並稱疾不就孝武帝以太學博士散騎侍郎給事中累徵遂不起卒於家

陶淡

陶淡字處靜太尉侃之孫也父夏以無行被廢淡幼孤好導養之術謂僊道可祈年十五六便服食絶穀不婚娶家累千金僮客百數淡終日端拱曾不營問頗好讀易善卜筮於長沙臨湘山中結廬居之養一白鹿以自偶親故有候之者輒移渡澗水莫得近之州舉秀才淡聞遂轉逃羅縣埤山中終身不返莫知所終

陶潛

陶潛字元亮大司馬侃之曾孫也祖茂武昌太守潛少懷高尙博學善屬文穎脫不羈任真自得爲鄉鄰之所貴嘗著五柳先生傳以自況曰先生不知何許

人不詳姓字宅邊有五柳樹因以爲號焉閑靜少言不慕榮利好讀書不求甚解每有會意欣然忘食性嗜酒而家貧不能恆得親舊知其如此或置酒招之造飲必盡期在必醉既醉而退曾不吝情環堵蕭然不蔽風日短褐穿結簞瓢屢空晏如也常著文章自娛頗示己志忘懷得失以此自終其自序如此時人謂之實錄以親老家貧起爲州祭酒不堪吏職少日自解歸州召主簿不就躬耕自資遂抱羸疾復爲鎮軍建威參軍謂親朋曰聊欲絃歌以爲三徑之資可乎執事者聞之以爲彭澤令在縣公田悉令種秫穀曰令吾常醉於酒足矣妻子固請種秔乃使一頃五十畝種秫五十畝種秔素簡貴不私事上官郡遣督郵至縣吏白應束帶見之潛歎曰吾不能爲五斗米折腰拳拳事鄉里小人邪義熙二年解印去縣乃賦歸去來其辭曰歸去來兮田園將蕪胡不歸既自以心爲形役奚惆悵而獨悲悟已往之不諫知來者之可追實迷途其未遠覺今是而昨非舟遙遙以輕颺風飄飄而吹衣問征夫以前路恨晨光之希微乃瞻衡宇載欣載奔僮僕來迎稚子候門三逕就荒松菊猶存攜幼入室有酒盈樽

引壺觴以自酌眄庭柯以怡顏倚南牕以寄傲審容膝之易安園日涉而成趣門雖設而常關策扶老而流憩時矯首而遐觀雲無心而出岫鳥倦飛而知還景翳翳其將入撫孤松而盤桓歸去來兮請息交以絕游世與我而相遺復駕言兮焉求悅親戚之情話樂琴書以消憂農人告余以春暮將有事乎西疇或命巾車或棹孤舟既窈窕以尋壑亦崎嶇而經丘木欣欣以向榮泉涓涓而始流善萬物之得時感吾生之行休已矣乎寓形宇內復幾時曷不委心任去留胡爲乎遑遑欲何之富貴非吾願帝鄉不可期懷良晨以孤往或植杖而芸耔登東皐以舒嘯臨清流而賦詩聊乘化而歸盡樂夫天命復奚疑頃之徵著作郎不就既絕州郡覲謁其鄉親張野及周旋人羊松齡寵遵等或有酒要之或要之共至酒坐雖不識主人亦欣然無忤酣醉便反未嘗有所造詣所之唯至田舍及廬山游觀而已刺史王弘以元熙中臨州甚欽遲之後自造焉潛稱疾不見既而語人云我性不狎世因疾守閑幸非潔志慕聲豈敢以王公紆軫爲榮邪夫謬以不賢此劉公幹所以招謗君子其罪不細也弘每令人候之密知

當往廬山乃遣其故人龐通之等齎酒先於半道要之潛既遇酒便引酌野亭欣然忘進弘乃出與相見遂歡宴窮日潛無履弘顧左右爲之造履左右請履度潛便於坐申脚令度焉弘要之還州問其所乘答云素有脚疾向乘籃輿亦足自反乃令一門生二兒共輿之至州而言笑賞適不覺有羨於華軒也弘後欲見輒於林澤閒候之至於酒米乏絕亦時相贍其親朋好事或載酒肴而往潛亦無所辭焉每一醉則大適融然又不營生業家務悉委之兒僕未嘗有喜慍之色唯遇酒則飲時或無酒亦雅詠不輟嘗言夏月虛閑高臥北窗之下清風颯至自謂羲皇上人性不解音而畜素琴一張絃徽不具每朋酒之會則撫而和之曰但識琴中趣何勞絃上聲以宋元嘉中卒時年六十三所有文集並行於世

史臣曰君子之行殊途顯晦之謂也出則允釐庶政以道濟時處則振拔囂埃以卑自牧詳求厥義其來敻矣公和之居窟室裳唯編草誠叔夜而凝神鑒威輦之處叢祠衣無金帛對子荊而陳貞則並滅景而弗追柳禽尚平之流亞夏

統遠邇稱其孝友宗黨高其諒直歌小海之曲則伍胥猶存固貞石之心則公
閭尤愧時幸洛濱之觀信乎茲言宋纖幼懷遠操清規映拔楊宣頌其畫象馬
岌歎其人龍玄虛之號實斯爲美餘之數子或移病而去官或著論而矯俗或
箕踞而對時人或弋釣而棲衡泌含和隱璞乘道匿輝不屈其志激清風於來
葉者矣
贊曰厚秩招累修名順欲確乎羣士超然絕俗養粹巖阿銷聲林曲激貪止競
永垂高躅

晉書卷九十四

晉書卷九十四考證

董京傳字威輦○逸士傳作董威與此云京字威輦小異

亦將闚我顰顣而去○顰監本誤卑今從音義改正

郭文傳乃步擔入吳興餘杭大滌山中○臣宗楷按滌監本訛辟羅隱詩杳杳諸天路蒼蒼大滌山正指其地今改正

譙秀傳秀避難宕渠○宕監本誤巖地理志宕渠郡名殆宕誤岩岩復誤巖也今改正

翟湯傳始安太守干寶與湯通家○干監本訛于今從本書干寶傳改正

晉書卷九十四考證

晉書卷九十五

唐 太 宗 文 皇 帝 御 撰

列傳第六十五

藝術

藝術之興由來尚矣先王以是決猶豫定吉凶審存亡省禍福曰神與智藏往知來幽贊冥符弼成人事既興利而除害亦威衆以立權所謂神道設教率由於此然而詭託近於妖妄迂誕難可根源法術紛以多端變態諒非一緒真雖存矣僞亦憑焉聖人不語怪力亂神良有以也逮丘明首唱敘妖夢以垂文子長繼作援龜策以立傳自兹厥後史不絕書漢武雅好神僊世祖尤耽讖術遂使文成五利逞詭詐而取寵榮尹敏桓譚由忤時而嬰罪戾斯固通人之所蔽千慮之一失者乎詳觀衆術抑惟小道棄之如或可惜存之又恐不經載籍既務在博聞筆削則理宜詳備晉謂之乘義在於斯今錄其推步尤精伎能可紀者以爲藝術傳式備前史云

陳訓

陳訓字道元歷陽人少好祕學天文算歷陰陽占候無不畢綜尤善風角孫皓以爲奉禁都尉使其占候皓政嚴酷訓知其必敗而不敢言時錢塘湖開或言天下當太平青蓋入洛陽皓以問訓訓曰臣止能望氣不能達湖之開塞退而告其友曰青蓋入洛將有輿櫬銜璧之事非吉祥也尋而吳亡訓隨例內徙拜諫議大夫俄而去職還鄉及陳敏作亂遣弟宏爲歷陽太守訓謂邑人曰陳家無王氣不久當滅宏聞將斬之訓鄉人秦璩爲宏參軍乃說宏曰訓善風角可試之如不中徐斬未晚也乃赦之時宏攻征東參軍衡彥於歷陽乃問訓曰城中有幾千人攻之可拔不訓登牛渚山望氣曰不過五百人然不可攻攻之必敗宏復大怒曰何有五千人攻五百人而有不得理命將士攻之果爲彥所敗方信訓有道術乃優遇之都水參軍淮南周亢嘗問訓以官位訓曰君至卯年當剖符近郡酉年當有曲蓋亢曰脫如來言當相薦拔訓曰性不好官惟欲得米耳後亢果爲義興太守金紫將軍時劉聰王彌寇洛陽歷陽太守武瑕問訓

曰國家人事如何訓曰胡賊三逼國家當敗天子野死今尚未也其後懷愍二帝果有平陽之酷焉或問其以明年吉凶者訓曰揚州刺史當死武昌大火上方節將亦當死至時劉陶周訪皆卒武昌大火燒數千家時甘卓爲歷陽太守訓私謂所親曰甘侯頭低而視仰相法名爲盼刀又目有赤脈自外而入不出十年必以兵死不領兵則可以免卓果爲王敦所害丞相王導多病每自憂慮以問訓訓曰公耳豎垂肩必壽亦大貴子孫當興於江東咸如其言訓年八十餘卒

戴洋

戴洋字國流吳興長城人也年十二遇病死五日而蘇說死時天使其爲酒藏吏授符籙給吏從幡麾將上蓬萊崐崘積石太室恆廬衡等諸山既而遣歸逢一老父謂之曰汝後當得道爲貴人所識及長遂善風角爲人短陋無風望然好道術妙解占候卜數吳末爲臺吏知吳將亡託病不仕及吳平還鄉里後行至瀨鄉經老子祠皆是洋昔死時所見使處但不復見昔物耳因問守藏應鳳

曰去二十餘年當有人乘馬東行過老君而不下馬未達橋墜馬死者不鳳言有之所問之事多與洋同揚州刺史嘗問吉凶於洋答曰熒惑入南斗八月有暴水九月當有客軍西南來如期果大水而石冰作亂冰既據揚州洋謂人曰視賊雲氣四月當破果如其言時陳敏爲右將軍堂邑令孫混見而羨之洋曰敏當作賊族滅何足願也未幾敏果反而誅焉初混欲迎其家累洋曰此地當敗得臘不得正豈可移家於賊中乎混便止歲末敏弟昶攻堂邑混遂以單身走免其後都水馬武舉洋爲都水令史洋請急還鄉將赴洛夢神人謂之曰洛中當敗人盡南渡後五年揚州必有天子洋信之遂不去既而皆如其夢廬江太守華譚問洋曰天下誰當復作賊者洋曰王機尋而機反陳眕問洋曰人言江南當有貴人顧彥先周宣珮當是不洋曰顧不及臘周不見來年八月榮果以十二月十七日卒十九日臘珮以明年七月晦亡王導遇病召洋問之洋曰君侯本命在申金爲土使之主而於申上石頭立冶火光照天此爲金火相爍水火相煎以故受害耳導即移居東府病遂差鎮東從事中郎張闓舉洋爲丞

相令史時司馬颺爲烏程令將赴職洋曰君宜深慎下吏颺後果坐吏免官洋又謂曰卿雖免官十一月當作郡加將軍至期爲太山太守鎮武將軍颺賣宅將行洋止之曰君不得至當還不可無宅颺果爲徐龕所逼不得之郡元帝增颺衆二千使助祖逖洋勸颺不行颺乃稱疾收付廷尉俄而因赦得出元帝將登阼使洋擇日洋以爲宜用三月二十四日景午太令史陳卓奏用二十二日言昔越王用甲辰三月反國范蠡稱在陽之前當主盡出上下盡空德將出游刑入中宮今與此同洋曰越王爲吳所囚雖當時遜媚實懷怨憤蠡故用甲辰乘德而歸留刑吳宮今大王內無含咎外無怨憤當承天洪命納祚無窮何爲追越王去國留殃故事邪乃從之及祖約代兄鎮譙請洋爲中典軍還督護永昌元年四月庚辰禺中時有大風起自東南折木洋謂約曰十月必有賊到譙城東至歷陽南方有反者主簿王振以洋爲妖白約收洋付刺奸而絕其食五十日言語如故約知其有神術乃赦之而讓振振後有罪被收洋救之約曰振往日相繫今何以救之洋曰振不識風角非有宿嫌振往時垂飢死洋養活之

振猶尚遺忘夫處富貴而不棄貧賤甚難約義之卽原振賜洋米三十石至十月三日石勒騎果到譙城東洋言於約曰賊必向城父可遣騎水南追之步軍於水北斷要路賊必敗約竟不追賊乃掠城父婦女輜重而去約將魯延求追賊洋曰不可約不從使兄子智與延追之賊僞棄婦女輜重走智與延等爭物賊還掩之智延僅以身免士卒皆死約表洋爲下邑長時梁國人反逐太守袁晏梁城峻嶮約欲討之而未決洋曰賊以八月辛酉日反日辰俱王辛德在南方西受自刑梁在譙北乘德伐刑賊必破亡又甲子日東風而雷西行譙在東南雷在軍前爲軍驅除昔吳伐關羽天雷在前周瑜拜賀今與往同故知必剋約從之果平梁城太寧三年正月有大流星東南行洋曰至秋府當移壽陽及王敦作逆約問其勝敗洋曰太白在東方辰星不出兵法先起爲主應者爲客辰星若出太白爲主辰星爲客辰星不出太白爲客先起兵者敗今有客無主有前無後宜傳檄所部應詔伐之約乃率衆向合肥俄而敦死衆敗遂住壽陽洋又曰江淮之閒當有軍事譙城虛曠宜還固守不者雍丘沛皆非官有也約

不從豫士遂陷於賊咸和元年春約南行佃遇大雷雨西南來洋曰甲子西南天雷其夏必失大將至夏汝南人反執約兄子濟送于石勒約府內地忽赤如丹洋曰按河圖徵云地赤如丹血丸丸當有下犯上者恐十月二十七日胡馬當來飲淮水至時石勒騎大至攻城大戰其日西南兵火俱發約大懼會風迴賊退時傳言勒遣騎向壽陽約欲送其家還江東洋曰必無此事尋而傳言果妄咸和初月暈在角有赤白珥約問洋洋曰角爲天門開布陽道官門當有大戰俄而蘇峻遣使招約俱反洋謂約曰蘇峻必敗然其初起兵鋒不可當可外和內嚴以待其變約不從遂與峻反至三年五月大風雷雨西北來城內晦暝洋謂約曰雷鳴人上明使君當遠使近直愛下振貧昔秦有此變卒致亂亡約大怒收洋繫之遣部將李槪將兵到廬江其衆盡散約召洋出問之曰吾還東何如留壽陽若留壽陽何如入胡洋曰東入失半入胡滅門留壽陽尙可約欲東向歷陽其衆不樂東下皆叛約劫約姊及嫂奔于石勒約到歷陽祖煥問洋曰君昔言平西在壽陽可得五年果如君言今在歷陽可得幾時洋曰得六月

耳約問洋臺下及此氣候何如洋曰此當復有反者臺下來年三月當太平江州當大喪後南方復有軍事去此千里尋而牽騰叛約約率所親將家屬奔于石勒二月而天子反正四月而温嶠卒郭默據湓口以叛後勒誅約及親屬並盡皆如洋言約既敗洋往尋陽時劉胤鎮尋陽胤問洋曰我病當差不洋曰不憂使君不差憂使君今年有大厄使君年四十七行年入庚寅太公陰謀曰六庚爲白獸在上爲客星在下爲害氣年與命并必凶當忌十二月二十二日庚寅勿見客胤曰我當解職將君還野中治病洋曰使君當作江州不得解職胤曰温公不復還邪洋曰温公雖還使君故作江州俄如其言九月甲寅申時迴風從東來入胤兒船中西過狀如匹練長五六丈洋曰風從咸池下來攝提下去咸池爲刀兵大殺爲死喪到甲子日申時府內大聚骨埋之胤問在何處洋曰不出州府門也胤架府東門洋又曰東爲天牢牢下開門憂天獄至十二月十七日洋又曰臘近可開門以五十人備守并以百人備東北寅上以却害氣胤不從二十四日壬辰胤遂爲郭默所害南中郎將桓宣以洋爲參軍將隨宣

往襄陽太尉陶侃留之住武昌時侃謀北伐洋曰前年十一月熒惑守胃昴至今年四月積五百餘日昴趙之分野石勒遂死熒惑以七月退從畢右順行入黃道未及天關以八月二十二日復逆行還鉤繞畢向昴昴畢爲邊兵主胡夷故置天弓以射之熒惑逆行司無德之國石勒死是也勒之餘燼以自殘害今年官與太歲太陰三合癸巳癸爲北方北方當受災歲鎮二星共合翼軫從子及巳徘徊六年荆楚之分歲鎮所守其下國昌豈非功德之徵也今年六月鎮星前角亢角亢鄭之分歲星移入房太白在心心房宋分順之者昌逆之者亡石季龍若與兵東南此其死會也官若應天伐刑徑據宋鄭則無敵矣若天與不取反受其咎侃志在中原聞而大喜會病篤不果行侃薨征西將軍庾亮代鎮武昌復引洋問氣候洋曰天有白氣喪必東行不過數年必應尋有大鹿向西城門洋曰野獸向城主人將去城東家夜半望見城內有數炬火從城上出如大車狀白布幔覆與火俱出城東北行至江乃滅洋聞而歎曰此與前白氣同時亮欲西鎮石城或問洋此西足當欲東不洋曰不當也咸康三年洋言於

亮曰武昌土地有山無林政可圖始不可居終山作八字數不及九昔吳用壬寅來上創立宮城至己酉還下秣陵陶公亦涉八年土地盛衰有數人心去就有期不可移也公宜更擇吉處武昌不可久住五年亮令毛寶屯邾城九月洋言於亮曰毛豫州今年受死問昨朝大霧晏風當有怨賊報仇攻圍諸侯誠宜遠偵邏寶問當在何時答曰五十日內其夕又曰九月建戌朱雀飛驚征軍還歸乘戴火光天示有信災廢東房葉落歸本慮有後患明日又曰昨夜火殃非國福今年架屋致使君病可因燒屋移家南渡無嫌也寶卽遣兒婦還武昌尋傳賊當來攻城洋曰十月丁亥夜半時得賊問干爲君支爲臣丁爲征西府亥爲邾城功曹爲賊神加子時十月水王木相王相氣合賊必來寅數七子數九賊高可九千人下可七千人從魁爲貴人加丁下剋上有空亡之事不敢進武昌也賊果陷邾城而去亮問洋曰故當不失石城否洋曰賊從安陸向石城逆太白當伐身無所慮亮曰天何以利胡而病我洋曰天符有吉凶土地有盛衰今年害氣三合己亥己爲天下亥爲戎胡季龍亦當受死今乃不憂賊但憂公

病耳亮曰何方救我疾洋曰荊州受兵江州受災公可去此二州亮曰如此當有解不洋曰恨晚猶差不也亮竟不能解二州遂至大困洋曰昔蘇峻時公於白石祠中祈福許賽其牛至今未解故爲此鬼所考亮曰有之君是神人也或問洋曰庾公可得幾時洋曰見明年時亮已不識人咸以爲妄果至正月一日而薨庾翼代亮洋復爲占候少時卒年八十餘所占驗者不可勝紀

韓友

韓友字景先廬江舒人也爲書生受易於會稽伍振善占卜能圖宅相冢亦行京費厭勝之術龍舒長鄧林婦病積年垂死醫巫皆息意友爲筮之使畫作野豬著臥處屏風上一宿覺佳於是遂差舒縣廷掾王睦病死已復魄友爲筮之令以丹畫版作日月置牀頭又以豹皮馬鄣泥臥上立愈劉世則女病魅積年巫爲攻禱伐空冢故城閒得狸鼉數十病猶不差友筮之命作布囊依女發時張囊著牕牖閒友閉戶作氣若有所驅斯須之閒見囊大脹如吹因決敗之女仍大發友乃更作皮囊二枚沓張之施張如前囊復脹滿因急縛囊口懸著樹

二十許日漸消開視有二斤狐毛女遂差宣城邊洪以四月中就友卜家中安否友曰卿家有兵殃其禍甚重可伐七十束柴積於庚地至七月丁酉放火燒之咎可消也不爾其凶難言洪卽聚柴至日大風不敢發火洪後爲廣陽領校遭母喪歸家友來投之時日已暮出告從者速裝束吾當夜去從者曰今日已暝數十里草行何急復去友曰非汝所知也此間血覆地寧可復往苦留之不待食而去其夜洪歘發狂絞殺兩子幷殺婦又斫父妾二人皆被創因出亡走明日其宗族往收殯亡者尋索洪數日於宅前林中得之已自經死宣城太守殷祐有病友筮之曰七月晦日將有大鸜鳥來集廳事上宜勤伺取若獲者爲善不獲將成禍祐乃謹爲其備至日果有大鸜垂尾九尺來集廳事上掩捕得之祐乃遷石頭督護後爲吳郡太守友卜占神效甚多而消殃轉禍無不皆驗干寶問其故友曰筮卦用五行相生殺如按方投藥治病以冷熱相救其差與不差不可必也友以元康六年舉賢良元帝渡江以爲廣武將軍永嘉末卒

淳于智

淳于智字叔平濟北盧人也有思義能易筮善厭勝之術高平劉柔夜臥鼠齧其左手中指以問智智曰是欲殺君而不能當爲君使其反死乃以朱書手腕横文後三寸作田字辟方一寸二分使露手以臥明旦有大鼠伏死手前譙人夏侯藻母病困詣智卜忽有一狐當門向之嘷藻怖愕馳見智智曰其禍甚急君速歸在狐嘷處拊心啼哭令家人驚怪大小必出一人勿出哭勿止然後其禍可救也藻還如其言母亦扶病而出家人既集堂屋五間拉然而崩護軍張劭母病篤智筮之使西出市沐猴繫母臂令傍人搥拍恆使作聲三日放去劭從之其猴出門卽爲犬所咋死母病遂差上黨鮑瑗家多喪病貧苦或謂之曰淳于叔平神人也君何不試就卜知禍所在瑗性質直不信卜筮曰人生有命豈卜筮所移會智來應詹謂曰此君寒士每多屯虞君有通靈之思可爲一卦智乃爲卦卦成謂瑗曰君安宅失宜故令君困君舍東北有大桑樹君徑至市入門數十步當有一人持荆馬鞭者便就買以懸此樹三年當暴得財瑗承言詣市果得馬鞭懸之三年浚井得錢數十萬銅鐵器復二十餘萬於是致贍疾

者亦愈其消災轉禍不可勝紀而卜筮所占千百皆中應詹少亦多病智乃爲符使詹佩之誦其文旣而皆驗莫能學也性深沉常自言短命曰辛亥歲天下有事當有巫醫挾道術者死吾守易義以行之猶當不應此乎太元末爲司馬督有寵於楊駿故見殺

步熊

步熊字叔罷陽平發干人也少好卜筮數術門徒甚盛熊學舍側有一人燒死吏持熊諸生謂爲失火熊曰已爲卿卜得其人矣使從道南行當有一人來問得火主來者便縛之吏如熊言果是耕人自言草惡難耕故燒之忽風起延燒遠近實不知草中有人又鄰人兒遠行或告以死其父母號哭制服熊爲之卜剋日當還如期果至趙王倫聞其名召之熊謂諸生曰倫死不久不足應也倫怒遣兵圍之數重熊乃使諸生著其裘南走倫兵悉赴捉之熊密從北出得脫後爲成都王穎所辟穎使熊射覆物無所失後穎奔關中平昌公模鎮鄴以熊穎黨誅之

杜不愆

杜不愆廬江人也少就外祖郭璞學易卜屢有驗高平郄超年二十餘得重疾試令筮之不愆曰按卦言之卿所苦尋除然宜於東北三十里上官姓家索其所養雄雉籠盛置東檐下却後九日景午日午時必當有雌雉飛來與交旣而雙去若如此不出二十日病都除又是休應年將八十位極人臣若但雌逝雄留者病一周方差年半八十名位亦失超時正羸篤慮命在旦夕笑而答曰若保八十之半便有餘矣一周病差何足爲淹然未之信或勸依其言索雉果得至景午日超臥南軒之下觀之至日晏果有雌雉飛入籠與雄雉交而去雄雉不動超歎息曰雖管郭之奇何以尚此超病彌年乃起至四十卒於中書郎不愆後占筮轉踈無復此類後爲桓嗣建威參軍

嚴卿

嚴卿會稽人也善卜筮鄉人魏序欲暫東行荒年多抄盜令卿筮之卿筮曰君愼不可東行必遭暴害之氣而非劫也序不之信卿曰旣必不停宜以禳之可

索西郭外獨母家白雄狗繫著船前求索止得駮狗無白者卿曰駮者亦足然猶恨其色不純當餘小毒正及六畜輩耳無所復憂序行半路狗忽然作聲甚急如有人打之者比視已死吐黑血斗餘其夕序墅上白鵝數頭無故自死而序家無恙

隗炤

隗炤汝陰人也善於易臨終書版授其妻曰吾亡後當大荒窮雖爾愼莫賣宅也却後五年春當有詔來頓此亭姓龔此人負吾金卽以此版往責之勿違言也炤亡後其家大困乏欲賣宅憶夫言輒止期日有龔使者止亭中妻遂齎版往責之使者執版惘然不知所以妻曰夫臨亡手書版見命如此不敢妄也使者沈吟良久而悟謂曰賢夫何善妻曰夫善於易而未曾爲人卜也使者曰噫可知矣乃命取蓍筮之卦成撫掌而歎曰妙哉隗生含明隱迹可謂鏡窮達而洞吉凶者也於是告炤妻曰吾不相負金也賢夫自有金耳知亡後當暫窮故藏金以待太平所以不告兒婦者恐金盡而困無已也知吾善易故書版以寄

意耳金有五百斤盛以青甕覆以銅柈埋在堂屋東頭去壁一丈入地九尺妻還掘之皆如卜焉

卜珝

卜珝字子玉匈奴後部人也少好讀易郭璞見而歎曰吾所弗如也奈何不免兵厄珝曰然吾大厄在四十一位爲卿將當受禍耳不爾者亦爲猛獸所害吾亦未見子之令終也璞曰吾禍在江南甚營之未見免兆雖然在南猶可延期住此不過時月珝曰子勿爲公吏可以免諸璞曰吾不能免公吏猶子之不能免卿將也珝曰吾此雖當有帝王子終不復奉二京矣瑯邪可奉卿謹奉之主晉祀者必此人也珝遂隱于龍門山劉元海僭號徵爲大司農侍中固以疾辭元海曰人各有心卜珝之不欲在吾朝何異高祖四公哉可遂其高志後復徵爲光祿大夫珝謂使者曰非吾死所也及劉聰嗣僞位徵爲太常時劉琨據并州聰問何時可平珝答曰并州陛下之分今茲剋之必矣聰戲曰朕欲勞先生一行可乎珝曰臣所以來不及裝者正爲是行也聰大悅署珝使持節平北將

軍將行謂其妹曰此行也死自吾分後慎勿紛紜及攻晉陽爲琨所敗玥卒先奔爲其元帥所殺

鮑靚

鮑靚字太玄東海人也年五歲語父母云本是曲陽李家兒九歲墜井死其父母尋訪得李氏推問皆符驗靚學兼內外明天文河洛書稍遷南陽中部都尉爲南海太守嘗行部入海遇風飢甚取白石煑食之以自濟王機時爲廣州刺史入廁忽見二人著烏衣與機相捍良久擒之得二物似烏鴨靚曰此物不祥機焚之徑飛上天機尋誅死靚嘗見仙人陰君授道訣百餘歲卒

吳猛

吳猛豫章人也少有孝行夏日常手不驅蚊懼其去己而噬親也年四十邑人丁義始授其神方因還豫章江波甚急猛不假舟楫以白羽扇畫水而渡觀者異之庾亮爲江州刺史嘗遇疾聞猛神異乃迎之問己疾何如猛辭以算盡請具棺服旬日而死形狀如生未及大斂遂失其尸識者以爲亮不祥之徵亮疾

果不起

幸靈

幸靈者豫章建昌人也性少言與小人羣居見侵辱而無慍色邑里號之癡雖其父母兄弟亦以爲癡也嘗使守稻羣牛食之靈見而不驅待牛去乃往理其殘亂者其父母見而怒之靈曰夫萬物生天地之間各欲得食牛方食奈何驅之其父愈怒曰卽如汝言復用理壞者何爲靈曰此稻又欲得終其性牛自犯之靈可以不收乎時順陽樊長賓爲建昌令發百姓作官船於建城山中吏令人各作箸一雙靈作而未輸或竊之焉俄而竊者心痛欲死靈謂之曰爾得無竊我箸乎竊者不應有頃愈急靈曰若爾不以情告我者今真死矣竊者急遽乃首出之靈於是飲之以水病卽立愈行人由此敬畏之船成當下吏以二百人引一艘不能動方請益人靈曰此以過足但部分未至耳靈請自牽之乃手執箸惟用百人而船去如流衆大驚怪咸稱其神於是知名有龔仲儒女病積年氣息財屬靈使以水含之已而強起應時大愈又呂猗母皇氏得痿痹病十

有餘年靈療之去皇氏數尺而坐冥目寂然有頃顧謂猗曰扶夫人令起猗曰
老人得病累年奈何可倉卒起邪靈曰但試扶起於是兩人夾扶以立少選靈
又令去扶卽能自行由此遂愈於是百姓奔趣水陸輻湊從之如雲皇氏自以
病久懼有發動靈乃留水一器令食之每取水輒以新水補處二十餘年水清
如新塵垢不能加焉時高悝家有鬼怪言語訶叱投擲內外不見人形或器物
自行再三發火巫祝猒劾而不能絕適值靈乃要之靈於陌頭望其屋謂悝曰
此君之家邪悝曰是也靈曰知之足矣悝固請之靈不得已至門見符索甚多
謂悝曰當以正止邪而以邪救邪惡得已乎並使焚之惟據軒小坐而去其夕
鬼怪卽絕靈所救愈多此類然不取報謝行不騎乘長不娶妻性至恭見人卽
先拜言輒自名凡草木之夭傷於山林者必起理之器物之傾覆於途路者必
舉正之周旋江州間謂其士人曰天地之於人物一也咸欲不失其情性奈何
制服人以爲奴婢乎諸君若欲享多福以保性命可悉免遣之十餘年間賴其
術以濟者極多後乃娶妻畜車馬奴婢受貨賂致遺於是其術稍衰所療得失

相半焉

佛圖澄

佛圖澄天竺人也本姓帛氏少學道妙通玄術永嘉四年來適洛陽自云百有餘歲常服氣自養能積日不食善誦神呪能役使鬼神腹旁有一孔常以絮塞之每夜讀書則拔絮孔中出光照于一室又嘗齋時平旦至流水側從腹旁孔中引出五臟六腑洗之訖還內腹中又能聽鈴音以言吉凶莫不懸驗及洛中寇亂乃潛草野以觀變石勒屯兵葛陂專行殺戮沙門遇害者甚衆澄投勒大將軍郭黑略家黑略每從勒征伐輒豫剋勝負勒疑而問曰孤不覺卿有出衆智謀而每知軍行吉凶何也黑略曰將軍天挺神武幽靈所助有一沙門智術非常云將軍當略有區夏已應爲師臣前後所白皆其言也勒召澄試以道術澄即取鉢盛水燒香呪之須臾鉢中生青蓮花光色曜日勒由此信之勒自葛陂還河北過枋頭枋頭人夜欲斫營澄謂黑略曰須臾賊至可令公知果如其言有備故不敗勒欲試澄夜冠冑衣甲執刀而坐遣人告澄云夜來不知大將

軍何所在使人始至未及有言澄逆問曰平居無寇何故夜嚴勒益信之勒後因忿欲害諸道士并欲苦澄澄乃潛避至黑略舍語弟子曰若將軍信至問吾所在者報云不知所之既而勒使至覓澄不得使還報勒勒驚曰吾有惡意向澄澄捨我去矣通夜不寢思欲見澄澄知勒意悔明旦造勒勒曰昨夜何行澄曰公有怒心昨故權避公今改意是以敢來勒大笑曰道人謬矣襄國城塹水源在城西北五里其水源暴竭勒問澄何以致水澄曰今當勑龍取水迺與弟子法首等數人至故泉源上坐繩牀燒安息香呪願數百言如此三日水泫然微流有一小龍長五六寸許隨水而來諸道士競往視之有頃水大至隍塹皆滿鮮卑段末波攻勒衆甚盛勒懼問澄澄曰昨日寺鈴鳴云明旦食時當擒段末波勒登城望末波軍不見前後失色曰末波如此豈可獲乎更遣夔安問澄澄曰已獲末波矣時城北伏兵出遇末波執之澄勸勒宥末波遣還本國勒從之卒獲其用劉曜遣從弟岳攻勒勒遣石季龍距之岳敗退保石梁塢季龍堅柵守之澄在襄國忽歎曰劉岳可憫弟子法祚問其故澄曰昨日亥時岳已敗

被執果如所言及曜自攻洛陽勒將救之其羣下咸諫以爲不可勒以訪澄澄
曰相輪鈴音云秀支替戾岡僕谷劬禿當此羯語也秀支軍也替戾岡出也僕
谷劉曜胡位也劬禿當捉也此言軍出捉得曜也又令一童子絜齋七日取麻
油合臙脂躬自研於掌中舉手示童子粲然有輝童子驚曰有軍馬甚衆見一
人長大白晳以朱絲縛其肘澄曰此卽曜也勒甚悅遂赴洛距曜生擒之勒僭
稱趙天王行皇帝事敬澄彌篤時石葱將叛澄誡勒曰今年葱中有蟲食必害
人可令百姓無食葱也勒班告境內愼無食葱俄而石葱果走勒益重之事必
諮而後行號曰大和尙勒愛子斌暴病死將殯勒歎曰朕聞虢太子死扁鵲能
生之今可得效乎乃令告澄澄取楊枝沾水灑而呪之就執斌手曰可起矣因
此遂蘇有頃平復自是勒諸子多在澄寺中養之勒死之年天靜無風而塔上
一鈴獨鳴澄謂衆曰鈴音云國有大喪不出今年矣既而勒果死及季龍僭位
遷都于鄴傾心事澄有重於勒下書衣澄以綾錦乘以彫輦朝會之日引之升
殿常侍以下悉助舉輿太子諸公扶翼而上主者唱大和尙衆坐皆起以彰其

尊又使司空李農旦夕親問其太子諸公五日一朝尊敬莫與爲比支道林在京師聞澄與諸公游乃曰澄公其以季龍爲海鷗鳥也百姓因澄故多奉佛皆營造寺廟相競出家真僞混淆多生愆過季龍下書料簡其著作郎王度奏曰佛方國之神非諸華所應祠奉漢代初傳其道惟聽西域人得立寺都邑以奉其神漢人皆不出家魏承漢制亦循前軌今可斷趙人悉不聽詣寺燒香禮拜以遵典禮其百辟卿士逮衆隸例皆禁之其有犯者與淫祠同罪其趙人爲沙門者還服百姓朝士多同度所奏季龍以澄故下書曰朕出自邊戎忝君諸夏至於饗祀應從本俗佛是戎神所應兼奉其夷趙百姓有樂事佛者特聽之澄時止鄴城寺中弟子徧於郡國嘗遣弟子法常北至襄國弟子法佐從襄國還相遇於梁基城下對車夜談言及和尚比旦各去佐始入澄逆笑曰昨夜爾與法常交車共說汝師邪佐愕然愧懺於是國人每相語莫起惡心和尚知汝及澄之所在無敢向其方面涕唾者季龍太子邃有二子在襄國澄語邃曰小阿彌比當得疾可往看之邃卽馳信往視則果已得病太醫殷騰及外國道士自

言能療之澄告弟子法牙曰正使聖人復出不愈此疾況此等乎後三日果死邃將圖爲逆謂內豎曰和尚神通倘發吾謀明日來者當先除之澄月望將入覲季龍謂弟子僧慧曰昨夜天神呼我曰明日若入還勿過人我倘有所過汝當止我澄常入必過邃邃知澄入要候甚苦澄將上南臺僧慧引衣澄曰事不得止坐未安便起邃固留不住所謀遂差還寺歎曰太子作亂其形將成欲言難言欲忍難忍乃因事從容箴季龍季龍終不能解俄而事發方悟澄言後郭黑略將兵征長安北山羌墮羌伏中時澄在堂上坐慘然改容曰郭公今有厄乃唱云衆僧祝願澄又自祝願須臾更曰若東南出者活餘向者則困復更祝願有頃曰脫矣後月餘黑略還自說墜羌圍中東南走馬乏正遇帳下人推馬與之曰公乘此馬小人乘公馬濟與不濟命也略得其馬故獲免推檢時日正是澄祝願時也時天旱季龍遣其太子詣臨漳西滏口祈雨久而不降乃令澄自行即有白龍二頭降於祠所其日大雨方數千里澄嘗遣弟子向西域市香既行澄告餘弟子曰掌中見買香弟子在某處被劫垂死因燒香祝願遙救護

之弟子後還云某月某日某處爲賊所劫垂當見殺忽聞香氣賊無故自驚曰救兵已至棄之而走黃河中舊不生黿時有得者以獻季龍澄見而歎之曰桓溫入河其不久乎溫字元子後果如其言也季龍嘗晝寢夢見羣羊負魚從東北來寤以訪澄澄曰不祥也鮮卑其有中原乎後亦皆驗澄嘗與季龍升中臺澄忽驚曰變變幽州當火災仍取酒噀之久而笑曰救已得矣季龍遣驗幽州云爾日火從四門起西南有黑雲來驟雨滅之雨亦頗有酒氣石宣將殺石韜宣先到寺與澄同坐浮屠一鈴獨鳴澄謂曰解鈴音乎云胡子洛度宣變色曰是何言歟澄謬曰老胡爲道不能山居無言重茵美服豈非洛度乎石韜後至澄熟視良久韜懼而問澄澄曰怪公血臭故相視耳季龍夢龍飛西南自天而落旦而問澄澄曰禍將作矣宜父子慈和深以慎之季龍引澄入東閤與其后杜氏問訊之澄曰脅下有賊不出十日自浮圖以西此殿以東當有血流慎勿東也杜后曰和尚耄邪何處有賊澄即易語云六情所受皆悉是賊老自應耄但使少者不昏即好耳遂便寓言不復彰的後二日宣果遣人害韜於佛寺中

欲因季龍臨喪殺之季龍以澄先誠故獲免及宣被收澄諫季龍曰皆陛下之子也何爲重禍邪陛下若含怒加慈者尚有六十餘歲如必誅之宣當爲彗星下掃鄴宮季龍不從後月餘有一妖馬髦尾皆有燒狀入中陽門出顯陽門東首東宮皆不得入走向東北俄爾不見澄聞而歎曰災其及矣季龍大享羣臣於太武前殿澄吟曰殿乎殿乎棘子成林將壞人衣季龍令發殿石下視之有棘生焉冉閔小字棘奴季龍造太武殿初成圖畫自古賢聖忠臣孝子烈士貞女皆變爲胡狀旬餘頭悉縮入肩中惟冠髣髴微出季龍大惡之祕而不言也澄對之流涕乃自啓塋墓於鄴西紫陌還寺獨語曰得三年乎自答不得又曰得二年一年百日一月乎自答不得遂無復言謂弟子法祚曰戊寅歲禍亂漸萌己酉石氏當滅吾及其未亂先從化矣卒於鄴宮寺後有沙門從雍州來稱見澄西入關季龍掘而視之惟有一石而無尸季龍惡之曰石者朕也葬我而去吾將死矣因而遇疾明年季龍死遂大亂

麻襦

麻襦者不知何許人也莫得其姓名石季龍時在魏縣市中乞丐恆著麻襦布裳故時人謂之麻襦言語卓越狀如狂者乞得米穀不食輒散置大路云飴天馬趙與太守籍狀收送詣季龍先是佛圖澄謂季龍曰國東二百里某月日當送一非常人勿殺之也如期果至季龍與共語了無異言惟道陛下當終一柱殿下季龍不解送以詣澄麻襦謂澄曰昔在光和中會奄至今日酉戎受玄命絕歷終有期金離消于壤邊荒不能遵驅除靈期迹莫己巳之懿裔苗葉繁其來方積休期於何期永以歎之澄曰天迴運極否將不支九木水爲難無可以術寧玄哲雖存世莫能基必莫能基必頽久游閻浮利擾擾多此患行登凌雲宇會於虛游間其所言人莫能曉季龍遣驛馬送還本縣既出城請步云我當有所過君至合口橋見待使人如言而馳至橋麻襦已先至後慕容儁投季龍尸於漳水倚橋柱不流時人以爲一柱殿下卽謂此也及元帝嗣位江左亦以爲天馬之應云

單道開

單道開敦煌人也常衣麤褐或贈以繒服皆不著不畏寒暑晝夜不臥恆服細石子一吞數枚日一服或多或少好山居而山樹諸神見異形試之初無懼色石季龍時從西平來一日行七百里其一沙彌年十四行亦及之至秦州表送到鄴季龍令佛圖澄與語不能屈也初止鄴城西沙門法綝祠中後徙臨漳昭德寺於房內造重閣高八九尺於上編菅爲禪室常坐其中季龍資給甚厚道開皆以施人人或來諮問者道開都不答日服鎮守藥數丸大如梧子藥有松蜜薑桂茯苓之氣時復飲茶蘇一二升而已自云能療目疾就療者頗驗視其行動狀若有神佛圖澄曰此道士觀國興衰若去者當有大亂及季龍末道開南渡許昌尋而鄴中大亂升平三年至京師後至南海入羅浮山獨處茅茨蕭然物外年百餘歲卒于山舍勑弟子以尸置石穴中弟子乃移入石室陳郡袁宏爲南海太守與弟穎叔及沙門支法防共登羅浮山至石室口見道開形骸如生香火瓦器猶存宏曰法師業行殊羣正當如蟬蛻耳乃爲之贊云

黃泓

黃泓字始長魏郡斥丘人也父沉善天文祕術泓從父受業精妙踰深兼博覽經史尤明禮易性忠勤非禮不動永嘉之亂與渤海高瞻避地幽州說瞻曰王浚昏暴終必無成宜思去就以圖久安慕容廆法政修明虛懷引納且讖言真人出東北儻或是乎宜相與歸之同建事業瞻不從泓乃率宗族歸廆廆待以客禮引為參軍軍國之務動輒訪之泓止說成敗事皆如言廆常曰黃參軍孤之仲翔也及皝嗣位遷左常侍領史官甚重之石季龍攻皝皝將走遼東泓曰賊有敗氣無可憂也不過二日必當奔潰宜嚴勒士馬為追擊之備皝曰今寇盛如此卿言必走孤未敢信泓曰殿下言盛者人事耳臣言必走者天時也胡足為疑及期季龍果退皝益奇之及慕容儁即王位遷從事中郎儁聞冉閔亂將圖中原訪之於泓泓勸行儁從之及僭號署為進謀將軍太史令關內侯尋加奉車都尉西海太守領太史令開陽亭侯又封平舒縣五等伯常從左右諮決大事靈臺令許敦害其寵詔事慕容評設異議以毀之乃以泓為太史靈臺諸署統加給事中泓待敦彌厚不以毀己易心慕容暐敗以老歸家歎曰燕必

中興其在吳人恨吾年過不見耳年九十七卒卒後三年僞吳王慕容垂興焉

索紞

索紞字叔徹敦煌人也少游京師受業太學博綜經籍遂爲通儒明陰陽天文善術數占候司徒辟除郎中知中國將亂避世而歸鄉人從紞占問吉凶門中如市紞曰攻乎異端戒在害己無爲多事多事多患遂詭言虛說無驗乃止惟以占夢爲無悔吝乃不逆問者孝廉令狐策夢立冰上與冰下人語紞曰冰上爲陽冰下爲陰陰陽事也士如歸妻迨冰未泮婚姻事也君在冰上與冰下人語爲陽語陰媒介事也君當爲人作媒冰泮而婚成策曰老夫耄矣不爲媒也會太守田豹因策爲子求鄉人張公徵女仲春而成婚焉郡主簿張宅夢走馬上山還繞舍三周但見松柏不知門處紞曰馬屬離離爲火火禍也人上山爲凶字但見松柏墓門象也不知門處爲無門也三周三期也後三年必有大禍宅果以謀反伏誅索克初夢天上有二棺落克前紞曰棺者職也當有京師貴人舉君二官者頻再遷俄而司徒王戎書屬太守使舉克太守先署克功曹而

舉孝廉克後夢見一虜脫上衣來詣克紞曰虜去上中下半男字夷狄陰類君婦當生男終如其言宋桷夢內中有一人著赤衣桷手把兩杖極打之紞曰內中有人肉字也肉色赤也兩杖箸象也極打之飽肉食也俄而亦驗焉黃平問紞曰我昨夜夢舍中馬舞數十人向馬拍手此何祥也紞曰馬者火也舞爲火起向馬拍手救火人也平未歸而火作索綏夢東有二角書詣綏大角朽敗小角有題韋囊角佩一在前一在後紞曰大角朽敗腐棺木小角有題題所詣一在前前凶也一在後後背也當有凶背之問時綏父在東居三日而凶問至郡功曹張邈嘗奉使詣州夜夢狼啖一腳紞曰腳肉被啖爲却字會東虜反遂不行凡所占莫不驗太守陰澹從求占書紞曰昔入太學因一父老爲主人其人無所不知又匿姓名有似隱者紞因從父老問占夢之術審測而說實無書也澹命爲西閤祭酒紞辭曰少無山林之操游學京師交結時賢希申鄙藝會中國不靖欲養志終年老亦至矣不求聞達又少不習勤老無吏幹濛汜之年弗敢聞命澹以束帛禮之月致羊酒年七十五卒于家

孟欽

孟欽洛陽人也有左慈劉根之術百姓惑而赴之苻堅召詣長安惡其惑衆命苻融誅之俄而欽至融留之遂大讌郡寮酒酣目左右收欽欽化爲旋風飛出第外頃之有告在城東者融遣騎追之垂及忽然已遠或有兵衆距戰或前谿澗騎不得過遂不知所在堅末復見於青州苻朗尋之入于海島

王嘉

王嘉字子年隴西安陽人也輕舉止醜形貌外若不足而聰睿內明滑稽好語笑不食五穀不衣美麗清虛服氣不與世人交游隱于東陽谷鑿崖穴居弟子受業者數百人亦皆穴處石季龍之末棄其徒衆至長安潛隱于終南山結菴廬而止門人聞而復隨之乃遷于倒獸山苻堅累徵不起公侯已下咸躬往參詣好尚之士無不師宗之問其當世事者皆隨問而對好爲譬喻狀如戲調言未然之事辭如讖記當時尠能曉之事過皆驗堅將南征遣使者問之嘉曰金剛火彊乃乘使者馬正衣冠徐徐東行數百步而策馬馳反脫衣服棄冠履而

歸下馬踞牀一無所言使者還告堅不悟復遣問之曰吾世祚云何嘉曰未央咸以爲吉明年癸未敗于淮南所謂未年而有殃也人候之者至心則見之不至心則隱形不見衣服在架履杖猶存或欲取其衣者終不及企而取之衣架踰高而屋亦不大履杖諸物亦如之姚萇之入長安禮嘉如苻堅故事逼以自隨每事諮之萇既與苻登相持問嘉曰吾得殺苻登定天下不嘉曰略得之萇怒曰得當云得何略之有遂斬之先此釋道安謂嘉曰世故方殷可以行矣嘉答曰卿其先行吾負債未果去俄而道安亡至是而嘉戮死所謂負債者也苻登聞嘉死設壇哭之贈太師謚曰文及萇死萇子興字子略方殺登略得之謂也嘉之死日人有隴上見之其所造牽三歌讖事過皆驗累世猶傳之又著拾遺錄十卷其記事多詭怪今行於世

僧涉

僧涉者西域人也不知何姓少爲沙門苻堅時入長安虛靜服氣不食五穀日能行五百里言未然之事驗若指掌能以祕祝下神龍每旱堅常使之咒龍請

兩俄而龍下鉢中天輒大雨堅及羣臣親就鉢觀之卒于長安後大旱移時苻堅歎曰涉公在此豈憂此乎

郭黁

郭黁西平人也少明老易仕郡主簿張天錫末年苻氏每有西伐之問太守趙凝使黁筮之黁曰若郡內二月十五日失囚者東軍當至涼祚必終凝乃申約屬縣至十五日鮮卑折掘送馬於凝凝怒其非駿幽之內廄鮮卑懼而夜遁凝以告黁黁曰是也國家將亡不可復振苻堅末當陽門震刺史梁熙問黁曰其祥安在黁曰爲四夷之事也當有外國二王來朝主上一當反國一死此城歲餘而鄯善及前部王朝于苻堅西歸鄯善王死於姑臧呂光之王河西也西海太守王楨叛黁勸光襲之光之左丞呂寶曰千里襲人自昔所難況王者之師天下所聞何可僥倖以邀成功黁不可從誤人大事黁曰若其不捷黁自伏鈇鉞之誅如其剋也左丞爲無謀矣光從而剋之光比之京管常參幃幄密謀光將伐乞伏乾歸黁諫曰今太白未出不宜行師往必無功終當覆敗太史令賈

曜以爲必有秦隴之地及剋金城光使曜詰黁黁密謂光曰昨有流星東墜當有伏尸死將雖得此城憂在不守正月上旬河冰將解若不早渡恐有大變後二日而敗聞至光引軍渡河訖冰泮時人服其神驗光以黁爲散騎常侍太常黁後以光年老知其將敗遂與光僕射王祥起兵作亂百姓聞黁起兵咸以聖人起事事無不成故相率從之如不及黁以爲代呂者王乃推王乞基爲主後呂隆降姚興興以王尙爲涼州刺史終如黁言黁之與光相持也逃人稱呂統病死黁曰未也光統之命盡在一時後統死三日而光死黁嘗曰涼州謙光殿後當有索頭鮮卑居之終於禿髮傉檀沮渠蒙遜迭據姑臧黁性褊酷不爲士庶所附戰敗奔乞伏乾歸乾歸敗入姚興黁以滅姚者晉遂將妻子南奔爲追兵所殺也

鳩摩羅什

鳩摩羅什天竺人也世爲國相父鳩摩羅炎聰懿有大節將嗣相位乃辭避出家東度葱嶺龜茲王聞其名郊迎之請爲國師王有妹年二十才悟明敏諸國

交娉並不許及見炎心欲當之王乃逼以妻焉既而羅什在胎其母慧解倍常及年七歲母遂與俱出家羅什從師受經日誦千偈偈有三十二字凡三萬二千言義亦自通年十二其母攜到沙勒國王甚重之遂停沙勒一年博覽五明諸論及陰陽星算莫不必盡妙達吉凶言若符契爲性率達不拘小檢修行者頗共疑之然羅什自得於心未嘗介意專以大乘爲化諸學者皆共師焉年二十龜茲王迎之還國廣說諸經四遠學徒莫之能抗有頃羅什母辭龜茲王往天竺留羅什住謂之曰方等深教不可思議傳之東土惟爾之力但於汝無利其可何如什曰必使大化流傳雖苦而無恨母至天竺道成進登第三果西域諸國咸伏羅什神儁每至講說諸公皆長跪坐側令羅什踐而登焉苻堅聞之密有迎羅什之意會太史奏云有星見外國分野當有大智入輔中國堅曰朕聞西域有鳩摩羅什將非此邪乃遣驍騎將軍呂光等率兵七萬西伐龜茲謂光曰若獲羅什卽馳驛送之光軍未至羅什謂龜茲王白純曰國運衰矣當有勍敵從日下來宜恭承之勿抗其鋒純不從出兵距戰光遂破之乃獲羅什光

見其年齒尚少以凡人戲之強妻以龜茲王女羅什距而不受辭甚苦至光曰道士之操不踰先父何所固辭乃飲以醇酒同閉密室羅什被逼遂妻之光還中路置軍於山下將士已休羅什曰在此必狼狽宜徙軍隴上光不納至夜果大雨洪潦暴起水深數丈死者數千人光密異之光欲留王西國羅什謂光曰此凶亡之地不宜淹留中路自有福地可居光還至涼州聞苻堅已爲姚萇所害於是竊號河右屬姑臧大風羅什曰不祥之風當有姦叛然不勞自定也俄而有叛者尋皆殄滅沮渠蒙遜先推建康太守段業爲主光遣其子纂率衆討之時論謂業等烏合纂有威聲勢必全剋光以訪羅什答曰此行未見其利既而纂敗於合黎俄又郭馨起兵纂棄大軍輕還復爲馨所敗僅以身免中書監張資病光博營救療有外國道人羅叉云能差資病光喜給賜甚重羅什知叉誑詐告資曰叉不能爲益徒煩費耳冥運雖隱可以事試也乃以五色絲作繩結之燒爲灰末投水中灰若出水還成繩者病不可愈須臾灰聚浮出復爲繩叉療果無效少日資亡頃之光死纂立有猪生子一身三頭龍出東箱井中於

殿前蟠臥比旦失之纂以爲美瑞號其殿爲龍翔殿俄而有黑龍升於當陽九
宮門纂改九宮門爲龍興門羅什曰比日潛龍出游豕妖表異龍者陰類出入
有時而今屢見則爲災眚必有下人謀上之變宜剋己脩德以答天戒纂不納
後果爲呂超所殺羅什之在涼州積年呂光父子既不弘道故蘊其深解無所
宣化姚興遣姚碩德西伐破呂隆乃迎羅什待以國師之禮仍使入西明閣及
逍遙園譯出衆經羅什多所暗誦無不究其義旨既覽舊經多有紕繆於是與
使沙門僧叡僧肇等八百餘人傳受其旨更出經論凡三百餘卷沙門慧叡才
識高明常隨羅什傳寫羅什每爲慧叡論西方辭體商略同異云天竺國俗甚
重文制其宮商體韻以入管弦爲善凡覲國王必有贊德經中偈頌皆其式也
羅什雅好大乘志在敷演常歎曰吾若著筆作大乘阿毗曇非迦旃子比也今
深識者既寡將何所論惟爲姚興著實相論二卷興奉之若神嘗講經于草堂
寺興及朝臣大德沙門千有餘人肅容觀聽羅什忽下高坐謂興曰有二小兒
登吾肩慾鄣須婦人興乃召宮女進之一交而生二子焉興嘗謂羅什曰大師

聽明超悟天下莫二何可使法種少嗣遂以伎女十人逼令受之爾後不住僧坊別立廨舍諸生多效之什乃聚針盈鉢引諸僧謂之曰若能見效食此者乃可畜室耳因舉七進針與常食不別諸僧愧服乃止杯渡比丘在彭城聞羅什在長安乃歎曰吾與此子戲別三百餘年相見杳然未期遲有遇於來生耳羅什未終少日覺四大不愈乃口出三番神呪令外國弟子誦之以自救未及致力轉覺危殆於是力疾與衆僧告別曰因法相遇殊未盡心方復後世惻愴可言死於長安姚興於逍遙園依外國法以火焚尸薪滅形碎惟舌不爛

曇霍

沙門曇霍者不知何許人也秃髮傉檀時從河南來持一錫杖令人跪曰此是波若眼奉之可以得道時人咸異之或遺以衣服受而投之於河後日以還其本主衣無所污行步如風雲言人死生貴賤無毫釐之差人或藏其錫杖曇霍大哭數聲閉目須臾起而取之咸奇其神異莫能測也每謂傉檀曰若能安坐無爲則天下可定祚胤克昌如其窮兵好殺禍將及己傉檀不能從傉檀女病

甚請救療曇霍曰人之生死自有定期聖人亦不能轉禍爲福曇霍安能延命
邪正可知早晚耳傉檀固請之時後宮門閉曇霍曰急開後門及開門則生不
及則死傉檀命開之不及而死後兵亂不知所在也

臺產

臺產字國儁上洛人漢侍中崇之後也少專京氏易善圖讖祕緯天文洛書風角星算六日六分之學尤善望氣占候推步之術隱居商洛南山兼善經學汎情教授不交當世劉曜時災異特甚命公卿各舉博識直言之士一人其大司空劉均舉產曜親臨東堂遣中黃門策問之產極言其故曜見而嘉之引見訪以政事產流涕歔欷具陳災變之禍政化之闕辭甚懇至曜改容禮之署爲博士祭酒諫議大夫領太史令至明年而其言皆驗曜彌重之轉太中大夫歲中三遷歷位尚書光祿大夫太子少師位特進金章紫綬爵關中侯

史臣曰陳戴等諸子並該洽墳典研精數術究推步之幽微窮陰陽之祕奧雖前代京管何以加之郭黁知有晉之亡姚去姚以歸晉追兵奄及致斃中塗斯

則遠見秋毫不能近知目睫澄什爰自遐裔來游諸夏什既兆見星象澄乃驅役鬼神並通幽洞冥垂文闡教諒見珍於道藝非取貴於他山姚石奉之若神良有以也鮑吳王幸等或假靈道訣或受教神方遂能厭勝禳災隱文彰義雖獲譏於妖妄頗有益於世用者焉然而碩學通人未宜枉轡

贊曰傳敘災祥書稱龜筮應如影響叶若符契怪力亂神詭時惑世崇尚弗已必致流弊

晉書卷九十五

晉書卷九十五考證

韓友傳使畫作野豬著臥處屏風上○畫一本作或

卜珝傳猶子之不能免卿將也○將監本訛相今從上文有位爲卿將句改

佛圖澄傳勒召澄試以道術○道監本作智今從宋本

孟欽傳洛陽人也有左慈劉根之術○監本脫有字從宋本增

王嘉傳又著拾遺錄十卷○汪士漢云原書一十九卷共二百二十篇所載伏羲以來異事前世奇詭之說書逸不完蕭綺綴拾殘缺而敘之今約爲十卷

晉書卷九十五考證

晉書卷九十六

唐　太　宗　文　皇　帝　御　撰

列傳第六十六

烈女

夫三才分位室家之道克隆二族交歡貞烈之風斯著振高情而獨秀魯冊於是飛華挺峻節而孤標周篇於焉騰茂徽烈兼劭柔順無愆隔代相望諒非一緒然則虞興嬀汭夏盛塗山有娀有㜪廣隆殷之業太任太姒衍昌姬之化馬鄧恭儉漢朝推德宣昭懿淑魏代揚芬斯皆禮極中闈義殊月室者矣至若恭姜誓節孟母求仁華率傳而經齊樊授規而霸楚譏文伯於奉劍讓子發於分菽少君之從約禮孟光之符隱志既昭婦則且擅母儀子政緝之於前元凱編之於後具宣閫範有裨陰訓故上從泰始下迄恭安一操可稱一藝可紀咸加撰錄爲之傳云或位極后妃或事因夫子各隨本傳今所不錄在諸僞國暫阻王猷天下之善足以懲勸亦同搜次附于篇末

羊耽妻辛氏

羊耽妻辛氏字憲英隴西人魏侍中毗之女也聰朗有才鑒初魏文帝得立爲太子抱毗項謂之曰辛君知我喜不毗以告憲英憲英歎曰太子代君主宗廟社稷者也代君不可以不戚主國不可以不懼宜戚而喜何以能久魏其不昌乎弟敞爲大將軍曹爽參軍宣帝將誅爽因其從魏帝出而閉城門爽司馬魯芝率府兵斬關赴爽呼敞同去敞懼問憲英曰天子在外太傅閉城門人云將不利國家於事可得爾乎憲英曰事有不可知然以吾度之太傅殆不得不爾明皇帝臨崩把太傅臂屬以後事此言猶在朝士之耳且曹爽與太傅俱受寄託之任而獨專權勢於王室不忠於人道不直此舉不過以誅爽耳敞曰然則敞無出乎憲英曰安可以不出職守人之大義也凡人在難猶或恤之爲人執鞭而棄其事不祥也且爲人任爲人死親昵之職也汝從衆而已敞遂出宣帝果誅爽事定後敞歎曰吾不謀於姊幾不獲於義其後鍾會爲鎮西將軍憲英謂耽從子祜曰鍾士季何故西出祜曰將爲滅蜀也憲英曰會在事縱恣非持

久處下之道吾畏其有他志也及會將行請其子琇爲參軍憲英憂曰他日吾爲國憂今日難至吾家矣琇固請於文帝帝不聽憲英謂琇曰行矣戒之古之君子入則致孝於親出則致節於國在職思其所司在義思其所立不遺父母憂患而已軍旅之間可以濟者其唯仁恕乎會至蜀果反琇竟以全歸祜嘗送錦被憲英嫌其華反而覆之其明鑒儉約如此泰始五年卒年七十九

杜有道妻嚴氏

杜有道妻嚴氏字憲京兆人也貞淑有識量年十三適于杜氏十八而嫠居子植女韡並孤藐憲雖少誓不改節撫育二子教以禮度植遂顯名於時韡亦有淑德傅玄求爲繼室憲便許之時玄與何晏鄧颺不穆晏等每欲害之時人莫肯共婚及憲許玄內外以爲憂懼或曰何鄧執權必爲玄害亦由排山壓卵以湯沃雪耳奈何與之爲親憲曰爾知其一不知其他晏等驕侈必當自敗司馬太傅獸睡耳吾恐卵破雪銷行自有在遂與玄爲婚晏等尋亦爲宣帝所誅植後爲南安太守植從兄預爲秦州刺史被誣徵還憲與預書戒之曰諺云忍辱

至三公卿今可謂辱矣能忍之公是卿坐預後果爲儀同三司玄前妻子咸年六歲嘗隨其繼母省憲謂咸曰汝千里駒也必當遠至以其妹之女妻之咸後亦有名於海內其知人之鑒如此年六十六卒

王渾妻鍾氏

王渾妻鍾氏字琰穎川人魏太傅繇曾孫也父徽黃門郎琰數歲能屬文及長聰慧弘雅博覽記籍美容止善嘯詠禮儀法度爲中表所則既適渾生濟渾嘗共琰坐濟趨庭而過渾欣然曰生子如此足慰人心琰笑曰若使新婦得配參軍生子故不翅如此參軍謂渾中弟淪也琰女亦有才淑爲求賢夫時有兵家子甚俊濟欲妻之白琰琰曰要令我見之濟令此兵與羣小雜處琰自幃中察之既而謂濟曰緋衣者非汝所拔乎濟曰是琰曰此人才足拔萃然地寒壽促不足展其器用不可與婚遂止其人數年果亡琰明鑒遠識皆此類也渾弟湛妻郝氏亦有德行琰雖貴門與郝雅相親重郝不以賤下琰琰不以貴陵郝時人稱鍾夫人之禮郝夫人之法云

鄭袤妻曹氏

鄭袤妻曹氏魯國薛人也袤先娶孫氏早亡娉之爲繼室事舅姑甚孝躬紡績之勤以充奉養至於叔妹羣娣之間盡其禮節咸得歡心及袤爲司空其子默等又顯朝列時人稱其榮貴曹氏深懼盛滿每默等升進輒憂之形於聲色然食無重味服浣濯之衣袤等所獲祿秩曹氏必班散親姻務令周給家無餘貲初孫氏瘞于黎陽及袤薨議者以久喪難舉欲不合葬曹氏曰孫氏元妃理當從葬不可使孤魂無所依邪於是備吉凶導從之儀以迎之具衣衾几筵親執鴈行之禮聞者莫不歎息以爲趙姬之下叔隗不足稱也太康元年卒年八十二

愍懷太子妃王氏

愍懷太子妃王氏太尉衍女也字惠風貞婉有志節太子既廢居于金墉衍請絕婚惠風號哭而歸行路爲之流涕及劉曜陷洛陽以惠風賜其將喬屬屬將妻之惠風拔劍距屬曰吾太尉公女皇太子妃義不爲逆胡所辱屬遂害之

鄭休妻石氏

鄭休妻石氏不知何許人也少有德操年十餘歲鄉邑稱之既歸鄭氏爲九族所重休前妻女既幼又休父布臨終有庶子沉生命棄之石氏曰奈何使舅之胤不存乎遂養沉及前妻女力不兼舉九年之中三不舉子

陶侃母湛氏

陶侃母湛氏豫章新淦人也初侃父丹娉爲妾生侃而陶氏貧賤湛氏每紡績資給之使交結勝己侃少爲尋陽縣吏嘗監魚梁以一坩鮓遺母湛氏封鮓及書責侃曰爾爲吏以官物遺我非唯不能益吾乃以增吾憂矣鄱陽孝廉范逵寓宿於侃時大雪湛氏乃徹所臥新薦自剉給其馬又密截髮賣與鄰人供肴饌逵聞之歎息曰非此母不生此子侃竟以功名顯

賈渾妻宗氏

賈渾妻宗氏不知何許人也渾爲介休令被劉元海將喬晞攻破死之宗氏有姿色晞欲納之宗氏罵曰屠販奴豈有害人之夫而欲加無禮於爾安乎何不

促殺我因仰天大哭晞遂害之時年二十餘

梁緯妻辛氏

梁緯妻辛氏隴西狄道人也緯爲散騎常侍西都陷沒爲劉曜所害辛氏有殊色曜將妻之辛氏據地大哭仰謂曜曰妾聞男以義烈女不再醮妾夫已死理無獨全且婦人再辱明公亦安用哉乞即就死下事舅姑遂號哭不止曜曰貞婦也任之乃自縊而死曜以禮葬之

許延妻杜氏

許延妻杜氏不知何許人也延爲益州別駕爲李驤所害驤欲納杜氏爲妻杜氏號哭守夫尸罵驤曰汝輩逆賊無道死有先後寧當久活我杜家女豈爲賊妻也驤怒遂害之

虞潭母孫氏

虞潭母孫氏吳郡富春人孫權族孫女也初適潭父忠恭順貞和甚有婦德及忠亡遺孤藐爾孫氏雖少誓不改節躬自撫養劬勞備至性聰敏識鑒過人潭

始自幼童便訓以忠義故得聲望允洽爲朝廷所稱永嘉末潭爲南康太守值杜弢構逆率衆討之孫氏勉潭以必死之義俱傾其資產以餽戰士潭遂克捷及蘇峻作亂潭時守吳興又假節征峻孫氏戒之曰吾聞忠臣出孝子之門汝當捨生取義勿以吾老爲累也仍盡發其家僮令隨潭助戰貿其所服環珮以爲軍資于時會稽內史王舒遣子允之爲督護孫氏又謂潭曰王府君遣兒征汝何爲獨不潭卽以子楚爲督護與允之合勢其憂國之誠如此拜武昌侯太夫人加金章紫綬潭立養堂於家王導以下皆就拜謁咸和末卒年九十五成帝遣使弔祭謚曰定夫人

周顗母李氏

周顗母李氏字絡秀汝南人也少時在室顗父浚爲安東將軍時嘗出獵遇雨過止絡秀之家會其父兄不在絡秀聞浚至與一婢於內宰豬羊具數十人之饌甚精辦而不聞人聲浚怪使覘之獨見一女子甚美浚因求爲妾其父兄不許絡秀曰門戶殄悴何惜一女若連姻貴族將來庶有大益矣父兄許之遂生

顗及嵩謨而顗等既長絡秀謂之曰我屈節爲汝家作妾門戶計耳汝不與我家爲親親者吾亦何惜餘年顗等從命由此李氏遂得爲方雅之族中興時顗等並列顯位嘗冬至置酒絡秀舉觴賜三子曰吾本渡江託足無所不謂爾等並貴列吾目前吾復何憂嵩起曰恐不如尊旨伯仁志大而才短名重而識闇好乘人之弊此非自全之道嵩性抗直亦不容於世唯阿奴碌碌當在阿母目下耳阿奴謨小字也後果如其言

張茂妻陸氏

張茂妻陸氏吳郡人也茂爲吳郡太守被沈充所害陸氏傾家產率茂部曲爲先登以討充充敗陸詣闕上書爲茂謝不剋之責詔曰茂夫妻忠誠舉門義烈宜追贈茂太僕

尹虞二女

尹虞二女長沙人也虞前任始興太守起兵討杜弢戰敗二女爲弢所獲並有國色弢將妻之女曰我父二千石終不能爲賊婦有死而已弢並害之

荀崧小女灌

荀崧小女灌幼有奇節崧爲襄城太守爲杜曾所圍力弱食盡欲求救於故吏平南將軍石覽計無從出灌時年十三乃率勇士數十人踰城突圍夜出賊追甚急灌督厲將士且戰且前得入魯陽山獲免自詣覽乞師又爲崧書與南中郎將周訪請援仍結爲兄弟訪卽遣子撫率三千人會石覽俱救崧賊聞兵至散走灌之力也

王凝之妻謝氏

王凝之妻謝氏字道韞安西將軍奕之女也聰識有才辯叔父安嘗問毛詩何句最佳道韞稱吉甫作頌穆如清風仲山甫永懷以慰其心安謂有雅人深致又嘗內集俄而雪驟下安曰何所似也安兄子朗曰散鹽空中差可擬道韞曰未若柳絮因風起安大悅初適凝之還甚不樂安曰王郎逸少子不惡汝何恨也答曰一門叔父則有阿大中郎羣從兄弟復有封胡羯末不意天壤之中乃有王郎封謂謝歆胡謂謝朗羯謂謝玄末謂謝川皆其小字也又嘗譏玄學植

不進曰爲塵務經心爲天分有限邪凝之弟獻之嘗與賓客談議詞理將屈道韞遣婢白獻之曰欲爲小郎解圍乃施青綾步鄣自蔽申獻之前議客不能屈及遭孫恩之難舉厝自若既聞夫及諸子已爲賊所害方命婢肩輿抽刃出門亂兵稍至手殺數人乃被虜其外孫劉濤時年數歲賊又欲害之道韞曰事在王門何關他族必其如此寧先見殺恩雖毒虐爲之改容乃不害濤自爾嫠居會稽家中莫不嚴肅太守劉柳聞其名請與談議道韞素知柳名亦不自阻乃簪髻素褥坐於帳中柳束脩整帶造于別榻道韞風韻高邁敘致清雅先及家事慷慨流漣徐酬問旨詞理無滯柳退而歎曰實頃所未見瞻察言氣使人心形俱服道韞亦云親從凋亡始遇此士聽其所問殊開人胸府初同郡張玄妹亦有才質適於顧氏玄每稱之以敵道韞有濟尼者游於二家或問之濟尼答曰王夫人神情散朗故有林下風氣顧家婦清心玉映自是閨房之秀道韞所著詩賦誄頌並傳於世

劉臻妻陳氏

劉臻妻陳氏者亦聰辯能屬文嘗正旦獻椒花頌其詞曰旋穹周迴三朝肇建青陽散輝澄景載煥標美靈葩爰採爰獻聖容映之永壽於萬又撰元日及冬至進見之儀行於世

皮京妻龍氏

皮京妻龍氏字憐西道縣人也年十三適京未逾年而京卒京二弟亦相次而隕既無胤嗣又無朞功之親憐貨其嫁時資裝躬自紡績數年間三喪俱舉葬斂畢每時享祭無闕州里聞其賢屢有娉者憐誓不改醮守節窮居五十餘載而卒

孟昶妻周氏

孟昶妻周氏昶弟顗妻又其從妹也二家並豐財產初桓玄常推重昶而劉邁毀之昶知深自惋失及劉裕將建義與昶定謀昶欲盡散財物以供軍糧其妻非常婦人可語以大事乃謂之曰劉邁毀我於桓公便是一生淪陷決當作賊卿幸可早爾離絕脫得富貴相迎不晚也周氏曰君父母在堂欲建非常之謀

豈婦人所諫事之不成當於奚官中奉養大家義無歸志也衵愴然久之而起周氏追衵坐云觀君舉厝非謀及婦人者不過欲得財物耳時其所生女在抱推而示之曰此而可賣亦當不惜況資財乎遂傾資產以給之而託以他用及事之將舉周氏謂顗妻云一昨夢殊不好門內宜浣濯沐浴以除之且不宜赤色我當悉取作七日藏厭顗妻信之所有絳色者悉斂以付焉乃置帳中潛自剔綿以絳與衵遂得數十人被服赫然悉孟氏所出而家人不之知也

何無忌母劉氏

何無忌母劉氏征虜將軍建之女也少有志節弟牢之為桓玄所害劉氏每銜之常思報復及無忌與劉裕謀而劉氏察其舉厝有異喜而不言會無忌夜於屏風裏制檄文劉氏潛以器覆燭徐登橙於屏風上窺之既知泣而撫之曰我不如東海呂母明矣既孤其誠常恐壽促汝能如此吾雠恥雪矣因問其同謀知事在裕彌喜乃說桓玄必敗義師必成之理以勸勉之後果如其言

劉聰妻劉氏

劉聰妻劉氏名娥字麗華僞太保殷女也幼而聰慧晝營女工夜誦書籍傅母恒止之娥敦習彌厲每與諸兄論經義理趣超遠諸兄深以歎伏性孝友善風儀進止聰既僭位召爲右貴嬪甚寵之俄拜爲后將起鷂儀殿以居之其廷尉陳元達切諫聰大怒將斬之娥時在後堂私勑左右停刑手疏啓曰伏聞將爲妾營殿今昭德足居鷂儀非急四海未一禍難猶繁動須人力資財尤宜愼之廷尉之言國家大政夫忠臣之諫豈爲身哉帝王距之亦非顧身也妾仰謂陛下上尋明君納諫之昌下忿闇主距諫之禍宜賞廷尉以美爵酬廷尉以列土如何不惟不納而反欲誅之陛下此怒由妾而起廷尉之禍由妾而招人怨國疲咎歸於妾距諫害忠亦妾之由自古敗國喪家未始不由婦人者也妾每覽古事忿之忘食何意今日妾自爲之後人之觀妾亦猶妾之視前人也復何面目仰侍巾櫛請歸死此堂以塞陛下誤惑之過聰覽之色變謂其羣下曰朕比得風疾喜怒過常元達忠臣也朕甚愧之以娥表示元達曰外輔如公內輔如此后朕無憂矣及娥死僞謚武宣皇后其姊英字麗芳亦聰敏涉學而文詞機

辯曉達政事過於娥初與娥同名拜左貴嬪尋卒僞追謚武德皇后

王廣女

王廣女者不知何許人也容質甚美慷慨有丈夫之節廣仕劉聰爲西揚州刺史蠻帥梅芳攻陷揚州而廣被殺王時年十五芳納之俄於闇室擊芳不中芳驚起曰何故反邪王罵曰蠻畜我欲誅反賊可謂反乎吾聞父仇不同天母仇不同地汝反逆無狀害人父母而復以無禮陵人吾所以不死者欲誅汝耳今死自吾分不待汝殺但恨不得梟汝首於通逵以塞大恥辭氣猛厲言終乃自殺芳止之不可

陝婦人

陝婦人不知姓字年十九劉曜時嫠居陝縣事叔姑甚謹其家欲嫁之此婦毁面自誓後叔姑病死其叔姑有女在夫家先從此婦乞假不得因而誣殺其母有司不能察而誅之時有羣鳥悲鳴尸上其聲甚哀盛夏暴尸十日不腐亦不爲蟲獸所敗其境乃經歲不雨曜遣呼延謨爲太守旣知其寃乃斬此女設少

牢以祭其墓謚曰孝烈貞婦其日大雨

靳康女

靳康女者不知何許人也美姿容有志操劉曜之誅靳氏將納靳女爲妻靳曰陛下既滅其父母兄弟復何用妾爲妾聞逆人之誅也尚污宮伐樹而況其子女乎因號泣請死曜哀之免康一子

韋逞母宋氏

韋逞母宋氏不知何郡人也家世以儒學稱宋氏幼喪母其父躬自養之及長授以周官音義謂之曰吾家世學周官傳業相繼此又周公所制經紀典誥百官品物備於此矣吾今無男可傳汝可受之勿令絶世屬天下喪亂宋氏諷誦不輟其後爲石季龍徙之于山東宋氏與夫在徙中推鹿車背負父所授書到冀州依膠東富人程安壽壽養護之逞時年少宋氏晝則樵採夜則教逞然紡績無廢壽每歎曰學家多士大夫得無是乎逞遂學成名立仕苻堅爲太常堅嘗幸其太學問博士經典乃憫禮樂遺闕時博士盧壼對曰廢學既久書傳零

落比年綴撰正經粗集唯周官禮注未有其師竊見太常韋逞母宋氏世學家女傳其父業得周官音義今年八十視聽無闕自非此母無可以傳授後生於是就宋氏家立講堂置生員百二十人隔絳紗幔而受業號宋氏爲宣文君賜侍婢十人周官學復行於世時稱韋氏宋母焉

張天錫妾閻氏薛氏

張天錫妾閻氏薛氏並不知何許人也咸有寵於天錫天錫寢疾謂之曰汝二人將何以報我吾死後豈可爲人妻乎皆曰尊若不諱妾請效死供灑掃地下誓無他志及其疾篤二姬皆自刎天錫疾瘳追悼之以夫人禮葬焉

苻堅妾張氏

苻堅妾張氏不知何許人明辯有才識堅將入寇江左羣臣切諫不從張氏進曰妾聞天地之生萬物聖王之馭天下莫不順其性而暢之故黃帝服牛乘馬因其性也禹鑿龍門決洪河因水之勢也后稷之播殖百穀因地之氣也湯武之滅夏商因人之欲也是以有因成無因敗今朝臣上下皆言不可陛下復何

所因也書曰天聰明自我民聰明天猶若此況于人主乎妾聞人君有伐國之志者必上觀乾象下採衆祥天道崇遠非妾所知以人事言之未見其可諺言雞夜鳴者不利行師犬羣嘷者宮室必空兵動馬驚軍敗不歸秋冬以來每夜羣犬大嘷衆雞夜鳴伏聞廄馬驚逸武庫兵器有聲吉凶之理誠非微妾所論願陛下詳而思之堅曰軍旅之事非婦人所豫也遂興兵張氏請從堅果大敗於壽春張氏乃自殺

竇滔妻蘇氏

竇滔妻蘇氏始平人也名蕙字若蘭善屬文滔苻堅時爲秦州刺史被徙流沙蘇氏思之織錦爲迴文旋圖詩以贈滔宛轉循環以讀之詞甚悽惋凡八百四十字文多不錄

苻登妻毛氏

苻登妻毛氏不知何許人壯勇善騎射登爲姚萇所襲營壘既陷毛氏猶彎弓跨馬率壯士數百人與萇交戰殺傷甚衆衆寡不敵爲萇所執萇欲納之毛氏

罵曰吾天子后豈爲賊羌所辱何不速殺我因仰天大哭曰姚萇無道前害天子今辱皇后皇天后土寧不鑒照萇怒殺之

慕容垂妻段氏

慕容垂妻段氏字元妃僞右光祿大夫儀之女也少而婉慧有志操常謂妹季妃曰我終不作凡人妻季妃亦曰妹亦不爲庸夫婦鄰人聞而笑之垂之稱燕王納元妃爲繼室遂有殊寵僞范陽王德亦娉季妃焉姊妹俱爲垂德之妻卒如其志垂既僭位拜爲皇后垂立其子寶爲太子也元妃謂垂曰太子姿質雍容柔而不斷承平則爲仁明之主處難則非濟世之雄陛下託之以大業妾未見克昌之美遼西高陽二王陛下兒之賢者宜擇一以樹之趙王麟奸詐負氣常有輕太子之心陛下一旦不諱必有難作此陛下之家事宜深圖之垂不納寶及麟聞之深以爲恨其後元妃又言之垂曰汝欲使我爲晉獻公乎元妃泣而退告季妃曰太子不令羣下所知而主上比吾爲驪戎之女何其苦哉主上百年之後太子必亡社稷范陽王有非常器度若燕祚未終其在王乎垂死寶

嗣僞位遺麟逼元妃曰后常謂主上不能嗣守大統今竟何如宜早自裁以全段氏元妃怒曰汝兄弟尙逼殺母安能保守社稷吾豈惜死念國滅不久耳遂自殺寶議以元妃謀廢嫡統無母后之道不宜成喪羣下咸以爲然僞中書令眭邃大言於朝曰子無廢母之義漢之安思閻后親廢順帝猶配饗安皇先后言虛實尙未可知宜依閻后故事寶從之其後麟果作亂寶亦被殺德復僭稱尊號終如元妃之言

段豐妻慕容氏

段豐妻慕容氏德之女也有才慧善書史能鼓琴德既僭位署爲平原公主年十四適於豐豐爲人所譖被殺慕容氏寡歸將改適僞壽光公餘熾慕容氏謂侍婢曰我聞忠臣不事二君貞女不更二夫段氏既遭無辜已不能同死豈復有心於重行哉今主上不顧禮義嫁我若不從則違嚴君之命矣於是剋日交禮慕容氏姿容婉麗服飾光華熾覩之甚喜經再宿慕容氏僞辭以疾熾亦不之逼三日還第沐浴置酒言笑自若至夕密書其裙帶云死後當埋我於段氏

墓側若魂魄有知當歸彼矣遂於浴堂自縊而死及葬男女觀者數萬人莫不歎息曰貞哉公主路經餘燼宅前燼聞挽歌之聲慟絶良久

呂纂妻楊氏　呂紹妻張氏

呂纂妻楊氏弘農人也美豔有義烈纂被呂超所殺楊氏與侍婢十數人殯纂于城西將出宮超慮齎珍物出外使人搜之楊氏厲聲責超曰爾兄弟不能和睦手刃相屠我旦夕死人何用金寶超慚而退又問楊氏玉璽所在楊氏怒曰盡毁之矣超將妻之謂其父桓曰后若自殺禍及卿宗桓以告楊氏楊氏曰大人本賣女與氏以圖富貴一之已甚其可再乎乃自殺時呂紹妻張氏亦有操行年十四紹死便請爲尼呂隆見而悅之欲穢其行張氏曰欽樂至道誓不受辱遂昇樓自投於地二脛俱折口誦佛經俄然而死

涼武昭王李玄盛后尹氏

涼武昭王李玄盛后尹氏天水冀人也幼好學清辯有志節初適扶風馬元正元正卒爲玄盛繼室以再醮之故三年不言撫前妻子踰於己生玄盛之創業

也謨謀經略多所毗贊故西州諺曰李尹王敦煌及玄盛薨子士業嗣位尊爲太后士業將攻沮渠蒙遜尹氏謂士業曰汝新造之國地狹人稀靖以守之猶懼其失云何輕舉窺冀非望蒙遜驍武善用兵汝非其敵吾觀其數年已來有并兼之志且天時人事似欲歸之今國雖小足以爲政知足不辱道家明誡也且先王臨薨遺令殷勤志令汝曹深愼兵戰俟時而動言猶在耳奈何忘之不如勉修德政蓄力以觀之彼若淫暴人將歸汝汝苟德之不建事之無日矣汝此行也非唯師敗國亦將亡士業不從果爲蒙遜所滅尹氏至姑臧蒙遜引見勞之對曰李氏爲胡所滅知復何言或諫之曰母子命懸人手奈何倨傲且國敗子孫屠滅何獨無悲尹氏曰興滅死生理之大分何爲同凡人之事起兒女之悲吾一婦人不能死亡豈憚斧鉞之禍求爲臣妾乎若殺我者吾之願矣蒙遜嘉之不誅爲子茂虔娉其女爲妻及魏氏以武威公主妻茂虔尹氏及女遷居酒泉既而女卒撫之不哭曰汝死晚矣沮渠無諱時鎭酒泉每謂尹氏曰后諸孫在伊吾后能去不尹氏未測其言答曰子孫流漂託身醜虜老年餘命當

死於此不能作氈裘鬼也俄而潛奔伊吾無諱遣騎追及之尹氏謂使者曰沮渠酒泉許我歸北何故來追汝可斬吾首歸終不迴矣使者不敢逼而還年七十五卒于伊吾

史臣曰夫繁霜降節彰勁心於後凋横流在辰表貞期於上德匪伊君子抑亦婦人焉自晉政陵夷罕樹風檢虧閑爽操相趨成俗荐之以劉石汨之以苻姚三月歌胡唯見爭新之飾一朝辭漢曾微戀舊之情馳鶩風埃脫落名教顛縱忘反於兹爲極至若惠風之數喬屬道韞之對孫恩荀女釋急於重圍張妻報怨於強寇僭登之后蹈死不迴僞纂之妃捐生匪吝宗辛抗情而致夭王靳守節而就終斯皆冥踐義途匪因教至聳清漢之喬葉有裕徽音振幽谷之貞蕤無慚雅引比夫懸梁靡顧齒劍如歸異日齊風可以激揚千載矣

贊曰從容陰禮婉娩柔則載循六行爰昭四德操絜風霜譽流邦國彤管貽訓清芬靡忒

晉書卷九十六

晉書卷九十六考證

王渾妻傳琰女亦有才淑○琰監本誤婦今改正

陶侃母湛氏傳以一坩鮓遺母○坩應作坩此因音義作蚶而誤耳又鮓集韻作鮺

周顗母李氏傳唯阿奴碌碌當在阿母目下耳阿奴謨小字也○臣宗楷按本書周顗傳弟嵩嘗因酒瞋目以所燃蠟燭投之顗曰阿奴火攻固出下策耳是呼嵩爲阿奴而此復以阿奴爲弟謨小字前後小異

何無忌母劉氏傳劉氏潛以器覆燭徐登橙於屏風上窺之○橙各本誤榻今以音義改正

晉書卷九十六考證

晉書卷九十七

唐 太 宗 文 皇 帝 御 撰

列傳第六十七

四夷

夫恢恢乾德萬類之所資始蕩蕩坤儀九區之所均載考羲軒於往統肇承天而理物訊炎昊於前辟爰制地而疏疆襲冠帶以辨諸華限要荒以殊遐裔區分中外其來尚矣九夷八狄被青野而亘玄方七戎六蠻綿西宇而橫南極繁種落異君長遇有道則時遵聲教鍾無妄則爭肆虔劉趨扇風塵蓋其常性也詳求遐議歷選深謨莫不待以羈縻防其猾夏武帝受終衰魏廓境全吳威略既申招攜斯廣迷亂華之議矜來遠之名撫舊懷新歲時無怠凡四夷入貢者有二十三國既而惠皇失德中宗遷播凶徒分據天邑傾淪朝化所覃江外而已賝貢之禮於茲殆絕殊風異俗所未能詳故採其可知者爲之傳云北狄竊號中壤備于載記在其諸部種類今略書之

東夷 夫餘國 馬韓 辰韓 肅愼氏 倭人 裨離等十國

夫餘國

夫餘國在玄菟北千餘里南接鮮卑北有弱水地方二千里戸八萬有城邑宮室地宜五穀其人強勇會同揖讓之儀有似中國其出使乃衣錦罽以金銀飾腰其法殺人者死沒入其家盜者一責十二男女淫婦人妬皆殺之若有軍事殺牛祭天以其蹄占吉凶蹄解者爲凶合者爲吉死者以生人殉葬有槨無棺其居喪男女皆衣純白婦人著布面衣去玉珮出善馬及貂豽美珠珠大如酸棗其國殷富自先世以來未嘗被破其王印文稱穢王之印國中有古穢城本穢貊之城也武帝時頻來朝貢至太康六年爲慕容廆所襲破其王依慮自殺子弟走保沃沮帝爲下詔曰夫餘王世守忠孝爲惡虜所滅甚愍念之若其遺類足以復國者當爲之方計使得存立有司奏護東夷校尉鮮于嬰不救夫餘失於機略詔免嬰以何龕代之明年夫餘後王依羅遣詣龕求率見人還復舊國仍請援龕上列遣督郵賈沉以兵送之廆又要之於路沉與戰大敗之廆衆

退羅得復國爾後每爲廆掠其種人賣於中國帝愍之又發詔以官物贖還下司冀二州禁市夫餘之口

馬韓

韓種有三一曰馬韓二曰辰韓三曰弁韓辰韓在帶方南東西以海爲限馬韓居山海之閒無城郭凡有小國五十六所大者萬戶小者數千家各有渠帥俗少綱紀無跪拜之禮居處作土室形如冢其戶向上舉家共在其中無長幼男女之別不知乘牛馬畜者但以送葬俗不重金銀錦罽而貴瓔珠用以綴衣或飾髮垂耳其男子科頭露紒衣布袍履草蹻性勇悍國中有所調役及起築城隍年少勇健者皆鑿其背皮貫以大繩以杖搖繩終日讙呼力作不以爲痛善用弓楯矛櫓雖有鬭爭攻戰而貴相屈服俗信鬼神常以五月耕種畢羣聚歌舞以祭神至十月農事畢亦如之國邑各立一人主祭天神謂爲天君又置別邑名曰蘇塗立大木懸鈴鼓其蘇塗之義有似西域浮屠也而所行善惡有異武帝太康元年二年其主頻遣使入貢方物七年八年十年又頻至太熙元年

詣東夷校尉何龕上獻咸寧三年復來明年又請內附

辰韓

辰韓在馬韓之東自言秦之亡人避役入韓韓割東界以居之立城柵言語有類秦人由是或謂之爲秦韓初有六國後稍分爲十二又有弁辰亦十二國合四五萬戸各有渠帥皆屬於辰韓辰韓常用馬韓人作主雖世世相承而不得自立明其流移之人故爲馬韓所制也地宜五穀俗饒蠶桑善作縑布服牛乘馬其風俗有類馬韓兵器亦與之同初生子便以石押其頭使扁喜舞善彈瑟瑟形似筑武帝太康元年其王遣使獻方物二年復來朝貢七年又來

肅愼氏

肅愼氏一名挹婁在不咸山北去夫餘可六十日行東濱大海西接寇漫汗國北極弱水其土界廣袤數千里居深山窮谷其路險阻車馬不通夏則巢居冬則穴處父子世爲君長無文墨以言語爲約有馬不乘但以爲財產而已無牛羊多畜豬食其肉衣其皮績毛以爲布有樹名雒常若中國有聖帝代立則其

木生皮可衣無井竈作瓦鬲受四五升以食坐則箕踞以足挾肉而啖之得凍肉坐其上令暖土無鹽鐵燒木作灰灌取汁而食之俗皆編髮以布作襜徑尺餘以蔽前後將嫁娶男以毛羽插女頭女和則持歸然後致禮娉之婦貞而女淫貴壯而賤老死者其日卽葬之於野交木作小槨殺猪積其上以爲死者之糧性凶悍以無憂哀相尚父母死男子不哭泣哭者謂之不壯相盜竊無多少皆殺之故雖野處而不相犯有石砮皮骨之甲檀弓三尺五寸楛矢長尺有咫其國東北有山出石其利入鐵將取之必先祈神周武王時獻其楛矢石砮逮于周公輔成王復遣使入賀爾後千餘年雖秦漢之盛莫之致也及文帝作相魏景元末來貢楛矢石砮弓甲貂皮之屬魏帝詔歸于相府賜其王傉雞錦罽緜帛至武帝元康初復來貢獻元帝中興又詣江左貢其石砮至成帝時通貢於石季龍問之答曰每候牛馬向西南眠者三年矣是知有大國所在故來云

倭人

倭人在帶方東南大海中依山島爲國地多山林無良田食海物舊有百餘小

國相接至魏時有三十國通好戶有七萬男子無大小悉黥面文身自謂太伯之後又言上古使詣中國皆自稱大夫昔夏少康之子封於會稽斷髮文身以避蛟龍之害今倭人好沉沒取魚亦文身以厭水禽計其道里當會稽東冶之東其男子衣以橫幅但結束相連略無縫綴婦人衣如單被穿其中央以貫頭而皆被髮徒跣其地温暖俗種禾稻紵麻而蠶桑織績土無牛馬有刀楯弓箭以鐵爲鏃有屋宇父母兄弟臥息異處食飲用俎豆嫁娶不持錢帛以衣迎之死有棺無槨封土爲冢初喪哭泣不食肉已葬舉家入水澡浴自絜以除不祥其舉大事輒灼骨以占吉凶不知正歲四節但計秋收之時以爲年紀人多壽百年或八九十國多婦女不淫不妬無爭訟犯輕罪者沒其妻孥重者族滅其家舊以男子爲主漢末倭人亂攻伐不定乃立女子爲王名曰卑彌呼宣帝之平公孫氏也其女王遣使至帶方朝見其後貢聘不絕及文帝作相又數至泰始初遣使重譯入貢

裨離等十國

裨離國在肅慎西北馬行可二百日領戶二萬養雲國去裨離馬行又五十日領戶二萬寇莫汗國去養雲國又百日行領戶五萬餘一羣國去莫汗又百五十日計去肅慎五萬餘里其風俗土壤並未詳泰始三年各遣小部獻其方物至太熙初復有牟奴國帥逸芝惟離模盧國帥沙支臣芝于離末利國帥加牟臣芝蒲都國帥因末繩余國帥馬路沙樓國帥釤加各遣正副使詣東夷校尉何龕歸化

西戎

吐谷渾 焉耆國 龜茲國 大宛國 康居國 大秦國

吐谷渾

吐延 葉延 辟奚 視連 視羆 樹洛干

吐谷渾慕容廆之庶長兄也其父涉歸分部落一千七百家以隸之及涉歸卒廆嗣位而二部馬鬭廆怒曰先公分建有別奈何不相遠離而令馬鬭吐谷渾曰馬爲畜耳鬭其常性何怒於人乖別甚異當去汝於萬里之外矣於是遂行廆悔之遣其長史史那樓馮及父時耆舊追還之吐谷渾曰先公稱卜筮之言當有二子克昌祚流後裔我卑庶也理無並大今因馬而別殆天所啓乎諸君

試驅馬令東馬若還東我當相隨去矣樓馮遣從者二千騎擁馬東出數百步輒悲鳴西走如是者十餘輩樓馮跪而言曰此非人事也遂止鮮卑謂兄爲阿干廆追思之作阿干之歌歲暮窮思常歌之吐谷渾謂其部落曰我兄弟俱當享國廆及曾玄纔百餘年耳我玄孫已後庶其昌乎於是乃西附陰山屬永嘉之亂始度隴而西其後子孫據有西零已西甘松之界極乎白蘭數千里然有城郭而不居隨逐水草廬帳爲屋以肉酪爲糧其官置長史司馬將軍頗識文字其男子通服長裙帽或戴羃䍦婦人以金花爲首飾辮髮縈後綴以珠貝其婚姻富家厚出聘財竊女而去父卒妻其羣母兄亡妻其諸嫂喪服制葬訖而除國無常稅調用不給輒斂富室商人取足而止殺人及盜馬者罪至死他犯則徵物以贖地宜大麥而多蔓菁頗有菽粟出蜀馬氂牛西北雜種謂之爲阿柴虜或號爲野虜焉吐谷渾年七十二卒有子六十人長曰吐延嗣

吐延身長七尺八寸雄姿魁傑羌虜憚之號曰項羽性俶儻不羣常慷慨謂其下曰大丈夫生不在中國當高光之世與韓彭吳鄧並驅中原定天下雖雄使

名垂竹帛而潛竄窮山隔在殊俗不聞禮教於上京不得策名於天府生與麋鹿同羣死作氈裘之鬼雖偷觀日月獨不愧於心乎性酷忍而負其智不能恤下爲羌酋姜聰所刺劍猶在其身謂其將紇拔泥曰豎子刺吾吾之過也上負先公下愧士女所以控制諸羌者以吾故也吾死之後善相葉延速保白蘭言終而卒在位十三年有子十二人長子葉延嗣

葉延年十歲其父爲羌酋姜聰所害每旦縛草爲姜聰之象哭而射之中之則號泣不中則瞋目大呼其母謂曰姜聰諸將已屠鱠之矣汝何爲如此葉延泣曰誠知射草人不益於先讎以申罔極之志耳性至孝母病五日不食葉延亦不食長而沉毅好問天地造化帝王年曆司馬薄洛鄰曰臣等不學實未審三皇何父之子五帝誰母所生延曰自義皇以來符命玄象昭言著見而卿等面牆何其鄙哉語曰夏蟲不知冬冰良不虛也又曰禮云公孫之子得以王父字爲氏吾始祖自昌黎光宅於此今以吐谷渾爲氏尊祖之義也在位二十三年卒年三十三有子四人長子辟奚嗣

辟奚性仁厚慈惠初聞苻堅之盛遣使獻馬五十匹金銀五百斤堅大悅拜為安遠將軍時辟奚三弟皆專恣長史鍾惡地恐為國害謂司馬乞宿雲曰昔鄭莊公秦昭王以一弟之寵宗祀幾傾見今三孽並驕必為社稷之患吾與公忝當元輔若獲保首領以沒于地先君有問其將何辭吾今誅之矣宿雲請白辟奚惡地曰吾王無斷不可以告於是因羣下入覲遂執三弟而誅之辟奚自投于牀惡地等奔而扶之曰臣昨夢先王告臣云三弟將為逆亂汝速除之臣謹奉先王之命矣辟奚素友愛因恍惚成疾謂世子視連曰吾禍滅同生何以見之於地下國事大小汝宜攝之吾餘年殘命寄食而已遂以憂卒在位二十五年時年四十二有子六人視連嗣

視連既立通聘於乞伏乾歸拜為白蘭王視連幼廉慎有志性以父憂卒不知政事不飲酒遊田七年矣鍾惡地進曰夫人君者以德御世以威齊衆養以五味娛以聲色此四者聖帝明王之所先也而公皆略之昔昭公儉嗇而喪偃王仁義而亡然則仁義所以存身亦所以亡己經國者德禮也濟世者刑法也二

者或差則綱維失緒明公奕葉重光恩結西夏雖仁孝發於天然猶宜憲章周孔不可獨追徐偃之仁使刑德委而不建視連泣曰先王追友于之痛悲憤升遐孤雖纂業尸存而已聲色遊娛豈所安也綱維刑禮付之將來臨終謂其子視羆曰我高祖吐谷渾公常言子孫必有興者永爲中國之西藩慶流百世吾已不及汝亦不見當在汝之子孫輩耳在位十五年而卒有二子長曰視羆少曰烏紇堤

視羆性英果有雄略嘗從容謂博士金城騫苞曰易云動靜有常剛柔斷矣先王以仁宰世不任威刑所以剛柔靡斷取輕鄰敵當仁不讓豈宜拱默者乎今將秣馬厲兵爭衡中國先生以爲何如苞曰大王之言高世之略秦隴英豪所願聞也於是虛襟撫納衆赴如歸乞伏乾歸遣使拜爲使持節都督龍涸已西諸軍事沙州牧白蘭王視羆不受謂使者曰自晉道不綱姦雄競逐劉石虐亂秦燕跋扈河南王處形勝之地宜當糾合義兵以懲不順奈何私相假署擬僭羣兇寡人承五祖之休烈控弦之士二萬方欲掃氛秦隴清彼沙涼然後飲馬

涇渭戮問鼎之暨以一丸泥封東關閉燕趙之路迎天子於西京以盡遐藩之節終不能如季孟子陽妄自尊大爲吾白河南王何不立勳帝室策名王府建當年之功流芳來葉邪乾歸大怒然憚其彊初猶結好後竟遣衆擊之視羆大敗退保白蘭在位十一年年三十三卒子樹洛干年少傳位於烏紇堤烏紇堤一名大孩性愞弱耽酒淫色不恤國事乞伏乾歸之入長安也烏紇堤屢抄其境乾歸怒率騎討之烏紇堤大敗亡失萬餘口保于南涼遂卒於胡國在位八年時年三十五視羆之子樹洛干立

樹洛干九歲而孤其母念氏聰惠有姿色烏紇堤妻之有寵遂專國事洛干十歲便自稱世子年十六嗣立率所部數千家奔歸莫何川自稱大都督車騎大將軍大單于吐谷渾王化行所部衆庶樂業號爲戊寅可汗沙漒雜種莫不歸附乃宣言曰孤先祖避地於此暨孤七世思與羣賢共康休緒今士馬桓桓控弦數萬孤將振威梁益稱霸西戎觀兵三秦遠朝天子諸君以爲何如衆咸曰此盛德之事也願大王自勉乞伏乾歸甚忌之率騎二萬攻之於赤水樹洛干

大敗遂降乾歸乾歸拜爲平狄將軍赤水都護又以其弟吐護真爲捕虜將軍層城都尉其後屢爲乞伏熾磐所破又保白蘭慚憤發病而卒在位九年時年二十四熾磐聞其死喜曰此虜矯矯所謂有豕白蹢也有子四人世子拾虔嗣其後世嗣不絕

焉耆國

焉耆國西去洛陽八千二百里其地南至尉犂北與烏孫接方四百里四面有大山道險隘百人守之千人不過其俗丈夫翦髮婦人衣襦著大袴婚姻同華夏好貨利任姦詭王有侍衛數十人皆倨慢無尊卑之禮武帝太康中其王龍安遣子入侍安夫人獪胡之女姙身十二月剖脅生子曰會立之爲世子會少而勇傑安病篤謂會曰我嘗爲龜茲王白山所辱不忘於心汝能雪之乃吾子也及會立襲滅白山遂據其國遣子熙歸本國爲王會有膽氣籌略遂霸西胡葱嶺以東莫不率服然恃勇輕率嘗出宿于外爲龜茲國人羅雲所殺其後張駿遣沙州刺史楊宣率衆疆理西域宣以部將張植爲前鋒所向風靡軍次其

國熙距戰於貢嵛城爲植所敗植進屯鐵門未至十餘里熙又率衆先要之於遮留谷植將至或曰漢祖畏於柏人岑彭死於彭亡今谷名遮留殆將有伏植單騎嘗之果有伏發植馳擊敗之進據尉犂熙率其羣下四萬人肉袒降于宣呂光討西域復降于光及光僭位熙又遣子入侍

龜茲國

龜茲國西去洛陽八千二百八十里俗有城郭其城三重中有佛塔廟千所人以田種畜牧爲業男女皆翦髮垂項王宮壯麗煥若神居武帝太康中其王遣子入侍惠懷末以中國亂遣使貢方物於張重華苻堅時堅遣其將呂光率衆七萬伐之其王白純距境不降光進軍討平之

大宛國

大宛西去洛陽萬三千三百五十里南至大月氏北接康居大小七十餘城土宜稻麥有蒲萄酒多善馬馬汗血其人皆深目多鬚其俗娶婦先以金同心指鐶爲娉又以三婢試之不男者絕婚姦淫有子皆卑其母與人馬乘不調墜死

者馬主出斂具魯市買爭分銖之利得中國金銀輒爲器物不用爲幣也太康六年武帝遣使楊顥拜其王藍庾爲大宛王藍庾卒其子摩之立遣使貢汗血馬

康居國

康居國在大宛西北可二千里與粟弋伊列鄰接其王居蘇薤城風俗及人貌衣服略同大宛地和暖饒桐柳蒲萄多牛羊出好馬泰始中其王那鼻遣使上封事幷獻魯馬

大秦國

大秦國一名犂鞬在西海之西其地東西南北各數千里有城邑其城周迴百餘里屋宇皆以珊瑚爲棁栭琉璃爲牆壁水精爲柱礎其王有五宮其宮相去各十里每旦於一宮聽事終而復始若國有災異輒更立賢人放其舊王被放者亦不敢怨有官曹簿領而文字習胡亦有白蓋小車旌旗之屬及郵驛制置一如中州其人長大貌類中國人而胡服其土多出金玉寶物明珠大貝有夜

光璧駭雞犀及火浣布又能刺金縷繡及織錦縷罽以金銀爲錢銀錢十當金錢之一安息天竺人與之交市於海中其利百倍鄰國使到者輒廩以金錢途經大海海水鹹苦不可食商客往來皆齎三歲糧是以至者稀少漢時都護班超遣掾甘英使其國入海船人曰海中有思慕之物往者莫不悲懷若漢使不戀父母妻子者可入英不能渡武帝太康中其王遣使貢獻

南蠻 林邑 扶南

林邑

林邑國本漢時象林縣則馬援鑄柱之處也去南海三千里後漢末縣功曹姓區有子曰連殺令自立爲王子孫相承其後王無嗣外孫范熊代立熊死子逸立其俗皆開地戶以向日至於居止或東西無定人性凶悍果於戰鬬便山習水不閑平地四時暄暖無霜無雪人皆倮露徒跣以黑色爲美貴女賤男同姓爲婚婦先娉壻女嫁之時著迦盤衣橫幅合縫如井欄首戴寶花居喪翦鬢謂之孝燔尸中野以爲葬其王服天冠被纓絡每聽政子弟侍臣皆不得近之自

孫權以來不朝中國至武帝太康中始來貢獻咸康二年范逸死奴文篡位
文日南西卷縣夷帥范椎奴也嘗牧牛澗中獲二鯉魚化成鐵用以爲刀刀成
乃對大石嶂而祝之曰鯉魚變化冶成雙刀石嶂破者是有神靈進斫之石即
瓦解文知其神乃懷之隨商賈往來見上國制度至林邑遂教逸作宮室城邑
及器械逸甚愛信之使爲將文乃譖逸諸子或徙或奔及逸死無嗣文遂自立
爲王以逸妻妾悉置之高樓從己者納之不從者絕其食於是乃攻大岐界小
岐界式僕徐狼屈都乾魯扶單等諸國幷之有衆四五萬人遣使通表入貢於
帝其書皆胡字至永和三年文率其衆攻陷日南害太守夏侯覽殺五六千人
餘奔九真以覽尸祭天鏟平西卷縣城遂據日南告交州刺史朱蕃求以日南
北鄙橫山爲界初徼外諸國嘗齎寶物自海路來貿貨賄而交州刺史日南太
守多貪利侵侮十折二三至刺史姜壯時使韓戢領日南太守戢估較太半又
伐船調枹聲云征伐由是諸國恚憤且林邑少田貪日南之地戢死絕繼以謝
擢侵刻如初及覽至郡又耽荒于酒政教愈亂故被破滅旣而文還林邑是歲

朱蕃使督護劉雄戍于日南文復攻陷之四年文又襲九眞害士庶十八九明
年征西督護滕畯率交廣之兵伐文於盧容爲文所敗退次九眞其年文死子
佛嗣升平末廣州刺史滕含率衆伐之佛懼請降含與盟而還至孝武帝寧康
中遣使貢獻至義熙中每歲又來寇日南九眞九德等諸郡殺傷甚衆交州遂
致虛弱而林邑亦用疲弊佛死子胡達立上疏貢金盤椀及金鉦等物

扶南國

扶南西去林邑三千餘里在海大灣中其境廣袤三千里有城邑宮室人皆醜
黑拳髮倮身跣行性質直不爲寇盜以耕種爲務一歲種三歲穫又好雕文刻
鏤食器多以銀爲之貢賦以金銀珠香亦有書記府庫文字有類於胡喪葬婚
姻略同林邑其王本是女子字葉柳時有外國人混潰者先事神夢神賜之弓
又教載舶入海混潰旦詣神祠得弓遂隨賈人汎海至扶南外邑葉柳率衆禦
之混潰舉弓葉柳懼遂降之於是混潰納以爲妻而據其國後胤衰微子孫不
紹其將范尋復世王扶南矣武帝泰始初遣使貢獻太康中又頻來穆帝升平

初復有竺旃檀稱王遣使貢馴象帝以殊方異獸恐爲人患詔還之

北狄

匈奴

匈奴之類總謂之北狄匈奴地南接燕趙北暨沙漠東連九夷西距六戎世世自相君臣不稟中國正朔夏曰薰鬻殷曰鬼方周曰獫狁漢曰匈奴其強弱盛衰風俗好尚區域所在皆列于前史前漢末匈奴大亂五單于爭立而呼韓邪單于失其國攜率部落入臣於漢漢嘉其意割幷州北界以安之於是匈奴五千餘落入居朔方諸郡與漢人雜處呼韓邪感漢恩來朝漢因留之賜其邸舍猶因本號聽稱單于歲給綿絹錢穀有如列侯子孫傳襲歷代不絕其部落隨所居郡縣使宰牧之與編戶大同而不輸貢賦多歷年所戶口漸滋彌漫北朔轉難禁制後漢末天下騷動羣臣競言胡人猥多懼必爲寇宜先爲其防建安中魏武帝始分其衆爲五部部立其中貴者爲帥選漢人爲司馬以監督之魏末復改帥爲都尉其左部都尉所統可萬餘落居于太原故泫氏縣右部都尉

可六千餘落居祁縣南部都尉可三千餘落居蒲子縣北部都尉可四千餘落居新興縣中部都尉可六千餘落居太陵縣武帝踐阼後塞外匈奴大水塞泥黑難等二萬餘落歸化帝復納之使居河西故宜陽城下後復與晉人雜居由是平陽西河太原新興上黨樂平諸郡靡不有焉泰始七年單于猛叛屯孔邪城武帝遣婁侯何楨持節討之楨素有志略以猛衆凶悍非少兵所制乃潛誘猛左部督李恪殺猛於是匈奴震服積年不敢復反其後稍因忿恨殺害長史漸爲邊患侍御史西河郭欽上疏曰戎狄彊獷歷古爲患魏初人寡西北諸郡皆爲戎居今雖服從若百年之後有風塵之警胡騎自平陽上黨不三日而至孟津北地西河太原馮翊安定上郡盡爲狄庭矣宜及平吳之威謀臣猛將之略出北地西河安定復上郡實馮翊於平陽已北諸縣募取死罪徙三河三魏見士四萬家以充之裔不亂華漸徙平陽弘農魏郡京兆上黨雜胡峻四夷出入之防明先王荒服之制萬世之長策也帝不納至太康五年復有匈奴胡太阿厚率其部落二萬九千三百人歸化七年又有匈奴胡都大博及萎莎胡等

各率種類大小凡十萬餘口詣雍州刺史扶風王駿降附明年匈奴都督大豆得一育鞠等復率種落大小萬一千五百口牛二萬二千頭羊十萬五千口車驢什物不可勝紀來降并貢其方物帝並撫納之北狄以部落為類其入居塞者有屠各種鮮支種寇頭種烏譚種赤勤種捍蛭種黑狼種赤沙種鬱鞞種萎莎種禿童種勃蔑種羌渠種賀賴種鍾跂種大樓種雍屈種真樹種力羯種凡十九種皆有部落不相雜錯屠各最豪貴故得為單于統領諸種其國號有左賢王右賢王左奕蠡王右奕蠡王左於陸王右於陸王左漸尚王右漸尚王左朔方王右朔方王左獨鹿王右獨鹿王左顯祿王右顯祿王左安樂王右安樂王凡十六等皆用單于親子弟也其左賢王最貴唯太子得居之其四姓有呼延氏卜氏蘭氏喬氏而呼延氏最貴則有左日逐右日逐世為輔相卜氏則有左沮渠右沮渠蘭氏則有左當戶右當戶喬氏則有左都侯右都侯又有車陽沮渠餘地諸雜號猶中國百官也其國人有綦毋氏勒氏皆勇健好反叛武帝時有騎督綦毋俔邪伐吳有功遷赤沙都尉惠帝元康中匈奴郝散攻上黨殺

長史入守上郡明年散第度元又率馮翊北地羌胡攻破二郡自此已後北狄
漸盛中原亂矣

史臣曰夫肖形稟氣是稱萬物之靈繫土隨方迺有羣分之異蹈仁義者爲中寓肆凶獷者爲外夷譬諸草木區以別矣夷狄之徒名教所絕闚邊候隙自古爲患稽諸前史憑陵匪一軒皇北逐唐帝南征殷后東戡周王西狩皆所以禦其侵亂也嬴劉之際匈奴最彊元成之間呼韓委質漢嘉其節處之中壤歷年斯永種類逾繁舛號殊名不可勝載爰及泰始匪革前迷廣闢塞垣更招種落納萎莎之後附開育鞠之新降接帳連韝充郊掩甸既而沸脣成俗鳴鏑爲羣振鴞響而挻災恣狼心而逞暴何楨縱策弗沮於姦萌郭欽馳疏無救於妖漸未環星紀坐傾都邑黎元塗地凶族滔天迹其所由抑武皇之失也吐谷渾分緒僞燕遠辭正嫡率東胡之餘衆奄西羌之舊宇綱疏政暇地廣兵全廓萬里之基貽一匡之訓弗忘忠義良可嘉焉吐延風標宏偉見方於項籍始遵朝化遽夭於姜聰高節不羣亦殊藩之秀也葉延至孝寄新哀於射草辟奚深友邁

古烈於分荆視連蒸蒸光奉先之義視羆𤣱𤣱蘊經時之略洛干童幼早擅英
規未騁雄心先摧凶手奉順者必敗豈天亡晉乎且渾廆連枝生自邊極各謀
孫而翼子咸華裔而希華廆胤姦凶假鳳圖而竊號渾嗣忠謹距龍涸而歸誠
懷姦者數世而亡資忠者累葉彌劭積善餘慶斯言信矣
贊曰逖矣前王區別羣方叛由德弛朝因化昌武后升圖智昧遷胡遽淪家國
多謝明謨谷渾英奮思𤣱頹運克昌其緒實資忠訓

晉書卷九十七

晉書卷九十七考證

辰韓傳善彈瑟瑟形似筑○上瑟字監本誤琴今從宋本改

賜其王傉鞬錦罽緜帛○傉監本訛褥讀者遂疑鞬字爲訛音義傉內沃反葢

其王之名也今改正

至成帝時通貢於石季龍○一本此句下有四年方達季龍六字

都督龍涸已西諸軍事○龍各本誤羆今從本卷史臣論渾嗣忠謹距龍涸而

歸誠改正

晉書卷九十七考證

晉書卷九十八

唐　太　宗　文　皇　帝　御　撰

列傳第六十八

王敦

王敦字處仲司徒導之從父兄也父基治書侍御史敦少有奇人之目尚武帝女襄城公主拜駙馬都尉除太子舍人時王愷石崇以豪侈相尚愷常置酒敦與導俱在坐有女伎吹笛小失聲韻愷便毆殺之一坐改容敦神色自若他日又造愷愷使美人行酒以客飲不盡輒殺之酒至敦導所敦故不肯持美人悲懼失色而敦傲然不視導素不能飲恐行酒者得罪遂勉強盡觴導還歎曰處仲若當世心懷剛忍非令終也洗馬潘滔見敦而目之曰處仲蜂目已露但豺聲未振若不噬人亦當爲人所噬及太子遷許昌詔東宮官屬不得送敦及洗馬江統潘滔舍人杜蕤魯瑤等冒禁於路側望拜流涕時論稱之遷給事黃門侍郎趙王倫篡位敦叔父彥爲兗州刺史倫遣敦慰勞之會諸王起義兵彥被

齊王冏檄懼倫兵強不敢應命敦勸彥起兵應諸王故彥遂立勳績惠帝反正敦遷散騎常侍左衞將軍大鴻臚侍中出除廣武將軍青州刺史永嘉初徵爲中書監于時天下大亂敦悉以公主時侍婢百餘人配給將士金銀寶物散之於衆單車還洛東海王越自滎陽來朝敦謂所親曰今威權悉在太傅而選用表請尚書猶以舊制裁之太傅今至必有誅罰俄而越收中書令繆播等十餘人殺之越以敦爲揚州刺史潘滔說越曰今樹處仲於江外使其肆豪彊之心是見賊也越不從其後徵拜尚書不就元帝召爲安東軍諮祭酒會揚州刺史劉陶卒帝復以敦爲揚州刺史加廣武將軍尋進左將軍都督征討諸軍事假節帝初鎮江東威名未著敦與從弟導等同心翼戴以隆中興時人爲之語曰王與馬共天下尋與甘卓等討江州刺史華軼斬之蜀賊杜弢作亂荆州刺史周顗退走敦遣武昌太守陶侃豫章太守周訪等討弢而敦進住豫章爲諸軍繼援及侃破弢敦上侃爲荆州刺史既而侃爲弢將杜曾所敗敦以處分失所自貶爲廣武將軍帝不許侃之滅弢也敦以元帥進鎮東大將軍開府儀同三

司加都督江揚荊湘交廣六州諸軍事江州刺史封漢安侯敦始自選置兼統州郡焉頃之杜弢將杜弘南定廣州求討桂林賊自效敦許之陶侃距弘不得進乃詣零陵太守尹奉降奉送弘與敦敦以爲將遂見寵待南康人何欽所居嶮固聚衆數千人敦就加四品將軍於是專擅之迹漸彰矣建武初又遷征南大將軍開府如故中興建拜侍中大將軍江州牧遣部將朱軌趙誘伐杜曾爲曾所殺敦自貶免侍中幷辭牧不拜尋加荊州牧敦上疏曰昔漢祖以神武革命開建帝業繼以文帝之賢纂承洪緒清虛玄默擬跡成康賈誼歎息以爲天下倒懸雖言有抑揚不失事體今聖朝肇建漸振宏綱往段匹磾遣使求效忠節尚未有勞便以方州與之今靳明等爲國雪恥欲除大逆此之志望皆欲附翼天飛雖功大宜報亦宜有以裁之當杜漸防萌愼之在始中間不逞互生事變皆非忠義率以一朝之榮天下漸弊實由於此春秋之時天子微弱諸侯奢侈晉文思崇周室至有求隧之請襄王讓之以禮聞義而服自爾諸侯莫敢越度臣謂前者賊寇未殄苟以濟事朝廷諸所加授頗多爵位兼重今自臣以下

宜皆除之且以塞羣小矜功之望夷狄無厭之求若復遷延顧望流俗使姦狡生心遂相怨謗指擿朝廷讒謏蜂起臣有以知陛下無以正之此安危之機天下之望臣門戶特受榮任備兼權重渥恩偏隆寵過公族行路厮賤猶謂不可臣獨何心可以安之臣一宗誤陛下傾覆亦將尋至雖復灰身剖心陛下追悔將何所及伏願諒臣至款及今際會小解散之並授賢儁少慰有識各得盡其所懷則人思競勸矣州牧之號所不敢當輒送所假侍中貂蟬又宜幷官省職以塞羣小覬覦之望帝優詔不許又固辭州牧聽爲刺史時劉隗用事頗踈間王氏導等甚不平之敦上疏曰導昔蒙殊寵委以事機虛己求賢竭誠奉國遂藉恩私居輔政之重帝王體遠事義不同雖皇極初建道教方闡惟新之美猶有所闕臣每慷慨於退遠愧憒於門宗是以前後表疏何嘗不寄言及此陛下未能少垂顧眄暢臣微懷云導頃見疏外所陳如昨而其萌已著其爲咎責豈惟導身而已羣從所蒙並過才分導誠不能自量陛下亦愛忘其短常人近情恃恩昧進獨犯龍鱗迷不自了臣竊所自憂慮未詳所由惶愧跛躇情如灰土

天下事大盡理實難導雖凡近未有穢濁之累既往之勳疇昔之顧情好綢繆足以厲薄俗明君臣合德義同古賢昔臣親受嘉命云吾與卿及茂弘當管鮑之交臣忝外任漸冉十載訓誘之誨日有所忘至於斯命銘之於心竊猶眷眷謂前恩不得一朝而盡伏惟陛下聖哲日新廣延俊乂臨之以政齊之以禮頃者令導內綜機密出錄尚書杖節京都并統六軍既爲刺史兼居重號殊非人臣之體流俗好評必有譏謗宜省錄尚書杖節及都督且王佐之器當得宏達遠識高正明斷道德優備者以臣闇識未見其才然於見人未踰於導加輔翼積年實盡心力霸王之主何嘗不任賢使能共相終始管仲有三歸反坫之譏子犯有臨河要君之責蕭何周勃得罪囹圄然終爲良佐以導之才何能無失當令任不過分役其所長以功補過要之將來導性慎密尤能忍事善於斟酌有文章才義動靜顧問起予聖懷外無過寵公私得所今皇祚肇建八表承風聖恩不終則遐邇失望天下荒弊人心易動物聽一移將致疑惑臣非敢苟私親親惟欲忠於社稷表至導封以還敦敦復遣奏之初敦務自矯厲雅尚清談

口不言財色既素有重名又立大功於江左專任閫外手控彊兵羣從貴顯威
權莫貳遂欲專制朝廷有問鼎之心帝畏而惡之遂引劉隗刁協等以爲心膂
敦益不能平於是嫌隙始構矣每酒後輒詠魏武帝樂府歌曰老驥伏櫪志在
千里烈士暮年壯心不已以如意打唾壺爲節壺邊盡缺及湘州刺史甘卓遷
梁州敦欲以從事中郎陳頒代卓帝不從更以譙王承鎮湘州敦復上表陳古
今忠臣見疑於君而蒼蠅之人交構其間欲以感動天子帝愈忌憚之俄加敦
羽葆鼓吹增從事中郎掾屬舍人各二人帝以劉隗爲鎮北將軍戴若思爲征
西將軍悉發揚州奴爲兵外以討胡實禦敦也永昌元年敦率衆內向以誅隗
爲名上疏曰劉隗前在門下邪佞諂媚譖毀忠良疑惑聖聽遂居權寵撓亂天
機威福自由有識杜口大起事役勞擾士庶外託舉義內自封植奢僭過制乃
以黃散爲參軍晉魏以來未有此比傾盡帑藏以自資奉賦役不均百姓嗟怨
免良人奴自爲惠澤自可使其大田以充倉廩今便割配皆充隗軍臣前求迎
諸將妻息聖恩聽許而隗絕之使三軍之士莫不怨憤又徐州流人辛苦經載

家計始立隗悉驅逼以實己府當陛下踐阼之始投刺王官本以非常之慶使
豫蒙榮分而更充征役復依舊名普取出客從來久遠經涉年載或死亡滅絶
或自贖得免或見放遣或父兄時事身所不及有所不得輒罪本主百姓哀憤
怨聲盈路身欲北渡以遠朝廷爲名而密知機要潛行險慝進人退士高下任
心姦狡饕餮未有隗比雖無忌宰嚭弘恭石顯未足爲喻是以遐邇憤慨羣后
失望臣備位宰輔與國存亡誠乏平勃濟時之略然自忘駑駘志存社稷豈可
坐視成敗以虧聖美事不獲已今輒進軍同討姦孽願陛下深垂省察速斬隗
首則衆望厭服皇祚復隆隗首朝懸諸軍夕退昔太甲不能遵明湯典顛覆厥
度幸納伊尹之勳殷道復昌漢武雄略亦惑江充讒佞邪說至乃父子相屠流
血丹地終能剋悟不失大綱今日之事有逾於此願陛下深垂三思諮詢善道
則四海乂安社稷永固矣又曰陛下昔鎮揚州虛心下士優賢任能寬以得衆
故君子盡心小人畢力臣以闇蔽豫奉徽猷是以遐邇望風有識自竭王業遂
隆惟新克建四海延頸咸望太平自從信隗已來刑罰不中街談巷議皆云如

吳之將士聞之惶惑精魂飛散不覺胸臆摧破泣血橫流陛下當全祖宗之業存神器之重察臣前後所啓奈何棄忽忠言遂信姦佞誰不痛心願出臣表諮之朝臣介石之幾不俟終日令諸軍早還不至虛擾敦黨吳興人沈充起兵應敦敦至蕪湖又上表罪狀刁協帝大怒下詔曰王敦憑恃寵靈敢肆狂逆方朕太甲欲見幽囚是可忍也孰不可忍也今親率六軍以誅大逆有殺敦者封五千戶侯召戴若思劉隗並會京師敦兄含時爲光祿勳叛奔于敦敦至石頭欲攻劉隗其將杜弘曰劉隗死士衆多未易可剋不如攻石頭周札少恩兵不爲用攻之必敗札敗則隗自走敦從之札果開城門納弘諸將與敦戰王師敗績既入石頭擁兵不朝放肆兵士劫掠內外宮省奔散惟有侍中二人侍帝帝脫戎衣著朝服顧而言曰欲得我處但當早道我自還瑯邪何至困百姓如此敦收周顗戴若思害之以敦爲丞相江州牧進爵武昌郡公邑萬戶使太常荀崧就拜又加羽葆鼓吹並僞讓不受還屯武昌多害忠良寵樹親戚以兄含爲衛將軍都督沔南軍事領南蠻校尉荊州刺史以義陽太守任愔督河北諸軍事

南中郎將敦又自督寧益二州及帝崩太寧元年敦諷朝廷徵己明帝乃手詔徵之語在明帝紀又使兼太常應詹拜授加黃鉞班劍武賁二十人奏事不名入朝不趨劍履上殿敦移鎮姑孰帝使侍中阮孚齎牛酒犒勞敦稱疾不見使主簿受詔以王導爲司徒敦自爲揚州牧敦既得志暴慢愈甚四方貢獻多入己府將相嶽牧悉出其門徙含爲征東將軍都督揚州江西諸軍事從弟舒爲荆州彬爲江州邃爲徐州含字處弘凶頑剛暴時所不齒以敦貴重故歷顯位敦以沈充錢鳳爲謀主諸葛瑤鄧嶽周撫李恆謝雍爲爪牙充等並凶險驕恣共相驅扇殺戮自己又大起營府侵人田宅發掘古墓剽掠市道士庶解體咸知其禍敗焉敦從弟豫章太守稜日夜切諫敦怒陰殺之敦無子養含子應及敦病甚拜應爲武衞將軍以自副錢鳳謂敦曰脫其不諱便當以後事付應敦曰非常之事豈常人所能且應年少安可當大事我死之後莫若解衆放兵歸身朝廷保全門戶此計之上也退還武昌收兵自守貢獻不廢亦中計也及吾尚存悉衆而下萬一僥倖計之下也鳳謂其黨曰公之下計乃上策也遂與沈

充定謀須敦死後作難敦又忌周札殺之而盡滅其族常從督冉曾公乘雄等

爲元帝腹心敦又害之以宿衞尚多奏令三番休二及敦病篤詔遣侍中陳晷

散騎常侍虞駿問疾時帝將討敦微服至蕪湖察其營壘又屢遣大臣訊問其

起居遷含驃騎大將軍開府儀同三司含子瑜散騎常侍敦以溫嶠爲丹陽尹

欲使覘伺朝廷嶠至具言敦逆謀帝欲討之知其爲物情所畏服乃僞言敦死

於是下詔曰先帝以聖德應運創業江東司徒導首居心膂以道翼讚故大將

軍敦參處股肱或內或外夾輔之勳與有力焉階緣際會遂據上宰杖節專征

委以五州刁協劉隗立朝不允敦抗義致討情希鷙搴兵雖犯順猶嘉乃誠禮

秩優崇人臣無貳事解之後刦掠城邑放恣兵人侵及宮省背違赦信誅戮大

臣縱凶極逆不朝而退六合阻心人情同憤先帝含垢忍恥容而不責委任如

舊禮秩有加朕以不天尋丁酷罰煢煢在疚哀悼靡寄而敦曾無臣子追遠之

誠又無輔孤同獎之操繕甲聚兵盛夏來至輒以天官假授私屬將以威脅朝

廷傾危宗社朕愍其狂戾冀其覺悟故且含隱以觀其終而敦矜其不義之強

有侮弱朝廷之志棄親用羈背賢任惡錢鳳豎子專爲謀主逞其凶慝誣罔忠良周嵩亮直讜言致禍周札周筵累世忠義聽受讒構殘夷其宗秦人之酷刑不過五敦之誅戮傍濫無辜滅人之族莫知其罪天下駭心道路以目神怒人怨篤疾所嬰昏荒悖逆日以滋甚輒立兄息以自承代多樹私黨莫能同惡未有宰相繼體而不由王命者也頑凶相獎無所顧忌擅錄冶工輒割運漕志騁凶醜以闚神器社稷之危匪夕則旦天不長奸敦以隕斃鳳承凶宄彌復煽逆是可忍也孰不可忍也今遣司徒導鎮南將軍丹陽尹嶠建威將軍趙胤武旅三萬十道並進平西將軍邃率兗州刺史遐奮武將軍峻奮威將軍瞻精銳三萬水陸齊勢朕親御六軍左衛將軍亮右衛將軍胤護軍將軍詹領軍將軍瞻中軍將軍壺驍騎將軍艾驃騎將軍南頓王宗鎮軍將軍汝南王祐太宰西陽王羕被練三千組甲三萬總統諸軍討鳳之罪罪止一人朕不濫刑有能殺鳳送首封五千戶侯賞布五千匹冠軍將軍鄧嶽志氣平厚識經邪正前將軍周撫質性詳簡義誠素著功臣之冑情義兼常往年從敦情節不展畏逼首領不

得相違論其乃心無貳王室朕嘉其誠方任之以事其餘文武諸爲敦所授用者一無所問刺史二千石不得輒離所職書到奉承自求多福無或猜嫌以取誅滅敦之將士從敦彌年怨曠日久或父母隕沒或妻子喪亡不得奔赴銜哀從役朕甚愍之希不悽愴其單丁在軍無有兼重者皆遣歸家終身不調其餘皆與假三年休訖還臺當與宿衞同例三番明承詔書朕不負信又詔曰敢有捨王敦姓名而稱大將軍者軍法從事敦病轉篤不能御衆使錢鳳鄧嶽周撫等率衆三萬向京師含謂敦曰此家事吾便當行於是以含爲元帥鳳等問敦曰事剋之日天子云何敦曰尚未南郊何得稱天子便盡卿兵勢保護東海王及裴妃而已乃上疏罪狀溫嶠以誅姦臣爲名含至江寧司徒導遺含書曰近承大將軍困篤緜緜或云已有不諱悲怛之情不能自勝尋知錢鳳大嚴欲肆姦逆朝士忿憤莫不扼腕去月二十三日得征北告劉遐陶瞻蘇峻等深懷憂慮不謀同辭都邑大小及二宮宿衞咸懼有往年之掠不復保其妻孥是以聖主發赫斯之命具如檄旨近有嘉詔崇兄八命望兄獎羣賢忠義之心抑姦細

不逞之計當還武昌盡力藩任卒奉來告乃承與犬羊俱下雖當逼迫猶以罔然兄立身率素見信明於門宗年踰耳順位極人臣仲玉安期亦不足作佳少年本來門戶良可惜也兄之此舉謂可得如大將軍昔年之事乎昔年佞臣亂朝人懷不寧如導之徒心思外濟今則不然大將軍來屯于湖漸失人心君子危怖百姓勞弊將終之日委重安期安期斷乳來幾日又於時望便可襲宰相之迹邪自開闢以來頗有宰相孺子者不諸有耳者皆是將禪代意非人臣之事也先帝中興遺愛在人聖主聰明德洽朝野思與賢哲弘濟艱難不北面而執臣節乃私相樹建肆行威福凡在人臣誰不憤歎此直錢鳳不良之心聞於遠近自知無地遂唱姦逆至如鄧伯山周道和恒有好情往來人士咸皆明之方欲委任與共戮力非徒無慮而已也導門戶小大受國厚恩兄弟顯寵可謂隆矣導雖不武情在寧國今日之事明目張膽爲六軍之首寧忠臣而死不無賴而生矣但恨大將軍桓文之勳不遂而兄一旦爲逆節之臣負先人平素之志既沒之日何顏見諸父於黃泉謁先帝於地下邪執省來告爲兄羞之且悲

且慚願速建大計惟取錢鳳一人使天下獲安家國有福故是竹素之事非惟免禍而已夫福如反手用之即是導所統六軍石頭萬五千人宮內後苑二萬人護軍屯金城六千人劉遐已至征北昨已濟江萬五千人以天子之威文武畢力豈可當乎事猶可追兄早思之大兵一奮導以爲灼炟也含不答帝遣中軍司馬曹渾等擊含于越城含軍敗敦聞怒曰我兄老婢耳門戶衰矣兄弟才兼文武者世將處季皆早死今世事去矣語參軍呂寶曰我當力行因作勢而起困乏復臥鳳等至京師屯于水南帝親率六軍以禦鳳頻戰破之敦謂羊鑒及子應曰我亡後應便即位先立朝廷百官然後乃營葬事初敦始病夢白犬自天而下嚙之又見刁協乘軺車導從瞋目令左右執之俄而敦死時年五十九應祕不發喪裹尸以席蠟塗其外埋於廳事中與諸葛瑤等恆縱酒淫樂沈充自吳率衆萬餘人至與含等合充司馬顧颺說充曰今舉大事而天子已扼其喉情離衆沮鋒摧勢挫持疑猶豫必致禍敗今若決破柵塘因湖水灌京邑肆舟艦之勢極水軍之用此所謂不戰而屈人之兵上策也籍初至之銳并東

南衆軍之力十道俱進衆寡過倍理必摧陷中策也轉禍爲福因敗爲成召錢鳳計事因斬之以降下策也充不能用颺逃歸于吳含復率衆渡淮蘇峻等逆擊大敗之充亦燒營而退旣而周光斬錢鳳吳儒斬沈充並傳首京師有司議曰王敦滔天作逆有無君之心宜依崔杼王淩故事剖棺戮尸以彰元惡於是發瘞出尸焚其衣冠跽而刑之敦充首同日懸于南桁觀者莫不稱慶敦首旣懸莫敢收葬者尚書令郗鑒言於帝曰昔王莽漆頭以輓車董卓然腹以照市王淩儭土徐馥焚首前朝誅楊駿等皆先極官刑後聽私殯然春秋許齊襄之葬紀侯魏武義王脩之哭袁譚由斯言之王誅加於上私義行於下臣以爲可聽私葬於義爲弘詔許之於是敦家收葬焉含父子乘單船奔荆州刺史王舒舒使人沈之于江餘黨悉平敦眉目疎朗性簡脫有鑒裁學通左氏口不言財利尤好清談時人莫知惟族兄戎異之經略指麾千里之外肅然而麾下擾而不能整武帝嘗召時賢共言伎藝之事人人皆有所說惟敦都無所關意色殊惡自言知擊鼓因振袖揚枹音節諧韻神氣自得傍若無人舉坐歎其雄爽石

崇以奢豪矜物廁上常有十餘婢侍列皆有容色置甲煎粉沈香汁有如廁者皆易新衣而出客多羞脫衣而敦脫故著新意色無怍羣婢相謂曰此客必能作賊又嘗荒恣於色體爲之弊左右諫之敦曰此甚易耳乃開後閤驅諸婢妾數十人並放之時人歎異焉

沈充

沈充字士居少好兵書頗以雄豪聞於鄉里敦引爲參軍充因薦同郡錢鳳鳳字世儀敦以爲鎧曹參軍數得進見知敦有不臣之心因進邪說遂相朋構專弄威權言成禍福遭父喪外託還葬而密爲敦使與充交構初敦參軍熊甫見敦委任鳳將有異圖因酒酣謂敦曰開國承家小人勿用佞倖在位鮮不敗業敦作色曰小人阿誰甫無懼容因此告歸臨與敦別因歌曰徂風飈起蓋山陵氛霧蔽日玉石焚往事既去可長歎念別惆悵復會難敦知其諷己而不納明帝將伐敦遣其鄉人沈禎諭充許以爲司空充謂禎曰三司具瞻之重豈吾所任幣厚言甘古人所畏且丈夫共事始終當同寧可中道改易人誰容我禎曰

不然舍忠與順未有不亡者也大將軍阻兵不朝爵賞自己五尺之童知其異志今此之舉將行篡弑耳豈同於往年乎是以疆場諸將莫不歸赴本朝內外之士咸願致死正以移國易主義不北面以事之也奈何協同逆圖當不義之責乎朝廷坦誠禎所具也賊之黨類猶宥其罪與之更始況見幾而作邪充不納率兵臨發謂其妻子曰男兒不豎豹尾終不還也及敗歸吳興亡失道誤入其故將吳儒家儒誘充內重壁中因笑謂充曰三千戶侯也充曰封侯不足貪也爾以大義存我我宗族必厚報汝若必殺我汝族滅矣儒遂殺之充子勁竟滅吳氏勁見忠義傳

史臣曰琅邪之初鎮建鄴龍德猶潛雖當璧膺圖預定於冥兆豐功厚利未被於黎氓王敦歷官中朝威名夙著作牧淮海望實逾隆遂能託魚水之深期定金蘭之密契弼成王度光佐中興卜世延百二之期論都創三分之業此功固不細也既而負勳高而圖非望恃勢逼而肆驕陵釁隙起自刁劉禍難成於錢沈與晉陽之甲纏象魏之兵蜂目既露豺聲又發擅竊國命殺害忠良遂欲篡

盜乘輿逼遷龜鼎賴嗣君英略晉祚靈長諸侯釋位股肱戮力用能運茲廟算殄彼凶徒克固鴻圖載清天步者矣

桓溫

桓溫字元子宣城太守彝之子也生未期而太原溫嶠見之曰此兒有奇骨可試使啼及聞其聲曰真英物也彝以嶠所賞故遂名之曰溫嶠笑曰果爾後將易吾姓也彝爲韓晃所害涇令江播豫焉溫時年十五枕戈泣血志在復讎至年十八會播已終子彪兄弟三人居喪置刃杖中以爲溫備溫詭稱弔賓得進刃彪於廬中并追二弟殺之時人稱焉溫豪爽有風概姿貌甚偉面有七星少與沛國劉惔善惔嘗稱之曰溫眼如紫石稜鬚作蝟毛磔孫仲謀晉宣王之流亞也選尚南康長公主拜駙馬都尉襲爵萬寧男除琅邪太守累遷徐州刺史溫與庾翼友善恆相期以寧濟之事翼嘗薦溫於明帝曰桓溫少有雄略願陛下勿以常人遇之常壻畜之宜委以方召之任託其弘濟艱難之勳翼卒以溫爲都督荊梁四州諸軍事安西將軍荊州刺史領護南蠻校尉假節時李勢微

弱溫志在立勳于蜀永和二年率衆西伐時康獻太后臨朝溫將發上疏而行朝廷以蜀險遠而溫兵寡少深入敵場甚以爲憂初諸葛亮造八陣圖於魚復平沙之上壘石爲八行行相去二丈溫見之謂此常山蛇勢也文武皆莫能識之及軍次彭模乃命參軍周楚孫盛守輜重自將步卒直指成都勢使其叔父福及從兄權等攻彭模楚等禦之福退走溫又擊權等三戰三捷賊衆散自間道歸成都勢於是悉衆與溫戰于笮橋參軍龔護戰沒衆懼欲退而鼓吏誤鳴進鼓於是攻之勢衆大潰溫乘勝直進焚其小城勢遂夜遁九十里至晉壽葭萌城其將鄧嵩昝堅勸勢降乃面縛輿櫬請命溫解縛焚櫬送于京師溫停蜀三旬舉賢旌善僞尚書僕射王誓中書監王瑜鎮東將軍鄧定散騎常侍常璩等皆蜀之良也並以爲參軍百姓咸悅軍未旋而王誓鄧定隗文等反溫復討平之振旅還江陵進位征西大將軍開府封臨賀郡公及石季龍死溫欲率衆北征先上疏求朝廷議水陸之宜久不報時知朝廷杖殷浩等以抗己溫甚忿之然素知浩弗之憚也以國無他釁遂得相持彌年雖有君臣之跡亦相羈縻

而已八州士衆資調殆不爲國家用聲言北伐拜表便行順流而下行達武昌衆四五萬殷浩慮爲温所廢將謀避之又欲以騶虞幡住温軍內外噂𠴲人情震駭簡文帝時爲撫軍與温書明社稷大計疑惑所由温即迴軍還鎭上疏曰臣近親率所統欲北掃趙魏軍次武昌獲撫軍大將軍會稽王昱書說風塵紛紜妄生疑惑辭旨危急憂及社稷省之惋愕不解所由形影相顧隕越無地臣以闇蔽忝荷重任雖才非其人職在靜亂寇讎不滅國恥未雪幸因開泰之期遇可乘之會匹夫有志猶懷憤慨臣亦何心坐觀其弊故荷戈驅馳不遑寧處前後表陳于今歷年矣丹誠坦然公私所察有何纖介容此嫌忌豈醜正之徒心懷怵惕操弄虛說以惑朝聽昔樂毅竭誠垂涕流奔霍光盡忠上官告變讒說殄行姦邪亂德乃歷代之常患存亡之所由也今主上富於陽秋陛下以聖淑臨朝恭己委任責成羣下方寄會通於羣才布德信於遐荒況臣世蒙殊恩服事三朝身非羇旅之賓跡無韓彭之釁而反間起於胸心交亂過於四國此古賢所以歎息於既往而臣亦大懼於當年也今寇賊冰消大事垂定晉之遺

黎鵠立南望赴義之衆慷慨即路元凶之命懸在漏刻而横議妄生成此貝錦
使垂滅之賊復獲蘇息所以痛心絕氣悲慨彌深臣雖所存者公所務者國然
外難未弭而內弊交興則臣本心陳力之志也進位太尉固讓不拜時殷浩至
洛陽脩復園陵經涉數年屢戰屢敗器械都盡溫復進督司州因朝野之怨乃
奏廢浩自此內外大權一歸溫矣溫遂統步騎四萬發江陵水軍自襄陽入均
口至南鄉步自淅川以征關中命梁州刺史司馬勳出子午道別軍攻上洛獲
苻健荆州刺史郭敬進擊青泥破之健又遣子生弟雄衆數萬屯嶢柳愁思堆
以距溫遂大戰生親自陷陣殺溫將應誕劉泓死傷千數溫軍力戰生衆乃散
雄又與將軍桓沖戰白鹿原又爲沖所破雄遂馳襲司馬勳勳退次女媧堡溫
進至霸上健以五千人深溝自固居人皆安堵復業持牛酒迎溫於路者十八
九耆老感泣曰不圖今日復見官軍初溫恃麥熟取以爲軍資而健芟苗清野
軍糧不屬收三千餘口而還帝使侍中黃門勞溫于襄陽初溫自以雄姿風氣
是宣帝劉琨之儔有以其比王敦者意甚不平及是征還於北方得一巧作老

婢訪之乃琨妓女也一見温便潸然而泣温問其故答曰公甚似劉司空温大悅出外整理衣冠又呼婢問婢云面甚似恨薄眼甚似恨小鬚甚似恨赤形甚似恨短聲甚似恨雌温於是褫冠解帶昏然而睡不怡者數日母孔氏卒上疏解職欲送葬宛陵詔不許贈臨賀太夫人印綬謚曰敬遣侍中弔祭謁者監護喪事旬月之中使者八至軺軒相望於道温葬畢視事欲脩復園陵移都洛陽表疏十餘上不許進温征討大都督督司冀二州諸軍事委以專征之任温遣督護高武據魯陽輔國將軍戴施屯河上勒舟師以逼許洛以譙梁水道既通請徐豫兵乘淮泗入河温自江陵北伐行經金城見少爲琅邪時所種柳皆已十圍慨然曰木猶如此人何以堪攀枝執條泫然流涕於是過淮泗踐北境與諸寮屬登平乘樓眺矚中原慨然曰遂使神州陸沈百年丘墟王夷甫諸人不得不任其責袁宏曰運有興廢豈必諸人之過温作色謂四座曰頗聞劉景升有千斤大牛噉芻豆十倍於常牛負重致遠曾不若一羸牸魏武入荊州以享軍士意以況宏坐中皆失色師次伊水姚襄屯水北距水而戰温結陣而前親

被甲督弟沖及諸將奮擊襄大敗自相殺死者數千人越北芒而西走追之不及遂奔平陽温屯故太極殿前徙入金墉城謁先帝諸陵陵被侵毀者皆繕復之兼置陵令遂旋軍執降賊周成以歸遷降人三千餘家於江漢之間遣西陽太守滕畯出黃城討蠻賊文盧等又遣江夏相劉岵義陽太守胡驥討妖賊李弘皆破之傳首京師温還軍之後司豫青兗復陷于賊升平中改封南郡公降臨賀爲縣公以封其次子濟隆和初寇逼河南太守戴施出奔冠軍將軍陳祐告急温使竟陵太守鄧遐率三千人助祐并欲還都洛陽上疏曰巴蜀既平逆胡消滅時來之會既至休泰之慶顯著而人事乖違屢喪王略復使二賊雙起海內崩裂河洛蕭條山陵危逼所以遐邇悲惶痛心於既往者也伏惟陛下稟乾坤自然之姿挺羲皇玄朗之德鳳棲外藩龍飛皇極時務陵替備徹天聽人之情僞盡知之矣是以九域宅心幽遐企踵思佇雲羅混網四裔誠宜遠圖廟算大存經略光復舊京疆理華夏使惠風陽澤洽被八表霜威寒飈陵振無外豈不允應靈休天人齊契今江河悠闊風馬殊邈故向義之徒覆亡相尋而建

節之士猶繼踵無悔況辰極旣迴衆星斯仰本源旣運枝派自遷則晉之餘黎欣皇德之攸憑羣凶妖逆知滅亡之無日騁思順之心鼓雷霆之勢則二豎之命不誅而自絕矣故員通貴於無滯明哲尚於應機斫如石焉所以成務若乃海運旣徙而鵬翼不舉永結根於南垂廢神州於龍漠令五尺之童掩口而歎息夫先王經始玄聖宅心畫爲九州制爲九服貴中區而內諸夏誠以晷度自中霜露惟均冠冕萬國朝宗四海故也自彊胡陵暴中華蕩覆狼狽失據權幸揚越蠖屈以待龍申之會潛蟠以俟風雲之期蓋屯圮所鍾非理勝而然也而喪亂緬邈五十餘載先舊徂沒後來童幼班荊輟音積習成俗遂望絕於本邦宴安於所託眷言悼之不覺悲歎臣雖庸劣才不周務然攝官承乏屬當重任願竭筋骨宣力先鋒翦除荊棘驅諸豺狼自永嘉之亂播流江表者請一切北徙以實河南資其舊業反其土宇勸農桑之務盡三時之利導之以義齊之以禮使文武兼宣信順交暢井邑旣脩綱維粗舉然後陛下建三辰之章振旂旗之旌冕旒錫鑾朝服濟江則宇宙之內誰不幸甚夫人情昧安難與圖始非常

之事衆人所疑伏願陛下決玄照之明斷常均之外責臣以興復之效委臣以
終濟之功此事既就此功既成則陛下盛勳比隆前代周宣之詠復興當年如
其不效臣之罪也褰裳赴鑊其甘如薺詔曰在昔喪亂忽涉五紀戎狄肆暴繼
襲凶跡眷言西顧慨歎盈懷知欲躬率三軍蕩滌氛穢廓清中畿光復舊京非
夫外身殉國孰能若此者哉諸所處分委之高算但河洛丘墟所營者廣經始
之勤致勞懷也於是改授幷司冀三州以交廣遼遠罷都督溫表辭不受又加
侍中大司馬都督中外諸軍事假黃鉞溫以既總督內外不宜在遠又上疏陳
便宜七事其一朋黨雷同私議沸騰宜抑杜浮競莫使能植其二戶口凋寡不
當漢之一郡宜幷官省職令久於其事其三機務不可停廢常行文按宜爲限
日其四宜明長幼之禮獎忠公之吏其五褒貶賞罰宜允其實其六宜述遵前
典敦明學業其七宜選建史官以成晉書有司皆奏行之尋加羽葆鼓吹置左
右長史司馬從事中郎四人受鼓吹餘皆辭復率舟軍進合肥加揚州牧錄尚
書事使侍中顏旄宣旨召溫入參朝政溫上疏曰方攘除羣凶掃平禍亂當竭

天下智力與衆共濟之而朝議咸疑聖詔彌固事異本圖豈敢執遂至於入參
朝政非所敢聞臣違離宮省二十餘載鞞韸戎務役勤思苦若得解帶逍遙鳴
玉闕廷參贊無爲之契豫聞曲成之化雖實不敏豈不是願但顧以江漢艱難
不同曩日而益梁新平寧州始服懸兵漢川戍禦彌廣加彊蠻盤牙勢處上流
江湖悠遠當制命侯伯自非望實重威無以鎮御遐外臣知捨此之艱危敢背
之而無怨願奮臂投身造事中原者實恥帝道皇居仄陋於東南痛神華桑梓
遂埋於戎狄若憑宗廟之靈則雲徹席卷呼吸蕩清如當假息游魂則臣據河
洛親臨二寇廣宣皇靈襟帶秦趙遠不五載大事必定今臣昱以親賢贊國光
輔二世卽無煩以臣疏鈍並間機務且不有行者誰扞牧圉表裏相濟實深實
重伏願陛下察臣所陳兼訪內外乞時還屯撫寧方隅詔不許復徵溫溫至赭
圻詔又使尚書車灌止之溫遂城赭圻固讓內錄遙領揚州牧屬鮮卑攻洛陽
陳祐出奔簡文帝時輔政會溫于洌洲議征討事溫移鎮姑孰會哀帝崩事遂
寢溫性儉每讌惟下七奠柈茶果而已然以雄武專朝窺覦非望或臥對親寮

曰爲爾寂寂將爲文景所笑衆莫敢對旣而撫枕起曰旣不能流芳後世不足
復遺臭萬載邪常行經王敦墓望之曰可人可人其心迹若是時有遠方比丘
尼名有道術於別室浴溫竊窺之尼倮身先以刀自破腹次斷兩足浴竟出溫
問吉凶尼云公若作天子亦當如是太和四年又上疏悉衆北伐平北將軍郗
愔以疾解職又以溫領平北將軍徐兗二州刺史率弟南中郎沖西中郎袁眞
步騎五萬北伐百官皆於南州祖道都邑盡傾軍次胡陸攻慕容暐將慕容忠
獲之進次金鄉時亢旱水道不通乃鑿鉅野三百餘里以通舟運自清水入河
暐將慕容垂傅末波等率衆八萬距溫戰于林渚溫擊破之遂至枋頭先使袁
眞伐譙梁開石門以通運眞討譙梁皆平之而不能開石門軍糧竭盡溫焚舟
步退自東燕出倉垣經陳留鑿井而飲行七百餘里垂以八千騎追之戰于襄
邑溫軍敗績死者三萬人溫甚恥之歸罪於眞表廢爲庶人眞怨溫誣己據壽
陽以自固潛通苻堅慕容暐帝遣侍中羅含以牛酒犒溫於山陽使會稽王昱
會溫于徐中詔以溫世子給事熙爲征虜將軍豫州刺史假節及南康公主薨

詔賻布千匹錢百萬温辭不受又陳息熙三年之孤且年少未宜使居偏任詔
不許發州人築廣陵城移鎮之時温行役既久又兼疾癘死者十四五百姓嗟
怨袁真病死其將朱輔立其子瑾以嗣事慕容暐苻堅並遣軍援瑾温使督護
竺瑤矯陽之等與水軍擊之時暐軍已至瑤等與戰於武丘破之温率二萬人
自廣陵又至瑾嬰城固守温築長圍守之苻堅乃使其將王鑒張蚝等率兵以
救瑾屯洛澗先遣精騎五千次于肥水北温遣桓伊及弟子石虔等逆擊大破
之瑾衆遂潰生擒之并其宗族數十人及朱輔送于京都而斬之瑾所侍養乞
活數百人悉坑之以妻子爲賞温以功詔加班劒十人犒軍於路次文武論功
賞賜各有差温既負其才力久懷異志欲先立功河朔還受九錫既逢覆敗名
實頓減於是參軍郗超進廢立之計温乃廢帝而立簡文帝詔温依諸葛亮故
事甲仗百人入殿賜錢五千萬絹二萬匹布二萬匹温多所廢徙誅庾倩殷涓
曹秀等是時温威勢翕赫侍中謝安見而遙拜温驚曰安石卿何事乃爾安曰
未有君拜於前臣揖於後時温有脚疾詔乘輿入朝既見欲陳廢立本意帝便

泣下數十行溫兢懼不得一言而出初元明世郭璞爲讖曰君非無嗣兄弟代禪謂成帝有子而以國祚傳弟又曰有人姓李兒專征戰譬如車軸脫在一面兒者子也李去子木存車去軸爲亘合成桓字也又曰爾來爾來河內大縣爾來謂自爾已來爲元始溫字元子也故河內大縣溫也成康既崩桓氏始大故連言之又曰賴子之薨延我國祚痛子之隕皇運其暮二子者元子道子也溫志在篡奪事未成而死幸之也會稽王道子雖首亂晉國而其死亦晉衰之由也故云痛也溫復還白石上疏求歸姑孰詔曰夫乾坤體合而化成萬物二人同心則不言所利古之哲王咸賴元輔姬旦光于四表而周道以隆伊尹格于皇天而殷化以洽大司馬明德應期光大深遠上合天心含章時發用集大命在予一人功美博陸道固萬世今進公丞相其大司馬本官皆如故留公京都以鎮社稷溫固辭仍請還鎮遣侍中王坦之徵溫入相增邑爲萬戶又辭詔以西府經袁真事故軍用不足給世子熙布三萬匹米六萬斛又以熙弟濟爲給事中及帝不豫詔溫曰吾遂委篤足下便入冀得相見便來便來於是一日一

夜頻有四詔温上疏曰聖體不和以經積日愚心惶恐無所寄情夫盛衰常理
過備無害故漢高枕疾呂后問相孝武不豫霍光啓嗣嗚噎以問身後蓋所存
者大也今皇子幼稚而朝賢時譽惟謝安王坦之才識智能皆簡在聖鑒內輔
幼君外禦彊寇實羣情之大懼然理盡於此陛下便宜崇授使羣下知所寄而
安等奉命陳力公私爲宜至如臣温位兼將相加陛下垂布衣之顧但朽邁疾
病懼不支久無所復堪託以後事疏未及奏而帝崩遺詔家國事一稟之於公
如諸葛武侯王丞相故事温初望簡文臨終禪位於己不爾便爲周公居攝事
既不副所望故甚憤怨與弟沖書曰遺詔使吾依武侯王公故事耳王謝處大
事之際日憒憒少懷及孝武即位詔曰先帝遺勑云事大司馬如事吾令答表
便可盡敬又詔大司馬社稷所寄先帝託以家國內外衆事便就關公施行復
遣謝安徵温入輔加前部羽葆鼓吹武賁六十人温讓不受及温入朝赴山陵
詔曰公勳德尊重師保朕躬兼有風患其無敬又勑尚書安等於新亭奉迎百
僚皆拜于道側當時豫有位望者咸戰慴失色或云因此殺王謝內外懷懼温

既至以盧悚入宮乃收尚書陸始付廷尉責替慢罪也於是拜高平陵左右覺其有異既登車謂從者曰先帝向遂靈見既不述帝所言故衆莫之知但見將拜時頻言臣不敢而已又問左右殷涓形狀答者言肥短溫云向亦見在帝側初殷浩既爲溫所廢死涓頗有氣尚遂不詣溫而與武陵王晞游故溫疑而害之竟不識也及是亦見涓爲祟因而遇疾凡停京師十有四日歸于姑孰遂寢疾不起諷朝廷加己九錫累相催促謝安王坦之聞其病篤密緩其事錫文未及成而薨時年六十二皇太后與帝臨于朝堂三日詔賜九命袞冕之服及朝服一具衣一襲東園祕器錢二百萬布二千匹蠟五百斤以供喪事及葬一依太宰安平獻王漢大將軍霍光故事賜九旒鸞輅黃屋左纛轀輬車挽歌二部羽葆鼓吹武賁班劍百人優冊即前南郡公增七千五百戶進地方三百里賜錢五千萬絹二萬匹布十萬匹追贈丞相初沖問溫以謝安王坦之所任溫曰伊等不爲汝所處分溫知己存彼不敢異害之無益於沖更失時望所以息謀溫六子熙濟歆禕偉玄熙字伯道初爲世子後以才弱使沖領其衆及溫病熙

與叔祕謀殺沖沖知之徙于長沙濟字仲道與熙同謀俱徙長沙韻字叔道賜爵臨賀公禕最愚不辨菽麥偉字幼道平厚篤實居藩爲士庶所懷歷使持節督荊益寧秦梁五州諸軍事安西將軍領南蠻校尉荊州刺史西昌侯贈驃騎將軍開府儀同三司玄嗣爵別有傳

孟嘉

孟嘉字萬年江夏鄳人吳司空宗曾孫也嘉少知名太尉庾亮領江州辟部廬陵從事嘉還都亮引問風俗得失對曰還傳當問吏亮舉麈尾掩口而笑謂弟翼曰孟嘉故是盛德人轉勸學從事褚裒時爲豫章太守正旦朝亮裒有器識亮大會州府人士嘉坐次甚遠裒問亮聞江州有孟嘉其人何在亮曰在坐卿但自覓裒歷觀指嘉謂亮曰此君小異將無是乎亮欣然而笑喜裒得嘉奇嘉爲裒所得乃益器焉後爲征西桓溫參軍溫甚重之九月九日溫燕龍山寮佐畢集時佐吏並著戎服有風至吹嘉帽墮落嘉不之覺溫使左右勿言欲觀其舉止嘉良久如廁溫令取還之命孫盛作文嘲嘉著嘉坐處嘉還見卽答之其

文甚美四坐嗟歎嘉好酣飲愈多不亂溫問嘉酒有何好而卿嗜之嘉曰公未得酒中趣耳又問聽妓絲不如竹竹不如肉何謂也嘉答曰漸近使之然一坐咨嗟轉從事中郎遷長史年五十三卒于家

史臣曰桓溫挺雄豪之逸氣韞文武之奇才見賞通人夙標令譽時既豺狼孔熾疆埸多虞受寄扞城用恢威略乃踰越險阻戡定岷峨獨剋之功有可稱矣及觀兵洛汭脩復五陵引旆秦郊威懷三輔雖未能梟除凶逆亦足以宣暢王靈既而總戎馬之權居形勝之地自謂英猷不世勳績冠時挾震主之威蓄無君之志企景文而慨息想處仲而思齊睥睨漢廷窺覦周鼎復欲立奇功於趙魏允歸望於天人然後步驟前王憲章虞夏逮乎石門路阻襄邑兵摧憝謀略之乖違恥師徒之撓敗還怒於朝廷委罪於偏裨廢主以立威殺人以逞欲曾弗知寶命不可以求得神器不可以力征豈不悖哉豈不悖哉斯實斧鉞之所宜加人神之所同棄然猶存極光寵沒享哀榮是知朝政之無章主威之不立也

贊曰播越江瀆政弱權分元子恃力處仲矜勳迹旣陵上志亦無君罪浮浞㹀
心窺舜禹樹威外略稱兵內侮惟身與嗣竟罹齊斧

晉書卷九十八

晉書卷九十九

唐　太　宗　文　皇　帝　御　撰

列傳第六十九

桓玄

桓玄字敬道一名靈寶大司馬温之孽子也其母馬氏嘗與同輩夜坐於月下見流星墜銅盆水中忽如二寸火珠冏然明淨競以瓢接取馬氏得而吞之若有感遂有娠及生玄有光照室占者奇之故小名靈寶妳媼每抱詣温輒易人而後至云其重兼常兒温甚愛異之臨終命以爲嗣襲爵南郡公年七歲温服終府州文武辭其叔父沖沖撫玄頭曰此汝家之故吏也玄因涕淚覆面衆並異之及長形貌瓌奇風神踈朗博綜藝術善屬文常負其才地以雄豪自處衆咸憚之朝廷亦疑而未用年二十三始拜太子洗馬時議謂温有不臣之跡故折玄兄弟而爲素官太元末出補義與太守鬱鬱不得志嘗登高望震澤歎曰父爲九州伯兒爲五湖長棄官歸國自以元勳之門而負謗於世乃上疏曰臣

聞周公大聖而四國流言樂毅王佐而被謗騎劫巷伯有豺獸之慨蘇公興飄風之刺惡直醜正何代無之先臣蒙國殊遇姻婭皇極常欲以身報德投袂乘機西平巴蜀北清伊洛使竊號之寇繫頸北闕園陵修復大恥載雪飲馬灞滻懸旌趙魏勤王之師功非一捷太和之末皇基有潛移之懼遂乃奉順天人翼登聖朝明離既朗四凶兼澄向使此功不建此事不成宗廟之事豈可孰念昔太甲雖迷商祚無憂昌邑雖昏弊無三孽因茲而言晉室之機危於殷漢先臣之功高於伊霍矣而負重既往蒙謗清時聖世明王黜陟之道不聞廢忽顯明之功探射冥冥之心啓嫌謗之塗開邪枉之路者也先臣勤王艱難之勞匡復剋平之勳朝廷若其遺之臣亦不復計也至於先帝龍飛九五陛下之所以繼明南面請問談者誰之由邪誰之德邪豈惟晉室永安祖宗血食於陛下一門實奇功也自頃權門日盛醜政實繁咸稱述時旨互相扇附以臣之兄弟皆晉之罪人臣等復何理可以苟存聖世何顏可以尸饗封祿若陛下忘先臣大造之功信貝錦萋菲之說臣等自當奉還三封受戮市朝然後下從先臣歸先帝

於玄宮耳若陛下述遵先旨追錄舊勳竊望少垂愷悌覆蓋之恩疏寢不報玄在荆楚積年優游無事荆州刺史殷仲堪甚敬憚之及中書令王國寶用事謀削弱方鎮內外騷動知王恭有憂國之言玄潛有意於功業乃說仲堪曰國寶與君諸人素已爲對唯患相弊之不速耳今既執權要與王緒相爲表裏其所迴易罔不如志孝伯居元舅之地正情爲朝野所重必未便動之唯當以君爲事首君爲先帝所拔超居方任人情未以爲允咸謂君雖有思致非方伯人若發詔徵君爲中書令用殷覬爲荆州君何以處之仲堪曰憂之久矣君謂計將安出玄曰國寶姦凶天下所知孝伯疾惡之情每至而當今日之會以理推之必當過人君若密遣一人信說王恭宜興晉陽之師以內匡朝廷己當悉荆楚之衆順流而下推王爲盟主僕等亦皆投袂當此無不響應此事既行桓文之舉也仲堪持疑未決俄而王恭信至招仲堪及玄匡正朝廷國寶既死於是兵罷玄乃求爲廣州會稽王道子亦憚之不欲使在荆楚故順其意隆安初詔以玄督交廣二州建威將軍平越中郎將廣州刺史假節玄受命不行其年王恭

又與庾楷起兵討江州刺史王愉及譙王尙之兄弟玄仲堪謂恭事必剋捷一時響應仲堪給玄五千人與楊佺期俱爲前鋒軍至溢口王愉奔于臨川玄遣偏將軍追獲之玄佺期至石頭仲堪至蕪湖恭將劉牢之背恭歸順恭既死庾楷戰敗奔于玄軍既而詔以玄爲江州仲堪等皆被換易乃各迴舟西還屯于尋陽共相結約推玄爲盟主玄始得志乃連名上疏申理王恭求誅尙之牢之等朝廷深憚之乃免桓脩復仲堪以相和解初玄在荆州豪縱士庶憚之甚於州牧仲堪親黨勸殺之仲堪不聽及還尋陽資其聲地故推爲盟主玄逾自矜重佺期爲人驕悍常自謂承藉華冑江表莫比而玄每以寒士裁之佺期甚憾卽欲於壇所襲玄仲堪惡佺期兄弟虓勇恐剋玄之後復爲己害苦禁之於是各奉詔還鎭玄亦知佺期有異謀潛有呑幷之計於是屯于夏口隆安中詔加玄都督荆州四郡以兄偉爲輔國將軍南蠻校尉仲堪慮玄跋扈遂與佺期結婚爲援初玄既與仲堪佺期有隙恆慮掩襲求廣其所統朝廷亦欲成其釁隙故分佺期所督四郡與玄佺期甚忿懼會姚興侵洛陽佺期乃建牙聲云援洛

密欲與仲堪共襲玄仲堪雖外結佺期而疑其心距而不許猶慮弗能禁復遣
從弟遹屯于北境以遏佺期佺期既不能獨舉且不測仲堪本意遂息甲南蠻
校尉楊廣佺期之兄也欲距桓偉仲堪不聽乃出廣爲宜都建平二郡太守加
征虜將軍佺期弟孜敬先爲江夏相玄以兵襲而召之既至以爲諮議參軍玄
於是興軍西征亦聲云救洛與仲堪書說佺期受國恩而棄山陵宜共罪之今
親率戎旅逕造金墉使仲堪收楊廣如其不爾無以相信仲堪本計欲兩全之
既得玄書知不能禁乃曰君自沔而行不得一人入江也玄乃止後荆州大水
仲堪振恤饑者倉廩空竭玄乘其虛而伐之先遣軍襲巴陵梁州刺史郭銓當
之所鎮路經夏口玄聲云朝廷遣佺期爲己前鋒乃授以江夏之衆使督諸軍
並進密報兄偉令爲內應偉遑遽不知所爲乃自齎疏示仲堪仲堪執偉爲質
令與玄書辭甚苦至玄曰仲堪爲人不能專決常懷成敗之計爲兒子作慮我
兄必無憂矣玄既至巴陵仲堪遣衆距之爲玄所敗玄進至楊口又敗仲堪弟
子道護乘勝至零口去江陵二十里仲堪遣軍數道距之佺期自襄陽來赴與

兄廣共擊玄玄懼其銳乃退軍馬頭佺期等方復追玄苦戰佺期敗走還襄陽
仲堪出奔鄧城玄遣將軍馮該躡佺期獲之廣爲人所縛送玄並殺之仲堪聞
佺期死乃將數百人奔姚興至冠軍城爲該所得玄令害之於是遂平荆雍乃
表求領江荆二州詔以玄都督荆襄雍秦梁益寧七州後將軍荆州刺史假節
以桓脩爲江州刺史玄上疏固爭江州於是進督八州及揚豫八郡復領江州
刺史玄又輒以偉爲冠軍將軍雍州刺史時寇賊未平朝廷難違其意許之玄
於是樹用腹心兵馬日盛屢上疏求討孫恩詔輒不許其後恩逼京都玄建牙
聚衆外託勤王實欲觀釁而進復上疏請討之會恩已走玄又奉詔解嚴以偉
爲江州鎮夏口司馬刁暢爲輔國將軍督八郡鎮襄陽遣桓振皇甫敷馮該等
戍湓口移沮漳蠻二千戶于江南立武寧郡更招集流人立綏安郡又置諸郡
丞詔徵廣州刺史刁逵豫章太守郭昶之玄皆留不遣自謂三分有二知勢運
所歸屢上禎祥以爲己瑞初庾楷既奔于玄玄之求討孫恩也以爲右將軍玄
既解嚴楷亦去職楷以玄方與朝廷構怨恐事不剋禍及於己乃密結於後將

軍元顯許爲內應元興初元顯稱詔伐玄玄從兄石生時爲太傅長史密書報玄玄本謂揚土饑饉孫恩未滅必未遑討己可得蓄力養衆觀釁而動既聞元顯將伐之甚懼欲保江陵長史卞範之說玄曰公英略威名振于天下元顯口尙乳臭劉牢之大失物情若兵臨近畿示以威賞則土崩之勢可翹足而待何有延敵入境自取蹙弱者乎玄大悅乃留其兄偉守江陵抗表率衆下至尋陽移檄京邑罪狀元顯檄至元顯大懼下船而不克發玄既失人情而興師犯順慮衆不爲用恆有迴旆之計既過尋陽不見王師意甚悅其將吏亦振庾楷謀泄收縶之至姑孰使其將馮該苻宏皇甫敷索元等先攻譙王尙之尙之敗劉牢之遣子敬宣詣玄降玄至新亭元顯自潰玄入京師矯詔曰義旗雲集罪在元顯太傅已別有教其解嚴息甲以副義心又矯詔加己總百揆侍中都督中外諸軍事丞相錄尙書事揚州牧領徐州刺史又加假黃鉞羽葆鼓吹班劍二十人置左右長史司馬從事中郎四人甲仗二百人上殿玄表列太傅道子及元顯之惡徙道子于安城郡害元顯于市於是玄入居太傅府害太傅中郎毛

泰泰弟游擊將軍邃太傅參軍荀遜前豫州刺史庾楷父子吏部郎袁遵譙王尙之等流尙之弟丹陽尹恢之廣晉伯允之驃騎長史王誕太傅主簿毛遁等於交廣諸郡尋追害恢之允之于道以兄偉爲安西將軍荊州刺史領南蠻校尉從兄謙爲左僕射加中軍將軍領選脩爲右將軍徐兗二州刺史石生爲前將軍江州刺史長史卞範之爲建武將軍丹陽尹王謐爲中書令領軍將軍大赦改元爲大亨玄讓丞相自署太尉領平西將軍豫州刺史又加袞冕之服綠綟綬增班劍爲六十人劍履上殿入朝不趨讚奏不名玄將出居姑孰訪之於衆王謐對曰公羊有言周公何以不之魯欲天下一乎周也願靜根本以公旦爲心玄善其對而不能從遂大築城府臺館山池莫不壯麗乃出鎮焉既至姑孰固辭錄尙書事詔許之而大政皆諮焉小事則決於桓謙卞範之自禍難屢構干戈不戢百姓厭之思歸一統及玄初至也黜凡佞擢儁賢君子之道粗備京師欣然後乃陵侮朝廷幽擯宰輔豪奢縱欲衆務繁興於是朝野失望人不安業時會稽饑荒玄令賑貸之百姓散在江湖採稆內史王愉悉召之還請米

米既不多吏不時給頓仆道路死者十八九焉玄又害吳興太守高素輔國將軍竺謙之謙之從兄高平相朗之輔國將軍劉襲襲弟彭城內史季武冠軍將軍孫無終等皆劉牢之之黨北府舊將也襲兄冀州刺史軌及寧朔將軍高雅之牢之子敬宣並奔慕容德玄諷朝廷以己平元顯功封豫章公食安成郡地方二百二十五里邑七千五百戶平仲堪佺期功封桂陽郡公地方七十五里邑二千五百戶本封南郡如故玄以豫章改封息昇桂陽郡公賜兄子俊降爲西道縣公又發詔爲桓溫諱有姓名同者一皆改之贈其母馬氏豫章公太夫人元興二年玄詐表請平姚興又諷朝廷作詔不許玄本無資力而好爲大言既不克行乃云奉詔故止初欲飾裝無他處分先使作輕舸載服玩及書畫等物或諫之玄曰書畫服玩既宜恆在左右且兵凶戰危脫有不意當使輕而易運衆咸笑之是歲玄兄偉卒贈開府驃騎將軍以桓脩代之從事中郎曹靖之說玄以桓脩兄弟職居內外恐權傾天下玄納之乃以南郡相桓石康爲西中郎將荊州刺史偉服始以公除玄便作樂初奏玄撫節慟哭既而收淚盡懽玄

所親仗唯偉偉既死玄乃孤危而不臣之迹已著自知怨滿天下欲速定簒逆殷仲文卞範之等又共催促之於是先改授羣司解琅邪王司徒遷太宰加殊禮以桓謙爲侍中衞將軍開府錄尚書事王謐散騎常侍中書監領司徒桓胤中書令加桓脩散騎常侍撫軍大將軍置學官教授二品子弟數百人又矯詔加其相國總百揆封南郡南平宜都天門零陵營陽桂陽衡陽義陽建平十郡爲楚王揚州牧領平西將軍豫州刺史如故加九錫備物楚國置丞相已下一遵舊典又諷天子御前殿而策授焉玄屢僞讓詔遣百僚敦勸又云當親降鑾輿乃受命矯詔贈父温爲楚王南康公主爲楚王后以平西長史劉瑾爲尚書刁逵爲中領軍王嘏爲太常殷叔文爲左衞皇甫敷爲右衞凡衆官合六十餘人爲楚官屬玄解平西豫州以平西文武配相國府新野人庾仄聞玄受九錫乃起義兵襲馮該於襄陽走之仄有衆七千於城南設壇祭祖宗七廟南蠻參軍庾彬安西參軍楊道護江安令鄧襄子謀爲內應仄本仲堪黨桓偉既死石康未至故乘間而發江陵震動桓濟之子亮起兵于羅縣自號平南將軍湘州

刺史以討仄爲名南蠻校尉羊僧壽與石康共攻襄陽仄衆散奔姚興彬等皆遇害長沙相陶延壽以亮乘亂起兵遣收之玄徙亮于衡陽誅其同謀桓奧等玄僞上表求歸藩又自作詔留之遣使宣旨玄又上表固請又諷天子作手詔固留焉玄好逞僞辭塵穢簡牘皆此類也謂代謝之際宜有禎祥乃密令所在上臨平湖開除清朗使衆官集賀矯詔曰靈瑞之事非所敢聞也斯誠相國至德故事爲之應太平之化於是乎始六合同悅情何可言又詐云江州甘露降王成基家竹上玄以歷代咸有肥遯之士而己世獨無乃徵皇甫謐六世孫希之爲著作幷給其資用皆令讓而不受號曰高士時人名爲充隱議復肉刑斷錢貨迴復改異造革紛紜志無一定條制森然動害政理性貪鄙好奇異尤愛寶物珠玉不離于手人士有法書好畫及佳園宅者悉欲歸己猶難逼奪之皆蒱博而取遣臣佐四出掘果移竹不遠數千里百姓佳果美竹無復遺餘信悅諂譽逆忤讜言或奪其所憎與其所愛十一月玄矯制加其冕十有二旒建天子旌旗出警入蹕乘金根車駕六馬備五時副車置旄頭雲罕樂儛八佾設鍾

虡宮縣妃爲王后世子爲太子其女及孫爵命之號皆如舊制玄乃多斥朝臣爲太宰僚佐又矯詔使王謐兼太保領司徒奉皇帝璽禪位於己又諷帝以禪位告廟出居永安宮移晉神主于琅邪廟初玄恐帝不肯爲手詔又慮璽不可得逼臨川王寶請帝自爲手詔因奪取璽比臨軒璽已久出玄甚喜百官到姑孰勸玄僭僞位玄僞讓朝臣固請玄乃於城南七里立郊登壇篡位以玄牡告天百僚陪列而儀注不備忘稱萬歲又不易帝諱榜爲文告天皇后帝云晉帝欽若景運敬順明命以命于玄夫天工人代帝王所以興匪君莫治惟德司其元故承天理物必由一統並聖不可以二君非賢不可以無主故世換五帝鼎遷三代爰曁漢魏咸歸勳烈晉自中葉仍世多故海西之亂皇祚殆移九代廓寧之功升明黜陟之勳微禹之德左袵將及太元之末君子道消積釁基亂鍾于隆安禍延士庶理絶人倫玄雖身在草澤見棄時班義情理感胡能無慨投袂剋清之勞阿衡撥亂之績皆仰憑先德遺愛之利玄何功焉屬當理運之會猥集樂推之數以寡昧之身踵下武之重膺革泰之始託王公之上誠仰藉洪

基德漸有由夕惕祇懷罔知攸厝君位不可以久虛人神不可以乏饗是用敢不奉以欽恭大禮敬簡良辰升壇受禪告類上帝以永綏民望式孚萬邦惟明靈是饗乃下書曰夫三才相資天人所以成功理由一統貞夫所以司契帝王之興其源深矣自三五已降世代參差雖所由或殊其歸一也朕皇考宣武王聖德高邈誕啓洪基景命攸歸理貫自昔中間屯險弗克負荷仰瞻宏業殆若綴旒藉否終之運遇時來之會用獲除姦救溺拯拔人倫晉氏以多難荐臻歷數唯既典章唐虞之準述遵漢魏之則用集天祿於朕躬惟德不敏辭不獲命稽若令典遂升壇燎于南郊受終于文祖思覃斯慶願與億兆聿茲更始於是大赦改元永始賜天下爵二級孝悌力田人三級鰥寡孤獨不能自存者穀人五斛其賞賜之制徒設空文無其實也初出僞詔改年爲建始右丞王悠之曰建始趙王倫僞號也又改爲永始復是王莽始執權之歲其兆號不祥冥符僭逆如此又下書曰夫三恪作賓有自來矣爰暨漢魏咸建疆宇晉氏欽若歷數禪位于朕躬宜則是古訓授茲茅土以南康之平固縣奉晉帝爲平固王車旗

正朔一如舊典遷帝居尋陽卽陳留王處鄴宮故事降永安皇后爲零陵君琅邪王爲石陽縣公武陵王遵爲彭澤縣侯追尊其父溫宣武皇帝廟稱太祖南康公主爲宣皇后封子昇爲豫章郡王叔父雲孫放之爲寧都縣王豁孫稚玉爲臨沅縣王豁次子石康爲右將軍武陵郡王祕子蔚爲醴陵縣王贈沖太傅宣城郡王加殊禮依晉安平王故事以孫胤襲爵爲吏部尚書沖次子謙爲揚州刺史新安郡王謙弟脩爲撫軍大將軍安成郡王兄歆臨賀縣王禕富陽縣王贈偉侍中大將軍義興郡王以子濬襲爵爲輔國將軍濬弟邈西昌縣王封王謐爲武昌公班劍二十人卞範之爲臨汝公殷仲文爲東興公馮該爲魚復侯又降始安郡公爲縣公長沙爲臨湘縣公廬陵爲巴丘縣公各千戶其康樂武昌南昌望蔡建興永脩觀陽皆降封百戶公侯之號如故又普進諸征鎭軍號各有差以相國左長史王綏爲中書令崇桓謙母庾氏爲宣城太妃加殊禮給以輦乘號溫墓曰永崇陵置守衛四十人玄入建康宮逆風迅激旂旗儀飾皆傾偃及小會于西堂設妓樂殿上施絳綾帳縷黃金爲顏四角作金龍頭銜

五色羽葆旒蘇羣臣竊相謂曰此頗似轜車亦王莽僊蓋之流也龍角所謂亢龍有悔者也又造金根車駕六馬是月玄臨聽訟觀閱囚徒罪無輕重多被原放有干輿乞者時或卹之其好行小惠如此自以水德王辰臘子祖改尚書都官郎爲賊曹又增置五校三將及彊弩積射武衞官元興三年玄之永始二年也尚書答春蒐字誤爲春菟凡所關署皆被降黜玄大綱不理而糾擿纖微皆此類也以其妻劉氏爲皇后將脩殿宇乃移入東宮又開東掖平昌廣莫及宮殿諸門皆爲三道更造大輦容三十人坐以二百人舁之性好畋遊以體大不堪乘馬又作徘徊輿施轉關令迴動無滯既不追尊祖曾疑其禮儀問於羣臣散騎常侍徐廣據晉典宜追立七廟又敬其父則子悅位彌高者情禮得申道愈廣者納敬必普也玄曰禮云三昭三穆與太祖爲七然則太祖必居廟之主也昭穆皆自下之稱則非逆數可知也禮太祖東向左昭右穆如晉室之廟則宣帝在昭穆之列不得在太祖之位昭穆既錯太祖無寄失之遠矣玄曾祖以上名位不顯故不欲序列且以王莽九廟見譏於前史遂以一廟矯之郊廟齋

二日而已祕書監卞承之曰祭不及祖知楚德之不長也又毁晉小廟以廣臺榭其庶母蒸嘗靡有定所忌日見賓客遊宴唯至亡時一哭而已朞服之內不廢音樂玄出遊水門飄風飛其儀蓋夜濤水入石頭大桁流壞殺人甚多大風吹朱雀門樓上層墜地玄自簒盜之後驕奢荒侈遊獵無度以夜繼晝兄偉葬日旦哭晚遊或一日之中屢出馳騁性又急暴呼召嚴速直官咸繫馬省前禁內讙雜無復朝廷之體於是百姓疲苦朝野勞瘁怨怒思亂者十室八九焉於是劉裕劉毅何無忌等共謀與復裕等斬桓脩於京口斬桓弘于廣陵河內太守辛扈興弘農太守王元德振威將軍童厚之竟陵太守劉邁謀爲內應至期裕遣周安穆報之而邁惶遽遂以告玄玄震駭卽殺扈興等安穆馳去得免封邁安重侯一宿又殺之裕率義軍至竹里玄移還上宮百僚步從召侍官皆入止省中赦揚豫徐兗青冀六州加桓謙征討都督假節以殷仲文代桓脩遣頓丘太守吳甫之右衛將軍皇甫敷北距義軍裕等於江乘與戰臨陣斬甫之進至羅落橋與敷戰復梟其首玄聞之大懼乃召諸道術人推算數爲厭勝之法

乃問衆曰朕其敗乎曹靖之對曰神怒人怨臣實懼焉玄曰人或可怨神何爲怒對曰移晉宗廟飄泊失所大楚之祭不及於祖此其所以怒也玄曰卿何不諫對曰輦上諸君子皆以爲堯舜之世臣何敢言玄愈忿懼使桓謙何澹之屯東陵卞範之屯覆舟山西衆合二萬以距義軍裕至蔣山使羸弱貫油帔登山分張旗幟數道並前玄偵候還云裕軍四塞不知多少玄益憂惶遣武衞將軍庾賾之配以精卒副援諸軍于時東北風急義軍放火煙塵張天鼓譟之音震駭京邑劉裕執鉞麾而進謙等諸軍一時奔潰玄率親信數千人聲言赴戰遂將其子昇兄子濬出南掖門西至石頭使殷仲文具船相與南奔初玄在姑孰將相星屢有變篡位之夕月及太白又入羽林玄甚惡之及敗走腹心勸其戰玄不暇答直以策指天而經日不得食左右進以麤飯咽不能下昇時年數歲抱玄胸而撫之玄悲不自勝劉裕以武陵王遵攝萬幾立行臺總百官遣劉毅劉道規躡玄誅玄諸兄子及石康兄權振兄洪等玄至尋陽江州刺史郭昶之給其器用兵力殷仲文自後至望見玄舟旌旗輿服備帝者之儀歎息曰敗中

復振故可也玄於是逼乘輿西上桓歆聚黨向歷陽宣城內史諸葛長民擊破之玄於道作起居注敘其距義軍之事自謂經略指授算無遺策諸將違節度以致虧喪非戰之罪於是不遑與羣下謀議唯躭思誦述宣示遠近玄至江陵石康納之張幔屋于城南署置百官以卞範之爲尚書僕射其餘職多用輕資於是大修舟師曾未三旬衆且二萬樓船器械甚盛謂其羣黨曰卿等並清塗翼從朕躬都下竊位者方應謝罪軍門其覬卿等入石頭無異雲霄中人也玄以奔敗之後懼法令不肅遂輕怒妄殺人多離怨殷仲文諫曰陛下少播英譽遠近所服遂掃平荊雍一匡京室聲被八荒矣既據有極位而遇此圮運非爲威不足也百姓喁喁想望皇澤宜弘仁風以收物情玄怒曰漢高魏武幾遇敗但諸將失利耳以天文惡故還都舊楚而羣小愚惑妄生是非方當糾之以猛未宜施之以恩也玄左右稱玄爲桓詔桓胤諫曰詔者施於辭令不以爲稱謂也漢魏之主皆無此言唯聞北虜以苻堅爲苻詔耳願陛下稽古帝則令萬世可法玄曰此事已行今宣勅罷之更爲不祥必其宜革可待事平也荊州郡守

以玄播越或遣使通表有匪寧之辭玄悉不受仍乃更令所在表賀遷都玄遣游擊將軍何澹之武衞將軍庾稚祖江夏太守桓道恭就郭銓以數千人守溢口又遣輔國將軍桓振往義陽聚衆至弋陽爲龍驤將軍胡譁所破振單騎走還何無忌劉道規等破郭銓何澹之郭昶之於桑落洲進師尋陽玄率舟艦二百發江陵使苻宏羊僧壽爲前鋒以鄱陽太守徐放爲散騎常侍欲遣說解義軍謂放曰諸人不識天命致此妄作遂懼禍屯結不能自反卿三州所信可明示朕心若退軍散甲當與之更始各授位任令不失分江水在此朕不食言放對曰劉裕爲唱端之主劉毅兄爲陛下所誅並不可說也輒當申聖旨於何無忌玄曰卿使若有功當以吳興相敍放遂受使入無忌軍魏詠之破桓歆于歷陽諸葛長民又敗歆于芍陂歆單馬渡淮毅率道規及下邳太守孟懷玉與玄戰於峥嶸洲于時義軍數千玄兵甚盛而玄懼有敗衂常漾輕舸於舫側故其衆莫有鬬心義軍乘風縱火盡銳爭先玄衆大潰燒輜重夜遁郭銓歸降玄故將劉統馮稚等聚黨四百人襲破尋陽城毅遣建威將軍劉懷肅討平之玄留

永安皇后及皇后於巴陵殷仲文時在玄艦求出別船收集散軍因叛玄奉二后奔于夏口玄入江陵城馮該勸使更下戰玄不從欲出漢川投梁州刺史桓希而人情乖阻制令不行玄乘馬出城至門左右於闇中斫之不中前後相殺交橫玄僅得至船於是荊州別駕王康產奉帝入南郡府舍太守王騰之率文武營衛時益州刺史毛璩使其從孫祐之參軍費恬送弟璠喪葬江陵有衆二百璩弟子脩之爲玄屯騎校尉誘玄以入蜀玄從之達枚回洲恬與祐之迎擊玄矢下如雨玄嬖人丁仙期萬蓋等以身蔽玄並中數十箭而死玄被箭其子昇輒拔去之益州督護馮遷抽刀而前玄拔頭上玉導與之仍曰是何人邪敢殺天子遷曰欲殺天子之賊耳遂斬之時年三十六又斬石康及濬等五級庾頤之戰死昇云我是豫章王諸君勿見殺送至江陵市斬之初玄在宮中恆覺不安若爲鬼神所擾語其所親云恐己當死故與時競元興中衡陽有雌雞化爲雄八十日而冠萎具及玄建國於楚衡陽屬焉自篡盜至敗時凡八旬矣其時有童謠云長干巷巷長干今年殺郎君後年斬諸桓其凶兆符會如此郎君

謂元顯也是月王騰之奉帝入居太府桓謙亦聚衆沮中爲玄舉哀立喪庭僞諡爲武悼皇帝毅等傳送玄首梟于大桁百姓觀者莫不欣幸何無忌等攻桓謙于馬頭桓蔚于龍洲皆破之義軍乘勝競進振該等距戰於靈溪道規等敗績死沒者千餘人義軍退次尋陽更繕舟甲毛璩自領梁州遣將攻漢中殺桓希江夏相張暢之高平太守劉懷肅攻何澹之于西塞磯破之振遣桓蔚代王曠守襄陽道規進討武昌破僞太守王旻魏詠之劉藩破桓石綏於白茅義軍發尋陽桓亮自號江州刺史侵豫章時江州刺史劉敬宣討走之義軍進次夏口僞鎮東將軍馮該等守夏口揚武將軍孟山圖據魯城輔國將軍桓山客守偃月壘劉毅攻魯城道規攻偃月壘無忌與檀祇列艦中流以防越逸義軍騰赴叫聲動山谷自辰及午二城俱潰馮該散走生擒山客毅等平巴陵毛璩遣涪陵太守文處茂東下振遣桓放之爲益州屯夷陵處茂距戰放之敗走還江陵義熙元年正月南陽太守魯宗之起義兵襲襄陽破僞雍州刺史桓蔚無忌諸軍次江陵之馬頭振擁帝出營江津魯宗之率衆於柞溪破僞武賁中郎溫

楷進至紀南振自擊宗之宗之失利時蜀軍據靈溪毅率無忌道規等破馮該軍推鋒而前卽平江陵振見火起知城已陷乃與謙等北走是日安帝反正大赦天下唯逆黨就戮詔特免桓胤一人桓亮自豫章自號鎮南將軍湘州刺史苻宏寇安成廬陵劉敬宣遣將討之宏走入湘中二月桓謙何澹之温楷等奔于姚興桓振與宏出自涢城襲破江陵劉懷肅自雲杜伐振等破之廣武將軍唐興斬振及僞輔國將軍桓珍毅於臨章斬僞零陵太守劉叔祖桓亮苻宏復出寇湘中害郡守長史檀祗討宏於湘東斬之廣武將軍郭彌斬亮於益陽其餘擁衆假號皆討平之詔徙桓胤及諸黨與於新安諸郡三年東陽太守殷仲文與永嘉太守駱球謀反欲建桓胤爲嗣曹靖之桓石松卞承之劉延祖等潛相交結劉裕以次收斬之并誅其家屬後桓謙走入蜀蜀賊譙縱以謙爲荆州刺史使率兵而下荆楚之衆多應之謙至枝江荆州刺史劉道規斬之梁州刺史傅歆又斬桓石綏桓氏遂滅

卞範之

卞範之字敬祖濟陰宛句人也識悟聰敏見美於當世太元中自丹陽丞爲始安太守桓玄少與之遊及玄爲江州引爲長史委以心膂之任潛謀密計莫不決之後玄將爲篡亂以範之爲丹陽尹範之與殷仲文陰撰策命進範之爲征虜將軍散騎常侍玄僭位以範之爲侍中班劍二十人進號後將軍封臨汝縣公其禪詔卽範之文也玄既奢侈無度範之亦盛營館第自以佐命元勳深懷矜伐以富貴驕人子弟傲慢衆咸畏嫉之義軍起範之屯兵於覆舟山西爲劉毅所敗隨玄西走玄又以範之爲尚書僕射玄爲劉毅等所敗左右分散唯範之在側玄平斬於江陵

殷仲文

殷仲文南蠻校尉覬之弟也少有才藻美容貌從兄仲堪薦之於會稽王道子卽引爲驃騎參軍甚相賞待俄轉諮議參軍後爲元顯征虜長史會桓玄與朝廷有隙玄之姊仲文之妻疑而閒之左遷新安太守仲文於玄雖爲姻親而素不交密及聞玄平京師便棄郡投焉玄甚悅之以爲諮議參軍時王謐見禮而

不親卞範之被親而少禮而寵遇隆重兼於王卞矣玄將爲亂使總領詔命以爲侍中領左衛將軍玄九錫仲文之辭也初玄篡位入宮其牀忽陷羣下失色仲文曰將由聖德深厚地不能載玄大悅以佐命親貴厚自封崇輿馬器服窮極綺麗後房妓妾數十絲竹不絕音性貪吝多納貨賄家累千金常若不足玄爲劉裕所敗隨玄西走其珍寶玩好悉藏地中皆變爲土至巴陵因奉二后投義軍而爲鎮軍長史轉尚書帝初反正抗表自解曰臣聞洪波振壑川無恬鱗驚飈拂野林無靜柯何者勢弱則受制於巨力質微則無以自保於理雖可得而言於臣實非所敢譬昔桓玄之代誠復驅逼者衆至如微臣罪實深矣進不能見危授命亡身殉國退不能辭粟首陽拂衣高謝遂乃宴安昏寵叨昧僞封錫文篡事曾無獨固名義以之俱淪情節自茲兼撓宜其極法以判忠邪會鎮軍將軍劉裕匡復社稷大弘善貸佇一戮於微命申三驅於大信既惠之以首領又申之以縶維于時皇輿否隔天人未泰用忘進退是以僶俛從事自同令人今宸極反正唯新告始憲章既明品物思舊臣亦胡顏之厚可以顯居榮次

乞解所職待罪私門違離闕庭乃心慕戀詔不許仲文因月朔與衆至大司馬府府中有老槐樹顧之良久而歎曰此樹婆娑無復生意仲文素有名望自謂必當朝政又謝混之徒疇昔所輕者並皆比肩常怏怏不得志忽遷爲東陽太守意彌不平劉毅愛才好士深相禮接臨當之郡游宴彌日行至富陽慨然歎曰看此山川形勢當復出一伯符何無忌甚慕之東陽無忌所統仲文許當便道修謁無忌故益欽遲之令府中命文人殷闡孔甯子之徒撰義構文以俟其至仲文失志恍惚遂不過府無忌疑其薄己大怒思中傷之時屬慕容超南侵無忌言於劉裕曰桓胤殷仲文乃腹心之疾北虜不足爲憂義熙三年又以仲文與駱球等謀反及其弟南蠻校尉叔文並伏誅仲文時照鏡不見其面數日而遇禍仲文善屬文爲世所重謝靈運嘗云若殷仲文讀書半袁豹則文才不減班固言其文多而見書少也

史臣曰桓玄纂凶父之餘基挾姦回之本性含怒於失職苞藏其豕心抗表以稱冤登高以發憤觀釁而動竊圖非望始則假寵於仲堪俄而戮殷以逞欲遂

得據全楚之地驅勁勇之兵因晉政之陵遲乘會稽之酗醟縱其狙詐之計扇其陵暴之心敢率犬羊稱兵內侮天長喪亂兇力實繁踰年之間奄傾晉祚自謂法堯禪舜改物君臨鼎業方隆卜年惟永俄而義旗電發忠勇雷奔半辰而都邑廓清踰月而兇渠即戮更延墜曆復振頹綱是知神器不可以闇干天祿不可以妄處者也夫帝王者功高宇內道濟含靈龍宮鳳曆表其祥彤雲玄石呈其瑞然後光臨大寶克享鴻名允徯后之心副樂推之望若桓玄之么麼豈足數哉適所以干紀亂常傾宗絕嗣肇金行之禍難成宋氏之驅除者乎

贊曰靈寶隱賊世載兇德信順未孚姦回是則肆逆遷鼎憑威縱慝違天虐人覆宗殄國

晉書卷九十九

晉書卷一百

唐 太 宗 文 皇 帝 御 撰

列傳第七十

王彌

王彌東萊人也家世二千石祖頎魏玄菟太守武帝時至汝南太守彌有才幹博涉書記少游俠京師隱者董仲道見而謂之曰君豺聲豹視好亂樂禍若天下騷擾不作士大夫矣惠帝末妖賊劉伯根起於東萊之惤縣彌率家僮從之伯根以爲長史伯根死聚徒海渚爲苟純所敗亡入長廣山爲羣賊彌多權略凡有所掠必豫圖成敗舉無遺策弓馬迅捷膂力過人青土號爲飛豹後引兵入寇青徐兗州刺史苟晞逆擊大破之彌退集亡散衆復大振晞與之連戰不能克彌進兵寇泰山魯國譙梁陳汝南潁川襄城諸郡入許昌開府庫取器杖所在陷沒多殺守令有衆數萬朝廷不能制會天下大亂進逼洛陽京邑大震宮城門晝閉司徒王衍等率百官距守彌屯七里澗王師進擊大破之彌謂其

黨劉靈曰晉兵尚彊歸無所厝劉元海昔爲質子我與之周旋京師深有分契今稱漢王將歸之可乎靈然之乃渡河歸元海元海聞而大悅遣其侍中兼御史大夫郊迎致書於彌曰以將軍有不世之功超時之德故有此迎耳遲望將軍之至孤今親行將軍之館輒拂席洗爵敬待將軍及彌見元海勸稱尊號元海謂彌曰孤本謂將軍如竇周等耳今眞吾孔明仲華也烈祖有云吾之有將軍如魚之有水於是署彌司隸校尉加侍中特進彌固辭使隨劉曜寇河內又與石勒攻臨漳永嘉初寇上黨圍壺關東海王越遣淮南內史王曠安豐太守衞乾等討之及彌戰于高都長平閒大敗之死者十六七元海進彌征東大將軍封東萊公與劉曜石勒等攻魏郡汲郡頓丘陷五十餘壁皆調爲軍士又與勒攻鄴安北將軍和郁棄城而走懷帝遣北中郎將裴憲次白馬討彌車騎將軍王堪次東燕討勒平北將軍曹武次太陽討元海武部將軍彭默爲劉聰所敗見害衆軍皆退聰渡黃河帝遣司隸校尉劉暾將軍宋抽等距之皆不能抗彌聰以萬騎至京城焚二學東海王越距戰於西明門彌等敗走彌復以二千

騎寇襄城諸縣河東平陽弘農上黨諸流人之在潁川襄城汝南南陽河南者數萬家爲舊居人所不禮皆焚燒城邑殺二千石長吏以應彌彌又以二萬人會石勒寇陳郡潁川屯陽翟遣弟璋與石勒共寇徐兗因破越軍彌後與曜寇襄城遂逼京師時京邑大饑人相食百姓流亡公卿奔河陰曜彌等遂陷宮城至太極前殿縱兵大掠幽帝於端門逼辱羊皇后殺皇太子詮發掘陵墓焚燒宮廟城府蕩盡百官及男女遇害者三萬餘人遂遷帝于平陽彌之掠也曜禁之彌不從曜斬其牙門王延以徇彌怒與曜阻兵相攻死者千餘人彌長史張嵩諫曰明公與國家共興大事事業甫爾便相攻討何面見主上乎平洛之功誠在將軍然劉曜皇族宜小下之晉二王平吳之鑒其則不遠願明將軍以爲慮縱將軍阻兵不還其若子弟宗族何彌曰善微子吾不聞此過也於是詣曜謝結分如初彌曰下官聞過乃是張長史之功曜謂嵩曰君爲朱建矣豈況范生乎各賜嵩金百斤彌謂曜曰洛陽天下之中山河四險之固城池宮室無假營造可徙平陽都之曜不從焚燒而去彌怒曰屠販子豈有帝王之意乎汝奈

天下何遂引衆東屯項關初曜以彌先入洛不待己怨之至是嫌隙遂構劉暾說彌還據青州彌然之乃以左長史曹嶷爲鎮東將軍給兵五千多齎寶物還鄉里招誘亡命且迎其室彌將徐邈高梁輒率部曲數千人隨嶷去彌益衰弱初石勒惡彌驍勇常密爲之備彌之破洛陽也多遺勒美女寶貨以結之時勒擒苟晞以爲左司馬彌謂勒曰公獲苟晞而用之何其神妙使晞爲公左彌爲公右天下不足定也勒愈忌彌陰圖之劉暾又勸彌徵曹嶷藉其衆以誅勒於是彌使暾詣青州令曹嶷引兵會己而詐要勒共向青州暾至東阿爲勒游騎所獲勒見彌與嶷書大怒乃殺暾彌未之知勒伏兵襲彌殺之并其衆

張昌

張昌本義陽蠻也少爲平氏縣吏武力過人每自占卜言應當富貴好論攻戰儕類咸共笑之及李流寇蜀昌潛遁半年聚黨數千人盜得幢麾詐言臺遣其募人討流會壬午詔書發武勇以赴益土號曰壬午兵自天下多難數術者云當有帝王興於江左及此調發人咸不樂西征昌黨因之誑惑百姓各不肯去

而詔書催遣嚴速所經之界停留五日者二千石免由是郡縣官長皆躬出驅逐展轉不遠屯聚而爲刧掠是歲江夏大稔流人就食者數千口太安二年昌於安陸縣石巖山屯聚去郡八十里諸流人及避戍役者多往從之昌乃易姓名爲李辰太守弓欽遣軍就討輒爲所破昌徒衆日多遂來攻郡欽出戰大敗乃將家南奔沔口鎮南大將軍新野王歆遣騎督靳滿討昌於隨郡西大戰滿敗走昌得其器杖據有江夏即其府庫造妖言云當有聖人出山都縣吏丘沈遇於江夏昌名之爲聖人盛車服出迎之立爲天子置百官沈易姓名爲劉尼稱漢後以昌爲相國昌兄味爲車騎將軍弟放廣武將軍各領兵於石巖中作宮殿又於巖上織竹爲鳥形衣以五綵聚肉於其傍衆鳥羣集詐云鳳皇降又言珠袍玉璽鐵券金鼓自然而至乃下赦書建元神鳳郊祀服色依漢故事其有不應其募者族誅又流訛言云江淮已南當圖反逆官軍大起悉誅討之羣小互相扇動人情惶懼江沔間一時猋起豎牙旗鳴鼓角以應昌旬月之間衆十三萬皆以絳科頭攢之以毛江夏義陽士庶莫不從之惟江夏舊姓江安令

王傴秀才呂蕤不從昌以三公位徵之傴蕤密將宗室北奔汝南投豫州刺史
劉喬鄉人期思令李權常安令吳鳳孝廉吳暢糾合善士得五百餘家追隨傴
等不豫妖逆新野王歆上言妖賊張昌劉尼妄稱神聖犬羊萬計絳頭毛面挑
刀走戟其鋒不可當請臺勅諸軍三道救助於是劉喬率諸軍據汝南以禦賊
前將軍趙驤領精卒八千據宛助平南將軍羊伊距守昌遣其將軍黃林為大
都督率二萬人向豫州前驅李宮欲掠取汝水居人喬遣將軍李楊逆擊大破
之林等東攻弋陽太守梁桓嬰城固守又遣其將馬武破武昌害太守昌自領
其衆西攻宛破趙驤害羊伊進攻襄陽害新野王歆昌別率石冰東破江揚二
州偽置守長當時五州之境皆畏逼從逆又遣其將陳貞陳蘭張甫等攻長沙
湘東零陵諸郡昌雖跨帶五州樹立牧守皆盜桀小人而無禁制但以劫掠為
務人情漸離是歲詔以寧朔將軍領南蠻校尉劉弘鎮宛弘遣司馬陶侃參軍
蒯桓皮初等率衆討昌於竟陵劉喬又遣將軍李楊督護尹奉總兵向江夏侃
等與昌苦戰累日大破之納降萬計昌乃沉竄于下雋山明年秋乃擒之傳首

京師同黨並夷三族

陳敏

陳敏字令通廬江人也少有幹能以部廉吏補尚書倉部令史及趙王倫篡逆三王起義兵久屯不散京師倉廩空虛敏建議曰南方米穀皆積數十年時將欲腐敗而不漕運以濟中州非所以救患周急也朝廷從之以敏爲合肥度支遷廣陵度支張昌之亂遣其將石冰等趣壽春都督劉準憂惶計無所出時敏統大軍在壽春謂準曰此等本不樂遠戍故逼迫成賊烏合之衆其勢易離敏請合率運兵公分配衆力破之必矣準乃益敏兵擊之破吳弘石冰等敏遂乘勝逐北戰數十合時冰衆十倍敏以少擊衆每戰皆剋遂至揚州迴討徐州賊封雲雲將張統斬雲降敏以功爲廣陵相時惠帝幸長安四方交爭敏遂有割據江東之志其父聞之怒曰滅我門者必此兒也父亡去職東海王越當西迎大駕承制起敏爲右將軍假節前鋒都督致書於敏曰將軍建謀富國則有大漕之勳及遭冰昌之亂則首率義徒以寡敵衆外無彊兵之援內無運籌之佀

隻身挺立雄略從橫擢奇謀於馬首奮靈計於臨危金聲振於江外精光赫于
揚楚攻堅蹈險三十餘戰師徒無虧勍敵自滅五州復全苞茅入貢豈非將軍
之功力哉今羯賊屯結遊魂河濟鼠伏雉竄藏匿陳留始欲姦盜終圖不軌將
軍孫吳之術既明已試之功先著孤與將軍情分特隆想割草土之哀抑難居
之思捨經執戈來卹國難天子遠巡鑾輿未反引領東眷有懷山陵當憑將軍
戮力王略有旋將軍率將所領承書風發米布軍資惟將軍所運時越討豫州
刺史劉喬敏引兵會之與越俱敗於蕭敏因中國大亂遂請東歸收兵據歷陽
會吳王常侍甘卓自洛至教卓假稱皇太弟命拜敏爲揚州刺史并假江東首
望顧榮等四十餘人爲將軍郡守榮並僞從之敏爲息娶卓女遂相爲表裏揚
州刺史劉機丹陽太守王廣等皆棄官奔走敏弟昶知顧榮等有貳心勸敏殺
之敏不從昶將精兵數萬據烏江弟恢率錢端等南寇江州刺史應邈奔走弟
斌東略諸郡遂據有吳越之地敏命寮佐以己爲都督江東軍事大司馬楚公
封十郡加九錫列上尚書稱自江入河奉迎鑾駕東海王軍諮祭酒華譚聞敏

自相署置而顧榮等並江東首望悉受敏官爵乃遺榮等書曰石冰之亂朝廷錄敏微功故加越次之禮授以上將之任庶有韓盧一噬之效而本性凶狡素無識達貪榮干運逆天而動阻兵作威盜據吳會內用凶弟外委軍吏上負朝廷寵授之榮下孤宰輔過禮之惠天道伐惡人神所不祐雖阻長江命危朝露忠節令圖君子高行屈節附逆義士所恥王蠋匹夫志不可屈於期慕義隕首燕庭況吳會仁人並受國寵或剖符名郡或列爲近臣而便辱身姦人之朝降節逆叛之黨稽顙屈膝不亦羞乎昔龔勝絶粒不食莽朝魯連赴海恥爲秦臣君子義行同符千載遙度雅量豈獨是安昔吳之武烈稱美一代雖奮奇宛葉亦受折襄陽討逆雄氣志存中夏臨江發怒命訖丹徒賴先王承運雄謀天挺尙內倚慈母仁明之教外杖子布廷爭之忠又有諸葛顧步張朱陸全之族故能鞭笞百越稱制南州然兵家之興不出三世運未盈百歸命入臣今以陳敏倉部令史七第頑冗六品下才欲躡桓王之高蹤蹈大皇之絶軌遠度諸賢猶當未許也諸君垂頭不能建翟義之謀而顧生俛眉已受羈絆之辱皇輿東軒

行卽紫館百寮垂纓雲翔鳳闕廟勝之謀潛運帷幄然後發荆州武旅順流東下徐州銳鋒南據堂邑征東勁卒耀威歷陽飛橋越橫江之津泛舟涉瓜步之渚威震丹陽擒寇建鄴而諸賢何顏見中州之士邪小寇隔津音符道闊引領南望情存舊懷忠義之人何世蔑有夫危而不能安亡而不能存將何貴乎永長宿德情所素重彥先垂髮分著金石公冑早交恩紀特隆令伯義聲親好密結上欲與諸賢效翼紫宸建功帝籍如其不爾亦可泛舟河渭擊楫清歌何爲辱身小寇之手以蹈逆亂之禍乎昔爲同志今已殊域往爲一體今成異身瞻江長嘆非子誰思願圖良策以存嘉謀也敏凡才無遠略一旦據有江東刑政無章不爲英俊所服且子弟凶暴所在爲患周玘顧榮之徒常懼禍敗又得譚書皆有慚色玘榮遣使密報征東大將軍劉準遣兵臨江己爲內應準遣揚州刺史劉機寧遠將軍衡彥等出歷陽敏使弟昶及將軍錢廣次烏江以距之又遣弟閎爲歷陽太守戍牛渚錢廣家在長城玘鄉人也玘潛使圖昶廣遣其屬何康錢象投募送白事於昶昶傾頭視書康揮刀斬之稱州下已殺敏敢有動

者誅二族吹角爲內應廣先勒兵在朱雀橋陳兵水南玘榮又說甘卓卓遂背敏敏率萬餘人將與卓戰未獲濟榮以白羽扇麾之敏衆潰散敏單騎東奔至江乘爲義兵所斬母及妻子皆伏誅於是會稽諸郡並殺敏諸弟無遺焉

王如

王如京兆新豐人也初爲州武吏遇亂流移至宛時諸流人有詔並遣還鄉里如以關中荒殘不願歸征南將軍山簡南中郎將杜蕤各遣兵送之而促期令發如遂潛結諸無賴少年夜襲二軍破之杜蕤悉衆擊如戰于湼陽蕤軍大敗山簡不能禦移屯夏口如又破襄城於是南安龐寔馮翊嚴嶷長安侯脫等各帥其黨攻諸城鎮多殺令長以應之未幾衆至四五萬自號大將軍領司雍二州牧如懼石勒之攻己也乃厚賄於勒結爲兄弟勒又假其彊而納之時侯脫據宛與如不協如說勒曰侯脫雖名漢臣其實漢賊如常恐其來襲兄宜備之勒素怒脫貳己憚如唇齒故不攻之及聞如言甚悅遂夜令三軍蓐食待命雞鳴而駕後出者斬晨壓宛門攻之旬有二日而剋之勒遂斬脫如於是大掠沔

漢進逼襄陽征南山簡使將趙同帥師擊之經年不能剋智力並屈遂嬰城自守王澄帥軍赴京都如邀擊破之如連年種穀皆化爲莠軍中大饑其黨互相攻劫官軍進討各相率來降如計無所出歸于王敦敦從弟稜愛如驍武請敦配己麾下敦曰此輩虓險難蓄汝性忌急不能容養更成禍端稜固請與之稜置諸左右甚加寵遇如數與敦諸將角射屢鬬爭爲過失稜果不容而杖之如甚以爲恥初敦有不臣之迹稜每諫之敦常怒其異己及敦聞如爲稜所辱密使人激怒之勸令殺稜如詣稜因閑宴請劍舞爲歡稜從之如於是舞刀爲戲漸漸來前稜惡而呵之不止叱左右使牽去如直前害稜敦聞而陽驚亦捕如誅之

杜曾

杜曾新野人南中郎將蕤之從祖弟也少驍勇絶人能被甲游於水中始爲新野王歆鎮南參軍歷華容令至南蠻司馬凡有戰陣勇冠三軍會永嘉之亂荆州荒梗故牙門將胡亢聚衆於竟陵自號楚公假曾竟陵太守亢後與其黨自

相猜貳誅其驍將數十人曾心自不安潛謀圖之乃卑身屈節以事於亢亢弗之覺甚信任之會荊州賊王沖自號荊州刺史部衆亦盛屢遣兵抄亢所統亢患之問計於曾曾勸令擊之亢以爲然曾白亢取帳下刀戟付工磨之因潛引王沖之兵亢遣精騎出距沖城中空虛曾因斬亢而幷其衆自號南中郎將領竟陵太守曾求南郡太守劉務女不得盡滅其家會愍帝遣第五猗爲安南將軍荊州刺史曾迎猗於襄陽爲兄子娶猗女遂分據沔漢時陶侃新破杜弢乘勝擊曾有輕曾之色侃司馬魯恬言於侃曰古人爭戰先料其將今使君諸將無及曾者未易可逼也侃不從進軍圍之於石城時曾軍多騎而侃兵無馬曾密開門突侃陣出其後反擊其背侃師遂敗投水死者數百人曾將趨順陽下馬拜侃告辭而去既而致箋於平南將軍荀崧求討丹水賊以自效崧納之侃遺崧書曰杜曾凶狡所將之卒皆豺狼也可謂鴟梟食母之物此人不死州土未寧足下當識吾言崧以宛中兵少藉曾爲外援不從侃言曾復率流亡二千餘人圍襄陽數日不下而還及王廙爲荊州刺史曾距之廙使將朱軌趙誘擊

曾皆爲曾所殺王敦遣周訪討之屢戰不能剋訪潛遣人緣山開道出曾不意以襲之曾衆潰其將馬儁蘇温等執曾詣訪降訪欲生致武昌而朱軌息昌趙誘息胤皆乞曾以復寃於是斬曾而昌胤臠其肉而噉之

杜弢

杜弢字景文蜀郡成都人也祖植有名蜀土武帝時爲符節令父眕略陽護軍弢初以才學著稱州舉秀才遭李庠之亂避地南平太守應詹愛其才而禮之後爲醴陵令時巴蜀流人汝班蹇碩等數萬家布在荆湘閒而爲舊百姓之所侵苦並懷怨恨會蜀賊李驤殺縣令屯聚樂鄉衆數百人弢與應詹擊驤破之蜀人杜疇蹇撫等復擾湘州參軍馮素與汝班不協言於刺史荀眺曰流人皆欲反眺以爲然欲盡誅流人班等懼死聚衆以應疇時弢在湘中賊衆共推弢爲主弢自稱梁益二州牧平難將軍湘州刺史攻破郡縣眺委城走廣州廣州刺史郭訥遣始興太守嚴佐率衆攻弢弢逆擊破之荆州刺史王澄復遣王機擊弢敗於巴陵弢遂縱兵肆暴僞降於山簡簡以爲廣漢太守眺之走也州人

推安城太守郭察領州事因率衆討弢反爲所敗察死之弢遂南破零陵東侵
武昌害長沙太守崔敷宜都太守杜鑒邵陵太守鄭融等元帝命征南將軍王
敦荊州刺史陶侃等討之前後數十戰弢將士多物故於是請降帝不許弢乃
遺應詹書曰天步艱難始自吾州州黨流移在於荊土其所遇値蔑之如遺頓
伏死亡者略復過半備嘗荼毒足下之所鑒也客主難久嫌隙易構不謂樂鄉
起變出於不意時與足下思散疑結求擒其黨帥惟患算不經遠力不陷堅耳
及在湘中懼死求生遂相結聚欲守善自衞天下小定然後輸誠盟府尋山公
鎭夏口卽具陳之此公鑒開塞之會察窮通之運納吾於衆疑之中非高識玄
覩孰能若此西州人士得沐浴於清流豈惟滌蕩瑕穢乃骨肉之施此公薨逝
斯事中廢賢愚痛毒竊心自悼欲遣滕永文張休豫詣大府備列起事以來本
末但恐貪功徇名之徒將讒閒於聖主之聽戮吾使於市朝以彰叛逆之罪故
未敢遣之而甘陶卒至水陸十萬旌旗曜於山澤舟艦盈於三江威則威矣然
吾衆竊未以爲懼晉文伐原以全信爲本故能使諸侯歸之陶侃宣赦書而繼

之以進討豈所以崇奉明詔示軌憲於四海逼向義之夫以爲叛逆之虜踧思善之衆以極不赦之責非不戰而屈人之算也驅略烏合欲與必死者求一戰未見爭衡之機權也吾之赤心貫於神明西州人士卿粗悉之耳寧當今抱枉於時不證於大府邪昔虞卿不榮大國之相與魏齊同其安危司馬遷明言於李陵雖刑殘而無慨足下抗威千里聲播汶衡進宜爲國思靖難之略退與舊交措枉直之正不亦綽然有餘裕乎望卿騰吾箋令時達盟府遣大使光臨使吾得披露肝膽沒身何恨哉伏想盟府必結紐於紀綱爲一匡於聖世使吾廁列義徒負戈前驅迎皇輿於閶闔掃長蛇於荒裔雖死之日猶生之年也若然先清方夏卻定中原吾得一年之糧使泝流西歸夷李雄之逋寇脩禹貢之舊獻展微勞以補往愆復州邦以謝鄰國亦其志也惟所裁處耳吾遠州寒士與足下出處殊倫誠不足感神交而濟其傾危但顯吾忠誠則汶嶽荷忠順之恕衡湘無伐叛之虞隆足下宏納之望拯吾徒陷溺之艱焉可金玉其音哉然顯顒十餘萬口亦勞瘁於警備思放逸於南畝矣衡嶽江湘列吾左右若往言有

貳血誠不亮益梁受殃不惟鄙門而已詹甚哀之乃啓呈弢書并上言曰弢益州秀才素有清望文理既優幹事兼美往因使流寓居詹郡界其貞心堅白詹所委究李驤爲變樂鄉刦略百姓弢時出家財招募忠勇登壇歃血義誠慷慨會驤攻燒南平弢遂東下巴漢與湘中鄉人相遇推其素望遂相憑結論弢本情非首作亂階者也然破湘川實弢之罪亦由兵交其間遂使滋蔓按弢今書血誠亦至矣昔朱鮪自疑於洛陽光武指河水以明心鮪感義歸誠終展力報施受封侯之寵由恕過以錄功也詹竊謂今者當圮運之會思弘遠猷故齊赦射鉤之誅晉貰斬袪之戮用能濟翼戴之高勳隆一匡之美譽況弢等素無斯愆而稽顙投命邪以爲可遣大使宣揚聖旨雲澤沾之於上百姓沐浴於下則上下交泰江左無風塵之虞矣帝乃使前南海太守王運受弢降宣詔書大赦凡諸反逆一皆除之加弢巴東監軍弢受命後諸將殉功者攻擊之不已弢不勝憤怒遂殺運而使其將王真領精卒三千爲奇兵出江南向武陵斷官軍運路陶侃使伏波將軍鄭攀邀擊大破之真步走湘城於是侃等諸軍齊進真遂

降侃衆黨散潰弢乃逃遁不知所在

王機 兄矩

王機字令明長沙人也父毅廣州刺史甚得南越之情機美姿儀倜儻有度量陳恢之亂機年十七率衆擊破之常慕王澄爲人澄亦雅知之以爲己亞遂與友善內綜心膂外爲牙爪尋用爲成都內史機終日醉酒不存政事由是百姓怨之人情騷動會澄遇害機懼禍及又屬杜弢所在發墓而獨爲機守冢機益自疑就王敦求廣州敦不許會廣州人背刺史郭訥迎機爲刺史機遂將奴客門生千餘人入廣州州部將温邵率衆迎機敦遣將軍葛幽追之及於廬陵機叱幽曰何以敢來欲取死邪幽不敢逼而歸敦訥聞邵之納機也乃遣兵擊邵反爲所破訥又遣機父兄時吏距之咸倒戈迎機訥衆皆散乃握節而避機機遂入城就訥求節訥歎曰昔蘇武不失其節前史以爲美談此節天朝所假義不相與自可遣兵來取之機慚而止機自以篡州懼爲王敦所討乃更求交州時杜弢餘黨杜弘奔臨賀送金數千兩與機求討桂林賊以自效機爲列上朝

廷許之王敦以機難制又欲因機討梁碩故以降杜弘之勳轉爲交州刺史碩聞而遣子侯候機於鬱林機怒其迎遲責云須至州當相收拷碩子馳使報碩碩曰王郎已壞廣州何可復來破交州也乃禁州人不許迎之府司馬杜讚以碩不迎機率兵討碩爲碩所敗碩恐諸僑人爲機於是悉殺其良者乃自領交阯太守機既爲碩所距遂住鬱林時杜弘大破桂林賊還遇機於道機勸弘取交州弘素有意乃執機節曰當相與迭持何可獨捉機遂以節與之於是機與弘及溫邵劉沈等並反尋而陶侃爲廣州到始興州人皆諫不可輕進侃不聽及至州諸郡縣皆已迎機矣侃先討溫邵劉沈皆殺之機遣牙門屈藍還州詐言增糧密招誘所部欲以距侃侃即收藍斬之遣督護許高討機走之病死于道高掘出其尸斬首并殺其二子焉

機兄矩字令式美姿容每出游觀者盈路初爲南平太守豫討陳恢有功遷廣州刺史將赴職忽見一人持奏謁矩自云京兆杜靈之矩問之答稱天上京兆被使召君爲主簿矩意甚惡之至州月餘卒

祖約

祖約字士少豫州刺史逖之弟也初以孝廉爲成皋令與逖甚相友愛永嘉末隨逖過江元帝稱制引爲掾屬與陳留阮孚齊名後轉從事中郎典選舉約妻無男而性妬約亦不敢違忤嘗夜寢於外忽爲人所傷疑其妻所爲約求去職帝不聽約便從右司馬營東門私出司直劉隗劾之曰約幸荷殊寵顯位選曹銓衡人物衆所具瞻當敬以直內義以方外杜漸防萌式遏寇害而乃變起蕭牆患生婢妾身被刑傷虧其膚髮羣小嘩啗囂聲遠被塵穢清化垢累明時天恩含垢猶復慰喻而約違命輕出既無明智以保身又孤恩廢命宜加貶黜以塞衆謗帝不之罪隗重加執據終不許及逖有功於譙沛約漸見任遇逖卒自侍中代逖爲平西將軍豫州刺史領逖之衆約異母兄光祿大夫納密言於帝曰約內懷陵上之心抑而使之可也今顯侍左右假其權勢將爲亂階矣帝不納時人亦謂納與約異生忌其寵貴故有此言而約竟無綏馭之才不爲士卒所附及王敦舉兵約歸衞京都率衆次壽陽逐敦所署淮南太守任台以功封

五等侯進號鎮西將軍使屯壽陽爲北境藩扞自以名輩不後郗卞而不豫明帝顧命又望開府及諸所表請多不見許遂懷怨望石聰嘗以衆逼之約屢表請救而官軍不至聰既退朝議又欲作涂塘以遏胡寇約謂爲棄己彌懷憤恚先是太后使蔡謨勞之約見謨瞋目攘袂非毀朝政及蘇峻舉兵遂推崇約而罪執政約聞而大喜從子智及衍並傾險好亂又讚成其事於是命逖子沛內史渙女壻淮南太守許柳以兵會峻逖妻柳之姊也固諫不從及峻剋京都矯詔以約爲侍中太尉尚書令潁川人陳光率其屬攻之約左右閻禿貌類約光謂爲約而擒之約踰垣獲免光奔於石勒而約之諸將復陰結於勒請爲內應勒遣石聰來攻之約衆潰奔歷陽遣兄子渙攻桓宣于皖城會毛寶援宣擊渙敗之趙胤復遣將軍甘苗從三焦上歷陽約懼而夜遁其將牽騰率衆出降約以左右數百人奔于石勒勒薄其爲人不見者久之勒將程遐說勒曰天下粗定當顯明逆順此漢高祖所以斬丁公也今忠于事君者莫不顯擢背叛不臣者無不夷戮此天下所以歸伏大王也祖約猶存臣切惑之且約大引賓客又

占奪鄉里先人田地地主多怨於是勒乃詐約曰祖侯遠來未得喜歡可集子弟一時俱會至日勒辭之以疾令遐請約及其宗室約知禍及大飲致醉既至于市抱其外孫而泣遂殺之幷其親屬中外百餘人悉滅之婦女妓妾班賜諸胡初逖有胡奴曰王安待之甚厚及在雍丘告之曰石勒是汝種類吾亦不在爾一人乃厚資遣之遂爲勒將祖氏之誅也安多將從人於市觀省潛取逖庶子道重藏之爲沙門時年十歲石氏滅後來歸

蘇峻

蘇峻字子高長廣掖人也父模安樂相峻少爲書生有才學仕郡主簿年十八舉孝廉永嘉之亂百姓流亡所在屯聚峻糾合得數千家結壘于本縣于時豪傑所在屯聚而峻最彊遣長沙徐瑋宣檄諸屯示以王化又收枯骨而葬之遠近感其恩義推峻爲主遂射獵於海邊青山中元帝聞之假峻安集將軍時曹嶷領青州刺史表峻爲掖令峻辭疾不受嶷惡其得衆必恐爲患將討之峻懼率其所部數百家汎海南渡既到廣陵朝廷嘉其遠至轉鷹揚將軍會周堅反

於彭城峻助討之有功除淮陵內史遷蘭陵相王敦作逆詔峻討敦卜之不吉遲迴不進及王師敗績峻退保盱眙淮陵故吏徐深艾毅重請峻爲內史詔聽之加奮威將軍太寧初更除臨淮內史王敦復肆逆尚書令郗鑒議召峻及劉遐援京都敦遣峻兄說峻曰富貴可坐取何爲自來送死峻不從遂率衆赴京師頓于司徒故府道遠行速軍人疲困沈充錢鳳謀曰北軍新到未堪攻戰擊之必剋若復猶豫後難犯也賊於其夜度竹格渚拔柵將戰峻率其將韓晃於南塘橫截大破之又隨庾亮追破沈充進使持節冠軍將軍歷陽內史加散騎常侍封邵陵公食邑一千八百戶峻本以單家聚衆於擾攘之際歸順之後志在立功既有功於國威望漸著至是有銳卒萬人器械甚精朝廷以江外寄之而峻頗懷驕溢自負其衆潛有異志撫納亡命得罪之家有逃死者峻輒蔽匿之衆力日多皆仰食縣官運漕者相屬稍有不如意便肆忿言時明帝初崩委政宰輔護軍庾亮欲徵之峻聞將徵遣司馬何仍詣亮曰討賊外任遠近從命至於內輔實非所堪不從遂下優詔徵峻爲大司農加散騎常侍位特進以弟

逸代領部曲峻素疑亮欲害己表曰昔明皇帝親執臣手使臣北討胡寇今中原未靖無用家為乞補青州界一荒郡以展鷹犬之用復不許峻嚴裝將赴召而猶豫未決參軍任讓謂峻曰將軍求處荒郡而不見許事勢如此恐無生路不如勒兵自守峻從之遂不應命朝廷遣使諷諭之峻曰臺下云我欲反豈得活邪我寧山頭望廷尉不能廷尉望山頭往者國危累卵非我不濟狡兔既死獵犬理自應烹但當死報造謀者耳於是遣參軍徐會結祖約謀為亂而以討亮為名約遣祖渙許柳率衆助峻峻遣將韓晃張健等襲姑孰進逼慈湖殺于湖令陶馥及振威將軍司馬流峻自率渙柳衆萬人乘風濟自橫江次于陵口與王師戰頻捷遂據蔣陵覆舟山率衆因風放火臺省及諸營寺署一時蕩盡遂陷宮城縱兵大掠侵逼六宮窮凶極暴殘酷無道驅役百官光祿勳王彬等皆被捶撻逼令擔負登蔣山裸剝士女皆以壞席苫草自鄣無草者坐地以土自覆哀號之聲震動內外時官有布二十萬匹金銀五千斤錢億萬絹數萬匹他物稱是峻盡費之矯詔大赦惟庾亮兄弟不在原例自為驃騎領軍將軍錄

尙書事許柳丹陽尹加前將軍馬雄左衞將軍祖渙驍騎將軍復弋陽王羕爲西陽王太宰錄尙書事羕息播亦復本官於是改易官司置其親黨朝廷政事一皆由之又遣韓晃入義興張健管商弘徽等入晉陵時溫嶠陶侃已唱義於武昌峻聞兵起用參軍賈寧計還據石頭更分兵距諸義軍所過無不殘滅嶠等將至峻遂遷天子於石頭逼迫居人盡聚之後苑使懷德令匡術守苑城嶠等既到乃築壘於白石峻率衆攻之幾至陷沒東西抄掠多所擒虜兵威日盛戰無不剋由是義衆沮衄人懷異計朝士之奔義軍者皆云峻狡黠有智力其徒黨驍勇所向無敵惟當以天討有罪誅滅不久若以人事言之未易除也溫嶠怒曰諸君怯懦乃是譽賊及後累戰不捷嶠亦深憚之管商等進攻吳郡焚吳縣海鹽嘉興敗諸義軍韓晃又攻宣城害太守桓彝商等又焚餘杭而大敗於武康退還義興嶠與趙胤率步兵萬人從白石南上欲以臨之峻與匡孝將八千人逆戰峻遣子碩與孝以數十騎先薄趙胤敗之峻望見胤走曰孝能破賊我更不如乎因舍其衆與數騎北下突陣不得入將迴趨白木陂牙門彭世

李千等投之以矛墜馬斬首臠割之焚其骨三軍皆稱萬歲峻司馬任讓等共立峻弟逸爲主求峻尸不獲碩乃發庾亮父母墓剖棺焚尸逸閉城自守韓晃聞峻死引兵赴石頭管商及弘徽進攻庱亭壘督護李閎及輕車長史滕含擊破之斬首千級商率衆走延陵李閎與庱亭諸軍追之斬獲數千級商詣庾亮降匡術舉苑城降韓晃與蘇逸等并力攻術不能陷溫嶠等選精銳將攻賊營碩率驍勇數百渡淮而戰於陣斬碩晃等震懼以其衆奔張健於曲阿門阨不得出更相蹈藉死者萬數逸爲李湯所執斬于車騎府管商之降也餘者並歸張健健又疑弘徽等不與己同盡殺之更以舟車自延陵向長塘小大二萬餘口金銀寶物不可勝數揚烈將軍王允之與吳興諸軍擊健大破之獲男女萬餘口健復與馬雄韓晃等輕軍俱走閎率銳兵追之及於巖山攻之甚急健等不敢下山惟晃獨出帶兩步㲉箭却據胡牀彎弓射之傷殺甚衆箭盡乃斬之健等遂降並梟其首

孫恩

孫恩字靈秀琅邪人孫秀之族也世奉五斗米道恩叔父泰字敬遠師事錢唐杜子恭而子恭有祕術嘗就人借瓜刀其主求之子恭曰當即相還耳既而刀主行至嘉興有魚躍入船中破魚得瓜刀其爲神效往往如此子恭死泰傳其術然浮狡有小才誑誘百姓愚者敬之如神皆竭財產進子女以求福慶王珣言於會稽王道子流之于廣州廣州刺史王懷之以泰行鬱林太守南越以外皆歸之太子少傅王雅先與泰善言於孝武帝以泰知養性之方因召還道子以爲徐州主簿猶以道術眩惑士庶稍遷輔國將軍新安太守王恭之役泰私合義兵得數千人爲國討恭黃門郎孔道鄱陽太守桓放之驃騎諮議周勰等皆敬事之會稽世子元顯亦數詣泰求其祕術泰見天下兵起以爲晉祚將終乃扇動百姓私集徒衆三吳士庶多從之于時朝士皆懼泰爲亂以其與元顯交厚咸莫敢言會稽內史謝輶發其謀道子誅之恩逃于海衆聞泰死惑之皆謂蟬蛻登仙故就海中資給恩聚合亡命得百餘人志欲復讎及元顯縱暴吳會百姓不安恩因其騷動自海攻上虞殺縣令因襲會稽害內史王凝之有衆

數萬於是會稽謝鍼吳郡陸瓌吳興丘尫義興許允之臨海周胄永嘉張永及東陽新安等凡八郡一時俱起殺長吏以應之旬日之中衆數十萬於是吳興太守謝邈永嘉太守謝逸嘉興公顧胤南康公謝明慧黃門郎謝沖張琨中書郎孔道太子洗馬孔福烏程令夏侯愔等皆遇害吳國內史桓謹義興太守魏傿臨海太守新蔡王崇等並出奔於是恩據會稽自號征東將軍號其黨曰長生人宣語令誅殺異己有不同者戮及嬰孩由是死者十七八畿內諸縣處處蜂起朝廷震懼內外戒嚴遣衛將軍謝琰鎮北將軍劉牢之討之並轉鬬而前吳會承平日久人不習戰又無器械故所在多被破亡諸賊皆燒倉廩焚邑屋刊木堙井虜掠財貨相率聚于會稽其婦女有嬰累不能去者囊簏盛嬰兒沒於水而告之曰賀汝先登仙堂我尋後就汝初恩聞八郡響應告其屬曰天下無復事矣當與諸君朝服而至建康既聞牢之臨江復曰我割浙江不失作句踐也尋知牢之已濟江乃曰孤不羞走矣乃虜男女二十餘萬口一時逃入海懼官軍之躡乃緣道多棄寶物子女時東土殷實莫不粲麗盈目牢之等遽於

收斂故恩復得逃海朝廷以謝琰爲會稽率徐州文武戍海浦隆安四年恩復入餘姚破上虞進至刑浦琰遣參軍劉宣之距破之恩退縮少日復寇刑浦害謝琰朝廷大震遣冠軍將軍桓不才輔國將軍孫無終寧朔將軍高雅之擊之恩復還于海於是復遣牢之東屯會稽吳國內史袁山松築扈瀆壘緣海備恩明年恩復入浹口雅之敗績牢之進擊恩復還于海轉寇扈瀆害袁山松仍浮海向京口牢之率衆西擊未達而恩已至劉裕乃總兵緣海距之及戰恩衆大敗狼狽赴船尋又集衆欲向京都朝廷駭懼陳兵以待之恩至新州不敢進而退北寇廣陵陷之乃浮海而北劉裕與劉敬宣幷軍躡之於郁洲累戰恩復大敗於是漸衰弱復沿海還南裕亦尋海要截復大破恩於扈瀆恩遂遠迸海中及桓玄用事恩復寇臨海臨海太守辛景討破之恩窮慼乃赴海自沉妖黨及妓妾謂之水仙投水從死者百數餘衆復推恩妹夫盧循爲主自恩初入海所虜男女之口其後戰死及自溺幷流離被傳賣者至恩死時裁數千人存而恩攻沒謝琰袁山松陷廣陵前後數十戰亦殺百姓數萬人

盧循

盧循字于先小名元龍司空從事中郎諶之曾孫也雙眸冏徹瞳子四轉善草隸弈棋之藝沙門惠遠有鑒裁見而謂之曰君雖體涉風素而志存不軌循娶孫恩妹及恩作亂與循通謀恩性酷忍循每諫止之人士多賴以濟免恩亡餘衆推循爲主元興二年正月寇東陽八月攻永嘉劉裕討循至晉安循窘急泛海到番禺寇廣州逐刺史吳隱之自攝州事號平南將軍遣使獻貢時朝廷新誅桓氏中外多虞乃權假循征虜將軍廣州刺史平越中郎將義熙中劉裕伐慕容超循所署始興太守徐道覆循之姊夫也使人勸循乘虛而出循不從道覆乃至番禺說循曰朝廷恆以君爲腹心之疾劉公未有旋日不乘此機而保一日之安若平齊之後劉公自率衆至豫章遣銳師過嶺雖復君之神武必不能當也今日之機萬不可失既剋都邑劉裕雖還無能爲也君若不同便當率始興之衆直指尋陽循甚不樂此舉無以奪其計乃從之初道覆密欲裝舟艦乃使人伐船材於南康山僞云將下都貨之後稱力少不能得致卽於郡賤賣

之價減數倍居人貪賤賣衣物而市之贛石水急出船甚難皆儲之如是者數
四故船版大積而百姓弗之疑及道覆舉兵按賣券而取之無得隱匿者乃并
力裝之旬日而辦遂舉衆寇南康廬陵豫章諸郡守相皆委任奔走鎮南將軍
何無忌率衆距之兵敗被害循遣道覆寇江陵未至爲官軍所敗馳走告循曰
請并力攻京都若剋之江陵非所憂也乃連旗而下戎卒十萬舳艫千計敗衞
將軍劉毅於桑落洲逕至江寧道覆素有膽決知劉裕已還欲乾沒一戰請於
新亭至白石焚舟而上數道攻之循多謀少決欲以萬全之計固不聽道覆以
循無斷乃歎曰我終爲盧公所誤事必無成使我得爲英雄驅馳天下不足定
也裕懼其侵軼乃柵石頭斷柤浦以距之循攻柵不利船艦爲暴風所傾人有
死者列陣南岸戰又敗績乃進攻京口寇掠諸縣無所得循謂道覆曰師老矣
弗能復振可據尋陽并力取荆州徐更與都下爭衡猶可以濟因自蔡洲南走
復據尋陽裕先遣羣率追討自統大衆繼進又敗循於雷池循又遁還豫章乃
悉力柵斷左里裕命衆攻柵循衆雖死戰猶不能抗裕乘勝擊之循單舸而走

收散卒得千餘人還保廣州裕先遣孫處從海道據番禺城循攻之不下道覆保始興因險自固循乃襲合浦剋之進攻交州至龍編刺史杜慧度譎而敗之循勢屈知不免先鴆妻子十餘人又召妓妾問曰我今將自殺誰能同者多云雀鼠貪生就死實人情所難有云官尚當死某豈願生於是悉鴆諸辭死者因自投於水慧度取其尸斬之及其父嘏同黨盡獲傳首京都

譙縱

譙縱巴西南充人也祖獻之有重名於西土縱少而謹慎蜀人愛之爲安西府參軍義熙元年刺史遣縱及侯暉等領諸縣氐進兵東下暉有貳志因梁州人不樂東也將圖益州刺史毛璩與巴西陽昧結謀於五城水口共逼縱爲主縱懼而不當走投于水暉引出而請之至於再三遂以兵逼縱於輿上攻璩弟西夷校尉瑾於涪城城陷瑾死之縱乃自號梁秦二州刺史璩聞縱反自洛城步還成都遣參軍王瓊率三千人討縱又遣弟瑗領四千兵繼瓊後進縱遣弟明子及暉距瓊於廣漢瓊擊破暉等追至緜竹明子設二伏以待之大敗瓊衆死

者十八九益州營戶李騰開城以納縱毛璩既死縱以從弟洪爲益州刺史明子爲鎭東將軍巴州刺史率其衆五千人屯白帝自稱成都王明年遣使稱藩於姚興將順流東寇以討車騎將軍劉裕爲名乞師於姚興且請桓謙爲助興遣之九年劉裕以西陽太守朱齡石爲益州刺史寧朔將軍臧熹下邳太守劉鍾蘭陵太守蒯恩等率衆二萬自江陵討縱初謀元率僉難其人齡石資名素淺裕違衆拔之授以麾下之半臧熹裕妻弟也位出其右又隸焉齡石次于白帝縱遣譙道福重兵守涪齡石師次彭模去成都二百里縱遣其大將軍侯暉尚書僕射譙悅屯彭模夾岸連城層樓重柵衆未能攻齡石謂劉鍾曰天方暑熱賊今固險攻之難拔祇困我師吾欲蓄銳息兵伺隙而進卿以爲何如鍾曰不然前揚聲言大將由內水故道福不敢捨涪今重軍逼之出其不意侯暉之徒已破膽矣正可因其機而攻之勢當必剋剋彭模之後自可鼓行而前成都必不能守若緩兵相持虛實相見涪軍復來難爲敵也進不能戰退無所資二萬餘人因爲蜀子虜耳從之翌日進攻皆剋斬侯暉等於是遂進縱之城守者

相次瓦解縱乃出奔其尚書令馬躭封倉庫以待王師及齡石入成都誅縱同祖之親餘皆安堵使復其業縱之走也先如其墓縱女謂縱曰走必不免秖取辱焉等死死於先人之墓可也縱不從投道福于涪道福怒謂縱曰大丈夫居如斯功業安可棄哉今欲爲降虜豈可而得人誰不死何懼之甚因投縱以劍中其馬鞍縱去之乃自縊道福謂其徒曰吾養爾等正謂今日蜀之存亡實係在我不在譙王我尚在猶足一戰士咸許諾乃散金帛以賜其衆衆受之而走道福獨奔廣漢廣漢人杜瑾執之朱齡石徙馬躭於越巂追殺之躭之徙也謂其徒曰朱侯不送我京師滅衆口也吾必不免乃盥洗而臥引繩而死須臾齡石師至遂戮尸焉

史臣曰惠皇失御政紊朝危難起蕭牆毒痡函夏九州波駭五嶽塵飛干戈日尋戎車競逐王彌好亂樂禍挾詐懷姦命儔嘯侶伺閒候隙助悖逆於平陽肆殘忍於都邑遂使生靈塗炭神器流離邦國軫麥秀之哀宮廟興黍離之痛豈天意乎豈人事乎何醜虜之猖狂而亂離之斯瘼者也張昌等或鴟張淮浦或

蟻聚荆衡招烏合之凶徒逞豺狼之貪暴憑陵險隘屈強江湖未淹歲稔咸至誅戮寶自取之非爲不幸峻約同惡相濟生此亂階孫盧同類相求嗣成妖逆至乃干戈掃地災沴滔天雖樊謝之毒被含靈李郭之禍延宮闕方凶比暴弗是加也譙縱乘兹釁隙肆彼姦謀旋踵而亡無足論矣

贊曰中朝隳政王彌肇亂神器流離生靈塗炭羣妖伺隙構兹多難荐食荆衡陵虐江漢孫盧姦慝約峻殘賊窮凶極暴爲鬼爲蜮縱竊岷峨旋至顛踣

晉書卷一百

晉書卷一百考證

王機傳機遂入城就納求節〇節監本誤即今從下文蘇武不失其節句改正

到始興州人皆諫不可輕進〇到始興州監本訛始到興州今從地理志始興州名改正

蘇峻傳峻盡費之矯詔大赦〇費監本作廢或又改爲發今從宋本

於陣斬碩晃等震懼〇監本作於陣斬晃碩等震懼各本同 臣龍官按下文尚有韓晃則此時未得斬也當爲於陣斬碩晃等震懼之訛耳

孫恩傳南越以外皆歸之〇監本脫外皆二字今從宋本增

乃柵石頭斷柤浦以距之〇柤監本訛祖從音義改正

又敗循於雷池〇綱目作劉裕及盧循戰于大雷

乃悉力柵斷左里〇 臣宗楷按綱目集覽里本作蠡即禹貢彭蠡今之鄱湖也

譙縱傳齡石師次彭模〇彭監本作平本書桓溫傳桓率衆西伐軍次彭模唐元和志平模山名周末彭祖家於此而亡故又名彭亡後漢岑彭至其地改

曰平無後人訛爲平模今改正

晉書卷一百考證

晉書載記序

古者帝王乃生奇類淳維伯禹之苗裔豈異類哉反首衣皮飧羶飲湩而震驚中域其來自遠天未悔禍種落彌繁其風俗險詖性靈馳突前史載之亦以詳備軒帝患其干紀所以徂征武王竄以荒服同乎禽獸而於露寒之野候月覘風覘隙揚埃乘間騁暴邊城不得緩帶百姓靡有室家孔子曰微管仲吾其被髮左衽矣此言能教訓卒伍整齊車甲邊埸既伏境內以安然則燕築造陽之郊秦塹臨洮之險登天山紀一作絕地脉苞玄菟款黃河所以防夷狄之亂中華其備豫如此漢宣帝初納呼韓居之亭鄣委以候望始寬戎狄光武亦以南庭數萬徙入西河後亦轉至五原連延七郡董卓之亂則汾晉之郊蕭然矣郭欽騰牋於武帝江統獻策於惠皇皆以為魏處戎夷繡居都鄙請移沙塞之表定一殷周之服統則憂諸弁部欽則慮在盟津言猶自口元海已至語曰失以豪釐晉卿大夫之辱也聰之誓兵東兼齊地曜之馳旆西踰隴山覆沒兩京蒸徒百萬天子陵江御物分據地險迴首中原力不能救劃長淮以北大抵棄之胡

人利我艱虞分鑣起亂晉臣或阻兵遐遠接武効尤大凡劉元海以惠帝永興元年據離石稱漢後九年石勒據襄國稱趙張氏先據河西是歲自石勒後三十六年也重華自稱涼王後一年冉閔據鄴稱魏後一年苻健據長安稱秦慕容氏先據遼東稱燕是歲自苻健後一年也儁始僭號後三十一年後燕慕容垂據鄴後二年西燕慕容沖據阿房是歲也乞伏國仁據枹罕稱秦後一年慕容永據上黨是歲也呂光據姑臧稱涼後十二年慕容德據滑臺稱南燕是歲也禿髮烏孤據廉川稱南涼段業據張掖稱北涼後三年李玄盛據敦煌稱西涼後一年沮渠蒙遜殺段業自稱涼後四年譙縱據蜀稱成都王後二年赫連勃勃據朔方稱大夏後二年馮跋殺離班據和龍稱北燕提封天下十喪其八莫不龍旌帝服建社開祊華夷咸暨人物斯在或篡通都之鄉或擁數州之地雄圖內卷師旅外并窮兵凶於勝負盡人命於鋒鏑其爲戰國者一百三十六載抑元海爲之禍首云

晉書卷一百一

唐　太　宗　文　皇　帝　御　撰

載記第一

劉元海 子和　劉宣

劉元海，新興匈奴人，冒頓之後也。名犯高祖廟諱，故稱其字焉。初，漢高祖以宗女爲公主，以妻冒頓，約爲兄弟，故其子孫遂冒姓劉氏。建武初，烏珠留若鞮單于子右奧鞬日逐王比自立爲南單于，入居西河美稷，今離石左國城即單于所徙庭也。中平中，單于羌渠使子於扶羅將兵助漢，討平黃巾，會羌渠爲國人所殺，於扶羅以其衆留漢，自立爲單于。屬董卓之亂，寇掠太原、河東，屯於河内。於扶羅死，弟呼廚泉立，以於扶羅子豹爲左賢王，即元海之父也。魏武分其衆爲五部，以豹爲左部帥，其餘部帥皆以劉氏爲之。太康中，改置都尉，左部居太原茲氏，右部居祁，南部居蒲子，北部居新興，中部居大陵。劉氏雖分居五部，然皆家居晉陽汾澗之濱。豹妻呼延氏，魏嘉平中祈子於龍門，俄而有一大魚，頂有二角軒髻躍鱗而至祭所久之乃去巫覡皆異之曰此嘉祥也其夜夢旦所見魚變爲人左手把一物大如半雞子光景非常授呼延氏曰此是日精服之生貴子寤而告豹豹曰吉徵也吾昔從邯鄲張冏母司徒氏相云吾當有貴子孫三世必大昌仿像相符矣自是十三月而生元海左手文有其名遂以名焉齠齔英慧七歲遭母憂擗踊號叫哀感旁鄰宗族部落咸共歎賞時司空太原王昶等聞而嘉之並遣弔賻幼好學師事上黨崔游習毛詩京氏易馬氏尚書尤好春秋左氏傳孫吳兵法略皆誦之史漢諸子無不綜覽嘗謂同門生朱紀范隆曰吾每觀書傳常鄙隨陸無武絳灌無文道由人弘一物之不知者固君子之所恥也二生遇高皇而不能建封侯之業兩公屬太宗而不能開庠序之美惜哉於是遂學武事妙絕於衆猿臂善射膂力過人姿儀魁偉身長八尺四寸鬚長三尺餘當心有赤毫毛三根長三尺六寸有屯留崔懿之襄陵公師彧等皆善相人及見元海驚而相謂曰此人形貌非常吾所未見也於是深相崇敬推分結恩太原王渾虛襟友之命子濟拜焉咸熙中爲侍子在洛陽文帝深

待之泰始之後渾又屢言之於武帝帝召與語大悅之謂王濟曰劉元海容儀機鑒雖由余日磾無以加也濟對曰元海儀容機鑒實如聖旨然其文武才幹賢於二子遠矣陛下若任之以東南之事吳會不足平也帝稱善孔恂楊珧進曰臣觀元海之才當今懼無其比陛下若輕其衆不足以成事若假之威權平吳之後恐其不復北渡也非我族類其心必異任之以本部臣竊爲陛下寒心若舉天阻之固以資之無乃不可乎帝默然後秦涼覆沒帝疇咨將帥上黨李憙曰陛下誠能發匈奴五部之衆假元海一將軍之號鼓行而西可指期而定孔恂曰李公之言未盡殄患之理也憙勃然曰以匈奴之勁悍元海之曉兵奉宣聖威何不盡之有恂曰元海若能平涼州斬樹機能恐涼州方有難耳蛟龍得雲雨非復池中物也帝乃止後王彌從洛陽東歸元海餞彌於九曲之濱泣謂彌曰王渾李憙以鄉曲見知每相稱達讒間因之而進深非吾願適足爲害吾本無宦情惟足下明之恐死洛陽永與子別因慷慨歔欷縱酒長嘯聲調亮然坐者爲之流涕齊王攸時在九曲比聞而馳遣視之見元海在焉言於帝曰

陛下不除劉元海臣恐幷州不得久寧王渾進曰元海長者渾爲君王保明之
且大晉方表信殊俗懷遠以德如之何以無萌之疑殺人侍子以示晉德不弘
帝曰渾言是也會豹卒以元海代爲左部帥太康末拜北部都尉明刑法禁姦
邪輕財好施推誠接物五部儁傑無不至者幽冀名儒後門秀士不遠千里亦
皆遊焉楊駿輔政以元海爲建威將軍五部大都督封漢光鄉侯元康末坐部
人叛出塞免官成都王穎鎮鄴表元海行寧朔將軍監五部軍事惠帝失馭寇
盜蜂起元海從祖故北部都尉左賢王劉宣等竊議曰昔我先人與漢約爲兄
弟憂泰同之自漢亡以來魏晉代興我單于雖有虛號無復尺土之業自諸王
侯降同編戶今司馬氏骨肉相殘四海鼎沸興邦復業此其時矣左賢王元海
姿器絕人幹宇超世天若不恢崇單于終不虛生此人也於是密共推元海爲
大單于乃使其黨呼延攸詣鄴以謀告之元海請歸會葬穎弗許乃令攸先歸
告宣等招集五部引會宜陽諸胡聲言應穎實背之也穎爲皇太弟以元海爲
太弟屯騎校尉惠帝伐穎次于蕩陰穎假元海輔國將軍督北城守事及六軍

敗績穎以元海爲冠軍將軍封盧奴伯并州刺史東瀛公騰安北將軍王浚起兵伐穎元海說穎曰今二鎮跋扈衆餘十萬恐非宿衛及近都士庶所能禦之請爲殿下還說五部以赴國難穎曰五部之衆可保發不縱能發之鮮卑烏丸勁速如風雲何易可當邪吾欲奉乘輿還洛陽避其鋒銳徐傳檄天下以逆順制之君意何如元海曰殿下武皇帝之子有殊勳於王室威恩光洽四海欽風孰不思爲殿下沒命投軀者哉何難發之有乎王浚豎子東瀛疏屬豈能與殿下爭衡邪殿下一發鄴宮示弱於人洛陽可復至乎縱達洛陽威權不復在殿下也紙檄尺書誰爲人奉之且東胡之悍不踰五部願殿下勉撫士衆靖以鎮之當爲殿下以二部摧東瀛三部梟王浚二豎之首可指日而懸矣穎悅拜元海爲北單于參丞相軍事元海至左國城劉宣等上大單于之號二旬之間衆已五萬都于離石王浚使將軍祁弘率鮮卑攻鄴穎敗挾天子南奔洛陽元海曰穎不用吾言逆自奔潰真奴才也然吾與其有言矣不可不救於是命右於陸王劉景左獨鹿王劉延年等率步騎二萬將討鮮卑劉宣等固諫曰晉爲無

道奴隸御我是以右賢王猛不勝其忿屬晉綱未弛大事不遂右賢塗地單于之恥也今司馬氏父子兄弟自相魚肉此天厭晉德授之於我單于積德在躬爲晉人所服方當與我邦族復呼韓邪之業鮮卑烏丸可以爲援奈何距之而拯仇敵今天假手於我不可違也違天不祥逆衆不濟天與不取反受其咎願單于勿疑元海曰善當爲崇岡峻阜何能爲培塿乎夫帝王豈有常哉大禹出於西戎文王生於東夷顧惟德所授耳今見衆十餘萬皆一當晉十鼓行而摧亂晉猶拉枯耳上可成漢高之業下不失爲魏氏雖然晉人未必同我漢有天下世長恩德結於人心是以昭烈崎嶇於一州之地而能抗衡於天下吾又漢氏之甥約爲兄弟兄亡弟紹不亦可乎且可稱漢追尊後主以懷人望乃遷於左國城遠人歸附者數萬永興元年元海乃爲壇於南郊僭卽漢王位下令曰昔我太祖高皇帝以神武應期廓開大業太宗孝文皇帝重以明德升平漢道世宗孝武皇帝拓土攘夷地過唐日中宗孝宣皇帝搜揚儁乂多士盈朝是我祖宗道邁三王功高五帝故卜年倍於夏商卜世過於姬氏而元成多僻哀平

短祚賊臣王莽滔天簒逆我世祖光武皇帝誕資聖武恢復鴻基祀漢配天不失舊物俾三光晦而復明神器幽而復顯顯宗孝明皇帝肅宗孝章皇帝累葉重暉炎光再闡自和安已後皇嗣漸頹天步艱難國統頻絶黄巾海沸於九州羣閹毒流於四海董卓因之肆其猖勃曹操父子凶逆相尋故孝愍委棄萬國昭烈播越岷蜀冀否終有泰旋軫舊京何圖天未悔禍後帝窘辱自社稷淪喪宗廟之不血食四十年于茲矣今天誘其衷悔禍皇漢使司馬氏父子兄弟迭相殘滅黎庶塗炭靡所控告孤今猥爲羣公所推紹脩三祖之業顧茲尫闇戰惶靡厝但以大恥未雪社稷無主銜膽栖冰勉從羣議乃赦其境內年號元熙追尊劉禪爲孝懷皇帝立漢高祖以下三祖五宗神主而祭之立其妻呼延氏爲皇后置百官以劉宣爲丞相崔游爲御史大夫劉宏爲太尉其餘拜授各有差東瀛公騰使將軍聶玄討之戰于大陵玄師敗績騰懼率幷州二萬餘戸下山東遂所在爲寇元海遣其建武將軍劉曜寇太原泫氏屯留長子中都皆陷之二年騰又遣司馬瑜周良石鮮等討之次于離石汾城元海遣其武牙將軍

劉欽等六軍距瑜等四戰瑜皆敗欽振旅而歸是歲離石大饑遷于黎亭以就
邸閣穀留其太尉劉宏護軍馬景守離石使大司農卜豫運糧以給之以其前
將軍劉景爲使持節征討大都督大將軍要擊幷州刺史劉琨于板橋爲琨所
敗琨遂據晉陽其侍中劉殷王育進諫元海曰殿下自起兵以來漸已一周而
顓守偏方王威未震誠能命將四出決機一擲梟劉琨定河東建帝號鼓行而
南剋長安而都之以關中之衆席卷洛陽如指掌耳此高皇帝之所以創暨鴻
基剋殄彊楚者也元海悅曰此孤心也遂進據河東攻寇蒲坂平陽皆陷之元
海遂入都蒲子河東平陽屬縣壘壁盡降時汲桑起兵趙魏上郡四部鮮卑陸
逐延氐酋大單于徵東萊王彌及石勒等並相次降之元海悉署其官爵永嘉
二年元海僭卽皇帝位大赦境內改元永鳳以其大將軍劉和爲大司馬封梁
王尚書令劉歡樂爲大司徒封陳留王御史大夫呼延翼爲大司空封鴈門郡
公宗室以親踈爲等悉封郡縣王異姓以勳謀爲差皆封郡縣公侯太史令宣
于脩之言於元海曰陛下雖龍興鳳翔奄受大命然遺晉未殄皇居仄陋紫宮

之變猶鍾晉氏不出三年必剋洛陽蒲子崎嶇非可久安平陽勢有紫氣兼陶唐舊都願陛下上迎乾象下協坤祥於是遷都平陽汾水中得玉璽文曰有新保之蓋王莽時璽也得者因增泉海光三字元海以爲己瑞大赦境內改年河瑞封子裕爲齊王隆爲魯王於是命其子聰與王彌進寇洛陽劉曜與趙固等爲之後繼東海王越遣平北將軍曹武將軍宋抽彭默等距之王師敗績聰等長驅至宜陽平昌公模遣將軍淳于定呂毅等自長安討之戰于宜陽定等敗績聰恃連勝不設備弘農太守垣延詐降夜襲聰軍大敗而還元海素服迎師是冬復大發卒遣聰彌與劉曜劉景等率精騎五萬寇洛陽使呼延翼率步卒繼之敗王師於河南聰進屯于西明門護軍賈胤夜薄之戰于大夏門斬聰將呼延顥其衆遂潰聰迴軍而南壁於洛水尋進屯宣陽門曜屯上東門彌屯廣陽門景攻大夏門聰親祈嵩嶽令其將劉厲呼延朗等督留軍東海王越命參軍孫詢將軍丘光樓裒等率帳下勁卒三千自宣陽門擊朗斬之聰聞而馳還厲懼聰之罪己也赴水而死王彌謂聰曰今既失利洛陽猶固殿下不如還師

徐爲後舉下官當於兗豫之閒收兵積穀伏聽嚴期宣于脩之又言於元海曰歲在辛未當得洛陽今晉氣猶盛大軍不歸必敗元海馳遣黃門郎傅詢召聰等還師王彌出自轘轅越遣薄盛等追擊彌戰于新汲彌師敗績於是攝蒲阪之戍還於平陽以劉歡樂爲太傅劉聰爲大司徒劉延年爲大司空劉洋爲大司馬赦其境內立其妻單氏爲皇后子和爲皇太子封子乂爲北海王元海寢疾將爲顧託之計以歡樂爲太宰洋爲太傅延年爲太保聰爲大司馬大單于並錄尚書事置單于臺于平陽西以其子裕爲大司徒元海疾篤召歡樂及洋等入禁中受遺詔輔政以永嘉四年死在位六年僞諡光文皇帝廟號高祖墓號永光陵子和立

劉和

和字玄泰身長八尺雄毅美姿儀好學夙成習毛詩左氏春秋鄭氏易及爲儲貳內多猜忌馭下無恩元海死和嗣僞位其衛尉西昌王劉銳宗正呼延攸恨不參顧命也說和曰先帝不惟輕重之計而使三王總彊兵於內大司馬握十

萬勁卒居于近郊陛下今便爲寄坐耳此之禍難未可測也願陛下早爲之所和卽攸之甥也深然之召其領軍劉盛及劉欽馬景等告之盛曰先帝尚在殯宮四王未有逆節今忽一旦自相魚肉臣恐人不食陛下之餘四海未定大業甫爾願陛下以上成先帝鴻基爲志且塞耳勿聽此狂簡之言也詩云豈無他人不如我同父陛下既不信諸弟復誰可信哉銳攸怒曰今日之議理無有二於是命左右刃之景懼曰惟陛下詔臣等以死奉之蔑不濟矣乃相與盟于東堂使銳景攻聰攸率劉安國攻裕使侍中劉乘武衞劉欽攻魯王隆尚書田密武衞劉璿攻北海王乂密璿等使人斬關奔于聰聰命貫甲以待之銳知聰之有備也馳還與攸乘等會攻隆裕攸乘懼安國欽之有異志也斬之是日斬裕及隆聰攻西明門剋之銳等奔入南宮前鋒隨之斬和于光極西室銳攸梟首通衢

劉宣

劉宣字士則朴鈍少言好學修絜師事樂安孫炎沉精積思不舍晝夜好毛詩

左氏傳炎每歎之曰宣若遇漢武當踰於金日磾也學成而返不出門閭蓋數年每讀漢書至蕭何鄧禹傳未曾不反覆詠之曰大丈夫若遭二祖終不令兩公獨擅美於前矣并州刺史王廣言之於武帝帝召見嘉其占對因曰吾未見宣謂廣言虛耳今見其進止風儀真所謂如珪如璋觀其性質足能撫集本部乃以宣爲右部都尉特給赤幢曲蓋蒞官清恪所部懷之元海即王位宣之謀也故特荷尊重勳戚莫二軍國內外靡不專之

晉書卷一百一

晉書卷一百一考證

劉元海載記騰懼率幷州二萬餘戶下山東遂所在爲寇○前趙錄山東下有淵字謂元海爲寇攻擊郡縣也今删去淵字竟若東瀛公騰爲寇矣

在位六年○六前趙錄作七歷代甲子圖淵僭位在惠帝永興元年甲子距懷帝永嘉四年庚午當以七年爲是

晉書卷一百一考證

晉書卷一百二

唐　太　宗　文　皇　帝　御　撰

載記第二

劉聰　子粲　陳元達

劉聰字玄明一名載元海第四子也母曰張夫人初聰之在孕也張氏夢日入懷寤而以告元海曰此吉徵也慎勿言十五月而生聰焉夜有白光之異形體非常左耳有一白毫長二尺餘甚光澤幼而聰悟好學博士朱紀大奇之年十四究通經史兼綜百家之言孫吳兵法靡不誦之工草隸善屬文著述懷詩百餘篇賦頌五十餘篇十五習擊刺猨臂善射彎弓三百斤膂力驍捷冠絕一時太原王渾見而悅之謂元海曰此兒吾所不能測也弱冠游于京師名士莫不交結樂廣張華尤異之也新興太守郭熙辟爲主簿舉良將入爲驍騎別部司馬累遷右部都尉善於撫接五部豪右無不歸之河閒王顒表爲赤沙中郎將聰以元海在鄴懼爲成都王穎所害乃亡奔成都王拜右積弩將軍參前鋒戰

事元海爲北單于立爲右賢王隨還右部及卽大單于位更拜鹿蠡王旣殺其兄和羣臣勸卽尊位聰初讓其弟北海王乂乂與公卿泣涕固請聰久而許之曰乂及羣公正以四海未定禍難尙殷貪孤年長故耳此國家之事孤敢不祗從今便欲遠遵魯隱待乂年長復子明辟於是以永嘉四年僭卽皇帝位大赦境內改元年光興尊元海妻單氏曰皇太后其母張氏爲帝太后乂爲皇太弟領大單于大司徒立其妻呼延氏爲皇后封其子粲爲河內王署使持節撫軍大將軍都督中外諸軍事易河間王翼彭城王悝高平王遣粲及其征東王彌龍驤劉曜等率衆四萬長驅入洛川遂出轘轅周旋梁陳汝潁之間陷壘壁百餘以其司空劉景爲大司馬左光祿劉殷爲大司徒右光祿王育爲大司空僞太后單氏姿色絕麗聰烝焉單卽乂之母也乂屢以爲言單氏慚恚而死聰悲悼無已後知其故乂之寵因此漸衰然猶追念單氏未便黜廢又尊母爲皇太后署其衛尉呼延晏爲使持節前鋒大都督前軍大將軍配禁兵二萬七千自宜陽入洛川命王彌劉曜及鎭軍石勒進師會之晏比及河南王師前後十二

敗死者三萬餘人彌等未至晏留輜重于張方故壘遂寇洛陽攻陷平昌門焚東陽宣陽諸門及諸府寺懷帝遣河南尹劉默距之王師敗于社門晏以外繼不至出自東陽門掠王公已下子女二百餘人而去時帝將濟河東遁具船于洛水晏盡焚之還于張方故壘王彌劉曜至復與晏會圍洛陽時城內飢甚人皆相食百官分散莫有固志宣陽門陷彌晏入于南宮升太極前殿縱兵大掠悉收宮人珍寶曜於是害諸王公及百官已下三萬餘人於洛水北築為京觀還帝及惠帝羊后傳國六璽于平陽聰大赦改年嘉平以帝為特進左光祿大夫平阿公遣其平西趙染安平劉雅率騎二萬攻南陽王模于長安粲曜率大衆繼之染敗王師于潼關將軍呂毅死之軍至于下邽模乃降染染送模於粲粲害模及其子范陽王黎送衛將軍梁芬模長史魯繇兼散騎常侍杜鰲辛謐及北宮純等于平陽聰以粲之害模也大怒粲曰臣殺模本不以其晚識天命之故但以其晉氏肺腑洛陽之難不能死節天下之惡一也故誅之聰曰雖然吾恐汝不免誅降之殃也夫天道至神理無不報署劉曜為車騎大將軍開府

儀同三司雍州牧改封中山王鎮長安王彌爲大將軍封齊公尋而石勒等殺彌於己營而幷其衆表彌叛狀聰大怒遣使讓勒專害公輔有無上之心又恐勒之有二志也以彌部衆配之劉曜既據長安安定太守賈疋及諸氐羌皆送質任唯雍州刺史麴特新平太守竺恢固守不降護軍麴允頻陽令梁肅自京兆南山將奔安定遇疋任子於陰密擁還臨涇推疋爲平南將軍率衆五萬攻曜於長安扶風太守梁綜及麴特竺恢等亦率衆十萬會之曜遣劉雅趙染來距敗績而還曜又盡長安銳卒與諸軍戰于黃丘曜衆大敗中流矢退保甘渠杜人王禿紀持等攻劉粲于新豐粲還平陽曜攻陷池陽掠萬餘人歸于長安時閻鼎等奉秦王爲皇太子入于雍城關中戎晉莫不響應聰后呼延氏死將納其太保劉殷女其弟乂固諫聰更訪之於太宰劉延年太傅劉景景等皆曰臣常聞太保自云周劉康公之後與聖氏本源既殊納之爲允聰大悅使其兼大鴻臚李弘拜殷二女爲左右貴嬪位在昭儀上又納殷女孫四人爲貴人位次貴嬪謂弘曰此女輩皆姿色超世女德冠時且太保於朕實自不同卿意安

乎弘曰太保胤自有周與聖源實別陛下正以姓同爲恨耳且魏司空東萊王基當世大儒豈不達禮乎爲子納司空太原王沉女以其姓同而源異故也聰大悅賜弘黃金六十斤曰卿當以此意諭吾子弟輩於是六劉之寵傾於後宮聰稀復出外事皆中黃門納奏左貴嬪決之聰假懷帝儀同三司封會稽郡公庾珉等以次加秩聰引帝入讌謂帝曰卿爲豫章王時朕嘗與王武子相造武子示朕於卿卿言聞其名久矣以卿所製樂府歌示朕謂朕曰聞君善爲辭賦試爲看之朕時與武子俱爲盛德頌卿稱善者久之又引朕射于皇堂朕得十二籌卿與武子俱得九籌卿贈朕柘弓銀研卿頗憶否帝曰臣安敢忘之但恨爾日不早識龍顏聰曰卿家骨肉相殘何其甚也帝曰此殆非人意皇天之意也大漢將應乾受歷故爲陛下自相驅除且臣家若能奉武皇之業九族敦睦陛下何由得之至日夕乃出以小劉貴人賜帝謂帝曰此名公之孫今特以相妻卿宜善遇之拜劉爲會稽國夫人遣其鎮北靳沖寇太原平北卜珝率衆繼之沖攻太原不剋而歸罪於珝輒斬之聰聞之大怒曰此人朕所不得加刑沖

何人哉遣其御史中丞浩衍持節斬沖左都水使者襄陵王攄坐魚蟹不供將作大匠望都公靳陵坐溫明徽光二殿不成皆斬于東市聰游獵無度常晨出晚歸觀魚於汾水以燭繼晝中軍王彰諫曰今大難未夷餘晉假息陛下不懼白龍魚服之禍而昏夜忘歸陛下當思先帝創業之艱難嗣承之不易鴻業已奠四海屬情何可墜之於垂成隳之於將就比竊觀陛下所爲臣實痛心疾首有日矣且愚人係漢之心未專而思晉之懷猶盛劉琨去此咫尺之間狂狷刺客息頃而至帝王輕出一夫敵耳願陛下改往修來則億兆幸甚聰大怒命斬之上夫人王氏叩頭乞哀乃囚之詔獄聰母以聰刑怒過差三日不食弟乂子粲並輿櫬切諫聰怒曰吾豈桀紂幽厲乎而汝等生來哭人其太宰劉延年及諸公卿列侯百有餘人皆免冠涕泣固諫曰光文皇帝以聖武膺期創建鴻祚而六合未一夙世升遐陛下睿德自天龍飛紹統東平洛邑南定長安真可謂功高周成德超夏啓往也唐虞今則陛下歷觀書記未有此比而頃頻以小務不供而斬王公直言忤旨便囚大將游獵無度機管不修臣等竊所未解臣等

所以破肝糜胃忘寢與食者也聰乃赦彰麴特等圍長安劉曜連戰敗績乃驅
掠士女八萬餘口退還平陽因攻司徒傅祗于三渚使其右將軍劉參攻郭默
于懷城祗病卒城陷遷祗孫純粹并其二萬餘戶于平陽縣聰贈祗太保純粹
皆給事中謂祗子暢曰尊公雖不達天命然各忠其主吾亦有以亮之但晉主
已降天命非人所支而虔劉南鄙沮亂邊萌此其罪也以元惡之種而贈同勳
舊逆臣之孫荷榮禁闥卿知皇漢之德弘曠以不暢曰陛下每嘉先臣不以小
臣之故而虧其忠節及是恩也自是明主伐國弔人之義臣輒同萬物未敢謝
生於自然聰遣劉粲劉曜等攻劉琨於晉陽琨使張喬距之戰于武灌喬敗績
死之晉陽危懼太原太守高喬琨別駕郝聿以晉陽降粲琨與左右數十騎攜
其妻子奔于趙郡之亭頭遂如常山粲曜入于晉陽先是琨與代王猗盧結爲
兄弟乃告敗於猗盧且乞師猗盧遣子日利孫賓六須及將軍衛雄姬澹等率
衆數萬攻晉陽琨收散卒千餘爲之鄉導猗盧率衆六萬至于狼猛曜及賓六
須戰于汾東曜墜馬中流矢身被七創討虜傅武以馬授曜曜曰當今危亡之

極人各思免吾創已重自分死此矣武泣曰武小人蒙大王識拔以至於是常
思効命今其時矣且皇室始基大難未弭天下何可一日無大王也於是扶曜
乘馬驅令渡汾迴而戰死曜入晉陽夜與劉粲等掠百姓踰蒙山遁歸猗盧率
騎追之戰于藍谷粲敗績斬其征虜邢延獲其鎮北劉豐琨收合離散保于陽
曲猗盧戍之而還正旦聽讌于光極前殿逼帝行酒光祿大夫庾珉王儁等起
而大哭聰惡之會有告珉等謀以平陽應劉琨者聰遂鴆帝而誅珉儁復以賜
帝劉夫人爲貴人大赦境內殊死已下立左貴嬪劉氏爲皇后聰將爲劉氏起
鷂儀樓於後庭廷尉陳元達諫曰臣聞古之聖王愛國如家故皇天亦祐之如
子夫天生蒸民而樹之君者使爲之父母以刑賞之不欲使殿屎黎元而蕩逸
一人晉氏闇虐視百姓如草芥故上天剿絕其祚乃眷皇漢蒼生引領息肩懷
更蘇之望有日矣我高祖光文皇帝靖言惟茲痛心疾首故身衣大布居不重
茵先皇后嬪服無綺綵重逆羣臣之請故建南北宮焉今光極之前足以朝羣
后饗萬國矣昭德溫明已後足可以容六宮列十二等矣陛下龍興已來外殄

二京不世之寇內興殿觀四十餘所重之以饑饉疾疫死亡相屬兵疲於外人怨於內爲之父母固若是乎伏聞詔旨將營鸞儀中宮新立誠臣等樂爲子來者也竊以大難未夷宮宇粗給今之新營尤實非宜臣聞太宗承高祖之業惠呂息役之後以四海之富天下之殷尚以百金之費而輟露臺歷代垂美爲不朽之迹故能斷獄四百擬於成康陛下之所有不過太宗二郡地耳戰守之備者豈僅匈奴南越而已哉孝文之廣思費如彼陛下之狹欲損如此愚臣所以敢昧死犯顏色冒不測之禍者也聰大怒曰吾爲萬幾主將營一殿豈問汝鼠子乎不殺此奴沮亂朕心朕殿何當得成邪將出斬之幷其妻子同梟東市使羣鼠共穴時在逍遙園李中堂元達抱堂下樹叫曰臣所言者社稷之計也而陛下殺臣若死者有知臣要當上訴陛下於天下訴陛下於先帝朱雲有云臣得與龍逢比干游於地下足矣未審陛下何如主耳元達先鏁腰而入及至卽以鏁繞樹左右曳之不能動聰怒甚劉氏時在後堂聞之密遣中常侍私勅左右停刑於是手疏切諫聰乃解引元達而謝之易逍遙園爲納賢園李中堂爲

愧賢堂時愍帝卽位于長安聰遣劉曜及司隸喬智明武牙李景年等寇長安
命趙染率衆赴之時大都督麴允據黃白城累爲曜染所敗染謂曜曰麴允率
大衆在外長安可襲而取之得長安黃白城自服願大王以重衆守此染請輕
騎襲之曜乃承制加染前鋒大都督安南大將軍以精騎五千配之而進王師
敗於渭陽將軍王廣死之染夜入長安外城帝奔射鴈樓染焚燒龍尾及諸軍
營殺掠千餘人且退屯逍遙園麴允率衆襲曜連戰敗之曜入粟邑遂歸平陽
時流星起於牽牛入紫微龍形委蛇其光照地落于平陽北十里視之則有肉
長三十步廣二十七步臭聞于平陽肉旁常有哭聲晝夜不止聰甚惡之延公
卿已下問曰朕之不德致有斯異其各極言勿有所諱陳元達及博士張師等
進對曰星變之異其禍行及臣恐後庭有三后之事亡國喪家靡不由此願陛
下愼之聰曰此陰陽之理何關人事旣而劉氏產一蛇一猛獸各害人而走尋
之不得頃之見在隕肉之旁俄而劉氏死乃失此肉哭聲亦止自是後宮亂寵
進御無序矣聰以劉易爲大尉初置相國官上公有殊勳德者死乃贈之於是

大定百官置太師丞相自大司馬以上七公位皆上公綠綟綬遠遊冠置輔漢都護中軍上軍輔軍鎮衞京前後左右上下軍輔國冠軍龍驤武牙大將軍營各配兵二千皆以諸子爲之置左右司隸各領戶二十餘萬萬戶置一內史凡內史四十三單于左右輔各主六夷十萬落萬落置一都尉省吏部置左右選曹尚書自司隸以下六官皆位次僕射置御史大夫及州牧位皆亞公以其子粲爲丞相領大將軍錄尚書事進封晉王食五都劉延年錄尚書六條事劉景爲太師王育爲太傅任顗爲太保馬景爲大司徒朱紀爲大司空劉曜爲大司馬曜復次渭汭趙染次新豐索綝自長安東討染染狃于累捷有輕綝之色長史魯徽曰今司馬鄴君臣自以逼僭王畿雄劣不同必致死距我將軍宜整陣案兵以擊之弗可輕也困獸猶鬬況於國乎染曰以司馬模之彊吾取之如拉朽索綝小豎豈能汚吾馬蹄刀刃邪要擒之而後食晨率精騎數百馳出逆之戰于城西敗績而歸悔曰吾不用魯徽之言以至於此何面見之於是斬徽徽臨刑謂染曰將軍愎諫違謀戇而取敗而復忌前害勝誅戮忠良以逞愚忿亦

何顏面瞬息世閒哉袁紹爲之於前將軍踵之於後覆亡敗喪亦當相尋所恨
不得一見大司馬而死死者無知則已若其有知下見田豐爲徒要當訴將軍
於黃泉使將軍不得服牀枕而死叱刑者曰令吾面東向大司馬曜聞之曰號
涔不容尺鯉染之謂也曜還師攻郭默于懷城收其米粟八十萬斛列三屯以
守之聰遣使謂曜曰今長安假息劉琨游魂此國家所尤宜先除也郭默小醜
何足以勞公神略可留征虜將軍貝丘王翼光守之公其還也於是曜歸蒲坂
俄而徵曜輔政趙染寇北地夢魯徽大怒引弓射之染驚悸而寤旦將攻城中
弩而死聰以粲爲相國總百揆省丞相以幷相國平陽地震烈風拔樹發屋光
義人羊充妻產子二頭其兄竊而食之三日而死聰以其太廟新成大赦境內
改年建元雨血於其東宮延明殿徹瓦在地者深五寸劉乂惡之以訪其太師
盧志太傅崔瑋太保許遐志等曰主上往以殿下爲太弟者蓋以安衆望也志
在晉王久矣王公已下莫不希旨歸之相國之位自魏武已來非復人臣之官
主上本發明詔置之爲贈官今忽以晉王居之羽儀威尊踰於東宮萬幾之事

無不由之置太宰大將軍及諸王之營以爲羽翼此事勢去矣殿下不得立明也然非止不得立而已不測之危厄在於旦夕宜早爲之所四衞精兵不減五千餘營諸王皆年齒尙幼可奪而取之相國輕佻正可煩一刺客耳大將軍無日不出其營可襲而得也殿下但當有意二萬精兵立便可得鼓行向雲龍門宿衞之士孰不倒戈奉迎大司馬不慮爲異也乂弗從乃止聰如中護軍靳準第納其二女爲左右貴嬪大曰月光小曰月華皆國色也數月立月光爲皇后東宮舍人荀裕告盧志等勸乂謀反乂不從之狀聰於是收志瑋遐於詔獄假以他事殺之使冠威卜抽監守東宮禁乂朝賀乂憂懼不知所爲乃上表自陳乞爲黔首幷免諸子之封褒美晉王粲宜登儲副抽又抑而弗通其靑州刺史曹嶷攻汶陽關公丘陷之害齊郡太守徐浮執建威劉宣齊魯之閒郡縣壘壁降者四十餘所嶷遂略地西下祝阿平陰衆十餘萬臨河置戍而歸于臨淄嶷於是遂有雄據全齊之志石勒以嶷之懷二也請討之聰又憚勒之幷齊乃寢而弗許劉曜濟自盟津將攻河南將軍魏該奔于一泉塢曜進攻李矩于滎陽

矩遣將軍李平師於成皐曜覆而滅之矩恐送質請降時聰以其皇后靳氏爲上皇后立貴妃劉氏爲左皇后右貴嬪劉氏爲右皇后左司隸陳元達以三后之立也極諫聰不納乃以元達爲右光祿大夫外示優賢內實奪其權也於是太尉范隆大司馬劉丹大司空呼延晏尚書令王鑒等皆抗表遜位以讓元達聰乃以元達爲御史大夫儀同三司劉曜寇長安頻爲王師所敗曜曰彼猶強盛弗可圖矣引師而歸聰宮中鬼夜哭三日而聲向右司隸寺乃止其上皇后靳氏有淫穢之行陳元達奏之聰廢靳靳慚恚自殺靳有殊寵聰迫於元達之勢故廢之既而追念其姿色深仇元達劉曜進師上黨將攻陽曲聰遣使謂曜曰長安擅命國家之深恥也公宜以長安爲先陽曲一委驃騎天時人事其應至矣公其亟還曜迴滅郭邁朝于聰遂如蒲阪平陽地震雨血于東宮廣袤頃餘劉曜又進軍屯于粟邑麴允飢甚去黃白而軍于靈武曜進攻上郡太守張禹與馮翊太守梁肅奔于允吾於是關右翕然所在應曜曜進據黃阜聰武庫陷入地一丈五尺時聰中常侍王沉宣懷俞容中宮僕射郭猗中黃門陵脩等

皆寵幸用事聽游宴後宮或百日不出羣臣皆因沉等言事多不呈聽率以其意愛憎而決之故或有勳舊功臣而弗見敘錄姦佞小人數日而便至二千石者軍旅無歲不興而將士無錢帛之賞後宮之家賜賚及於僮僕動至數千萬沉等車服宅宇皆踰于諸王子弟中表布衣爲內史令長者三十餘人皆奢僭貪殘賊害良善靳準合宗內外諂以事之郭猗有憾於劉乂謂劉粲曰太弟於主上之世猶懷不逞之志此則殿下父子之深仇四海蒼生之重怨也而主上過垂寬仁猶不替二尊之位一旦有風塵之變臣竊爲殿下寒心且殿下高祖之世孫主上之嫡統凡在含齒孰不係仰萬幾事大何可與人臣昨聞太弟與大將軍相見極有言矣若事成許以主上爲太上皇大將軍爲皇太子乂又許衛軍爲大單于二王已許之矣二王居不疑之地並握重兵以此舉事事何不成臣謂二王茲舉禽獸之不若也背父親人人豈親之今乂苟貪其一切之力耳事成之後主上豈有全理殿下兄弟故在忘言東宮相國單于在武陵兄弟何肯與人許以三月上巳因讌作難事淹變生宜早爲之所春秋傳曰蔓草猶

不可除況君之寵弟乎臣屢啓主上主上性敦友于謂臣言不實刑臣刀鋸之餘而蒙主上殿下成造之恩故不慮逆鱗之誅每所聞必言冀垂採納臣當入言之願殿下不泄密表其狀也若不信臣言可呼大將軍從事中郎王皮衞軍司馬劉惇假之恩顧通其歸善之路以問之必可知也粲深然之猗密謂皮惇曰二王逆狀主相已具知之矣卿同之乎二人驚曰無之猗曰此事必無疑吾憐卿親舊幷見族耳於是歔欷流涕皮惇大懼叩頭求哀猗曰吾爲卿作計卿能用不二人皆曰謹奉大人之教猗曰相國必問卿卿但云有之若責卿何不先啓卿即答云臣誠負死罪然仰惟主上聖性寬慈殿下篤於骨肉恐言成詿僞故也皮惇許諾粲俄而召問二人至不同時而辭若畫一粲以爲信然初靳準從妹爲乂孺子淫于侍人乂怒殺之而屢以嘲準準深慚恚說粲曰東宮萬幾之副殿下宜自居之以領相國使天下知早有所繫望也至是準又說粲曰昔孝成距子政之言使王氏卒成簒逆可乎粲曰何可之有準曰然誠如聖旨下官急欲有所言矣但以德非更生親非皇宗恐忠言暫出霜威已及故不敢

耳粲曰君但言之準曰聞風塵之言謂大將軍衞將軍及左右輔皆謀奉太弟剋季春構變殿下宜爲之備不然恐有商臣之禍粲曰爲之奈何準曰主上愛信於太弟恐卒聞未必信也如下官愚意宜緩東宮之禁固勿絕太弟賓客使輕薄之徒得與交游太弟既素好待士必不思防此嫌輕薄小人不能無逆意以勸太弟之心小人有始無終不能如貫高之流也然後下官爲殿下露表其罪殿下與太宰拘太弟所與交通者考問之窮其事原主上必以無將之罪罪之不然今朝望多歸太弟主上一旦晏駕恐殿下不得立矣於是粲命卜抽引兵去東宮聽自去冬至是遂不復受朝賀軍國之事一決於粲唯發中旨殺生除授王沈郭猗等意所欲皆從之又立市於後庭與宮人讌戲或三日不醒聽臨上秋閣誅其特進綦毋達太中大夫公師彧尚書王琰田歆少府陳休左衞卜崇大司農朱誕等皆羣閹所忌也侍中卜幹泣諫聽曰陛下方隆武宣之化欲使幽谷無考槃奈何一旦先誅忠良將何以垂之於後昔秦愛三良而殺之君子知其不霸以晉厲之無道尸三卿之後猶有不忍之心陛下如何忽信左

右愛憎之言欲一日尸七卿詔尚在臣聞猶未宣露乞垂昊天之澤迴雷霆之
威且陛下直欲誅之耳不露其罪名何以示四海此豈是帝王三訊之法邪因
叩頭流血王沉叱幹曰卜侍中欲距詔乎聽拂衣而入免幹爲庶人太宰劉易
及大將軍劉敷御史大夫陳元達金紫光祿大夫王延等詣闕諫曰臣聞善人
者乾坤之紀政教之本也邪佞者宇宙之螟螣王化之蟊賊也故文王以多士
基周桓靈以羣閹亡漢國之興亡未有不由此也自古明王之世未嘗有宦者
與政武元安順豈足爲故事乎今王沉等乃處常伯之位握生死與奪於中勢
傾海內愛憎任之矯弄詔旨欺誣日月內諂陛下外佞相國威權之重侔於人
主矣王公見之駭目卿宰望塵下車銓衡迫之選舉不復以實士以屬舉政以
賄成多樹姦徒殘毒忠善知王琰等忠臣必盡節於陛下懼其姦萌發露陷之
極刑陛下不垂三察猥加誅戮怨感穹蒼痛入九泉四海悲惋賢愚傷懼沉等
皆刀鋸之餘背恩忘義之類豈能如士人君子感恩展效以答乾澤也陛下何
故親近之何故貴任之昔齊桓公任易牙而亂孝懷委黃皓而滅此皆覆車於

前殷鑒不遠比年地震日蝕雨血火災皆沉等之由願陛下割翦凶醜與政之流引尙書御史朝省萬幾相國與公卿五日一入會議政事使大臣得極其言忠臣得逞其意則衆災自弭和氣呈祥今遺晉未殄巴蜀未賓石勒潛有跨趙魏之志曹嶷密有王全齊之心而復以沉等助亂大政陛下心腹四支何處無患復誅巫咸戮扁鵲臣恐遂成桓侯膏肓之疾後雖欲療之其如病何請免沉等官付有司定罪聰以表示沉等笑曰是兒等爲元達所引遂成癡也寢之沉等頓首泣曰臣等小人過蒙陛下識拔幸得備灑掃宮閤而王公朝士疾臣等如仇讎又深恨陛下願收大造之恩以臣等膏之鼎鑊皇朝上下自然雍穆矣聰曰此等狂言恆然卿復何足恨乎更以訪粲粲盛稱沉等忠清乃心王室聰大悅封沉等爲列侯太宰劉易詣闕又上疏固諫聰大怒手壞其表易遂忿恚而死元達哭之悲慟曰人之云亡邦國殄悴吾既不復能言安用此默默生乎歸而自殺北地饑甚人相食噉羌酋大軍須運糧以給麴昌劉雅擊敗之麴允與劉曜戰于磻石谷王師敗績允奔靈武平陽大饑流叛死亡十有五六石勒

遣石越率騎二萬屯于幷州以懷撫叛者聰使黃門侍郎喬詩讓勒勒不奉命潛結曹嶷規爲鼎峙之勢聰立上皇后樊氏卽張氏之侍婢也時四后之外佩皇后璽綬者七人朝廷內外無復綱紀阿諛日進貨賄公行軍旅在外饑疫相仍後宮賞賜動至千萬劉敷屢泣言之聰不納怒曰爾欲得使汝公死乎朝朝夕夕生來哭人敷憂忿發病而死河東大蝗唯不食黍豆靳準率部人收而埋之哭聲聞於十餘里後乃鑽土飛出復食黍豆平陽饑甚司隸部人奔于冀州二十萬戶石越招之故也犬與豕交于相國府門又交于宮門又交司隸御史門有豕著進賢冠升聰坐犬冠武冠帶綬與豕並升俄而鬬死殿上宿衞莫有見其入者而聰昏虐愈甚無誡懼之心讌羣臣于光極前殿引見其太弟乂容貌毀悴鬢髮蒼然涕泣陳謝聰亦對之悲慟縱酒極歡待之如初劉曜陷長安外城愍帝使侍中宋敞送牋于曜帝肉袒牽羊輿櫬銜璧出降及至平陽聰以帝爲光祿大夫懷安侯使粲告于太廟大赦境內改年麟嘉麴允自殺聰東宮四門無故自壞後內史女人化爲丈夫時聰子約死一指猶暖遂不殯殮及蘇

言見元海於不周山經五日遂復從至崐崘山三日而復返於不周見諸王公
卿將相死者悉在宮室甚壯麗號曰蒙珠離國元海謂約曰東北有遮須夷國
無主久待汝父爲之汝父後三年當來來後國中大亂相殺害吾家死亡略盡
但可永明輩十數人在耳汝且還後年當來見汝不久約拜辭而歸道遇一國
曰猗尾渠餘國引約入宮與約皮囊一枚曰爲吾遺漢皇帝約辭而歸謂約曰
劉郎後年來必見過當以小女相妻約歸置皮囊於机上俄而蘇使左右机上
取皮囊開之有一方白玉題文曰猗尾渠餘國天王敬信遮須夷國天王歲在
攝提當相見也馳使呈聰聰曰若審如此吾不懼死也及聰死與此玉幷葬焉
時東宮鬼哭赤虹經天南有一岐三日並照各有兩珥五色甚鮮客星歷紫宮
入於天獄而滅太史令康相言於聰曰蚍虹見彌天一岐南徹三日並照客星
入紫宮此皆大異其徵不遠也今虹達東西者許洛以南不可圖也一岐南徹
者李氏當仍跨巴蜀司馬叡終據全吳之象天下其三分乎月爲胡王皇漢雖
苞括二京龍騰九五然世雄燕代肇基北朔太陰之變其在漢域乎漢既據中

原歷命所屬紫宮之異亦不在他此之深重胡可盡言石勒鴟視趙魏曹嶷狼顧東齊鮮卑之衆星布燕代齊代燕趙皆有將大之氣願陛下以東夏爲慮勿顧西南吳蜀之不能北侵猶大漢之不能南向也今京師寡弱勒衆精盛若盡趙魏之銳燕之突騎自上黨而來曹嶷率三齊之衆以繼之陛下將何以抗之紫宮之變何必不在此乎願陛下早爲之所無使兆人生心陛下誠能發詔外以遠追秦皇漢武循海之事內爲高祖圖楚之計無不剋矣聰覽之不悅劉粲使王平謂劉乂曰適奉中詔云京師將有變勑裹甲以備之乂以爲信然令命宮臣裹甲以居粲馳遣告靳準王沉等曰向也王平告云東宮陰備非常將若之何準白之聰大驚曰豈有此乎王沉等同聲曰臣等久聞但恐言之陛下弗信於是使粲圍東宮粲遣沉準收氐羌酋長十餘人窮問之皆懸首高格燒鐵灼目乃自誣與乂同造逆謀聰謂沉等言曰而今而後吾知卿等忠於朕也當念爲知無不言勿恨往日言不用也於是誅乂素所親厚大臣及東宮官屬數十人皆靳準及閹豎所怨也廢乂爲北部王粲使準賊殺之坑士衆萬五千餘

人平陽街巷爲之空氐羌叛者十餘萬落以靳準行車騎大將軍以討之時聰境內大蝗平陽冀雍尤甚靳準討之震其二子而死河汾大溢漂沒千餘家東宮災異門閣宮殿蕩然立粲爲皇太子大赦殊死已下以粲領相國大單于總攝朝政如前聰校獵上林以帝行車騎將軍戎服執戟前導行三驅之禮粲言於聰曰今司馬氏跨據江東趙固李矩同逆相濟興兵聚衆者皆以子鄴爲名不如除之以絕其望聰然之趙固郭默攻其河東至於絳邑右司隸部人盜牧馬負妻子奔之者三萬餘騎騎兵將軍劉勳追討之殺萬餘人固默引歸劉頡遮邀擊之爲固所敗使粲及劉雅等伐趙固次于小平津固揚言曰要當生縛劉粲以贖天子聰聞而惡之李矩使郭默郭誦救趙固屯于洛汭遣耿稚張皮潛濟襲粲貝丘王翼光自厘城覘之以告粲粲曰征北南渡趙固望聲逃竄彼方憂自固何暇來邪且聞上身在此自當不敢北視況敢濟乎不須驚動將士也是夜稚等襲敗粲軍粲奔據陽鄉稚館穀粲壘雅聞而馳還柵于壘外與稚相持聰聞粲敗使太尉范隆率騎赴之稚等懼率衆五千突圍趨北山而南劉

勳追之戰于河陽稚師大敗死者三千五百人投河死者千餘人聰所居螽斯
則百堂災焚其子會稽王衷已下二十有一人聰聞之自投於牀哀塞氣絶良
久乃蘇平陽西明門社自亡霍山崩署其驃騎大將軍濟南王劉驥爲大將軍
都督中外諸軍事錄尚書衛大將軍齊王劉勱爲大司徒中常侍王沉養女年
十四有妙色聰立爲左皇后尚書令王鑒中書監崔懿之中書令曹恂等諫曰
臣聞王者之立后也將以上配乾坤之性象二儀敷育之義生承宗廟母臨天
下亡配后土執饋皇姑必擇世德名宗幽閑淑令副四海之望稱神祇之心是
故周文造周姒氏以興關雎之化饗則百世之祚永孝成任心縱欲以婢爲后
使皇統亡絶社稷淪傾有周之隆既如彼矣大漢之禍又如此矣從麟嘉以來
亂淫於色縱沉之弟女刑餘小醜猶不可塵瓊寢汙清廟況其家婢邪六宮妃
嬪皆公子公孫奈何一旦以婢主之何異象榱玉簀而對腐木朽楹哉臣恐無
福於國家也聰覽之大怒使宣懷謂粲曰鑒等小子慢侮國家狂言自口無復
君臣上下之禮其速考竟於是收鑒等送市金紫光祿大夫王延馳將入諫門

者弗通鑒等臨刑王沉以杖叩之曰庸奴復能爲惡乎乃公何與汝事鑒瞋目
叱之曰豎子使皇漢滅者坐汝鼠輩與靳準耳要當訴汝於先帝取汝等於地
下懿之曰靳準梟聲獍形必爲國患汝既食人人亦當食汝皆斬之聰又立其
中常侍宣懷養女爲中皇后鬼哭於光極殿又哭於建始殿雨血平陽廣袤十
里時聰子約已死至是晝見聰甚惡之謂粲曰吾寢疾惙頓怪異特甚往以約
之言爲妖比累日見之此兒必來迎吾也何圖人死定有神靈如是吾不悲死
也今世難未夷非諒闇之日朝終夕殮旬日而葬徵劉曜爲丞相錄尚書輔政
固辭乃止仍以劉景爲太宰劉驥爲大司馬劉顗爲太師朱紀爲太傅呼延晏
爲太保並錄尚書事范隆守尚書令儀同三司靳準爲大司空領司隸校尉皆
迭決尚書奏事太興元年聰死在位九年僞諡曰昭武皇帝廟號烈宗

粲

粲字士光少而儁傑才兼文武自爲宰相威福任情踈遠忠賢昵近姦佞任性
嚴刻無恩惠距諫飾非好興造宮室相國之府仿像紫宮在位無幾作兼晝夜

饑困窮叛死亡相繼粲弗之恤也既嗣僞位尊聰后靳氏爲皇太后樊氏號弘道皇后宣氏號弘德皇后王氏號弘孝皇后靳等年皆未滿二十並國色也粲晨夜烝淫於內志不在哀立其妻靳氏爲皇后子元公爲太子大赦境內改元漢昌雨血于平陽靳準將有異謀私於粲曰如聞諸公將欲行伊尹霍光之事謀先誅太保及臣以大司馬統萬幾陛下若不先之臣恐禍之來也不晨則夕粲弗納準懼其言之不從謂聰二靳氏曰今諸公侯欲廢帝立濟南王恐吾家無復種矣盍言之於帝二靳承閒言之粲誅其太宰上洛王劉景太師昌國公劉顗大司馬濟南王驥大司徒齊王劉勱等太傅朱紀太尉范隆出奔長安又誅其車騎大將軍吳王劉逞驥母弟也粲大閱上林謀討石勒以靳準爲大將軍錄尚書事粲荒耽酒色游讌後庭軍國之事一決於準準矯粲命以從弟明爲車騎將軍康爲衛將軍準將作亂以金紫光祿大夫王延耆德時望謀之于延延弗從馳將告之遇靳康劫延以歸準勒兵入宮升其光極前殿下使甲士執粲數而殺之劉氏男女無少長皆斬于東市發掘元海聰墓焚燒其宗廟鬼

大哭聲聞百里準自號大將軍漢天王置百官遣使稱藩于晉左光祿劉雅出奔西平尚書北宮純胡崧等招集晉人保於東宮靳康攻滅之準將以王延爲左光祿延罵曰屠各逆奴何不速殺我以吾左目置西陽門觀相國之入也右目置建春門觀大將軍之入也準怒殺之

陳元達

陳元達字長宏後部人也本姓高以生月妨父故改云陳少而孤貧常躬耕兼誦書樂道行詠忻忻如也至年四十不與人交通元海之爲左賢王聞而招之元達不答及元海僭號人謂元達曰往劉公相屈君蔑而不顧今稱號龍飛君其懼乎元達笑曰是何言邪彼人姿度卓犖有籠羅宇宙之志吾固知之久矣然往日所以不往者以期運未至不能無事喧喧彼自有以亮吾矣卿但識之吾恐不過二三日驛書必至其暮元海果徵元達爲黃門郎人曰君殆聖乎既至引見元海曰卿若早來豈爲郎官而已元達曰臣惟性之有分盈分者顛臣若早叩天門者恐大王賜處於九卿納言之間此則非臣之分臣將何以堪之

是以抑情盤桓待分而至大王無過授之謗小臣免招寇之禍不亦可乎元海大悅在位忠謇屢進讜言退而削草雖子弟莫得而知也聰每謂元達曰卿當畏朕反使朕畏卿乎元達叩頭謝曰臣聞師臣者王友臣者霸臣誠愚闇無可採也幸邀陛下垂齊桓納九九之義故使微臣得盡愚忠昔世宗遙可汲黯之奏故能恢隆漢道桀紂誅諫幽厲弭謗是以三代之亡也忽焉陛下以大聖應期挺不世之量能遠捐商周覆國之弊近模孝武光漢之美則天下幸甚羣臣知免及其死也人盡寃之

晉書卷一百二

晉書卷一百二考證

劉聰載記聰以粲之害模也大怒粲曰臣殺模本不以其曉識天命之故○模監本訛粲今改正

杜人王秃紀持等攻劉粲于新豐○持各本作特前趙錄杜人王秃紀持麴特等則特乃持字之訛也今改正

鴻業已隳四海屬情○隳監本訛爾今從前趙錄改

且退屯逍遙園○前趙錄作辛卯且退屯逍遙園此且字當因刪去辛卯而尚存且字之訛

置皮囊于机上○机監本誤機前趙錄作枕今從宋本

晉書卷一百二考證

晉書卷一百三

唐　太　宗　文　皇　帝　御　撰

載記第三

劉曜

劉曜字永明元海之族子也少孤見養於元海幼而聰慧有奇度年八歲從元海獵于西山遇雨止樹下迅雷震樹旁人莫不顛仆曜神色自若元海異之曰此吾家千里駒也從兄爲不亡矣身長九尺三寸垂手過膝生而眉白目有赤光鬚髯不過百餘根而皆長五尺性拓落高亮與衆不羣讀書志於廣覽不精思章句善屬文工草隸雄武過人鐵厚一寸射而洞之于時號爲神射尤好兵書略皆闇誦常輕侮吳鄧而自比樂毅蕭曹時人莫之許也惟聰每曰永明世祖魏武之流何數公足道哉弱冠游于洛陽坐事當誅亡匿朝鮮遇赦而歸自以形質異衆恐不容于世隱迹管涔山以琴書爲事嘗夜閑居有二童子入跪曰管涔王使小臣奉謁趙皇帝獻劍一口置前再拜而去以燭視之劍長二尺

光澤非常赤玉爲室背上有銘曰神劍御除衆毒曜遂服之劍隨四時而變爲五色元海世頻歷顯職後拜相國都督中外諸軍事鎭長安靳準之難自長安赴之至于赤壁太保呼延晏等自平陽奔之與太傅朱紀太尉范隆等上尊號曜以太興元年僭卽皇帝位大赦境內惟準一門不在赦例改元光初以朱紀領司徒呼延晏領司空范隆以下悉復本位使征北劉雅鎭北劉策次于汾陰與石勒爲犄角之勢靳準遣侍中卜泰降于勒勒囚泰送之曜謂泰曰先帝末年實亂大倫羣閹撓政誅滅忠良誠是義士匡討之秋司空執心忠烈行伊霍之權拯濟塗炭使朕及此勳高古人德格天地朕方寧濟大艱終不以非命及君子賢人司空若執忠誠早迎大駕者政由靳氏祭則寡人以朕此意布之司空宣之朝士泰還平陽具宣曜旨準自以殺曜母兄沉吟未從尋而喬泰王騰靳康馬忠等殺準推尚書令靳明爲盟主遣卜泰奉傳國六璽降于曜曜大悅謂泰曰使朕獲此神璽而成帝王者子也石勒聞之怒甚增兵攻之明戰累敗遣使求救於曜曜使劉雅劉策等迎之明率平陽士女萬五千歸于曜曜命誅

明靳氏男女無少長皆殺之使劉雅迎母胡氏喪于平陽還葬粟邑墓號陽陵僞諡宣明皇太后僭尊高祖父亮爲景皇帝曾祖父廣爲獻皇帝祖防懿皇帝考曰宣成皇帝徙都長安起光世殿於前紫光殿於後立其妻羊氏爲皇后子熙爲皇太子封子襲爲長樂王闡太原王沖淮南王敞齊王高魯王徽楚王徵諸宗室皆進封郡王繕宗廟社稷南北郊以水承晉金行國號曰趙牲牡尚黑旗幟尚玄冒頓配天元海配上帝大赦境內殊死已下黃石屠各路松多起兵於新平扶風聚衆數千附于南陽王保保以其將楊曼爲雍州刺史王連爲扶風太守據陳倉張顗爲新平太守周庸爲安定太守據陰密松多下草壁秦隴氐羌多歸之曜遣其車騎劉雅平西劉厚攻楊曼于陳倉二旬不剋曜率中外精銳以赴之行次雍城太史令弁廣明言於曜曰昨夜妖星犯月師不宜行乃止勑劉雅等攝圍固壘以待大軍地震長安尤甚時曜妻羊氏有殊寵頗與政事陰有餘之徵也三年曜發雍攻陳倉曼連謀曰諜者適還云其五牛旗建多言胡主自來其鋒恐不可當也吾糧廩既少無以支久若頓軍城下圍人百日

不待兵刃而吾自滅不如率見衆以一戰如其勝也關中不待撫而至如其敗
也一等死早晚無在遂盡衆背城而陣爲曜所敗王連死之楊曼奔于南氏曜
進攻草壁又陷之松多奔隴城進陷安定保懼遷于桑城氐羌悉從之曜振旅
歸于長安署劉雅爲大司徒晉將李矩襲金墉剋之曜左中郎將宋始振威宋
恕降于石勒署其大將軍廣平王岳爲征東大將軍鎭洛陽會三軍疫甚岳遂
屯澠池石勒遣石生馳應宋始等軍勢甚盛曜將尹安趙慎等以洛陽降生岳
乃班師鎭于陝城西明門內大樹風吹折經一宿樹撥變爲人形髮長一尺鬚
眉長三寸皆黃白色有斂手之狀亦有兩脚著裙之形惟無目鼻每夜有聲十
日而生柯條遂成大樹枝葉甚茂長水校尉尹車謀反潛結巴酋徐庫彭曜乃
誅車因庫彭等五十餘人于阿房將殺之光祿大夫游子遠固諫曜不從子遠
叩頭流血曜大怒幽子遠而盡殺庫彭等尸諸街巷之中十日乃投之於水於
是巴氐盡叛推巴歸善王句渠知爲主四山羌氐巴羯應之者三十餘萬關中
大亂城門晝閉子遠又從獄表諫曜怒甚毀其表曰大荔奴不憂命在須臾猶

敢如此嫌死晚邪叱左右速殺之劉雅朱紀呼延晏等諫曰子遠幽而尙諫者所謂忠於社稷不知死之將至陛下縱弗能用柰何殺之若子遠朝誅臣等亦暮死以彰陛下過差之咎天下之人皆當去陛下蹈西海而死耳陛下復與誰居乎曜意解乃赦之於是勑內外戒嚴將親討渠知子遠進曰陛下誠能納愚臣之計者不勞大駕親動一月之中可使清定曜曰卿試言之子遠曰彼匪有大志希竊非望也但逼於陛下峻網耳今死者不可追莫若赦諸逆人之家老弱沒奚官者使迭相撫育聽其復業大赦與之更始彼生路既開不降何待若渠知自以罪重不卽下者願假臣弱兵五千以爲陛下梟之不敢勞陛下之將帥也不爾者今賊黨既衆彌川被谷雖以天威臨之恐非年歲可除曜大悅以子遠爲車騎大將軍開府儀同三司都督雍秦征討諸軍事大赦境內子遠次于雍城降者十餘萬進軍安定氐羌悉下惟句氐宗黨五千餘家保于陰密進攻平之遂振旅循隴右陳安郊迎先是上郡氐羌十餘萬落保嶮不降酋大虛除權渠自號秦王子遠進師至其壁下權渠率衆來距五戰敗之權渠恐將降

其子伊餘大言於衆曰往劉曜自來猶無若我何況此偏師而欲降之率勁卒五萬晨壓壘門左右勸戰子遠曰吾聞伊餘之勇當今無敵士馬之彊復非其匹又其父新敗怒氣甚盛且西戎剽勁鋒鋭不可擬也不如緩之使氣竭而擊之乃堅壁不戰伊餘有驕色子遠候其無備夜誓衆蓐食晨大風霧子遠曰天贊我也躬先士卒掃壁而出遲明覆之生擒伊餘悉俘其衆權渠大懼被髮剺面而降子遠啓曜以權渠爲征西將軍西戎公分徙伊餘兄弟及其部落二十餘萬口于長安西戎之中權渠部最強皆稟其命而爲寇暴權渠既降莫不歸附曜大悅讌羣臣于東堂語及平生泫然流涕遂下書曰蓋褒德惟舊聖后之所先念惠錄孤明王之恆典是以世祖草創河北而致封於嚴尤之孫魏武勤兵梁宋追慟於橋公之墓前新贈大司徒烈愍公崔岳中書令曹恂晉陽太守王忠太子洗馬劉綏等或識朕於童齓之中或濟朕於艱窘之極言念君子實傷我心詩不云乎中心藏之何日忘之岳漢昌之初雖有褒贈屬否運之際禮章莫備今可贈岳使持節侍中大司徒遼東公恂大司空南郡公綏左光祿大

夫平昌公忠鎮軍將軍安平侯並加散騎常侍但皆丘墓夷滅申哀莫由有司其速班訪岳等子孫授以茅土稱朕意焉初曜之亡與曹恂奔於劉綏綏匿之於書匱載送於忠忠送之朝鮮歲餘饑窘變姓名客爲縣卒岳爲朝鮮令見而異之推問所由曜叩頭自首流涕求哀岳曰卿謂崔元嵩不如孫賓碩乎何懼之甚也今詔捕卿甚峻百姓間不可保也此縣幽僻勢能相濟縱有大急不過解印綬與卿俱去耳吾既門衰無兄弟之累身又薄祜未有兒子卿猶吾子弟也勿爲過憂大丈夫處身立世鳥獸投人要欲濟之而況君子乎給以衣食資供書傳曜遂從岳質通疑滯恩顧甚厚岳從容謂曜曰劉生姿宇神調命世之才也四海脫有微風搖之者英雄之魁卿其人矣曹恂雖於屯厄之中事曜有君臣之禮故皆德之曜立大學於長樂宮東小學於未央宮西簡百姓年二十五已下十三已上神志可教者千五百人選朝賢宿儒明經篤學以教之以中書監劉均領國子祭酒置崇文祭酒秩次國子散騎侍郎董景道以明經擢爲崇文祭酒以游子遠爲大司徒曜命起酆明觀立西宮建陵霄臺於滈池又將

於霸陵西南營壽陵侍中喬豫和苞上疏諫曰臣聞人主之與作也必仰準乾象俯順人時是以衞文承亂亡之後宗廟社稷流漂無所而猶上候營室以構楚宮彼其急也猶尚若茲故能與康叔武公之迹以延九百之慶也奉詔書將營酆明觀市道芻蕘咸以非之曰一觀之功可以平涼州矣又奉勅旨復欲擬阿房而建西宮模瓊臺而起陵霄此則費萬酆明功億前役也以此功費亦可以吞吳蜀翦齊魏矣陛下何爲於中興之日而蹤亡國之事自古聖王人誰無過陛下此役實爲過舉過貴在能改終之實難又伏聞勅旨將營建壽陵周迴四里下深二十五丈以銅爲棺槨黃金飾之恐此功費非國內所能辦也且臣聞堯葬穀林市不改肆顓頊葬廣陽下不及泉聖王之所終也如是秦皇下錮三泉周輪七里身亡之後毀不旋踵闔主之所終也如此向魋石椁孔子以爲不如速朽王孫保葬識者嘉其矯世自古無有不亡之國不掘之墓故聖王知厚葬之招害也故不爲之臣子之於君父陵墓豈不欲高廣如山岳哉但以保全始終安固萬世爲優耳與亡奢儉冏然於前惟陛下覽之曜大悅下書曰二

侍中懇懇有古人之風烈矣可謂社稷之臣也非二君朕安聞此言乎以孝明於承平之世四海無虞之日尙納鍾離一言而罷北宮之役況朕之闇眇當今極弊而可不敬從明誨乎今勅悉停壽陵制度一遵霸陵之法詩不云乎無言不酬無德不報其封豫安昌子苞平輿子並領諫議大夫可敷告天下使知區區之朝思聞過也自今政法有不便於時不利社稷者其詣闕極言勿有所諱省酆水囿以與貧戶終南山崩長安人劉終於崩所得白玉方一尺有文字曰皇亡皇亡敗趙昌井水竭構五梁咢酉小衰困囂喪嗚呼嗚呼赤牛奮靷其盡乎時羣臣咸賀以爲勒滅之徵曜大悅齋七日而後受之於太廟大赦境內以終爲奉瑞大夫中書監劉均進曰臣聞國主山川故山崩川竭君爲之不舉終南京師之鎮國之所瞻無故而崩其凶焉可極言昔三代之季其災也如是今朝臣皆言祥瑞臣獨言非誠上忤聖旨下違衆議然臣不達大理竊所未同何則玉之於山石也猶君之於臣下山崩石壞象國傾人亂皇亡皇亡敗趙昌者此言皇室將爲趙所敗趙因之而昌今大趙都於秦雍而勒跨全趙之地趙昌

之應當在石勒不在我也井水竭構五梁者井謂東井秦之分也五謂五車梁
謂大梁五車大梁趙之分也此言秦將竭滅以構成趙也咢者歲之次名作咢
也言歲馭作咢酉之年當有敗軍殺將之事困謂困敦歲在子之年名玄囂亦
在子之次言歲馭於子國當喪亡赤牛奮靷謂赤奮若在丑之歲名也牛謂牽
牛東北維之宿丑之分也言歲在丑當滅亡盡無復遺也此其誡悟蒸蒸欲陛
下勤修德化以禳之縱爲嘉祥尙願陛下夕惕以答之書曰雖休勿休願陛下
追蹤周旦盟津之美捐鄗虢公夢廟之凶謹歸沐浴以待妖言之誅曜憮然改
容御史劾均狂言讟說誣罔祥瑞請依大不敬論曜曰此之災瑞誠不可知深
戒朕之不德朕收其忠惠多矣何罪之有乎曜親征氐羌仇池楊難敵率衆來
距前鋒擊敗之難敵退保仇池仇池諸氐羌多降於曜曜後復西討楊韜于南
安韜懼與隴西太守梁勛等降于曜皆封列侯使侍中喬豫率甲士五千遷韜
等及隴右萬餘戶于長安曜又進攻仇池時曜寢疾兼癘疫甚議欲班師恐難
敵躡其後乃以其尙書郎王獷爲光國中郎將使于仇池以說難敵難敵於是

遣使稱藩曜大悅署難敵爲使持節侍中假黃鉞都督益寧南秦涼梁巴六州隴上西域諸軍事上大將軍益寧南秦三州牧領護南氐校尉寧羌中郎將武都王子弟爲公侯列將二千石者十五人陳安請朝曜以疾篤不許安怒且以曜爲死也遂大掠而歸曜疾甚篤馬輿而還使其將呼延寔監輜重於後陳安率精騎要之于道寔奔戰無路與長史魯憑俱沒于安安因寔而謂之曰劉曜已死子誰輔哉孤當與足下終定大業寔叱安曰狗輩汝荷人榮寵處不疑之地前背司馬保今復如此汝自視何如主上憂汝不久梟首上邽通衢何謂大業可速殺我懸我首於上邽東門觀大軍之入城也安怒遂殺之以魯憑爲參軍又遣其弟集及將軍張明等率騎二萬追曜曜衛軍呼延瑜逆戰擊斬之悉俘其衆安懼馳還上邽曜至自南安陳安使其將劉烈趙罕襲汧城拔之西州氐羌悉從安安士馬雄盛衆十餘萬自稱使持節大都督假黃鉞大將軍雍涼秦梁四州牧涼王以趙募爲相國領左長史魯憑對安大哭曰吾不忍見陳安之死也安怒命斬之憑曰死自吾分懸吾頭於秦州通衢觀趙之斬陳安也遂

殺之曜聞憑死悲慟曰賢人者天下之望也害賢人是塞天下之情夫承平之
君猶不敢乖臣妾之心況於四海乎陳安今於招賢採哲之秋而害君子絕當
時之望吾知其無能爲也休屠王石武以桑城降曜大悅署武爲使持節都督
秦州隴上雜夷諸軍事平西大將軍秦州刺史封酒泉王曜后羊氏死僞諡獻
文皇后羊氏內有特寵外參朝政生曜三子熙襲闡曜始禁無官者不聽乘馬
祿八百石已上婦女乃得衣錦繡自季秋農功畢乃聽飲酒宗廟社稷之祭不
得殺牛犯者皆死曜臨太學引試學生之上第者拜郎中武功男子蘇撫陝男
子伍長平並化爲女子石言於陝若言勿東者曜將葬其父及妻親如粟邑以
規度之負土爲墳其下周迴二里作者繼以脂燭怨呼之聲盈于道路游子遠
諫曰臣聞聖主明王忠臣孝子之於終葬也棺足周身槨足周棺藏足周槨而
已不封不樹爲無窮之計伏惟陛下聖慈幽被神鑒洞遠每以清儉恤下爲先
社稷資儲爲本今二陵之費至以億計計六萬夫百日作所用六百萬功二陵
皆下錮三泉上崇百尺積石爲山增土爲阜發掘古塚以千百數役夫呼嗟氣

塞天地暴骸原野哭聲盈衢臣竊謂無益於先皇先后而徒喪國之儲力陛下脫仰尋堯舜之軌者則功不盈百萬費亦不過千計下無怨骨上無怨人先帝先后有太山之安陛下饗舜禹周公之美惟陛下察焉曜不納乃使其將劉岳等帥騎一萬迎父及弟暉喪於太原疫氣大行死者十三四上洛男子張盧死二十七日有盜發其冢者盧得蘇曜葬其父墓號永垣陵葬妻羊氏墓號顯平陵大赦境內殊死已下賜人爵二級孤老貧病不能自存者帛各有差太寧元年陳安攻曜征西劉貢于南安休屠王石武自桑城將攻上邽以解南安之圍安聞之懼馳歸上邽遇於瓜田武以衆寡不敵奔保張春故壘安引軍追武曰叛逆胡奴要當生縛此奴然後斬劉貢武閉壘距之貢敗安後軍俘斬萬餘安馳還赴救貢逆擊敗之俄而武騎大至安衆大潰收騎八千奔于隴城貢乃留武督後衆躬先士卒戰輒敗之遂圍安于隴城大雨霖震曜父墓門屋大風飄發其父寢堂于垣外五十餘步曜避正殿素服哭于東堂五日使其鎮軍劉襲太常梁胥等繕復之松柏衆木殖已成林至是悉枯置其大司馬劉雅爲太宰

加劍履上殿入朝不趨讚拜不名給千兵百騎甲仗百人入殿增班劍六十人前後鼓吹各二部曜親征陳安圍安于隴城安頻出挑戰累擊敗之斬獲八千餘級右軍劉幹攻平襄尅之隴上諸縣悉降曲赦隴右殊死已下惟陳安趙募不在其例安留楊伯支姜沖兒等守隴城帥騎數百突圍而出欲引上邽平襄之衆還解隴城之圍安既出知上邽被圍平襄已敗乃南走陝中曜使其將軍平先丘中伯率勁騎追安頻戰敗之俘斬四百餘級安與壯士十餘騎於陝中格戰安左手奮七尺大刀右手執丈八蛇矛近交則刀矛俱發輒害五六遠則雙帶鞬服左右馳射而走平先亦壯健絶人勇捷如飛與安搏戰三交奪其蛇矛而退會日暮雨甚安棄馬與左右五六人步踰山嶺匿于溪澗翌日尋之遂不知所在會連雨始霽輔威呼延清尋其徑迹斬安于澗曲曜大悅安善於撫接吉凶夷險與衆同之及其死隴上歌之曰隴上壯士有陳安軀幹雖小腹中寛愛養將士同心肝䯀驄父馬鐵瑕鞍七尺大刀奮如湍丈八蛇矛左右盤十盪十決無當前戰始三交失蛇矛棄我䯀驄竄巖幽爲我外援而懸頭西流之

水東流河一去不還奈子何曜聞而嘉傷命樂府歌之楊伯支斬姜沖兒以隴城降宋亭斬趙募以上邽降徙秦州大姓楊姜諸族二千餘戶于長安氐羌悉下並送質任時劉岳與涼州刺史張茂相持于河上曜自隴長驅至西河戎卒二十八萬五千臨河列營百餘里中鐘鼓之聲沸河動地自古軍旅之盛未有斯比茂臨河諸戍皆望風奔退揚聲欲百道俱渡直至姑臧涼州大怖人無固志諸將咸欲速濟曜曰吾軍旅雖盛不踰魏武之東也畏威而來者三有二焉中軍宿衞已皆疲老不可用也張氏以吾新平陳安師徒殷盛以形聲言之非彼五郡之衆所能抗也必怖而歸命受制稱藩吾復何求卿等試之不出中旬張茂之表不至者吾爲負卿矣茂懼果遣使稱藩獻馬一千五百匹牛三千頭羊十萬口黃金三百八十斤銀七百斤女妓二十人及諸珍寶珠玉方域美貨不可勝紀曜大悅使其大鴻臚田崧署茂使持節假黃鉞侍中都督涼南北秦梁益巴漢隴右西域雜夷匈奴諸軍事太師領大司馬涼州牧領西域大都護護氐羌校尉涼王曜至自河西遣胡元增其父及妻墓高九十尺楊難敵以陳

安既平內懷危懼奔于漢中鎮西劉厚追擊之獲其輜重千餘兩士女六千餘人還之仇池曜以大鴻臚田崧爲鎮南大將軍益州刺史鎮仇池以劉岳爲侍中都督中外諸軍事進封中山王初靳準之亂曜世子胤沒于黑匿郁鞠部至是胤自言郁鞠大驚資給衣馬遣子送之曜對胤悲慟嘉郁鞠忠款署使持節散騎常侍忠義大將軍左賢王胤字義孫美姿貌善機對年十歲身長七尺五寸眉鬢如畫聰奇之謂曜曰此兒神氣豈同義真乎固當應爲卿之冢嫡卿可思文王廢伯邑考立武王之意也曜曰臣之藩國僅能守祭祀便足矣不可以亂長幼之倫也聰曰卿勳格天地國兼百城當世祚太師受專征之任五侯九伯得專征之者卿之子孫柰何言同諸藩國也義真既不能遠追太伯高讓之風吾不過爲卿封之以一國義真曜子儉之字也於是封儉爲臨海王立胤爲世子胤雖少離屯難流躓殊荒而風骨俊茂爽朗卓然身長八尺三寸髮與身齊多力善射驍捷如風雲曜因以重之其朝臣亦屬意焉曜於是顧謂羣下曰義孫可謂歲寒而不凋涅而不淄者矣義光雖先已樹立然沖幼儒謹恐難乎

爲今世之儲貳也懼非所以上固社稷下愛義光義孫年長明德又先世子也朕欲遠追周文近蹤光武使宗廟有太山之安義光饗無疆之福於諸卿意如何其太傅呼延晏等咸曰陛下遠擬周漢爲國家無窮之計豈惟臣等賴之實亦宗廟四海之慶左光祿卜泰太子太保韓廣等進曰陛下若以廢立爲是也則不應降日月之明垂訪羣下若以爲疑也固思聞臣等異同之言竊以誠廢太子非也何則昔周文以未建之前擇聖表而超樹之可也光武緣母色而廢立豈足爲聖朝之模範光武誠以東海纂統何必不如明帝皇子胤文武才略神度弘遠信獨絕一時足以擬蹤周發然太子孝友仁慈志尚沖雅亦足以堂負聖基爲承平之賢主何況儲宮者六合人神所繫望也不可輕以廢易陛下誠實爾者臣等有死而已未敢奉詔曜默然胤前泣曰慈父之於子也當務存尸鳩之仁何可替熙而立臣也陛下謬恩乃爾者臣請死於此以明赤心且陛下若愛忘其醜以臣微堪指授亦當能輔導義光仰遵聖軌因歔欷流涕悲感朝臣曜亦以太子羊氏所生羊有寵哀之不忍廢乃止追謚前妻卜氏爲元悼

皇后胤之母也卜泰胤之舅曜嘉之拜上光祿大夫儀同三司領太子太傅封胤爲永安王署侍中衛大將軍都督二宮禁衞諸軍事開府儀同三司錄尚書事領太子太傅號曰皇子命熙於胤盡家人之禮時有鳳皇將五子翔於故未央殿五日悲鳴不食皆死曜立后劉氏石勒將石他自鴈門出上郡襲安國將軍北羌王盆句除俘三千餘落獲牛馬羊百餘萬而歸曜大怒投袂而起是日次于渭城遣劉岳追之曜次于富平爲岳聲援岳及石他戰于河濱敗之斬他及其甲士一千五百級赴河死者五千餘人悉收所虜振旅而歸楊難敵自漢中還襲仇池剋之執田崧立之於前難敵左右叱崧令拜崧瞋目叱之曰氐狗安有天子牧伯而向賊拜乎難敵曰子岱吾當與子終定大事子謂劉氏可爲盡忠吾獨不可乎崧厲色大言曰若賊氐奴才安敢欲希覬非分吾寧爲國家鬼豈可爲汝臣何不速殺我顧排一人取其劍前刺難敵不中爲難敵所殺曜遣劉岳攻石生于洛陽配以近郡甲士五千宿衞精卒一萬濟自盟津鎮東呼延謨率荊司之衆自崤澠而東岳攻石勒盟津石梁二戍剋之斬獲五千餘級

進圍石生于金墉石季龍率步騎四萬入自成皐關岳陳兵以待之戰于洛西岳師敗績岳中流矢退保石梁季龍遂塹柵列圍遏絶內外岳衆飢甚殺馬食之季龍又敗呼延謨斬之曜親率軍援岳季龍率騎三萬來距曜前軍劉黑大敗季龍將石恣于八特坂曜次于金谷夜無故大驚軍中潰散乃退如澠池夜中又驚士卒奔潰遂歸長安季龍執劉岳及其將王騰等八十餘人幷氐羌三千餘人送于襄國坑士卒一萬六千曜至自澠池素服郊哭七日乃入城武功豕生犬上邽馬生牛及諸妖變不可勝紀曜命其公卿各舉博識直言之士一人司空劉均舉參軍臺產曜親臨東堂遣中黃門策問之產極言其故曜覽而嘉之引見東堂訪以政事產流涕歔欷具陳災變之禍政化之闕辭旨諒直曜改容禮之卽拜博士祭酒諫議大夫領太史令其後所言皆驗曜彌重之歲中三遷歷位尚書光祿大夫太子少師位特進曜署劉胤爲大司馬進封南陽王以漢陽諸郡十三爲國置單于臺于渭城拜大單于置左右賢王已下皆以胡羯鮮卑氐羌豪傑爲之曜自還長安憤恚發病至是疾瘳曲赦長安殊死已下

署其汝南王劉咸爲太尉錄尚書事光祿大夫劉綏爲大司徒卜泰爲大司空曜妻劉氏疾甚曜親省臨之問其所欲言劉泣曰妾叔父昶無子妾少養於叔恩撫甚隆無以報德願陛下貴之妾叔皚女芳有德色願備後宮曜許之言終而死僞諡獻烈皇后以劉昶爲使持節侍中大司徒錄尚書事進封河南郡公封昶妻張氏爲慈鄉君立劉皚女芳爲皇后追念劉氏之言也俄置驃騎劉述爲大司徒劉昶爲太保召公卿已下子弟有勇幹者爲親御郎被甲乘鎧馬動止自隨以充折衝之任尚書郝述都水使者支當等固諫曜大怒鴆而殺之咸和三年夜夢三人金面丹脣東向逡巡不言而退曜拜而履其跡旦召公卿已下議之朝臣咸賀以爲吉祥惟太史令任義進曰三者歷運統之極也東爲震位王者之始次也金爲兌位物衰落也脣丹不言事之畢也逡巡揖讓退舍之道也爲之拜者屈伏於人也履跡而行愼不出疆也東井秦分也五車趙分也秦兵必暴起亡主喪師留敗趙地遠至三年近七百日其應不遠願陛下思而防之曜大懼於是躬親二郊飾繕神祠望秩山川靡不周及大赦殊死已下復

百姓租稅之半長安自春不雨至於五月曜遣其武衞劉朗率騎三萬襲楊難敵于仇池弗剋掠三千餘戶而歸張駿聞曜軍爲石氏所敗乃去曜官號復稱晉大將軍涼州牧遣金城太守張閬及枹罕護軍辛晏將軍韓璞等率衆數萬人自大夏攻掠秦州諸郡曜遣劉胤率步騎四萬擊之夾洮相持七十餘日冠軍呼延那雞率親御郎二千騎絶其運路胤濟師逼之璞軍大潰奔還涼州胤追之及于令居斬級二萬張閬辛晏率衆數萬降于曜皆拜將軍封列侯石勒遣石季龍率衆四萬自軹關西入伐曜河東應之者五十餘縣進攻蒲坂曜將東救蒲坂懼張駿楊難敵承虛襲長安遣其河間王述發氐羌之衆屯于秦州曜盡中外精銳水陸赴之自衞關北濟季龍懼引師而退追之及于高侯大戰攻之斬其將軍石瞻枕尸二百餘里收其資仗億計季龍奔于朝歌曜遂濟自太陽攻石生于金墉決千金堨以灌之曜不撫士衆專與嬖臣飲博左右或諫曜怒以爲妖言斬之大風拔樹昏霧四塞聞季龍進據石門續知勒自率大衆已濟始議增滎陽戍杜黄馬關俄而洛水候者與勒前鋒交戰擒羯送之曜問

曰大胡自來邪其衆大小復如何羯曰大胡自來軍盛不可當也曜色變使攝
金墉之圍陳于洛西南北十餘里曜少而淫酒末年尤甚勒至曜將戰飲酒數
斗常乘赤馬無故跼頓乃乘小馬比出復飲酒斗餘至於西陽門撝陣就平勒
將石堪因而乘之師遂大潰曜昏醉奔退馬陷石渠墜于冰上被瘡十餘通中
者三爲堪所執送于勒所曜曰石王憶重門之盟不勒使徐光謂曜曰今日之
事天使其然復云何邪幽曜于河南丞廨使金瘡醫李永療之歸于襄國曜瘡
甚勒載以馬輿使李永與同載北苑市三老孫機上禮求見曜勒許之機進酒
于曜曰僕谷王關右稱帝皇當持重保土疆輕用兵敗洛陽祚運窮天所亡開
大分持一觴曜曰何以健邪當爲翁飲勒聞之悽然改容曰亡國之人足令老
叟數之舍曜于襄國永豐小城給其妓妾嚴兵圍守遣劉岳劉震等乘馬從男
女衣帢以見曜曜曰久謂卿等爲灰土石王仁厚全宥至今而我殺石他負盟
之甚今日之禍自其分耳留宴終日而去勒諭曜與其太子熙書令速降之曜
但勑熙與諸大臣匡維社稷勿以吾易意也勒覽而惡之後爲勒所殺熙及劉

胤劉咸等議西保秦州尚書胡勳曰今雖喪主國尚全完將士情一未有離叛
可共幷力距險走未晚也胤不從怒其沮衆斬之遂率百官奔于上邽劉厚劉
策皆捐鎮奔之關中擾亂將軍蔣英辛恕擁衆數十萬據長安遣使招勒勒遣
石生率洛陽之衆以赴之胤及劉遵率衆數萬自上邽將攻石生于長安隴東
武都安定新平北地扶風始平諸郡戎夏皆起兵應胤胤次于仲橋石生固守
長安勒使石季龍率騎二萬距胤戰於義渠爲季龍所敗死者五千餘人胤奔
上邽季龍乘勝追戰枕尸千里上邽潰季龍執其僞太子熙南陽王劉胤幷將
相諸王等及其諸卿校公侯已下三千餘人皆殺之徙其臺省文武關東流人
秦雍大族九千餘人于襄國又坑其王公等及五郡屠各五千餘人于洛陽曜
在位十年而敗始元海以懷帝永嘉四年僭位至曜三世凡二十有七載以成
帝咸和四年滅

史臣曰彼戎狄者人面獸心見利則棄君親臨財則忘仁義者也投之遐遠猶
懼外侵而處以封畿窺我中釁昔者幽后不綱胡塵暗於戲水襄王失御戎馬

生於關洛至於算強弱妙兵權體興衰知利害於我中華未可量也況元海人
傑必致青雲之上許以殊才不居庸劣之下是以策馬鴻騫乘機豹變五部高
嘯一旦推雄皇枝相害未有與之爭衡者矣伊秩啓與王之略骨都論剋定之
秋單于無北顧之懷獫狁有南郊之祭大哉天地茲爲不仁矣若乃習以華風
温乎雅度兼其舊俗則罕規模雖復石勒稱藩王彌效款終爲夷狄之邦未辯
君臣之位至於不遠儒風虛襟正直則昔賢所謂弃仁義而盜之者焉僞主斯
士玄明纂嗣樹恩戎旅既總威權關河開釁日之疆士馬倍前人之氣然則信
不由中自乖弘遠貌之爲美處事難終縱武窮兵殘忠害謇佞人方轡並后載
馳閹豎類於迴天凝科踰於炮烙遣豺狼之將逐鷹犬之師懸旌俯渭分麾陷
洛鐵馬陵山胡笳遵渚粉忠貞於戎手聚縉紳於京觀先王井賦乃眷維桑舊
都宮室咸成茂草墜露沾衣行人灑淚若乃上古敦龐不親其子功成高讓歸
諸有德爰及三代乃用干戈將以拯厥板蕩恭膺天命懿彼武王殷之列辟載
旆乘時興兵誓野投焚既隕可以絕言而輕呂旁揮彤弧三發豈若嚮清蹕於

常道之門馳金車於山陽之館故知黔首來蘇居今愛古白旗陳肆古不如今
胡寇不仁有同豺豕役天子以行觴驅乘輿以執蓋庾珉之淚旣盡辛賓加之
以血若乃有生之貴處死爲難弘在三之義忘七尺之重主憂之恨畢命同歸
自古篡奪於斯爲甚是以災氣呈形賊臣芭亂政荒民散可以危亡劉聰竟得
壽終非不幸也曜則天資虓勇運偶時艱用兵則王翦之倫好殺亦董卓之亞
而承基醜類或有可稱子遠納忠高旌蹔偃和苞獻直酆明罷觀而師之所處
荊棘生焉自絕彊藩禍成勁敵天之所厭人事以之駭戰士而宵奔酌戎杯而
不醒有若假手同乎拾芥豈石氏之興歟何不支之甚也
贊曰惟皇不範瓛甸居穹丹朱罕嗣冒頓爭雄胡旌颺月朔馬騰風埃壓淮浦
虓呼河宮未央朝寂謻門旦空郭欽之慮辛有知戎

晉書卷一百三

珍做宋版郑

晉書卷一百三考證

劉曜載記潛結巴酋徐庫彭○前趙錄潛結巴酋句徐庫彭等又云乃因徐彭等是句徐庫彭爲二人也

宗廟社稷之祭不得殺牛○前趙錄此句上有非字

石王仁厚全宥至今而我殺石他負盟之甚○石他監本誤石生　臣宗楷按本書曜次於富平爲岳聲援岳及石他戰於河濱敗之斬他又曜遂濟自太陽攻石生於金墉決千金堨以灌之未嘗殺生又下文勒遣石生率洛陽之衆以赴之則其爲他字之誤無疑也今改正

晉書卷一百三考證

晉書卷一百四

唐　太　宗　文　皇　帝　御　撰

載記第四

石勒上

石勒字世龍初名㔨上黨武鄉羯人也其先匈奴別部羌渠之冑祖耶奕于父周曷朱一名乞翼加並爲部落小率勒生時赤光滿室白氣自天屬于中庭見者咸異之年十四隨邑人行販洛陽倚嘯上東門王衍見而異之顧謂左右曰向者胡雛吾觀其聲視有奇志恐將爲天下之患馳遣收之會勒已去長而壯健有膽力雄武好騎射曷朱性凶麤不爲羣胡所附每使勒代己督攝部胡愛信之所居武鄉北原山下草木皆有鐵騎之象家園中生人參花葉甚茂悉成人狀父老及相者皆曰此胡狀貌奇異志度非常其終不可量也勸邑人厚遇之時多嗤笑唯鄔人郭敬陽曲寧驅以爲信然並加資贍勒亦感其恩爲之力耕每聞鞞鐸之音歸以告其母母曰作勞耳鳴非不祥也太安中并州饑亂勒

與諸小胡亡散乃自鴈門還依寧驅北澤都尉劉監欲縛賣之驅匿之獲免勒於是潛詣納降都尉李川路逢郭敬泣拜言饑寒敬對之流涕以帶貨鬻食之幷給以衣服勒謂敬曰今日大餓不可守窮諸胡饑甚宜誘將冀州就穀因執賣之可以兩濟敬深然之會建威將軍閻粹說幷州刺史東瀛公騰執諸胡於山東賣充軍實騰使將軍郭陽張隆虜羣胡將詣冀州兩胡一枷勒時年二十餘亦在其中數爲隆所敺辱敬先以勒屬郭陽及兄子時陽敬族兄也是以陽時每爲解請道路饑病賴陽時而濟既而賣與茌平人師懽爲奴有一老父謂勒曰君魚龍髮際上四道已成當貴爲人主甲戌之歲王彭祖可圖勒曰若如公言弗敢忘德忽然不見每耕作於野常聞鼓角之聲勒以告諸奴諸奴亦聞之因曰吾幼來在家恆聞如是諸奴歸以告懽懽亦奇其狀貌而免之懽家鄰於馬牧與牧率魏郡汲桑往來勒以能相馬自託於桑嘗傭於武安臨水爲遊軍所囚會有羣鹿傍過軍人競逐之勒乃獲免俄而又見一父老謂勒曰向羣鹿者我也君應爲中州主故相救爾勒拜而受命遂招集王陽夔安支雄冀保

吳豫劉膺桃豹逯明等八騎爲羣盜後郭敖劉徵劉寶張曀僕呼延莫郭黑略
張越孔豚趙鹿支屈六等又赴之號爲十八騎復東如赤龍騄驥諸苑中乘苑
馬遠掠繒寶以賂汲桑及成都王穎敗乘輿于蕩陰逼帝如鄴宮王浚以穎陵
辱天子使鮮卑擊之穎懼挾惠帝南奔洛陽帝復爲張方所逼遷于長安關東
所在兵起皆以誅穎爲名河間王顒懼東師之盛欲輯懷東夏乃奏議廢穎是
歲劉元海稱漢王于黎亭穎故將陽平人公師藩等自稱將軍起兵趙魏衆至
數萬勒與汲桑帥牧人乘苑馬數百騎以赴之桑始命勒以石爲姓勒爲名焉
藩拜勒爲前隊督從攻平昌公模於鄴模使將軍馮嵩逆戰敗之藩濟自白馬
而南漢陽太守苟晞討藩斬之勒與桑亡潛苑中桑以勒爲伏夜牙門帥牧人
劫掠郡縣繫囚又招山澤亡命多附勒勒率以應之桑乃自號大將軍稱爲成
都王穎誅東海王越東瀛公騰爲名桑以勒爲前驅屢有戰功署爲掃虜將軍
忠明亭侯桑進軍攻鄴以勒爲前鋒都督大敗騰將馮嵩因長驅入鄴遂害騰
殺萬餘人掠婦女珍寶而去濟自延津南擊兗州越大懼使苟晞王讚等討之

桑勒攻幽州刺史石尠於樂陵尠死之乞活田禋帥衆五萬救尠勒逆戰敗禋與晞等相持于平原陽平閒數月大小三十餘戰互有勝負越懼次于官渡爲晞聲援桑勒爲晞所敗死者萬餘人乃收餘衆將奔劉元海冀州刺史丁紹要之于赤橋又大敗之桑奔馬牧勒奔樂平王師斬桑于平原時胡部大張訇督馮莫突等擁衆數千壁于上黨勒往從之深爲所昵因說訇督曰劉單于舉兵誅晉部大距而不從豈能獨立乎曰不能勒曰如其不能者兵馬當有所屬今部落皆已被單于賞募往往聚議欲叛部大而歸單于矣宜早爲之計訇督等素無智略懼部衆之貳己也乃潛隨勒單騎歸元海元海署訇督爲親漢王莫突爲都督部大以勒爲輔漢將軍平晉王以統之勒於是命訇督爲兄賜姓石氏名之曰會言其遇己也烏丸張伏利度亦有衆二千壁于樂平元海屢招而不能致勒僞獲罪于元海因奔伏利度伏利度大悅結爲兄弟使勒率諸胡寇掠所向無前諸胡畏服勒知衆心之附己也乃因會執伏利度告諸胡曰今起大事我與伏利度孰堪爲主諸胡咸以推勒勒於是釋伏利度率其部衆歸元

海元海加勒督山東征討諸軍事以伏利度衆配之元海使劉聰攻壺關命勒率所統七千爲前鋒都督劉琨遣護軍黄秀等救壺關勒敗秀於白田秀死之勒遂陷壺關元海命勒與劉零閻羆等七將率衆三萬寇魏郡頓丘諸壘壁多陷之假壘主將軍都尉簡强壯五萬爲軍士老弱安堵如故軍無私掠百姓懷之及元海僭號遣使授勒持節平東大將軍校尉都督王如故勒幷軍寇鄴鄴潰和郁奔于衛國執魏郡太守王粹于三臺進攻趙郡害冀州西部都尉馮沖攻乞活赦亭田禋于中丘皆殺之元海授勒安東大將軍開府置左右長史司馬從事中郎進軍攻鉅鹿常山害二郡守將陷冀州郡縣堡壁百餘衆至十餘萬其衣冠人物集爲君子營乃引張賓爲謀主始署軍功曹以刁膺張敬爲股肱夔安孔萇爲爪牙支雄呼延莫王陽桃豹逯明吳豫等爲將率使其將張斯率騎詣幷州山北諸郡縣說諸胡羯曉以安危諸胡懼勒威名多有附者進軍常山分遣諸將攻中山博陵高陽諸縣降之者數萬人王浚使其將祁弘帥鮮卑沒務塵等十餘萬騎討勒大敗勒于飛龍山死者萬餘勒退屯黎陽分命諸

將攻諸未下及叛者降三十餘壁置守宰以撫之進寇信都害冀州刺史王斌
於是車騎將軍王堪北中郎將裴憲自洛陽率衆討勒勒燒營并糧迴軍距之
次于黃牛壘魏郡太守劉矩以郡附于勒勒使矩統其壘衆爲中軍左翼勒至
黎陽裴憲棄其軍奔于淮南王堪退堡倉垣元海授勒鎮東大將軍封汲郡公
持節都督王如故勒固讓公不受與閻羆攻賭圈苑市二壘陷之羆中流矢死
勒并統其衆潛自石橋濟河攻陷白馬坑男女三千餘口東襲鄄城害兗州刺
史袁孚因攻倉垣陷之遂害堪渡河攻廣宗清河平原陽平諸縣降勒者九萬
餘口復南濟河滎陽太守裴純奔于建業時劉聰攻河內勒率騎會之攻冠軍
將軍梁巨于武德懷帝遣兵救之勒留諸將守武德與王桑逆巨於長陵巨請
降勒弗許巨踰城而遁軍人執之勒馳如武德坑降卒萬餘數梁巨罪而害之
王師退還河北諸堡壁大震皆請降送任于勒及元海死劉聰授勒征東大將
軍并州刺史汲郡公持節開府都督校尉王如故勒固辭將軍乃止劉粲率衆
四萬寇洛陽勒留輜重于重門率騎二萬會粲於太陽大敗王師於澠池遂至

洛川粲出轘轅勒至成皐關圍陳留太守王讚於倉垣爲讚所敗退屯文石津將北攻王浚會浚將王甲始率遼西鮮卑萬餘騎敗趙固于津北勒乃燒船棄營引軍向柏門迎重門輜重至于石門濟河攻襄城太守崔曠於繁昌害之先是雍州流人王如侯脫嚴嶷等起兵江淮間聞勒之來也懼遣衆一萬屯襄城以距勒擊敗之盡俘其衆勒至南陽屯于宛北山如懼勒之攻襄也使送珍寶車馬犒師結爲兄弟勒納之如與侯脫不平說勒攻脫勒夜令三軍雞鳴而駕晨壓宛門攻之旬有二日而剋嚴嶷率衆救脫至則無及遂降于勒勒斬脫囚嶷送于平陽盡幷其衆軍勢彌盛勒南寇襄陽攻陷江西壘壁三十餘所留刁膺守襄陽躬帥精騎三萬還攻王如憚如之盛遂趣襄城如知之遣弟璃率騎二萬五千詐言犒軍實欲襲勒勒迎擊滅之復屯江西蓋欲有雄據江漢之志也張賓以爲不可勸勒北還弗從以賓爲參軍都尉領記室位次司馬專居中總事元帝慮勒南寇使王導率衆討勒勒軍糧不接死疫太半納張賓之策乃焚輜重裹糧卷甲渡沔寇江夏太守楊岠棄郡而走北寇新蔡害新蔡王確于

南頓朗陵公何襲廣陵公陳軫上黨太守羊綜廣平太守邵肇等率衆降于勒勒進陷許昌害平東將軍王康先是東海王越率洛陽之衆二十餘萬討勒越薨於軍衆推太尉王衍爲主率衆東下勒輕騎追及之衍遣將軍錢端與勒戰爲勒所敗端死之衍軍大潰勒分騎圍而射之相登如山無一免者於是執衍及襄陽王範任城王濟西河王喜梁王禧齊王韶吏部尚書劉望豫州刺史劉喬太傅長史庾敳等坐之於幕下問以晉故衍濟等懼死多自陳說惟範神色儼然意氣自若顧呵之曰今日之事何復紛紜勒甚奇之勒於是引諸王公卿士於外害之死者甚衆勒重衍清辯奇範神氣不能加之兵刃夜使人排牆填殺之左衞何倫右衞李惲聞越薨奉越妃裴氏及越世子毗出自洛陽勒逆毗於洧倉軍復大潰執毗及諸王公卿士皆害之死者甚衆因率精騎三萬入自成皋關會劉曜王彌寇洛陽洛陽既陷勒歸攻彌曜遂出轘轅屯於許昌劉聰署勒征東大將軍勒固辭不受先是平陽人李洪有衆數千壘於舞陽苟晞假洪雍州刺史勒進寇穀陽害冠軍將軍王茲破王讚于陽夏獲讚以爲從事中

郎襲破大將軍苟晞于蒙城執晞署爲左司馬劉聰授勒征東大將軍幽州牧固辭將軍不受先是王彌納劉暾之說將先誅勒東王青州使暾徵其將曹嶷於齊勒遊騎獲暾得彌所與嶷書勒殺之密有圖彌之計矣會彌將徐邈輒引部兵去彌彌漸削弱及勒之獲苟晞也彌惡之僞卑辭使謂勒曰公獲苟晞而赦之何其神也使晞爲公左彌爲公右天下不足定勒謂張賓曰王彌位重言卑恐其遂成前狗意也賓曰觀王公有青州之心桑梓本邦固人情之所樂明公獨無并州之思乎王公遲迴未發者懼明公踵其後已有規明公之志但未獲便爾今不圖之恐曹嶷復至共爲羽翼後雖欲悔何所及邪徐邈既去軍勢稍弱觀其控御之懷猶盛可誘而滅之勒以爲然勒時與陳午相攻於蓬關王彌亦與劉瑞相持甚急彌請救於勒勒未之許張賓進曰明公常恐不得王公之便今天以其便授我矣陳午小豎何能爲寇王彌人傑將爲我害勒因迴軍擊瑞斬之彌大悅謂勒深心推奉無復疑也勒引師攻陳午于肥澤午司馬上黨李頭說勒曰公天生神武當平定四海四海士庶皆仰屬明公望濟於塗炭

有與公爭天下者公不早圖之而返攻我曹流人我曹鄉黨終當奉戴何遽見
逼乎勒心然之詰朝引退詭請王彌讌于己營彌長史張嵩諫彌勿就恐有專
諸孫峻之禍彌不從既入酒酣勒手斬彌而幷其衆啓聰稱彌叛逆之狀聰署
勒鎮東大將軍督幷幽二州諸軍事領幷州刺史持節征討都督校尉開府幽
州牧公如故苟晞王讚謀叛勒勒害之以將軍左伏肅爲前鋒都尉攻掠豫州
諸郡臨江而還屯于葛陂降諸夷楚署將軍二千石以下稅其義穀以供軍士
初勒被鬻平原與母王相失至是劉琨遣張儒送王于勒遺勒書曰將軍發迹
河朔席卷兗豫飲馬江淮折衝漢沔雖自古名將未足爲諭所以攻城而不有
其人略地而不有其土翕爾雲合忽復星散將軍豈知其然哉存亡決在得主
成敗要在所附得主則爲義兵附逆則爲賊衆義兵雖敗而功業必成賊衆雖
尅而終歸殄滅昔赤眉黃巾橫逸宇宙所以一旦敗亡者正以兵出無名聚而
爲亂將軍以天挺之質威振宇內擇有德而推崇隨時望而歸之勳義堂堂長
享遐貴背聰則禍除向主則福至採納往誨翻然改圖天下不足定螘寇不足

掃今相授侍中持節車騎大將軍領護匈奴中郎將襄城郡公總內外之任兼
華戎之號顯封大郡以表殊能將軍其受之副遠近之望也自古已來誠無戎
人而爲帝王者至於名臣建功業者則有之矣今之遲想蓋以天下大亂當須
雄才遥聞將軍攻城野戰合於機神雖不視兵書闇與孫吳同契所謂生而知
之者上學而知之者次但得精騎五千以將軍之才何向不摧至心實事皆張
儒所具勒報琨曰事功殊途非腐儒所聞君當逞節本朝吾自夷難爲效遺琨
名馬珍寶厚賓其使謝歸以絕之勒於葛陂繕室宇課農造舟將寇建鄴會霖
雨歷三月不止元帝使諸將率江南之衆大集壽春勒軍中飢疫死者太半檄
書朝夕繼至勒會諸將計之右長史刁膺諫勒先送款於帝求掃平河朔待軍
退之後徐更計之勒愀然長嘯中堅夔安勸勒就高避水勒曰將軍何其怯乎
孔萇支雄等三十餘將進曰及吳軍未集萇等請各將三百步卒乘船三十餘
道夜登其城斬吳將頭得其城食其倉米今年要當破丹陽定江南盡生縛取
司馬家兒輩勒笑曰是勇將之計也各賜鎧馬一匹顧問張賓曰於君計何如

賓曰將軍攻陷帝都因執天子殺害王侯妻略妃主擢將軍之髮不足以數將軍之罪奈何復還相臣奉乎去年誅王彌之後不宜於此營建天降霖雨方數百里中示將軍不應留也鄴有三臺之固西接平陽四塞山河有喉衿之勢宜北徙據之伐叛懷服河朔既定莫有處將軍之右者晉之保壽春懼將軍之往擊爾今卒聞迴軍必欣於敵去未遑奇兵掎擊也輜重逕從北道大軍向壽春輜重既過大軍徐迴何懼進退無地乎勒攘袂鼓髯曰賓之計是也責刁膺曰君共相輔佐當規成功業如何便相勸降此計應斬然相明性怯所以宥君於是退膺爲將軍擢賓爲右長史加中壘將軍號曰右侯發自葛陂遣石季龍率騎二千距壽春會江南運船至獲布米數十艘將士爭之不設備晉伏兵大發敗季龍于巨靈口赴水死者五百餘人奔退百里及于勒軍軍中震擾謂王師大至勒陣以待之晉懼有伏兵退還壽春勒所過路次皆堅壁清野採掠無所獲軍中大飢士衆相食行達東燕聞汲郡向冰有衆數千壁于枋頭勒將於棘津北渡懼冰邀之會諸將問計張賓進曰如聞冰船盡在瀆中未上枋內可簡

壯勇者千人詭道潛渡襲取其船以濟大軍大軍既濟冰必可擒也勒從之使支雄孔萇等從文石津縛筏潛渡勒引其衆自酸棗向棘津冰聞勒軍至始欲內其船會雄等已渡屯其壘門下船三十餘艘以濟其軍令主簿鮮于豐挑戰設三伏以待之冰怒乃出軍將戰而三伏齊發夾擊攻之又因其資軍遂豐振長驅寇鄴攻北中郎將劉演于三臺演部將臨深牟穆等率衆數萬降于勒時諸將佐議欲攻取三臺以據之張賓進曰劉演衆猶數千三臺險固攻守未可卒下舍之則能自潰王彭祖劉越石大敵也宜及其未有備密規進據罕城廣運糧儲西稟平陽掃定并薊桓文之業可以濟也且今天下鼎沸戰爭方始遊行羇旅人無定志難以保萬全制天下也夫得地者昌失地者亡邯鄲襄國趙之舊都依山憑險形勝之國可擇此二邑而都之然後命將四出授以奇略推亡固存兼弱攻昧則羣凶可除王業可圖矣勒曰右侯之計是也於是進據襄國賓又言於勒曰今我都此越石彭祖深所忌也恐及吾城池未固資儲未廣送死於我聞廣平諸縣秋稼大成可分遣諸將收掠野穀遣使平陽陳宜鎮此

之意勒又然之於是上表於劉聰分命諸將攻冀州郡縣壘壁率多降附運糧以輸勒劉聰署勒使持節散騎常侍都督冀幽幷營四州雜夷征討諸軍事冀州牧進封本國上黨郡公邑五萬戶開府幽州牧東夷校尉如故廣平遊綸張豺擁衆數萬受王浚假署保據苑鄉勒使夔安支雄等七將攻之破其外壘浚遣督護王昌及鮮卑段就六眷末杯匹磾等部衆五萬餘以討勒時城隍未修乃於襄國築隔城重柵設障以待之就六眷屯于渚陽勒分遣諸將連出挑戰頻爲就六眷所敗又聞其大造攻具勒顧謂其將佐曰今寇來轉逼彼衆我寡恐攻圍不解外救不至內糧罄絕縱孫吳重生亦不能固也吾將簡練將士大陣於野以決之何如諸將皆曰宜固守以疲寇彼師老自退追而擊之蔑不剋矣勒顧謂張賓孔萇曰君以爲何如賓萇俱曰聞就六眷剋來月上旬送死北城其大衆遠來戰守連日以我軍勢寡弱謂不敢出戰意必懈怠今段氏種衆之悍末杯尤最其卒之精勇悉在末杯所可勿復出戰示之以弱速鑿北壘爲突門二十餘道候賊列守未定出其不意直衝末杯帳敵必震惶計不及設所

謂迅雷不及掩耳末杯之衆既奔餘自摧散擒末杯之後彭祖可指辰而定勒笑而納之卽以萇爲攻戰都督造突門於北城鮮卑入屯北壘勒候其陣未定躬率將士鼓譟于城上會孔萇督諸突門伏兵俱出擊之生擒末杯就六眷等衆遂奔散萇乘勝追擊枕尸三十餘里獲鎧馬五千匹就六眷收其遺衆屯于渚陽遣使求和送鎧馬金銀幷以末杯三弟爲質而請末杯諸將並勸勒殺末杯以挫之勒曰遼西鮮卑健國也與我素無怨讎爲王浚所使耳今殺一人結怨一國非計也放之必悅不復爲王浚用矣於是納質遣石季龍盟就六眷于渚陽結爲兄弟就六眷等引還使參軍閻綜獻捷于劉聰於是游綸張豺請降稱藩勒將襲幽州務養將士權宜許之皆就署將軍於是遣衆寇信都害冀州刺史王象王浚復以邵舉行冀州刺史保于信都建興元年石季龍攻鄴三臺鄴潰劉演奔于廩丘將軍謝胥田青郎牧等率三臺流人降于勒勒以桃豹爲魏郡太守以撫之命段末杯爲子署爲使持節安北將軍北平公遣還遼西末杯感勒厚恩在途日南面而拜者三段氏遂專心歸附自是王浚威勢漸衰勒

龔苑鄉執游綸以為主簿攻乞活李惲于上白斬之將坑其降卒見郭敬而識之曰汝郭季子乎敬叩頭曰是也勒下馬執其手泣曰今日相遇豈非天邪賜衣服車馬署敬上將軍悉免降者以配之其將孔萇寇定陵害兗州刺史田徽烏丸薄盛執渤海太守劉既率戶五千降于勒劉聰授勒侍中征東大將軍餘如故拜其母王氏為上黨國太夫人妻劉氏上黨國夫人章綬首飾一同王妃段末杯任弟亡歸遼西勒大怒所經令尉皆殺之烏丸審廣漸裳郝襲背王浚密遣使降于勒勒厚加撫納司冀漸寧人始租賦立太學簡明經善書吏署為文學掾選將佐子弟三百人教之勒母王氏死潛窆山谷莫詳其所既而備九牢之禮虛葬于襄國城南勒謂張賓曰鄴魏之舊都吾將營建慨風俗殷雜須賢望以綏之誰可任也賓曰晉故東萊太守南陽趙彭忠亮篤敏有佐時良幹將軍若任之必能允副神規勒於是徵彭署為魏郡太守彭至入泣而辭曰臣往策名晉室食其祿矣犬馬戀主切不敢忘誠知晉之宗廟鞠為茂草亦猶洪川東逝往而不還明公應符受命可謂攀龍之會但受人之榮復事二姓臣志

所不爲恐亦明公之所不許若賜臣餘年全臣一介之願者明公大造之惠也勒默然張賓進曰自將軍神旗所經衣冠之士靡不變節未有能以大義進退者至如此賢以將軍爲高祖自擬爲四公所謂君臣相知此亦足成將軍不世之高何必吏之勒大悅曰右侯之言得孤心矣於是賜安車駟馬養以卿祿辟其子明爲參軍勒以石季龍爲魏郡太守鎭鄴三臺季龍簒奪之萌兆于此矣時王浚署置百官奢縱淫虐勒有吞并之意欲先遣使以觀察之議者僉曰宜如羊祜與陸抗書相聞時張賓有疾勒就而謀之賓曰王浚假三部之力稱制南面雖曰晉藩實懷僭逆之志必思協英雄圖濟事業將軍威聲震于海內去就爲存亡所在爲輕重浚之欲將軍猶楚之招韓信也今權譎遣使無誠款之形脫生猜疑圖之兆露後雖奇略無所設也夫立大事者必先爲之卑當稱藩推奉尚恐未信羊陸之事臣未見其可勒曰右侯之計是也乃遣其舍人王子春董肇等多齎珍寶奉表推崇浚爲天子曰勒本小胡出於戎裔值晉綱弛御海內飢亂流離屯厄竄命冀州共相帥合以救性命今晉祚淪夷遠播吳會中

原無主蒼生無繫伏惟明公殿下州鄉貴望四海所宗爲帝王者非公復誰勒所以捐軀命興義兵誅暴亂者正爲明公驅除爾伏願殿下應天順時踐登皇祚勒奉戴明公如天地父母明公當察勒微心慈眄如子也亦遺棗嵩書而厚賂之浚謂子春等曰石公一時英武據趙舊都成鼎峙之勢何爲稱藩于孤其可信乎子春對曰石將軍英才儁拔士馬雄盛實如聖旨仰惟明公州鄉貴望累葉重光出鎭藩嶽威聲播于八表固以胡越欽風戎夷歌德豈唯區區小府而敢不斂衽神闕者乎昔陳嬰豈其鄙王而不王韓信薄帝而不帝者哉但以知帝王不可以智力爭故也石將軍之擬明公猶陰精之比太陽江河之比洪海爾項籍子陽覆車不遠是石將軍之明鑒明公亦何怪乎且自古誠胡人而爲名臣者實有之帝王則未之有也石將軍非所以惡帝王而讓明公也顧取之不爲天人之所許耳願公勿疑浚大悅封子春等爲列侯遣使報勒答以方物浚司馬游統時鎭范陽陰叛浚馳使降于勒勒斬其使送于浚以表誠實浚雖不罪統彌信勒之忠誠無復疑矣子春等與王浚使至勒命匿勁卒精甲虛

府羸師以示之北面拜使而受浚書浚遺勒麈尾勒僞不敢執懸之于壁朝夕拜之云我不得見王公見王公所賜如見公也復遣董肇奉表于浚期親詣幽州奉上尊號亦修牋于棗嵩乞并州牧廣平公以見必信之誠也勒將圖浚引子春問之子春曰幽州自去歲大水人不粒食浚積粟百萬不能贍恤刑政苛酷賦役殷煩賊害賢良誅斥諫士下不堪命流叛略盡鮮卑烏丸離貳于外棗嵩田矯貪暴于內人情沮擾甲士羸弊而浚猶置立臺閣布列百官自言漢高魏武不足並也又幽州謠怪特甚聞者莫不爲之寒心浚意氣自若曾無懼容此亡期之至也勒撫几笑曰王彭祖真可擒也浚使達幽州具陳勒形勢寡弱款誠無二浚大悅以勒爲信然勒纂兵戒期將襲浚而懼劉琨及鮮卑烏丸爲其後患沈吟未幾張賓進曰夫襲敵國當出其不意軍嚴經日不行豈顧有三方之慮乎勒曰然爲之奈何賓曰彭祖之據幽州唯仗三部今皆離叛還爲寇讎此則外無聲援以抗我也幽州飢儉人皆蔬食衆叛親離甲旅寡弱此則內無彊兵以禦我也若大軍在郊必土崩瓦解今三方未靖將軍便能懸軍千里

以征幽州也輕軍往返不出二旬就使三方有動勢足旋跬宜應機電發勿後
時也且劉琨王浚雖同名晉藩其實仇敵若修牋于琨送質請和琨必欣于得
我喜于浚滅終不救浚而襲我也勒曰吾所不了右侯已了復何疑哉於是輕
騎襲幽州以火宵行至柏人殺主簿游綸以其兄統在范陽懼聲軍計故也遣
張慮奉牋于劉琨陳己過深重求討浚以自效琨既素疾浚乃檄諸州郡說勒
知命思愆收累年之咎求拔幽都効善將來令聽所請受任通和軍達易水浚
督護孫緯馳遣白浚將引軍距勒游統禁之浚將佐咸請出擊勒浚怒曰石公
來正欲奉戴我也敢言擊者斬乃命設饗以待之勒晨至薊叱門者開門疑有
伏兵先驅牛羊數千頭聲言上禮實欲填諸街巷使兵不得發浚乃懼或坐或
起勒升其廳事命甲士執浚立之于前使徐光讓浚曰君位冠元台爵列上公
據幽都驍悍之國跨全燕突騎之鄉手握彊兵坐觀京師傾覆不救天子而欲
自尊又專任姦暴殺害忠良肆情恣欲毒徧燕壤自貽于此非爲天也使其將
王洛生驛送浚襄國市斬之於是分遣流人各還桑梓擢荀綽裴憲資給車服

數朱碩棗嵩田矯等以賄亂政責游統以不忠于浚皆斬之遷烏丸審廣漸裳郝襲靳市等于襄國焚燒晉宮殿以晉尚書劉翰爲寧朔將軍行幽州刺史戍薊置守宰而還遣其東曹掾傅遘兼左長史封王浚首獻捷于劉聰勒既還襄國劉翰叛勒奔段匹磾襄國大饑穀二升直銀二斤肉一斤直銀一兩劉聰以平幽州之勳乃遣其使人柳純持節署勒大都督陝東諸軍事驃騎大將軍東單于侍中使持節開府校尉二州牧公如故加金鉦黃鉞前後鼓吹二部增封十二郡勒固辭受二郡而已勒封左長史張敬等十一人爲伯子侯文武進位有差勒將支雄攻劉演於廩丘爲演所敗演遣其將韓弘潘良襲頓丘斬勒所署太守邵攀支雄追擊弘等害潘良于廩丘劉琨遣樂平太守焦球攻勒常山斬其太守邢泰琨司馬温嶠西討山胡勒將逯明要之敗嶠于潞城勒以幽冀漸平始下州郡閱實人戶戶貲二匹租二斛勒將陳午以浚儀叛于勒逯明攻甯黑于茌平降之因破東燕酸棗而還徙降人二萬餘戶于襄國勒使其將葛薄寇濮陽陷之害太守韓弘劉聰遣其使人范龕持節策命勒賜以弓矢加崇

爲陝東伯得專征伐拜封刺史將軍守宰列侯歲盡集上署其長子興爲上黨
國世子加翼軍將軍爲驃騎副貳劉琨遣王旦攻中山逐勒所署太守秦固勒
將劉勔距旦敗之執旦于望都關勒襲邵續于樂陵續盡衆逆戰大敗而還章
武人王眘起兵于科斗壘擾亂勒河間渤海諸郡勒以揚武張夷爲河間太守
參軍臨深爲渤海太守各率步騎二千以鎭靜之使長樂太守程遐屯于昌亭
爲之聲勢徙平原烏丸展廣劉哆等部落三萬餘戶于襄國使石季龍奔襲乞
活王平于梁城敗績而歸又攻劉演于廩丘支雄逯明擊甯黑于東武陽陷之
黑赴河而死徙其衆萬餘于襄國邵續使文鴦救演季龍退止盧關津避之文
鴦弗能進屯于景亭兗豫豪右張平等起兵救演季龍夜棄營設伏于外揚聲
將歸河北等以爲信然入于空營季龍迴擊敗之遂陷廩丘演奔文鴦軍獲演
弟啓送于襄國演卽劉琨之兄子也勒以琨撫存其母德之賜啓田宅令儒官
授其經時大蝗中山常山尤甚中山丁零翟鼠叛勒攻中山常山勒率騎討之
獲其母妻而還鼠保于胥關遂奔代郡勒攻樂平太守韓據于坫城劉琨遣將

軍姬澹率衆十餘萬討勒琨次廣牧爲澹聲援勒將距之或諫之曰澹兵精盛其鋒不可當宜深溝高壘以挫其銳攻守勢異必獲萬全勒曰澹大衆遠來體疲力竭犬羊烏合號令不齊可一戰而擒之何強之有寇已垂至胡可捨去大軍一動豈易中還若澹乘我之退顧乃無暇焉得深溝高壘乎此爲不戰而自滅亡之道立斬諫者以孔萇爲前鋒都督令三軍後出者斬設疑兵于山上分爲二伏勒輕騎與澹戰僞收衆而北澹縱兵追之勒前後伏發夾擊澹軍大敗獲鎧馬萬疋澹奔代郡據奔劉琨琨長史李弘以并州降于勒琨遂奔于段匹磾勒還陽曲樂平戶于襄國置守宰而退孔萇追姬澹于桑乾勒遣兼左長史張敷獻捷于劉聰勒之征樂平也其南和令趙領招合廣川平原渤海數千戶叛勒奔于邵續河間邢嘏累徵不至亦聚衆數百以叛勒巡下冀州諸縣以右司馬程遐爲寧朔將軍監冀州七郡諸軍事勒姊夫廣威張越與諸將蒱博勒親臨觀之越戲言忤勒勒大怒叱力士折其脛而殺之孔萇攻代郡澹死之時司冀并兗州流人數萬戶在于遼西迭相招引人不安業孔萇等攻馬嚴馮䐗

久而不剋勒問計於張賓賓對曰馮䐗等本非明公之深仇遼西流人悉有戀本之思今宜班師息甲差選良守任之以龔遂之事不拘常制奉宣仁澤奮揚威武幽冀之寇可翹足而靜遼西流人可指時而至勒曰右侯之計是也召龔等歸署武遂令李回爲易北督護振武將軍高陽太守馬嚴士衆多李潛軍人回先爲潛府長史素服回威德多叛嚴歸之嚴以部衆離貳懼奔于幽州溺水而死馮䐗率衆降于勒回移居易京流人降者歲常數千勒甚嘉之封回弋陽子邑三百戶加賓封一千戶進賓位前將軍固辭不受河朔大蝗初穿地而生二旬則化狀若蠶七八日而臥四日蛻而飛彌亘百草唯不食三豆及麻幷冀尤甚石季龍濟自長壽津寇梁國害內史荀闓劉琨與段匹磾涉復辰疾六眷段末杯等會于固安將謀討勒勒使參軍王續齎金寶遺末杯以間之末杯既思有以報勒恩又忻於厚賂乃說辰眷等引還琨匹磾亦退如薊城邵續使兄子濟攻勒渤海虜三千餘人而還劉聰將趙固以洛陽歸順恐勒襲之遣參軍高少奉書推崇勒請師討聰勒以大義讓之固深恨恚與郭默攻掠河內汲郡

段末杯殺鮮卑單于截附眞立忽跋鄰爲單于段匹磾自幽州攻末杯末杯逆擊敗之匹磾奔還幽州因害太尉劉琨琨將佐相繼降勒末杯遣弟騎督擊匹磾于幽州匹磾率其部衆數千將奔邵續勒將石越要之于鹽山大敗之匹磾退保幽州越中流矢死勒爲之屛樂三月贈南平將軍初曹嶷據有青州旣叛劉聰南稟王命以建鄴懸遠勢援不接懼勒襲之故遣通和勒授嶷東州大將軍青州牧封琅邪公劉聰疾甚驛召勒爲大將軍錄尚書事受遺詔輔政勒固辭乃止聰又遣其使人持節署勒大將軍持節鉞都督侍中校尉二州牧公如故增封十郡勒不受聰死其子粲襲僞位其大將軍靳準殺粲於平陽勒命張敬率騎五千爲前鋒以討準勒統精銳五萬繼之據襄陵北原羌羯降者四萬餘落準數挑戰勒堅壁以挫之劉曜自長安屯于蒲阪曜復僭號署勒大司馬大將軍加九錫增封十郡幷前十三郡進爵趙公勒攻準于平陽小城平陽大尹周置等率雜戶六千降于勒巴帥及諸羌羯降者十餘萬落徙之司州諸縣準使卜泰送乘輿服御請和勒與劉曜競有招懷之計乃送泰于曜使知城內

無歸曜之意以挫其軍勢曜潛與泰結盟使還平陽宣慰諸屠各勒疑泰與曜
有謀欲斬泰以速降之諸將皆曰今斬卜泰準必不復降就令泰宣漢要盟于
城中使相率誅斬準準必懼而速降矣勒久乃從諸將議遣之泰入平陽與準
將喬泰馬忠等起兵攻準殺之推靳明爲盟主遣泰及卜玄奉傳國六璽送于
劉曜勒大怒遣令史羊升使平陽責明殺準之狀明怒斬升勒怒甚進軍攻明
明出戰勒擊敗之枕尸二里明築城門堅守不復出戰勒遣其左長史王脩獻
捷于劉曜晉彭城內史周堅害沛內史周默以彭沛降于勒石季龍率幽冀州
兵會勒攻平陽劉曜遣征東劉暢救明勒命舍師于蒲上靳明率平陽之衆奔
于劉曜曜西奔粟邑勒焚平陽宮室使裴憲石會脩復元海聰二墓收劉粲已
下百餘尸葬之徙渾儀樂器于襄國劉曜又遣其使人郭汜等持節署勒太宰
領大將軍進爵趙王增封七郡幷前二十郡出入警蹕冕十有二旒乘金根車
駕六馬如曹公輔漢故事夫人爲王后世子爲王太子勒舍人曹平樂因使留
仕於曜言於曜曰大司馬遣王脩等來外表至虔內覘大駕彊弱謀待脩之返

將輕襲乘輿時曜勢實殘弊懼脩宣之曜大怒追汜等還斬脩于粟邑停太宰
之授劉茂逃歸言王脩死故勒大怒誅平樂三族贈脩太常又知停殊禮之授
怒甚下令曰孤兄弟之奉劉家人臣之道過矣若微孤兄弟豈能南面稱朕哉
根基既立便欲相圖天不助惡使假手靳準孤惟事君之體當資舜求瞽叟之
義故復推崇令主齊好如初何圖長惡不悛殺奉誠之使帝王之起復何常邪
趙王趙帝孤自取之名號大小豈其所節邪於是置太醫尚方御府諸令命參
軍鼂讚成正陽門俄而門崩勒大怒斬讚既怒刑倉卒尋亦悔之賜以棺服贈
大鴻臚平西將軍祖逖攻陳川于蓬關石季龍救川逖退屯梁國季龍使揚武
左伏肅攻之勒增置宣文宣教崇儒崇訓十餘小學于襄國四門簡將佐豪右
子弟百餘人以教之且備擊柝之衞置挈壺署鑄豐貨錢河西鮮卑日六延叛
于勒石季龍討之敗延于朔方斬首二萬級俘三萬餘人獲牛馬十餘萬孔萇
討平幽州諸郡時段匹磾部衆飢散棄其妻子匹磾奔邵續曹嶷遣使來聘獻
其方物請以河爲斷桃豹至蓬關祖逖退如淮南徙陳川部衆五千餘戶于廣

宗石季龍與張敬張賓及諸將佐百餘人勸勒稱尊號勒下書曰孤猥以寡德
忝荷崇寵夙夜戰惶如臨深薄豈可假尊竊號取譏四方昔周文以三分之重
猶服事殷朝小白居一匡之盛而尊崇周室況國家道隆殷周孤德卑二伯哉
其亟止斯議勿復紛紜自今敢言刑茲無赦乃止勒又下書曰今大亂之後律
令滋煩其采集律令之要爲施行條制於是命法曹令史貫志造辛亥制度五
千文施行十餘歲乃用律令晉太山太守徐龕叛降于勒石季龍及張敬張賓
左右司馬張屈六程遐文武等一百二十九人上疏曰臣等聞有非常之度必
有非常之功有非常之功必有非常之事是以三代陵遲五伯迭興靜難濟時
績侔睿后伏惟殿下天縱聖哲誕應符運鞭撻宇宙弼成皇業普天率土莫不
來蘇嘉瑞徵祥日月相繼物望去劉氏威懷于明公者十分而九矣今山川夷
靜星辰不孛夏海重譯天人繫仰誠應升御中壇即皇帝位使攀附之徒蒙寸
尺之潤請依劉備在蜀魏王在鄴故事以河內魏汲頓丘平原清河鉅鹿常山
中山長樂樂平十一郡并前趙國廣平陽平章武渤海河間上黨定襄范陽漁

陽武邑燕國樂陵十二郡合三十四郡戶二十九萬爲趙國封內依舊改爲內史準禹貢魏武復冀州之境南至盟津西達龍門東至于河北至于塞垣以大單于鎮撫百蠻罷幷朔司三州通置部司以監之伏願欽若昊天垂副羣望也勒西面而讓者五南面而讓者四百寮皆叩頭固請勒乃許之

晉書卷一百四

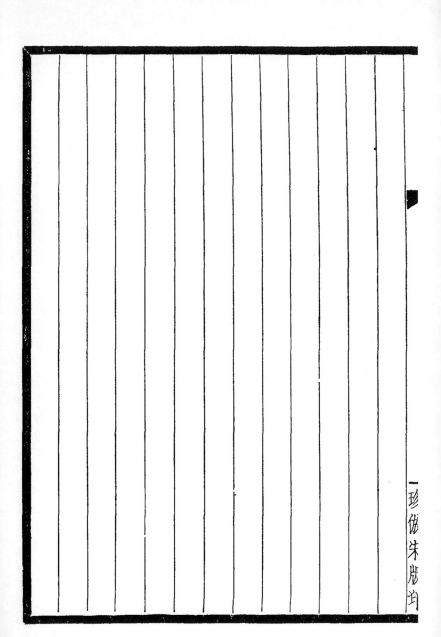

晉書卷一百四考證

石勒載記上初名𠣚○本書音義𠣚音背魏書作小字㔨勒與此小異

時胡部大張𠣚督馮莫突等擁衆數千○綱目集覽姓大張名𠣚督正誤云一部之長呼爲部大姓張氏下文亦有都督部大之名是也又莫突監本訛突莫今從下文改正

屯于葛陂○陂監本訛陵今從本卷勒於葛陂繕室宇改正

勒攻樂平太守韓據于坫城○坫監本誤姑今從音義改正

晉書卷一百四考證

西元二〇二〇年六月一日重製一版

晉書（附考證）冊五（唐太宗御撰 何超音義）

平裝六冊基本定價肆仟捌佰元正（郵運匯費另加）

發行人 張敏君

發行處 中華書局

臺北市內湖區舊宗路二段一八一巷八號五樓（5FL., No. 8, Lane 181, JIOU-TZUNG Rd., Sec 2, NEI HU, TAIPEI, 11494, TAIWAN）

客服電話：886-2-8797-8396

公司傳真：886-2-8797-8909

匯款帳戶：華南商業銀行西湖分行 179100026931

印刷：維中科技有限公司 海瑞印刷品有限公司

No. N1042-5

國家圖書館出版品預行編目(CIP)資料

晉書 / 唐太宗御撰 ; 何超音義. -- 重製一版. --
臺北市 : 中華書局, 2020.06
冊 ; 公分
ISBN 978-986-5512-16-3(全套 : 平裝)

1.晉史

623.101 109007154